高职高专路桥类专业规划教材

GAOZHI GAOZHUAN LUQIAOLEI ZHUANYE GUIHUA JIAOCAI

# 道路工程施工

张吉国 杜玉林 主 编

周立宏 副主编

牛洪全 常志航 刘肖群 参 编

中国电力出版社

www.cepp.com.cn

本教材为高职高专路桥类专业规划教材。全书共分8章，主要讲述了道路工程基础知识，道路工程图识读，施工放样，路基施工，路基排水，中低层路面及基层（底基层）、垫层施工，沥青路面施工和水泥混凝土路面施工等，是一门实践性很强的课程。本书主要作为高职高专路桥类专业教材，也可作为培训教材或自学用书，也可供工程技术人员参考。

**图书在版编目（CIP）数据**

道路工程施工/张吉国，杜玉林主编. —北京：中国电力出版社，2010.1（2015.1重印）
高职高专路桥类专业规划教材
ISBN 978 - 7 - 5083 - 9064 - 2

Ⅰ. 道…　Ⅱ. ①张…②杜…　Ⅲ. 道路工程 - 工程施工 - 高等学校：技术学校 - 教材　Ⅳ. U415

中国版本图书馆 CIP 数据核字（2009）第 116117 号

中国电力出版社出版发行
北京市东城区北京站西街 19 号　　100005　http://www.cepp.com.cn
责任编辑：王晓蕾　　责任印制：陈焊彬　　责任校对：李　亚
北京丰源印刷厂印刷·各地新华书店经售
2010 年 1 月第 1 版·2015 年 1 月第 4 次印刷
787mm×1092mm　1/16·　14 印张·347 千字
定价：29.00 元

# 前　　言

　　《道路工程施工》是路桥专业高职教学的一门重要课程。尤其是针对路桥专业，高职教育主要培养的是面向施工第一线的应用型人才。本书注意到职业教育的特点和内容，以实用、实际、实效为原则，同时紧密追踪公路施工技术的发展，紧密结合现行的相关标准规范，也充分考虑到教学规律，与《公路工程技术》、《桥涵施工》等课程教材较好地衔接和分工，以便学生系统学习。

　　本书由内蒙古交通职业技术学院张吉国和石家庄铁道职业技术学院杜玉林主编，内蒙古交通职业技术学院俞金贵主审。具体编写情况如下：第1、第2章由杜玉林编写；第3章、第7章由内蒙古交通职业技术学院牛洪全编写；第4章由山东交通职业学院刘肖群编写；第5章由张吉国编写；第6章由内蒙古交通职业技术学院周立宏编写；第8章由内蒙古交通职业技术学院常志航编写。

　　本教材紧密结合国家及行业最新技术标准和技术规范，选编了新材料、新工艺运用的成果，充分反映了当前公路施工中的高新技术。本书符合"路桥专业高职教材编审原则"的规定，具有新颖、专业特色鲜明之特点。

　　鉴于我国幅员辽阔，各个地区的地理位置、自然条件、经济状况和公路建设的特点均有所不同，各院校可结合具体情况，讲授过程中可对本书内容进行取舍。

编　者

# 目　　录

# 第1章　道路工程基础知识

## 1.1　道路的功能

交通运输业是国民经济的基础产业，是社会扩大再生产和商品经济发展的先决条件，对促进国民经济持续、快速、健康地发展和社会、文化的进步具有重要作用。道路运输机动灵活，分布广，是交通运输系统的重要组成部分。道路具有交通、形成国土结构、公共空间、防灾和繁荣经济等方面功能。

道路是交通的基础，是社会、经济活动所产生的人流、物流的运输载体，担负着城市内部和城际之间交通中转、集散的功能，在全社会交通网络中起着"节点"的作用。在深化改革开放、改善投资环境的形势下，社会需要有一个安全、通畅、方便和舒适的道路交通运输体系，在发生火灾、水灾、地震和空袭等自然灾害或紧急情况时，能提供疏散和避险的通道与空间。

道路是国土结构的骨架，城市道路则是城市建设的基础，城市各类建筑依据道路的走向布置而反映城市的风貌，所以城市道路是划分街道、形成城市结构的骨架。

道路作为公共空间不仅提供交通体系的空间，且保证了日照、通风、提供绿化、管线布置的场地，为地面排水提供条件。各种构筑物的使用效益，有赖于道路先行来实现。

在道路建设过程中，各项基础设施得以同步进行，随着道路的建成，使得土地使用与开发得以迅速实施，经济市场得以繁荣，人民生活更加方便，社会更能快速协调发展。

道路是经济建设的先行设施，它对商品流通、发展经济、巩固国防、建设边疆、开发山区和旅游事业的发展等方面都发挥着巨大的作用。道路运输主要特点有以下几项：

（1）机动灵活、适应性强。能够在需要的时间、规定的地点迅速集散货物；既可用于小批量运输，也可大宗运输；受固定性交通设施的限制也较小，可以直接深入到边远地区和山区，以及任何工矿企业的场地和厂区。

（2）可实现"门对门"直达运输。能深入到货物集散点进行直接装卸而不需要中转，可以节省时间和费用，并减少货损，对短途运输效益特别显著。

（3）原始投资少、资金周转快。公路运输与铁路、水路、航运运输方式相比，所需固定设施简单，车辆购置费用一般也比较低，因此易于投资兴办，投资回收期短。据有关资料表明，在正常经营情况下，公路运输的投资每年可周转 1～3 次，而铁路运输则需要 3～4 年才能周转一次。

（4）由于汽车燃料昂贵、运行持续性较差、单位运量较小等，致使其运输成本高。但随着汽车技术改造、公路等级、运输管理水平等的不断改善和提高，这些不足和缺点将会得到逐步改善和克服。

## 1.2 道路的历史及我国道路发展规划

道路是供各种车辆（无轨）和行人等通行的工程设施，按其使用特点分为公路、城市道路、林区道路、厂矿道路、林区道路及乡村道路等。

公路是用来连接城市、乡村和工矿基地等，主要供汽车行驶，具有一定技术条件和设施的道路。城市道路主要指在城市范围内，供车辆及行人通行的、具备一定技术条件和设施的道路。专用公路主要包括专供或主要供厂矿、林区、农场、油田、旅游区、军事要地等与外部联系的公路。

道路的历史就是人类发展的历史。人类在社会、经济生活中创造了道路，而道路的产生和发展又为推动社会的发展和人类的进步作出了巨大的贡献。古代道路按不同的运输工具可分步行道路、驮运道路和马车道路三个阶段。人类最早的步行和驮运道路有摩亨约•达罗城市道路、古代亚苏道路、罗马道路、丝绸之路等。马车的出现对道路的技术条件，诸如宽度、坡度、平整度、强度以及路线的布设提出了更高的要求，马车道路在筑路技术上也具有长足的进步。马车时代的道路虽然有很大的进步，但是马的运力有限，速度较低，逐渐不能适应经济发展和人们生活的需要。1886 年，德国的卡尔•奔驰和戈特利布•戴姆勒在同一年制造了世界上第一辆汽车，这也标志着道路发展进入了汽车道路时代。1919 年德国出现了世界上第一条高速公路，这是一种新型的交通设施，可以保证汽车快速、安全、舒适的行驶，高速公路的出现为公路事业的进一步发展开辟了广阔的前景。

中国是一个有 5000 多年文明史的国家。在历史的长河中，我国勤劳、智慧的各族人民，在道路、桥梁的修建和车辆制造以及交通管理等方面，都取得过辉煌的成就。中国古代道路建设，在世界上曾处于领先地位，在世界道路交通史上留下了光辉的篇章。我国是世界上最早记载有道路建设的国家。中国古代传说中就有黄帝"披山通路"和"黄帝造车"之说。在夏代（公元前 21 世纪）时对制造车辆就有确切的记载。《史记•夏本纪》载"陆行乘车，水行乘船，泥行乘撬，山行乘檋"，在考古中还发现夏代的陶器上画有车轮花纹，这些都是夏代用车的佐证。

我国古代道路的发展是非常辉煌的。根据《史记》记载，早在 4000 多年前，中国已有了车和行车的路。商代（约公元前 16 世纪～约公元前 1066 年）开始出现了驿道传送。

到西周（公元前 1066 年～公元前 771 年）时道路更加发达，已经有了以都市为中心的完整的道路体系，其盛况如《诗经》记载："周道如砥，其直如矢"，又据《周礼》："匠人营国，方九里，旁三门，国中九经九纬，径涂九轨，环涂七轨，野涂五轨"。这已说明，当时的城市道路网已有经、纬、环、野四类之分。此外，西周还建立了比较完善的道路管理制度。如《周礼》规定"雨毕而除道，水涸而成梁"，意思是说雨后修整养护路面，枯水季节宜修理桥梁。在交通法规上，《周礼》还规定，"贱避贵、少避长、轻避重"，以策安全。

秦代（公元前 221 年～公元前 206 年）修驰道、直道，建立了规模宏大的道路交通网，总里程约有 1 万 2 千多 km。汉书记载当时道路的盛况如下："为驰道于天下，东穷燕齐，南极吴楚，江湖之上，滨海之观毕至"。同时秦代将"车同轨"列为统一天下之大政，统一全国车辆轴距和道路宽度标准。

西汉时期（公元前 206 年～公元前 23 年）设驿亭 3 万处，道路交通呈现出更加繁荣的景象。特别是连接欧亚大陆的"丝绸之路"的开通，为东、西方经济文化交流作出了贡献。唐代（公元 618 年～公元 907 年）是中国古代经济和文化的昌盛时期，建成了以长安城（今西安）为中心约 2 万 2 千多 km 的驿道网；到了宋、元、明、清各代（公元 960 年～公元 1911年）道路交通又有新的发展。

尽管中国曾经创造了领先于世的古代道路文化，但是由于长期的封建制度和近百年帝国主义列强的侵略和掠夺，束缚了生产力的发展，中国公路的兴建迟至本世纪初才开始，并且在旧中国发展十分缓慢。清末光绪 27 年（公元 1901 年），我国上海进口两辆汽车，至此我国道路交通进入汽车时代。我国第一条现代汽车公路是建于 1906 年（光绪末年）的那坎—镇南关—龙州公路，长 55km。

1912～1949 年的"中华民国"时期，公路有了初步发展。全国先后共修建了 13 万 km。这些公路大多标准很低，设施简陋，路况很差。到 1949 年能够维持通车的仅有 8 万 km，全国有 1/3 的县不通公路，西藏地区没有一条公路。

1949 年新中国成立以后，我国进入了社会主义建设的伟大时代。由于工农业生产迅速发展，人民生活质量逐步提高，我国公路交通事业得到了迅速的发展，先后修建了在我国道路建设史上具有重要意义的川藏、青藏、天山等公路。特别是 1978 年以后，国家执行了以经济建设为中心的政策，开始了建设有中国特色的社会主义的新时期，公路建设也开创了崭新的局面。到 2006 年底，全国公路通车总里程达到 345.70 万 km，其中各等级公路里程分别为：高速公路 4.53 万 km、一级公路 4.53 万 km、二级公路 26.27 万 km、三级公路 35.47 万 km、四级公路 157.48 万 km，等外公路 117.41 万 km，其中高速公路总里程居世界第二位。"十五"期间，我国高速公路建设实现历史性突破，建成高速公路 2.47 万 km，是"七五"、"八五"和"九五"建成高速公路总和的 1.5 倍。公路运输对于促进工农业生产、繁荣城乡经济、巩固国防、改善人民生活和增进民族团结都具有重要意义，在国民经济中发挥着越来越重要的作用。

新中国成立以来，我国公路建设取得了巨大的成就，但是与发达国家相比仍存在很大的差距。我国公路建设等级较低，里程少且分布不均匀，公路密度较低，且远远不能适应现代化建设的需要。因此为了适应国民经济发展的需要，原交通部于 1991 年提出"五纵七横"国道主干线系统建设规划。

"五纵"国道主干线包括：黑龙江同江～海南三亚，长约 5200km；北京～福州，长约2500km；北京～珠海，长约 2400km；二连浩特～云南河口，长约 3600km；重庆～湛江西南出海快速大通道，长约 1314km。

"七横"国道主干线包括：绥芬河～满洲里，长约 1300km；丹东～拉萨，长约 4600km；青岛～银川，长约 4400km；连云港～霍尔果斯，长约 4400km；上海～成都，长约 2500km；上海～云南瑞丽，长约 2500km；衡阳～昆明，长约 2000km。

"五纵七横"国道主干线总长约 3.5 万 km，在 2008 年初已基本完成，提前 13 年完成规划目标。"五纵七横"国道主干线建设规划的实施，优化了我国交通运输结构，促进了高速公路持续、快速和有序的发展，对缓解交通运输的"瓶颈"制约发挥了重要作用。

国家高速公路网是中国公路网中最高层次的公路通道，服务于国家政治稳定、经济发展、社会进步和国防现代化，体现国家"强国富民、安全稳定、科学发展，建立综合运输体系以及加快公路交通现代化"的要求。国家规划建设高速公路网采用放射线与纵横网格相结合布局方案，由 7 条首都放射线、9 条南北纵线和 18 条东西横线组成，简称为"7918"网，总规模约 8.5 万 km，其中主线 6.8 万 km，地区环线、联络线等其他路线约 1.7 万 km。具体线路详见下述内容。

首都放射线 7 条：北京～上海、北京～台北、北京～港澳、北京～昆明、北京～拉萨、北京～乌鲁木齐、北京～哈尔滨。

南北纵向线 9 条：鹤岗～大连、沈阳～海口、长春～深圳、济南～广州、大庆～广州、二连浩特～广州、包头～茂名、兰州～海口、重庆～昆明。

东西横向线 18 条：绥芬河～满洲里、珲春～乌兰浩特、丹东～锡林浩特、荣成～乌海、青岛～银川、青岛～兰州、连云港～霍尔果斯、南京～洛阳、上海～西安、上海～成都、上海～重庆、杭州～瑞丽、上海～昆明、福州～银川、泉州～南宁、厦门～成都、汕头～昆明、广州～昆明。

此外，规划方案还有辽中环线、成渝环线、海南环线、珠三角环线、杭州湾环线共 5 条地区性环线、2 段并行线和 30 余段联络线。

## 1.3　道路的主要组成部分

### 1.3.1　公路的主要组成

#### 1. 线形组成

公路线形是指公路中线的空间几何形状和尺寸。这一空间线形投影到平、纵、横三个面分别绘制成反映其形状、位置和尺寸的图形，就是公路的平面图，纵断面图和横断面图。公路设计中，平、纵、横三方面是相互影响、相互制约、相互配合的，设计时应综合考虑。

平面线形由直线、圆曲线和回旋线等基本线形要素组成。纵面线形由直线（直坡段）及竖曲线等基本要素组成。

公路线形设计时必须考虑技术、经济和美学等方面的要求。公路线形设计主要研究汽车行驶与道路各个几何元素的关系，以保证在设计速度、预计交通量以及地形和其他自然条件下，行驶安全、经济、旅客舒适以及路容美观。因此，要涉及人、车、路、环境的相互关系。驾驶者的心理、汽车运行的轨迹、动力性能以及交通流量和交通特性都和道路的线形设计有着直接关系，要做好道路设计与施工也必须研究这些问题。

#### 2. 结构组成

在结构方面，包括路基、路面、桥涵、隧道、排水系统、防护工程、特殊构造物及交通服务设施等工程实体。

（1）路基。公路路基是在天然地面上填筑成路堤（填方路段）或挖成路堑（挖方路段）的带状土工结构物，是行车部分的基础，它承受路面传递下来的行车荷载。设计时必须保证路基具有足够的强度、变形性能和足够的稳定性，并防止水分及其他自然因素对路基本身的侵蚀和损害。

（2）路面。是用各种筑路材料铺筑在公路路基上供车辆行驶的构造物。它直接承受行车荷载和自然因素的作用，供车辆在上面以一定车速安全而舒适的行行驶。

（3）桥涵。桥梁是为公路、城市道路等跨越河流、山谷等天然或人工障碍物而建造的建筑物。涵洞是为宣泄地面水流而设置的横穿路堤的小型排水构造物。在低等级道路上，当水流不大时可修筑用大石块或卵石堆筑的具有透水能力的透水路堤和通过平时无水或水流很小的宽浅河流而修筑在洪水期间容许水流漫过的过水路面。在未建桥的道路中断处还可设置渡口、码头等。

（4）隧道。隧道是为道路从地层内部或水底通过而修筑的建筑物。隧道可以缩短道路里程并使行车平顺迅速。

（5）排水系统。为了防止地面水及地下水等自然水浸蚀、冲刷路基，确保路基稳定，需设置排水构造物，除上述桥涵外，还有边沟、截水沟、排水沟、跌水、急流槽、盲沟、渗井及渡槽等。这些排水构造物组成综合排水系统，以减轻或消除各种水对道路的侵害。

（6）防护工程。在陡峻山坡或沿河一侧的路基边坡修建的填石边坡、砌石边坡、挡土墙、护脚及护面墙等可加固路基边坡保证路基稳定的构造物。在易发生雪害的路段可设置防雪栅、防雪棚等。在沙害路段设置控制风蚀过程的发生和改变砂粒搬运及堆积条件的设施。沿河路基可设置导流结构物，如顺水坝、格坝、丁坝及拦水坝等间接防护工程。

（7）特殊构造物。在山区地形、地质复杂路段，可修建悬出路台、半山洞、半山桥及明洞等以保证道路连续和路基稳定的构造物，如图 1-1 所示。

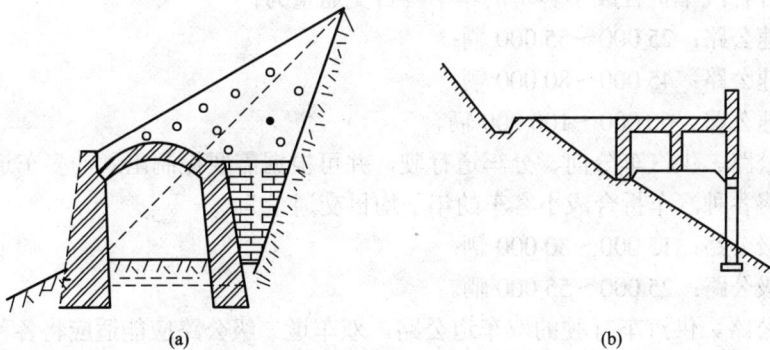

图 1-1　山区公路特殊构造物
(a) 明洞；(b) 半山桥

（8）交通服务设施。为了保证公路沿线交通安全、管理、服务及环境保护的一些设施，如照明设备、交通标志、护栏、中央分隔带、隔声墙、隔离墙、加油站、汽车停车场、食宿站及绿化和美化设施等。

## 1.3.2　城市道路的组成

城市道路将城市的主要组成部分如居民区、市中心、工业区、车站、码头及其他部分之间联系起来，形成完整的道路系统。通常其组成如下：

（1）机动车道和非机动车道。

（2）人行道（包括地下人行道及人行天桥）。

（3）交叉口、步行广场、停车场、公共汽车站。

（4）交通安全设施人行地道、人行天桥、照明设备、护栏、标志、标线等。

（5）排水系统街沟、雨水口、警井及雨水管等。

（6）沿街设施照明灯柱、电杆、邮筒及给水栓等。

（7）地下各种管线电缆、煤气管及给排水管道等。

（8）绿化带。

（9）大城市还有地下铁道、高架桥等。

# 1.4　道路分级及技术标准

## 1.4.1　公路分级及技术标准

### 1. 公路的分级

原交通部 2004 年颁布施行的《公路工程技术标准》（JTGB 01—2003）（以下简称《标准》）根据公路的功能和适应的交通量，将其分为高速公路、一级公路、二级公路、三级公路和四级公路五个等级。

（1）高速公路。专供汽车分向、分车道行驶，并应全部控制出入的多车道公路。高速公路应能适应将各种汽车折合成小客车的年平均日交通量为：

四车道高速公路：25 000～55 000 辆；

六车道高速公路：45 000～80 000 辆；

八车道高速公路：60 000～100 000 辆。

（2）一级公路。供汽车分向、分车道行驶，并可根据需要控制出入的多车道公路。一级公路应能适应将各种汽车折合成小客车的年平均日交通量为：

四车道一级公路：15 000～30 000 辆；

六车道一级公路：25 000～55 000 辆。

（3）二级公路。供汽车行驶的双车道公路。双车道二级公路应能适应将各种汽车折合成小客车的年平均日交通量为 5000～15 000 辆。

（4）三级公路。主要供汽车行驶的双车道公路。双车道三级公路应能适应将各种车辆折合成小客车的年平均日交通量为 2000～6000 辆。

（5）四级公路。主要供汽车行驶的双车道或单车道公路。

双车道四级公路应能适应将各种车辆折合成小客车的年平均日交通量为 2000 辆以下；

单车道四级公路应能适应将各种车辆折合成小客车的年平均日交通量为 400 辆以下。

确定公路等级时，除应满足近期交通量的需要外，主要应以远期交通量的发展需要为依据。远景设计年限：高速公路、一级公路，20 年；二、三级公路，15 年；四级公路可根据实际情况确定。

### 2. 公路的分类

在公路网中起骨架作用的公路称为干线公路，干线公路分为以下几种：

（1）国家干线公路。在国家公路网中，具有全国性的政治、经济、国防意义，并经确定的国家干线的公路，简称国道。

（2）省干线公路。在省公路网中，具有全省性的政治，经济、国防意义，并经确定为省级干线的公路，简称省道。

（3）县公路。具有全县性的政治、经济意义，并经确定为县级的公路。

（4）乡公路。主要为乡村生产、生活服务并经确定为乡级的公路。

支线公路指在公路网中起连接作用的公路。

**3. 公路工程技术标准**

公路的技术标准是法定的技术准则，它是指公路线形和构造物的设计、施工在技术性能、几何尺寸、结构组成方面的具体规定和要求。它是在根据汽车行驶性能、数量、荷载等方面的要求和设计、施工和使用的经验基础上，经过调查研究和理论分析制定出来的。

我国现行的公路工程技术标准为原交通部 2004 年 3 月 1 日起施行的《公路工程技术标准》（JTGB 01—2003），它反映了我国目前的公路建设方针、政策和技术要求，是公路设计、修建和养护的主要依据，在公路设计、施工和养护中，必须严格执行。在执行《标准》的过程中，也应在符合国家建设方针、政策和不过分增加工程造价的前提下，根据技术经济原则尽可能采用较高的技术指标，避免"只求合法、不求合理地采用低限指标"的错误观点。各级公路主要技术指标汇总见表 1–1。

表 1–1　　　　　　　　　　各级公路主要技术指标

| 公路等级 | | 高速公路、一级公路 | | | | | | | | 二级、三级、四级公路 | | | | |
|---|---|---|---|---|---|---|---|---|---|---|---|---|---|---|
| 设计速度/（km/h） | | 120 | | | 100 | | | 80 | | 60 | 80 | 60 | 40 | 30 | 20 |
| 车道数/条 | | 8 | 6 | 4 | 8 | 6 | 4 | 6 | 4 | 4 | 2 | 2 | 2 | 2 | 2（1） |
| 车道宽度/m | | 3.75 | 3.75 | 3.75 | 3.75 | 3.75 | 3.75 | 3.75 | 3.75 | 3.50 | 3.75 | 3.50 | 3.50 | 3.25 | 3.00（单车道时为 3.50） |
| 路基宽度/m | 一般值 | 45.0 | 34.50 | 28.00 | 44.00 | 33.50 | 26.00 | 32.00 | 24.50 | 23.00 | 12.00 | 10.00 | 8.50 | 7.50 | 6.50（单车道时为 4.50） |
| | 最小值 | 42.00 | — | 26.00 | 41.00 | — | 24.50 | — | 21.50 | 20.00 | 10.00 | 8.50 | — | — | — |
| 极限最小半径/m | | 650 | | | 400 | | | 250 | | 125 | 250 | 125 | 60 | 30 | 15 |
| 停车视距/m | | 210 | | | 160 | | | 110 | | 75 | 110 | 75 | 40 | 30 | 20 |
| 最大纵坡（%） | | 3 | | | 4 | | | 5 | | 6 | 5 | 6 | 7 | 8 | 9 |
| 汽车荷载等级 | | 公路—Ⅰ级 | | | | | | | | | 公路—Ⅱ级 | | | | |

### 1.4.2　城市道路分级及技术标准

城市道路按其在城市道路系统中的地位、交通功能和服务功能可分为下述四类：

**1. 快速路**

城市道路中设有中央分隔带，具有四条以上的车道，全部或部分控制出入，大部分交叉口采用立体交叉，与次干道可采用平面交叉，不与支路直接相交，供车辆以较高的速度行驶的道路。快速路完全为交通功能服务，是解决城市长距离快速交通运输的动脉。

**2. 主干路**

在城市道路网中起骨架作用的道路，以交通功能为主（小城市的主干路可兼沿线服务功能）。交通性的主干路解决大城市各区之间的交通联系以及与城市对外港口、车站之间的联系。

**3. 次干路**

次干路是联系主干路之间的辅助性干道，与主干路连接组成道路网，起到广泛连接城市各部分和集散交通的作用。次干路沿街多数为公共建筑和住宅建筑，兼有服务功能。

**4. 支路**

支路是一个地区内部的道路，也是次干路与街坊路的连接线，它解决局部地区交通，以服务功能为主。部分支路可用以补充干道网的不足。

城市道路的分级分类和技术指标见表1-2。

表 1-2　　　　　　　　　　城市道路分级分类和技术指标

| 类别 | 级别 | 计算车速/（km/h） | 双向机动车车道数/条 | 机动车车道宽度/m | 分隔带设置 | 横断面采用形式 |
|---|---|---|---|---|---|---|
| 快速路 | | 60，80 | ≥4 | 3.75 | 必须设 | 双、四幅路 |
| 主干路 | Ⅰ | 50，60 | ≥4 | 3.75 | 应 设 | 单、双、三、四 |
| | Ⅱ | 40，50 | 3～4 | 3.75 | 应 设 | 单、双、三 |
| | Ⅲ | 30，40 | 2～4 | 3.5～3.75 | 可 设 | 单、双、三 |
| 次干路 | Ⅰ | 40，50 | 2～4 | 3.75 | 应 设 | 单、双、三 |
| | Ⅱ | 30，40 | 2～4 | 3.5～3.75 | 不 设 | 单 |
| | Ⅲ | 20，30 | 2 | 3.5 | 不 设 | 单 |
| 支路 | Ⅰ | 30，40 | 2 | 3.5 | 不 设 | 单 |
| | Ⅱ | 20，30 | 2 | （3.25～）3.5 | 不 设 | 单 |
| | Ⅲ | 20 | 2 | （3.0～）3.5 | 不 设 | 单 |

注：1. 除快速路外，各类道路依城市规模、交通量、地形分为Ⅰ、Ⅱ、Ⅲ级，大城市采用Ⅰ级，中等城市采用Ⅱ级，小城市采用Ⅲ级。

2. 设计年限规定：快速路、主干路为20年；次干路为15年；支路为10～15年。

# 1.5　公路自然区划

我国各地气候、地形、地貌、水文地质等自然条件差异很大，而这些自然条件与公路建设密切相关。为区分不同地区地理区域自然条件对公路工程影响的差异性，并在路基路面的设计、施工和养护中采取适当的技术措施并采用合适的设计参数，以体现各地公路设计与施工的特点、侧重必须解决的问题，更有利于保证公路的质量和经济合理性，制定了公路自然区划。

为使自然区划便于在实践中应用，结合我国地理、气候特点，将全国的公路自然区划分为三个等级。首先将全国划分为多年冻土、季节冻土和全年不冻土三大地带；然后根据水热平衡和地理位置，划分为冻土、温润、干湿过渡、湿热、潮暖、干旱和高寒七个大区。

## 1.5.1　一级区划

根据不同地理、气候、构造、地貌界限的交错和叠合，将我国分为七个一级区划，而且我国七个一级自然区划的路面结构特点各有不同，根据各区经验，可大致归纳如下：

Ⅰ区——北部多年冻土区。该区北部为连续分布多年冻土，南部为岛状分布多年冻土。对于泥沼地多年冻土层，最重要的道路设计原则是保温，不可轻易挖去覆盖层，使路堤下保持冻结状态，若受大气热量影响融化，后患无穷。对于非多年冻土层的处理方法则不同，需将泥炭层全部或局部挖去，排干水分，然后填筑路堤。该区主要是林区道路，路面结构为中级路面。林区山地道路，因表土湿度大，地表径流大，最易翻浆，应采取换土、稳定土、砂垫层等处理方法。

Ⅱ区——东部温润季冻区。该区路面结构突出的问题是防止翻浆和冻胀。翻浆的轻重程度取决于路基的潮湿状态，可根据不同的路基潮湿状态采取措施。该区缺乏砂石材料，采用稳定土基层已取得一定的经验。

Ⅲ区——黄土高原干湿过渡区。该区特点是黄土对水分的敏感性，干燥土基强度高、稳定性好；在河谷盆地的潮湿路段以及灌区耕地，土基稳定性差，强度低，必须认真处理。

Ⅳ区——东南湿热区。该区雨量充沛集中，雨型季节性强，台风暴雨多，水毁、冲刷、滑坡是道路的主要病害，路面结构应结合排水系统进行设计。该区水稻田多，土基湿软，强度低，必须认真处理。由于气温高、夏季持续长，要注意黑色面层材料的热稳定性和防透水性。

Ⅴ区——西南潮暖区。该区山多，筑路材料丰富，应充分利用当地材料筑路，对于水文不良路段，必须采取措施稳定路基。

Ⅵ区——西北干旱区。该区大部分地下水位很低，虽然冻深多在 100～150cm 以上，但一般道路冻害较轻。个别地区，如河套灌区、内蒙草原洼地，地下水位高，翻浆严重。丘陵区 1.5m 以上的深路堑冬季积雪厚，雪水浸入路面造成危害，所以沥青面层材料应具有良好的防透水性，路肩也应作防水处理。由于气候干燥，砂石路面经常出现松散、搓板和波浪现象。

Ⅶ区——青藏高寒区。该区局部路段有多年冻土，须按保温原则设计。由于地处高原，气候寒冷，昼夜气温相差很大，日照时间长，沥青老化很快，又因为年平均气温相对偏低，路面易遭受冬季雪水渗入而破坏。

## 1.5.2　二级区划

二级区划仍以气候和地形为主导因素，以潮湿系数 $K$ 为主的一个标志体系。潮湿系数 $K$ 值为年降水量与年蒸发量之比。根据二级区划的主导因素与标志，在全国七个一级自然区划内又分为 33 个二级区和 19 个副区（亚区），共有 52 个二级自然区。它们的名称见表 1-3。一、二区划的具体位置与界限，详见《公路自然区划标准》（JTJ 003—1986）所附"中华人民共和国公路自然区划图"。

**表 1-3** 公路自然区划名称表

| | |
|---|---|
| Ⅰ 北部多年冻土区 | Ⅳ7 华南沿海台风区 |
| Ⅰ1 连续多年冻土区 | Ⅳ7a 台湾山地副区 |
| Ⅰ2 岛状多年冻土区 | Ⅳ7b 海南岛西部润干副区 |
| Ⅱ 东部温润季冻区 | Ⅳ7c 南海诸岛副区 |
| Ⅱ1 东北东部山地润湿冻区 | Ⅴ 西南潮暖区 |
| Ⅱ1a 三江平原副区 | Ⅴ1 秦巴山地润湿区 |
| Ⅱ2 东北中部山前平原重冻区 | Ⅴ2 四川盆地中湿区 |
| Ⅱ2a 辽河平原冻融交替副区 | Ⅴ2a 雅安乐山过湿副区 |
| Ⅱ3 东北西部润干冻区 | Ⅴ3 三西、贵州山地过湿区 |
| Ⅱ4 海滦中冻区 | Ⅴ3a 滇南、桂西润湿副区 |
| Ⅱ4a 冀热山地副区 | Ⅴ4 川、滇、黔高原干交替区 |
| Ⅱ4b 旅大丘陵副区 | Ⅴ5 滇西横断山地区 |
| Ⅱ5 鲁豫轻冻区 | Ⅴ5a 大理副区 |
| Ⅱ5a 山东丘陵副区 | Ⅵ 西北干旱区 |
| Ⅲ 黄土高原干湿过渡区 | Ⅵ1 内蒙草原中干区 |
| Ⅲ1 山西山地、盆地中冻区 | Ⅵ1a 河套副区 |
| Ⅲ1a 雁北张宣副区 | Ⅵ2 绿洲、荒漠区 |
| Ⅲ2 陕北典型黄土高原中冻区 | Ⅵ3 阿尔泰山地冻土区 |
| Ⅲ2a 榆林副区 | Ⅵ4 天山、界山山地区 |
| Ⅲ3 甘东黄土山地区 | Ⅵ4a 塔城副区 |
| Ⅲ4 黄渭间山地、盆地轻冻区 | Ⅵ4b 伊犁河谷副区 |
| Ⅳ 东南湿热区 | Ⅶ 青藏高寒区 |
| Ⅳ1 长江下游平原润湿区 | Ⅶ1 祁连、昆仑山地区 |
| Ⅳ1a 盐城副区 | Ⅶ2 柴达木荒漠区 |
| Ⅳ2 江淮丘陵、山地润湿区 | Ⅶ3 河源山原草甸区 |
| Ⅳ3 长江中游平原中湿区 | Ⅶ4 羌塘高原冻土区 |
| Ⅳ4 浙闽沿海山地中湿区 | Ⅶ5 川藏高山峡谷区 |
| Ⅳ5 江南丘陵过湿区 | Ⅶ6 川藏高山台地区 |
| Ⅳ6 武夷南岭山地过湿区 | Ⅶ6a 拉萨副区 |
| Ⅳ6a 武夷副区 | |

### 1.5.3 三级区划

三级区划是二级区划的进一步划分。三级区划的方法有两种：一种是按照地貌、水文和土质类型将二级自然区进一步划分为若干类型单元；另一种是继续以水热、地理和地貌等为标志将二级区划细分为若干区划，各地可根据当地的具体情况选用。

# 1.6　高速公路的发展及特点

## 1.6.1　高速公路的概念

高速公路是专供汽车行映的汽车专用公路,通过采用较高的技术指标和完善的交通设施,保证汽车能够大量、快速、安全、舒适、连续地运行。高速公路的出现,使人们获得了新的自由度,高速公路也成为能适应公路运输交通量迅速增长、减少交通事故、改善道路交通拥塞的新型交通手段,成为现代公路高度发展的象征。

高速公路有一个发展过程,而且各国的情况也不相同。到目前为止世界各国关于高速公路的定义并不统一。英国称之为"Motorway"(汽车公路)、如德国称之为"Autobahn"(汽车专用公路);美国称之为"Superhighway"(超级公路);日本称之为"高速道路"。

一般来说,高速公路应符合以下四个条件:

(1)实行交通限制,规定汽车专用。交通限制主要指对车辆和车速限制。凡非机动车辆和由于车速限制可能形成危险和妨碍交通的车辆均不得使用高速公路。车速限制主要是对最高和最低车速的限制,以使高速公路上的车速差减少,超车次数减少,确保行车安全。

(2)高速公路设有中央分隔带,实行分隔行驶,往返交通完全隔开。分隔行驶包括两方面的内容:一是对向车用中间带分离,以避免对向车辆行车干扰;二是每一行车方向设置两个及两个以上用画线办法分隔的行车道,将同向行驶的快车、慢车和超车实行分离,以减少同向行车间的干扰。

(3)高速公路严格控制出入,实行全"封闭"。控制出入是指对进出高速公路的车辆加以严格控制,禁止非机动车和行人上路。车辆出入的控制方法是在交叉口处设置立体交叉,使相交车流在空间上分离,通过立交的进出口来控制车辆出入。高速公路沿线还通过设置高路堤、高架桥、护栏、分隔网等"封闭"措施,使汽车与非机动车和行人分离。通过控制和"封闭",减少行车的侧向干扰,以保证快速车辆的安全。

(4)采用较高的设计标准,设置完善的交通与服务设施。高速公路路线采用较高的技术指标,沿线还设有完善的安全设施、服务设施、交通控制设施、管理设施及绿化设施。高标准的设计指标和完善的交通服务设施,为高速、安全、舒适行车、调节恢复驾驶员疲劳、方便旅客、保护环境提供了可靠的保证。

## 1.6.2　高速公路的特点

高速公路使公路运输业发生了质的变化,已成为当今一种新型的、具有巨大发展潜力的现代运输手段。与普通公路运输相比较,它具有车速高、通行能力强、运输费用少、行车安全和带动沿线经济发展等五大优点。

**1. 运行速度快、运输费用省**

我国高速公路设计速度为 120km/h、100 km/h、80 km/h 三种,高速公路的行车速度比普通公路高得多。速度是提高公路运输效率的一个重要因素。高速公路由于速度提高,使得行驶时间缩短,车辆使用效率得以提高,从而带来巨大的社会效益与经济效益,对政治、经济、军事都有十分重要的意义。

**2. 通行能力强、运输效率高**

通行能力反映公路允许通过汽车数量的多少。据统计，普通双车道公路的通行能力约为5000～6000辆/昼夜；而一条四车道高速公路通行能力可达 25 000～55 000 辆/昼夜。六车道和八车道的高速公路通行能力可达 45 000～80 000 辆/昼夜和 60 000～100 000 辆/昼夜。可见高速公路的通行能力比一般公路成几倍甚至几十倍的增加。由于通行能力强，运输能力大大提高，基本上解决了交通的拥塞。

**3. 减少交通事故、行车安全**

安全是反映运输质量的重要指标，高速公路由于采取了控制出入，交通限制、分隔行驶、汽车专用自动化控制管理系统等确保行车快速、安全的有效措施，使交通事故比一般公路大大减少。行车安全是反映运输质量的标志。高速公路采取了一系列确保行车安全的措施，行车事故大大减少。据统计，高速公路的交通事故发生率仅为普通公路的1/3，事故死亡率仅为普通公路的1/2。日本高速公路交通事故死亡人数仅是普通公路的1/40；受伤人数仅是普通公路的1/62；英国高速公路 1980 年交通事故发生率仅为普通公路的1/10。

**4. 缩短运输时间、降低运输成本**

高速公路完善的道路设施条件使主要行车消耗——燃油与轮胎消耗、车辆磨损、货损及事故赔偿损失降低，从而使运输成本大幅度降低。据国外统计资料反映：日本高速公路的运输成本仅是普通公路的 17%，若按日交通量 2000 辆/天计算，仅此一项，7 年之内即可收回建设投资。以我国目前运输成本及耗油水平计算，假定年运量 1500 万 t，修建 100km 高速公路，每年可节约运费 7500 万元，节约燃油 21 万 t。

高速公路的高效率功能，还进一步推动了公路运输组织方式的变革，汽车制造向提高轴荷载，不断大型化、高速化、车型专用化发展。为减少装卸、中转流程，运输组织方式尽量采取牵引拖挂、汽车列车及集装箱运输。

**5. 带动了沿线经济发展**

高速公路的高能、高效、快速通达的多功能作用，使生产与流通、生产与交换周期缩短，速度加快，促进了商品经济的繁荣发展。实践表明，在高速公路沿线，由于交通运输环境改善创造出的有利投资条件，地区之间、城乡之间，政治、经济、文化交流日益扩大，信息传播及时、频繁，都将很快兴起一大批新兴的工业、商贸城市，并使产业结构更趋合理，商品流通费用降低，人们收入增加，其经济发展速度远远超过其他地区。这被称为高速公路的"产业信息带"。

### 1.6.3 国内外高速公路的发展

德国是世界上最早修建高速公路的国家，在 1921 年建成的 AVUS 被认为是世界上最早的高速公路。德国在 20 世纪 30 年代已建成 3000 多 km 的高速公路，到 1995 年德国高速公路里程已达 11 200km。

美国是修建高速公路最多、路网最完善、设备最先进的国家。早在 1937 年加利福尼亚州就修建了首条高速公路，长 11km。1939 年，美国议会通过了高速公路计划，1940 年提出了46 900km 的计划，不久又把州际公路网计划追加成 68 382km，到 1991 年把全部州际公路系统完成，建设历时 35 年，其长度为世界之冠。美国高速公路的修建速度也是最快的，1956～1980 年，平均每年增加 3000km。到 1995 年美国高速公路总里程已达 88 500km。

意大利也在 1924 年修建了米兰至瓦雷泽、米兰至都灵的汽车专用路。到 1995 年意大利高速公路总里程达到 8860km。

我国高速公路的建设最早始于台湾省，台湾省的南北高速公路北起高雄南至基隆，全长 373 km，还有一条机场高速公路支线 9.5km，全路耗资 470 亿新台币。该路于 1968 年开始进行可行性研究，1970 年动工，1978 年 10 月竣工，历时近 10 年，全线按美国"AASHTO"及加州公路设计标准设计施工。

我国的高速公路现仍处于建设时期。1988 年 10 月建成通车的沪嘉高速公路是我国大陆建成的第一条高速公路（全长 15.9km）；接着于 1989 年 8 月全长 16km 的广佛高速公路建成通车；到 1990 年，全长 375km 的沈大高速公路建成通车，被称为"神州第一路"，该路耗资 22 亿元，建成后行程时间由过去的 10h 减至 4h。此后，我国相继建成的高速公路有上海—莘松高速公路、京津塘高速公路、京石高速公路、合肥—南京高速公路、济青高速公路、西临高速公路、开封—洛阳、郑州—许昌高速公路、海南东线环岛高速公路、石太、京沈高速公路、八达岭旅游高速公路、京开高速公路、石黄高速公路等。截至 2006 年年底，中国高速公路总里程已经达到 4.53 万 km，居世界第二位。"十五"期间高速公路建设实现历史性突破，建成高速公路 2.47 万 km，是"七五"、"八五"和"九五"期间建成高速公路总和的 1.5 倍。

我国早期修建的几条高速公路简介如下：

**1. 沈大高速公路**

路线北起沈阳，途经辽阳、鞍山、营口，南至大连，全长 375km。工程自 1984 年 6 月开工，1990 年 8 月 20 日建成通车。路基宽度 26m，分上下行四车道，中间带宽 3m，设计车速 100～120km/h，日通过能力为 5 万辆次，全路总投资 22 亿元。该路的建成使沈阳至大连的行程时间由 7h 缩短为 3.5h，为辽东半岛及整个东北筑起了一条振兴经济和对外开放的黄金通道，被誉之为"神州第一路"。它的建成表明，中国有能力建设一流的高速公路，中国的公路建设已跨入高速公路时代。

**2. 京津塘高速公路**

路线自北京四环路十八里店起，至天津塘沽新港止，全长 142.69km。工程于 1988 年开工，1993 年 9 月 25 日建成通车。设计车速 120km/h，路基宽 24m，设有四车道，中间带宽 3m。该路为国务院批准建设的第一条高速公路，是当时我国设计标准最高、交通设施及工程管理制度最完善、施工质量最好并完全按国际惯例的"菲迪克条款"实施监理的第一条高等级公路。它标志着中国的公路建设技术和管理水平已进入国际先进行列。

**3. 首都机场高速公路**

路线东起首都机场，西至北京东三环线的三元立交桥。全长 18.735km，路面宽 34.5 m，为双向六车道双幅路，设计车速 120km/h。沿线新立交桥、跨河桥、通道桥、人行天桥共 20 座，还设有监控、收费、通信、照明、防眩、交通标志和标线以及护栏、护网、排水、绿化等配套工程。

**4. 南北高速公路**

位于中国台湾省，北起高雄，经台南、台中、台北，南至基隆止，全长 373.4km，是我国第一条高速公路。全线八车道路段（45m 宽）14km，六车道路段（35.5m 宽）23km，四车道路段（28m 宽）336km，设计车速 100～120km/h。全线设桥梁 353 座，涵洞 8651 道，互通式立交 40 处，收费站 10 个。该路 1970 年动工，1978 年 10 月竣工，总工期历时 9 年。

# 复习思考题

1. 道路运输的主要特点有哪些？
2. 道路线形指的是什么？
3. 道路的主要组成部分有哪些？
4. 公路的技术分级可以分为几个等级？城市道路可以分为几个等级？
5. 什么是公路的技术标准？
6. 公路自然区划划分的意义是什么？
7. 高速公路的概念是什么？其主要特点有哪些？

# 第2章 道路工程图识读

道路是一种带状的空间结构物，它的中线是一条空间曲线，路线具有狭长、高差大和弯曲多等特点。因此，道路路线工程图的表示方法与一般工程图不完全相同，有自己的一些特殊画法与规定。为了把道路这个三维空间的实体表达出来，我们通常采用三个不同方向的投影来分别研究道路的位置和形状。它是用道路路线平面图作为平面图，路线纵断面图和路基横断面图分别代替立面图和侧面图。

（1）道路在水平面上的投影图称为道路的平面图。

（2）通过道路中线的竖向剖面图称为道路的纵断面图。

（3）道路上任一点垂直于路中线的竖向剖面图称为道路的横断图。

道路路线工程图主要是由路线平面图、路线纵断面图和路基横断面图三个部分组成。通过三个方面的图示来说明道路路线的平面位置、线型状况、沿线两侧一定范围内的地形和地物、纵断面的标高和坡度、路基宽度和边坡、土壤地质以及沿线构造物的位置及其与路线的相互关系。

## 2.1 道路平面图识读

由于各种因素及自然条件（主要是地形、地物、地质等）的限制，一条较长的公路从起点到终点在平面上不可能是一条直线，由于地形、地物等障碍的影响而常常需要有很多转折，每到转折处都需要设置平缓的曲线，以消除或减缓公路的突然转折，使汽车安全、顺适地通过。因此，公路的平面线形就是由一系列的直线段及曲线段组合而成的。公路曲线一般为圆曲线，为了使线形更符合汽车行驶轨迹从而确保行车的顺适与安全，对于等级较高的公路（三级及三级以上的公路），在直线和圆曲线间还要插入起渐变作用的过渡曲线——缓和曲线。所以，构成道路平面线形的三要素是直线、圆曲线和缓和曲线。

在平面线形中，基本线形是和汽车的行驶状态相对应的，平面线形的三要素具有如下的三种性质。

（1）直线：曲率为零，汽车车身轴向与汽车行驶方向的夹角为零。

（2）圆曲线：曲率为不为零的常数，汽车车身轴向与汽车行驶方向的夹角为固定值。

（3）缓和曲线：曲率为变数，汽车车身轴向与汽车行驶方向的夹角为变数。

### 2.1.1 直线

#### 1. 直线的特点

直线是平面线形中最基本的线形要素之一，在公路中使用最为广泛，因为两点之间以直线最短，一般在定线时，只要地势平坦、无大的地形障碍，定线人员都首先考虑使用直线通过。加之笔直的道路给人以短捷、直达的良好印象，汽车在直线上行驶时受力简单，方向明确，驾驶操作简易。从测设上看，直线只需定出两点，就可方便地测定方向和距离。基于直线的这些优点，在各种线形工程中直线被广泛使用。

但是，由于直线缺乏变化，在地形、地物复杂或起伏较大地区，直线难与地形、地物相协调，强定直线，往往造成工程量大，破坏自然环境。在高速行车的情况下，长直线景观单调，司机容易疲劳，反应迟钝；同时，目测车间距离困难，夜间行车增加车灯炫目的危险；长直线还容易导致超高速行驶，危及交通安全。

**2. 直线最大长度**

由于长直线具有较大的弊端，一些国家对直线的最大长度作了相应规定，德国和日本规定不超过 20V（V 是计算行车速度，用 km/h 表示，20V 相当于 72s 的行程），美国为 180s 行程，前苏联规定为 8km。我国地域辽阔，地形变化万千，对于直线长度很难做出统一的规定。我国规范规定：直线的长度不宜过长。受地形条件或其他特殊情况限制而采用长直线时，应结合沿线具体情况采取相应的技术措施。因此，长直线设置总的原则是：公路线形应该与地形相适应，与景观相协调，不强调长直线，也不硬性设置不必要的曲线。

**3. 直线最小长度**

曲线之间夹一短直线，破坏连续而圆滑的线形，易造成驾驶的失误，所以不宜采用。特别是在同向曲线间插入短直线的情况，应尽量避免，最好采用卵型曲线设计。不得已必须插入直线时，最好是按设计车速，采用大于 500～700m 的直线。所以《公路路线设计规范》（JTG D 20—2006）（以下简称《规范》）规定同向圆曲线间的最短直线长度如下：

（1）设计速度大于或等于 60km/h 时，同向圆曲线间最小直线长度（以 m 计）以不小于设计速度（以 km/h 计）的 6 倍为宜；反向圆曲线间的最小直线长度（以 m 计）以不小于设计速度（以 km/h 计）的 2 倍为宜。

（2）设计速度小于或等于 40km/h 时，可参照上述规定执行。

## 2.1.2　圆曲线

道路为了绕避障碍、利用地形，以及通过必要的控制点，致使在平面上常出现转折。在路线转折处，一般均用曲线将其平顺地连接起来，以使车辆能平顺地由前一条直线路段转向驶入后一条直线路段，这段曲线称为平曲线。圆曲线是平曲线的主要组成部分。在平面线形中的单曲线、复曲线、虚交点曲线和回头曲线等，也都包括有圆曲线。圆曲线由于具有与地形适应性强、可循性好、线形美观和易于测设等优点，使用十分普遍。《规范》规定，各级公路不论转角大小均应设置圆曲线。

圆曲线的技术指标主要有：最小半径、最大半径、平曲线最小长度等。

**1. 圆曲线半径公式**

半径是圆曲线最重要的技术指标，选定了半径，则圆的大小和曲率就确定了。行驶在曲线上的汽车由于受到离心力作用，其稳定性和安全性受到影响，而离心力的大小又与曲线半径是密切相关的，半径越小所受的离心力越大，对行车安全就越不利。因此，我们在设计时总希望圆曲线半径尽可能大些，但实际工程中由于自然条件等条件的限制，曲线半径往往无法太大。因此选择合理的圆曲线半径是非常重要的。通过对行驶于平曲线上的汽车横向受力状态的分析及各种力的几何关系，得出圆曲线半径的计算公式为：

$$R = \frac{V^2}{127(\mu \pm i)} \tag{2-1}$$

$$\mu = \frac{X}{G} \qquad (2\text{-}2)$$

式中　$R$ —— 圆曲线半径，m；

　　　$V$ —— 行车速度，km/h；

　　　$\mu$ —— 横向力系数，即单位车重所承受的实际横向力，极限值为路面与轮胎之间的横向摩阻系数；

　　　$i$ —— 路面的横向坡度。

式（2-1）中，当汽车行驶在曲线内侧时取"+"，在曲线外侧时取"−"。

为了减小横向力，一般将圆曲线路面做成外侧高、内侧低的单向横坡，称为弯道的超高。汽车行驶在具有超高的曲线上，其车重的横向分力与离心力的分力方向相反，故可以抵消一部分离心力的作用。因此，路面设置超高后曲线上行车所受横向力将减小。设超高后，圆曲线半径为

$$R = \frac{V^2}{127(\mu + i_c)} \qquad (2\text{-}3)$$

式中　$i_c$ ——路面超高横坡。

**2. 圆曲线最小半径**

从式（2-1）可知，圆曲线半径越大，横向力系数越小，汽车就越稳定。所以从汽车行驶稳定性出发，圆曲线半径越大越好。但有时因受地形、地质、地物等因素的限制，圆曲线半径不可能设置得很大，往往会采用小半径的圆曲线，这时如果半径选用得太小，就会使汽车行驶不安全甚至翻车。所以必须综合考虑汽车安全、迅速、舒适和经济，并兼顾美观，使确定的最小半径能满足某种程度的行车要求。这种最低标准的半径数值，就是圆曲线的最小半径限制值。

《公路工程技术标准》（以下简称《标准》）根据各级公路的不同要求，规定了圆曲线最小半径有如下三类：极限最小半径、一般最小半径和不设超高的最小半径。

其中极限最小半径主要满足行车安全，适当考虑舒适性；一般最小半径已具有较好的安全性和舒适性；不设超高的最小半径是考虑到即使不设超高也能保证其安全性和舒适性。圆曲线半径的三个最小半径选用时，条件许可时应力求使半径大于不设超高的最小半径；一般条件下或地形有所限制时，半径应尽量采用大于一般最小半径；条件十分困难下，才能采用大于极限半径的半径；条件万分困难、万不得已的情况下，经反复慎重考虑才在个别地段使用极限最小半径。其规定值见表 2-1。

（1）极限最小半径。极限最小半径是指各级公路对按设计速度行驶的车辆，能保证其安全行车的最小允许半径。它是圆曲线半径允许采用的极限最小值，只有当地形条件特殊困难或受其他条件严格限制时，方可采用。极限最小半径见表 2-1。

（2）一般最小半径。一般最小半径是指通常情况下各级公路对按设计速度行驶的车辆，能保证其安全性和舒适性行车的推荐采用的最小半径。它介于极限最小半径与不设超高的最小半径之间，是设计时建议采用的值。

圆曲线的最小半径，既考虑汽车在这种半径的曲线上以设计速度或以接近设计速度行驶时有一定的舒适感，又注意到在地形比较复杂的情况下不会过多地增加工程量。其数值见表 2-1。

表 2–1 圆曲线最小半径

| 设计速度/（km/h） | 120 | 100 | 80 | 60 | 40 | 30 | 20 |
|---|---|---|---|---|---|---|---|
| 一般最小半径/m | 1000 | 700 | 400 | 200 | 100 | 65 | 30 |
| 极限最小半径/m | 650 | 400 | 250 | 125 | 60 | 30 | 15 |

（3）不设超高的最小半径。不设超高的最小半径是指道路曲线半径较大、离心力较小时，汽车沿双向路拱外侧行驶的路面摩擦力足以保证汽车行驶安全稳定所采用的最小半径。

《规范》规定的不设超高的圆曲线最小半径见表 2–2。

表 2–2 不设超高的圆曲线最小半径

| 设计速度/（km/h） | | 120 | 100 | 80 | 60 | 40 | 30 | 20 |
|---|---|---|---|---|---|---|---|---|
| 不设超高圆曲线最小半径/m | 路拱不大于2% | 5500 | 4000 | 2500 | 1500 | 600 | 350 | 150 |
| | 路拱大于2% | 7500 | 5250 | 3350 | 1900 | 800 | 450 | 200 |

我国《城市道路设计规范》（CJJ 37—1990）规定的圆曲线最小半径见表 2–3。

表 2–3 城市道路圆曲线最小半径

| 计算行车速度/（km/h） | 80 | 60 | 50 | 40 | 30 | 20 |
|---|---|---|---|---|---|---|
| 不设超高最小半径/m | 1000 | 600 | 400 | 300 | 150 | 70 |
| 设超高一般最小半径/m | 400 | 300 | 200 | 150 | 85 | 40 |
| 极限最小半径/m | 250 | 150 | 100 | 70 | 40 | 20 |

### 3. 圆曲线最大半径

公路平面线形设计选用圆曲线半径时，在地形等条件允许的前提下，应尽量采用大半径曲线，以保证行车的舒适和安全。但半径过大，常常会造成平曲线过长。曲线过长且地形平坦、景观单调时，同样会使驾驶者感到疲劳、反应迟钝；而且当圆曲线半径大于 9000m 时，驾驶者视线集中的 300～600m 范围内的视觉效果同直线没有区别，过大的半径对测设和施工也都不利。因此《规范》规定，圆曲线的最大半径不宜超过 10 000m。

### 4. 平曲线长度要求

汽车在公路上行驶时，如果曲线很短，则驾驶员操作方向盘动作频繁而又心情紧张，这在高速行驶的情况下是很危险的。同时，如果不设置足够长度的曲线使离心加速度的变化率小于一定数值，从乘客心理状况来看也是不好的。因此，为便于驾驶员操作和有利于行车安全和舒适来说，具有一定的曲线长度是必要的。

（1）平曲线最小长度。各级公路的平曲线一般情况下应能够设置两段缓和曲线（或超高、加宽缓和段）及一段圆曲线的长度。平曲线最小长度不应小于 2 倍缓和曲线长。各级公路平曲线的最小长度规定见表 2–4。

表 2–4 平 曲 线 最 小 长 度

| 设计速度/（km/h） | | 120 | 100 | 80 | 60 | 40 | 30 | 20 |
|---|---|---|---|---|---|---|---|---|
| 平曲线最小长度/m | 一般值 | 5500 | 4000 | 2500 | 1500 | 600 | 350 | 150 |
| | 最小值 | 7500 | 5250 | 3350 | 1900 | 800 | 450 | 200 |

注："一般值"为正常情况下的采用值；"最小值"为条件受限制时可采用的值。

（2）公路转角小于 7° 时的平曲线长度。当公路转角小于 7° 时，曲线长度往往看上去比实际长度短。因为在曲线两端附近的曲线部分被误认为是直线，只有在交点附近的部分才能看出是曲线，就会给驾驶员造成急转弯的错觉。为避免造成视觉错误、保证行车安全，在进行平面设计时应避免设置小于 7° 的转角。当条件限制不得已时，在偏角等于或小于 7° 的转角处应设置较长的平曲线，其长度应大于表 2-5 所列之值。

表 2-5　　　　　　　　　　　　公路转角小于 7° 时的平曲线长度

| 设计行车速度/（km/h） | 120 | 100 | 80 | 60 | 40 | 30 | 20 |
|---|---|---|---|---|---|---|---|
| 平曲线长度/m | $1400/\theta$ | $1200/\theta$ | $1000/\theta$ | $700/\theta$ | $500/\theta$ | $350/\theta$ | $280/\theta$ |

注：表中的 $\theta$ 角为路线转角值（°），当 $\theta < 2°$ 时，按 $\theta = 2°$ 计算。

### 2.1.3　缓和曲线

缓和曲线是道路平面线形要素之一，它是设置在直线与圆曲线之间或半径相差较大的两个转向相同的圆曲线之间的一种曲率连续变化的曲线。当汽车从直线进入圆曲线时，驾驶员应逐渐转动方向盘，以改变前轮的转向角，使其适应相应半径的圆曲线。前轮的逐渐转向是在进入圆曲线前的某一段内完成的。直线上半径为无穷大，圆曲线上半径为 $R$，从直线过渡到圆曲线，汽车行驶轨迹的曲率半径是不断变化的，缓和曲线段就是指从直线上半径无穷大到圆曲线的定值之间的曲率半径逐渐变化的过程，如图 2-1 所示。

《标准》规定，除四级路可不设缓和曲线外，其余各级公路都应设置缓和曲线。在现代高速公路上，有时缓和曲线所占的比例超过了直线和圆曲线，成为平面线形的主要组成部分。在城市道路上，缓和曲线也被广泛地使用。

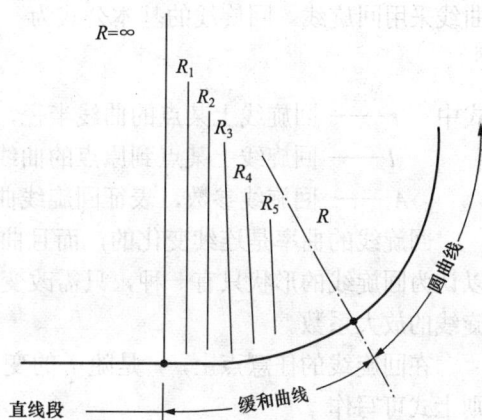

图 2-1　缓和曲线

#### 1. 缓和曲线的作用

（1）便于驾驶操作。汽车从直线驶入圆曲线，其曲率半径从无穷大变到一个定值，这时汽车的前轮转向角需要经过一段距离逐渐变化，才能使汽车较为安全、舒适地进入圆曲线。缓和曲线通过其曲率的逐渐变化，恰好能适应汽车转向操作的行驶轨迹及路线的顺畅，以构成美观并视觉协调的最佳线形。

（2）消除离心力的突变。直线段上无离心力，而圆曲线上存在离心力。如果不设缓和曲线，则汽车直接从直线段上进入圆曲线，所受离心力在切点处产生突变，这不利于行车的安全和舒适；相反，如果在直线和圆曲线间插入缓和曲线后，汽车行驶过程中是从没有离心力的直线段逐渐进入到离心力为一定值的圆曲线，这就消除了离心力的突变。

（3）完成超高和加宽的过渡。为保证线形顺畅、避免转折，当弯道需要设置超高、加宽时，应在缓和曲线内逐渐过渡到全超高或全加宽。

（4）增加线形美观。圆曲线与直线径相连接，在连接处曲率突变。在视觉上有不平顺的感觉。设置缓和曲线以后，线形连续顺滑，增加线形的美观；同时，从外观上看也感到安全，收到显著效果。

图 2-2　直线与曲线连接效果图
（a）不设缓和曲线感觉路线扭曲；（b）设置缓和曲线后变得平顺美观

**2. 缓和曲线的形式**

（1）回旋线。回旋线是公路路线设计中最常用的一种缓和曲线，我国《标准》规定缓和曲线采用回旋线。回旋线的基本公式为

$$rl = A^2 \tag{2-4}$$

式中　　$r$ —— 回旋线上某点的曲线半径，m；

　　　　$l$ —— 回旋线上某点到原点的曲线长，m；

　　　　$A$ —— 回旋线参数，表征回旋线曲率变化的缓急程度。

回旋线的曲率是连续变化的，而且曲率的变化与曲线长度的变化呈线性关系。为此，可以认为回旋线的形状只有一种，只需改变参数 $A$ 就能得到不同大小的回旋曲线，$A$ 相当于回旋线的放大系数。

在回旋线的任意点上，$r$ 是随 $l$ 的变化而变化的，但在缓和曲线的终点处，$l = L_s$，$r = R$，则上式可写作

$$RL_s = A^2 \tag{2-5}$$

则参数

$$A = \sqrt{RL_s} \tag{2-6}$$

式中　　$R$ —— 回旋线所连接的圆曲线的半径，m；

　　　　$L_s$ —— 回旋线的缓和曲线的长度，m。

设计上可以由已知 $R$ 和 $L_s$ 计算 $A$，也可以按各种条件选择 $R$ 和 $A$，再计算 $L_s$。

（2）其他形式缓和曲线。

1）三次抛物线。三次抛物线的方程式为

$$\left.\begin{array}{l} x = l \\[2mm] y = \dfrac{x^3}{6C} \end{array}\right\} \tag{2-7}$$

其中　　　　　　　　　　　　　　$C = RL_s$

三次抛物线的曲率半径与回旋线一样也是随长度由无穷大逐渐减小的，但当缓和曲线角 $\beta$

达到 24° 后，又开始增加。所以三次抛物线只能在 $\beta \leqslant 24°$ 的条件下用作为缓和曲线。

2）双纽线。双纽线的方程式为

$$r = \frac{C}{a} \tag{2-8}$$

双纽线的极角为 45° 时，曲线半径最小。此后半径增大至原点，全程转角达到 270°。因此，当弯道转角较大、半径较小时，例如在回头曲线或立体交叉的匝道上可以采用双纽线设置整个弯道，代替两段缓和曲线和一段主曲线。

如图 2-3 所示，回旋曲线、三次抛物线和双纽线在极角较小（5°～6°）时，几乎没有差别。随着极角的增加，三次抛物线的长度比双纽线的长度增加得快些，而双纽线的长度又比回旋线的长度增加得快些。回旋线的曲率半径减小得最快，而三次抛物线则减小最慢。从保证汽车平顺过渡的角度来看，三种曲线都可以作为缓和曲线。此外，也有使用 $n$ 次（$n \geqslant 3$）抛物线、正弦形曲线、多圆弧曲线作为缓和曲线的；但世界各国使用回旋曲线居多，我国《标准》推荐的缓和曲线也是回旋曲线。

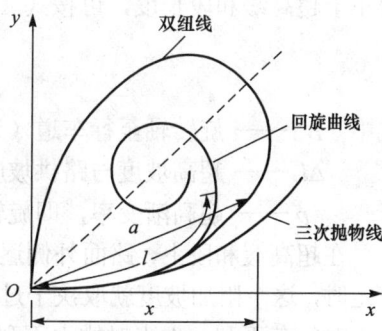

图 2-3 回旋曲线、三次抛物线和双纽线

**3. 缓和曲线的最小长度**

缓和曲线应有足够的长度，以使乘客感觉舒适，保证驾驶员操纵所需的时间，保证线形圆滑顺适等。所以，应规定缓和曲线的最小长度。可从以下几方面予以考虑。

（1）根据离心加速度变化率考虑。汽车以速度 $v$（m/s）在缓和曲线上行驶时，若在时间 $t$（s）内从缓和曲线起点到达终点，行驶距离为缓和曲线长度 $L_s$，而缓和曲线的曲率半径由无穷大均匀变化到 $R$，离心加速度则由零均匀增加到了 $a_{max}$，因此离心加速度的变化率为

$$a_t = \frac{a_{max}}{t} = \frac{v^2}{Rt}$$

而

$$t = \frac{L_s}{v}$$

代入 $t$ 并将 $v$（m/s）以 $V$（km/h）代替得

$$\left. \begin{array}{l} a_t = \dfrac{V^3}{47RL_s} \\[3mm] L_s = \dfrac{V^3}{47Ra_t} \end{array} \right\} \tag{2-9}$$

式中 $a_t$——离心加速度变化率，m/s³。

从乘客舒适的观点出发，并为使缓和曲线符合汽车运行特性，线形视觉良好，离心加速度变化率应限制在一定范围内。我国现行《标准》把离心加速度变化率限制在 0.5～0.6m/s³ 之间，等级高的公路取低值。

（2）根据驾驶员操作及反应时间考虑。在汽车从直线进入圆曲线的转向行驶过程中，驾驶员需要逐渐把方向盘转动一个角度，这一操作过程需要一定时间，亦即汽车在缓和曲线上行驶的时间不宜太短，否则驾驶员的操作过于紧张而不利于安全行车。

一般要求汽车在缓和曲线上行驶的时间应不小于3s，设汽车在缓和曲线上行驶的必要最小时间为 $t$（s），汽车行驶速度为 $V$（km/h），故缓和曲线的最小长度为：

$$L_{s(min)} = vt = \frac{V}{1.2} \quad (\text{m}) \tag{2-10}$$

（3）根据超高渐变率考虑。由超高的作用可知，当设缓和曲线时，公路的超高是在缓和曲线上完成渐变过程的，如果过渡段太短则会因路面急剧地由双坡变为单坡而形成一种扭曲的面，对行车不利。而且超高渐变是在缓和曲线全长范围内进行的。因此，缓和曲线长度不得小于超高缓和段长度，可按式（2-11）计算得缓和曲线的最小长度为：

$$L_{s(min)} = \frac{B\Delta i}{p} \tag{2-11}$$

式中　$B$ —— 旋转轴至行车道（设路缘带时为路缘带）外侧边缘的宽度，m；

　　　$\Delta i$ —— 超高坡度与路拱坡度的代数差，%；

　　　$p$ —— 超高渐变率，即旋转轴至行车道外侧边缘线之间的相对坡度。

在超高缓和段上，路面外侧逐渐抬高，从而形成一个"附加坡度"，当圆曲线上的超高值一定时，这个附加坡度就取决于过渡段长。附加坡度，或称超高渐变率，太大或太小都不好，太大对行车不利，太小对排水不利。其值见表2-6。

表 2-6　　　　　　　　　　　　　　超 高 渐 变 率

| 设计速度/（km/h） | 超高旋转轴位置 | |
| --- | --- | --- |
| | 中线 | 边线 |
| 120 | 1/250 | 1/200 |
| 100 | 1/225 | 1/175 |
| 80 | 1/200 | 1/150 |
| 60 | 1/175 | 1/125 |
| 40 | 1/150 | 1/100 |
| 30 | 1/125 | 1/75 |
| 20 | 1/100 | 1/50 |

考虑了以上各项因素，《标准》规定了各级公路缓和曲线的最小长度，见表 2-7；《城市道路设计规范》制定了城市道路的最小缓和曲线长度，见表 2-8。

表 2-7　　　　　　　　　　　　各级公路回旋线最小长度

| 速度/（km/h） | 120 | 100 | 80 | 60 | 40 | 30 | 20 |
| --- | --- | --- | --- | --- | --- | --- | --- |
| 回旋线最小长度/m | 100 | 85 | 70 | 50 | 35 | 25 | 20 |

注：四级公路为超高、加宽过渡段长度。

表 2-8　　　　　　　　　　　城市道路回旋线最小长度

| 计算行车速度/（km/h） | 80 | 60 | 50 | 40 | 30 | 20 |
| --- | --- | --- | --- | --- | --- | --- |
| 回旋线最小长度/m | 70 | 50 | 45 | 35 | 25 | 20 |

**4. 缓和曲线的省略**

《规范》规定，在下列情况下可不设回旋线：

（1）在直线与圆曲线间，当圆曲线半径大于或等于表 2-2 所列"不设超高的最小半径"时。

（2）半径不同的同向圆曲线间，当小圆半径大于或等于"不设超高的最小半径"时。

（3）小圆半径大于表 2-9 中所列半径，且符合下列条件之一者：

1）小圆按最小回旋线长度设回旋线时，大圆与小圆的内移值之差小于 0.10m 时；

2）设计速度大于或等于 80km/h 时，大圆半径 $R_1$ 与小圆半径 $R_2$ 之比小于 1.5 时；

3）设计速度小于 80km/h 时，大圆半径 $R_1$ 与小圆半径 $R_2$ 之比小于 2 时。

《城市道路设计规范》所规定的不设缓和曲线的最小圆曲线半径见表 2-10。

表 2-9　　　　　　　　　　　复曲线中小圆临界圆曲线半径

| 设计速度/（km/h） | 120 | 100 | 80 | 60 | 40 | 30 |
|---|---|---|---|---|---|---|
| 临界圆曲线半径/m | 2100 | 1500 | 900 | 500 | 250 | 130 |

表 2-10　　　　　　　　　　城市道路不设缓和曲线的最小圆曲线半径

| 计算行车速度/（km/h） | 80 | 60 | 40 | 30 |
|---|---|---|---|---|
| 不设缓和曲线的最小圆曲线半径/m | 2000 | 1000 | 700 | 500 |

**5. 缓和曲线要素计算**

图 2-4 为设置缓和曲线的道路平曲线基本图式，道路平面线形三要素的基本组成为：直线—回旋线—圆曲线—回旋线—直线。其几何元素的计算公式详见如下所列。

缓和曲线角：
$$\beta_0 = 28.647\,9\frac{L_s}{R} \tag{2-12}$$

切移距：
$$q = \frac{L_s}{2} - \frac{L_s^3}{240R^2} \tag{2-13}$$

内移值：
$$p = \frac{L_s^2}{24R} - \frac{L_s^4}{2384R^3} \tag{2-14}$$

切线总长：
$$T = (R + p)\tan\frac{\alpha}{2} + q \tag{2-15}$$

曲线总长：
$$L = (\alpha - 2\beta_0)\frac{\pi}{180}R + 2L_s \tag{2-16}$$

外距：
$$E = (R + p)\sec\frac{\alpha}{2} - R \tag{2-17}$$

校正值：
$$D = 2T - L \tag{2-18}$$

全部曲线共有五个主点里程桩号需要计算出来：

ZH——第一缓和曲线起点（直缓点）；

HY——第一缓和曲线终点（缓圆点）；

QZ——圆曲线中点（曲中点）；

YH——第二缓和曲线终点（圆缓点）；

*HZ*——第二缓和曲线起点（缓直点）。

曲线的五个主点里程桩号的由交点里程桩号推算出来的。如果分别以 *JD* 及上面五个符号代表相应的公路里程，则根据图 2–4 可得：

$$ZH = JD - T$$
$$HY = ZH + L_s$$
$$QZ = ZH + L/2$$
$$YH = HZ - L_s$$
$$HZ = ZH + L$$
$$JD = QZ + J/2$$

### 2.1.4　平面线形的组合与衔接

为保证汽车安全、舒适地行驶，应使路线线形圆滑、顺适，各线形要素之间要有连

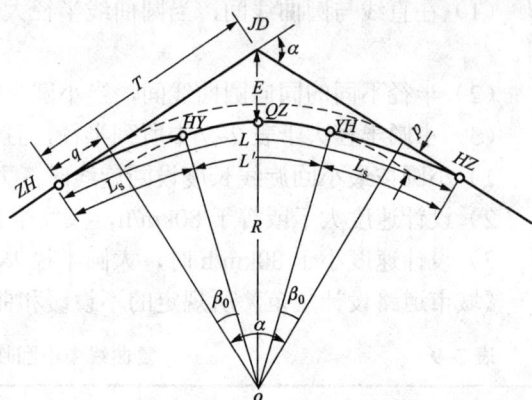

图 2–4　平面线形几何要素

续、均衡性，直线段与曲线段应彼此协调而成比例地敷设。平面线形的组合与衔接不当可能会令人感到单调、乏味，行车视距条件较差，甚至易发生交通事故。所以，平面线形设计应根据地形变化及地物状况，实事求是地巧妙组合运用。

**1. 简单型**

当一个弯道由直线与圆曲线组合时称为简单型曲线，即按直线—圆曲线—直线的顺序组合，如图 2–5 所示。简单型组合曲线在 *ZY* 和 *YZ* 点处有曲率突变点，对行车不利。当半径较小时该处线形也不顺适，一般限于四级公路采用。在其他等级公路中，当平曲线半径大于不设超高半径时，省略缓和曲线后也可以构成简单型。

**2. 基本型**

按直线—回旋线—圆曲线—回旋线—直线的顺序组合，如图 2–6 所示。

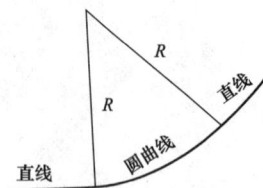

图 2–5　简单型曲线

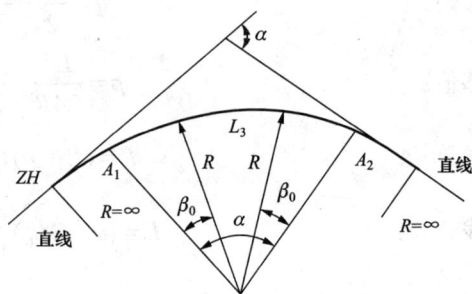

图 2–6　基本型曲线

基本型中的回旋线参数、圆曲线最小长度都应符合有关规定。两回旋线参数可以相等，称为对称基本型；也可以根据地形条件设计成不相等的非对称基本型曲线，即 $A_1 \neq A_2$，但 $A_1:A_2$ 不应大于 2.0。从线形的协调性看，宜将回旋线、圆曲线、回旋线之长度比设计成 1:1:1。

**3. S 型曲线**

两反向圆曲线相衔接或插入的直线长度不足时，可用回旋线将两反向圆曲线连接组合为

S 型曲线，如图 2-7 所示。

从行驶力学和线形协调、超高过渡上考虑，S 型曲线相邻两个回旋线参数 $A_1$ 和 $A_2$ 值最好相等；当采用不同的参数时，$A_1$ 和 $A_2$ 之比应小于 2.0，有条件时以小于 1.5 为宜。

S 型的两个反向回旋线以径相连接为宜。当受地形成其他条件限制而不得不插入短直线时，其短直线的长度应符合：

$$l \leqslant \frac{A_1 + A_2}{40}(\text{m})$$

两圆曲线半径之比不宜过大，以 $R_2/R_1 = 1/3 \sim 1$ 为宜（$R_1$ 为大圆曲线半径；$R_2$ 为小圆曲线半径）。

#### 4. 卵型曲线

用一个回旋线将两同向圆曲线连接组合成为卵型曲线，如图 2-8 所示。卵型曲线的回旋线参数宜选 $R_2/2 \leqslant A \leqslant R_2$。两圆曲线半径之比，以 $R_2/R_1 = 0.2 \sim 0.8$ 为宜（$R_2$ 为小圆曲线半径、$R_1$ 为大圆曲线半径）。两圆曲线的间距，以 $D/R_2 = 0.003 \sim 0.03$ 为宜（$D$ 为两圆曲线间的最小间距）。

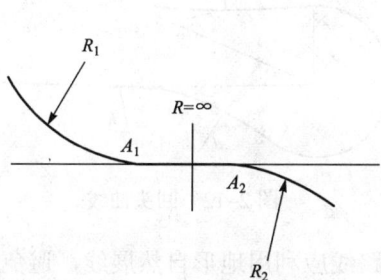

图 2-7　S 型曲线

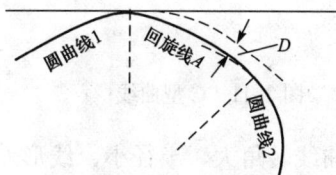

图 2-8　卵型曲线

#### 5. 凸型曲线

两同向回旋线在曲率相同处径相衔接而组合成为凸型曲线，如图 2-9 所示。

凸型曲线只有在路线严格受地形限制，且对接点的曲率半径相当大时方可采用。凸型曲线的回旋线参数及其对接点的曲率半径，应分别符合容许最小回旋参数和圆曲线最小半径的规定。

#### 6. 复合型曲线

受地形条件限制时，采用两个或两个以上同向回旋线在曲率相同处径相连接而组合成为复合曲线，如图 2-10 所示。

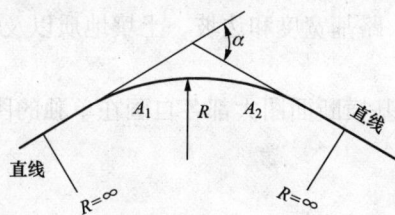

图 2-9　凸型曲线

图 2-10　复合型曲线

复合曲线的两个回旋线参数之比以小于 1.5 为宜。复合型除因地形或其他特殊原因限制外，一般很少使用，多应用于互通式立体交叉的匝道设计中。

**7. C 型曲线**

两同向圆曲线的回旋线在曲率为零处径相衔接的组合形式称为 C 型曲线，如图 2–11 所示。

C 型曲线相当于两基本型的同向曲线中间直线长度为零。对行车和线形都带来一些不利影响，所以仅限于地形特殊困难、路线严格受限时方可采用。

**8. 回头曲线**

回头曲线是由一个主曲线、两个辅助曲线和主、辅曲线所夹的直线段组合而成的复杂曲线，如图 2–12 所示。回头曲线一般在山区公路为克服高差在同一坡面上展线时采用，其圆心角一般接近或大于 180°。

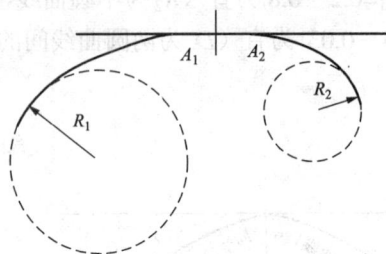

图 2–11  C 型曲线          图 2–12  回头曲线

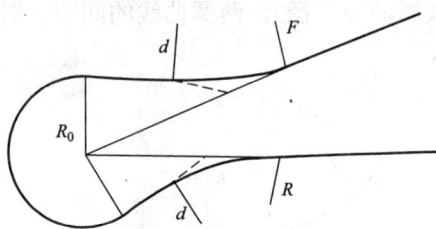

回头曲线转角大、半径小、线形差，一般越岭路线应利用地形自然展线，避免设置回头曲线。三级公路、四级公路在自然展线无法争取需要的距离以克服高差，或因地形、地质条件所限不能采取自然展线时，方可采用回头曲线。

回头曲线的前后线形应连续、均匀、通视良好，两端以布设过渡性曲线为宜，且设置限速标志、交通安全设施等。

## 2.1.5　道路平面图识读要点

道路是建筑在大地表面的带状构造物，它的中心线（简称中线）是一条空间曲线。路线具有狭长、高差大和弯曲多等特点。因此，路线工程图的表示方法与一般工程图不完全相同，有自己的一些特殊画法与规定。它是用路线平面图作为平面图，路线纵断面图和路基横断面图分别代替立面图和侧面图。也就是说路线工程图主要是由路线平面图、路线纵断面图和路基横断面图三个部分组成。通过三个方面的图示来说明路线的平面位置、线型状况、沿线两侧一定范围内的地形和地物、纵断面的标高和坡度、路基宽度和边坡、土壤地质以及沿线构造物的位置及其与路线的相互关系。

值得注意的是，路线平面图、路线纵断面图和路基横断面图大都各自画在单独的图纸上，读图时可以相互对照。

**1. 路线平面图组成**

路线平面图是上面绘有公路中线的地形图。通过它可以反映出路线的方位、平面线形（直线和左、右弯道）、沿路线两侧一定范围内的地形、地物与路线的相互关系以及结构物的平面位置。其内容包括地形和路线。

（1）地形部分。路线平面图中的地形部分也就是原始的地形图。在设计时，借助它作为纸上定线移线之用。

1）方位。为了表示地区的方位和路线的走向，地形图上需画出坐标网或指北针，如图 2-13 所示。"⊕"符号通常是方位的坐标网表示法，其 X 轴向为南北方向（上为北），Y 轴向为东西方向（右为东）。$\frac{N300}{E200}$ 表示两垂直线的交点坐标为距坐标网原点北 300、东 200 单位（m）。①符号为指北针，箭头所指为正北方向。

2）比例。为了清晰地表示图样，根据地形起伏情况的不同，可采用相应的比例来绘制地形图。一般在山岭重丘区采用 1:2000，微丘区和平原区采用 1:5000。

3）地物。地物如河流、农田、房屋、桥梁、铁路等是用图例来表示的。

4）地形。路线所在地带的地势起伏情况是用等高线来表示的。

（2）路线部分。公路路线在平面上是由一系列的直线段和曲线段组成。如图 2-13 所示。

1）桩号。路线平面图中以加粗粗实线来表示公路的中线（设计线）。路线的长度用里程表示，里程桩号的标注应在公路中线上从路线起点到终点，按从小到大、从左往右的顺序排列。公里桩宜标注在路线前进方向的左侧，用符号"⊕"表示桩位，用"K×××"表示其公里数；百米桩宜标注在路线前进方向的右侧（也可以在左侧），用垂直于路线的短细线表示桩位，用阿拉伯数字表示百米数。

2）平曲线。路线的平面线形有直线型和曲线型，而曲线又包含圆曲线和缓和曲线。对于曲线型路线的公路转弯处，在平面图中是用交点 JD 来表示，并沿前进方向按顺序将交点编号，如图 2-13 所示，$JD_5$ 表示第 5 号交点。$\alpha$ 为偏角（$\alpha_z$ 为左偏角，$\alpha_y$ 为右偏角），它是沿路线前进方向，向左或向右偏转的角度。还有圆曲线设计半径 R、切线长 T、曲线长 L、外矢距 E 以及设有缓和曲线段路线的缓和曲线长 $L_s$ 都可在路线平面图中的曲线表里查得，如图 2-13 所示。路线平面图中对圆曲线还需标出曲线起点 ZY（直圆点）、中点 QZ（曲中点）、曲线终点 YZ（圆直点）的位置，对带有缓和曲线段的路线则需标出 ZH（直缓点）、HY（缓圆点）和 YH（圆缓点）、HZ（缓直点）的位置。

3）结构物和控制点。在平面图中还须标示出公路沿线的工程构造物和控制点，如桥涵、三角点和水准点等工程图中的常用图例，结合表可从路线平面图上了解到公路沿线工程构造物的位置、类型和分布情况以及控制点的坐标和高程，如 △ S11 表示 S 系列第 11 号三角点，$\frac{BM3}{742.84}$ 表示第 3 号水准点，其高程为 742.84m。

**2. 读图要点**

读图可按下列顺序进行：

（1）先看清路线平面图中的控制点、坐标网（或指北针方向）以及画图所采用的比例。

（2）看地形图，了解路线所处区域的地形、地物分布情况。

（3）看路线设计线，了解路线在平面的走向。

（4）了解平曲线的设置情况及平曲线要素。

（5）注意路线与公路、铁路、河流交叉的位置。

（6）与前后路线平面图拼接起来后，了解路线在平面图中的总体布置情况。

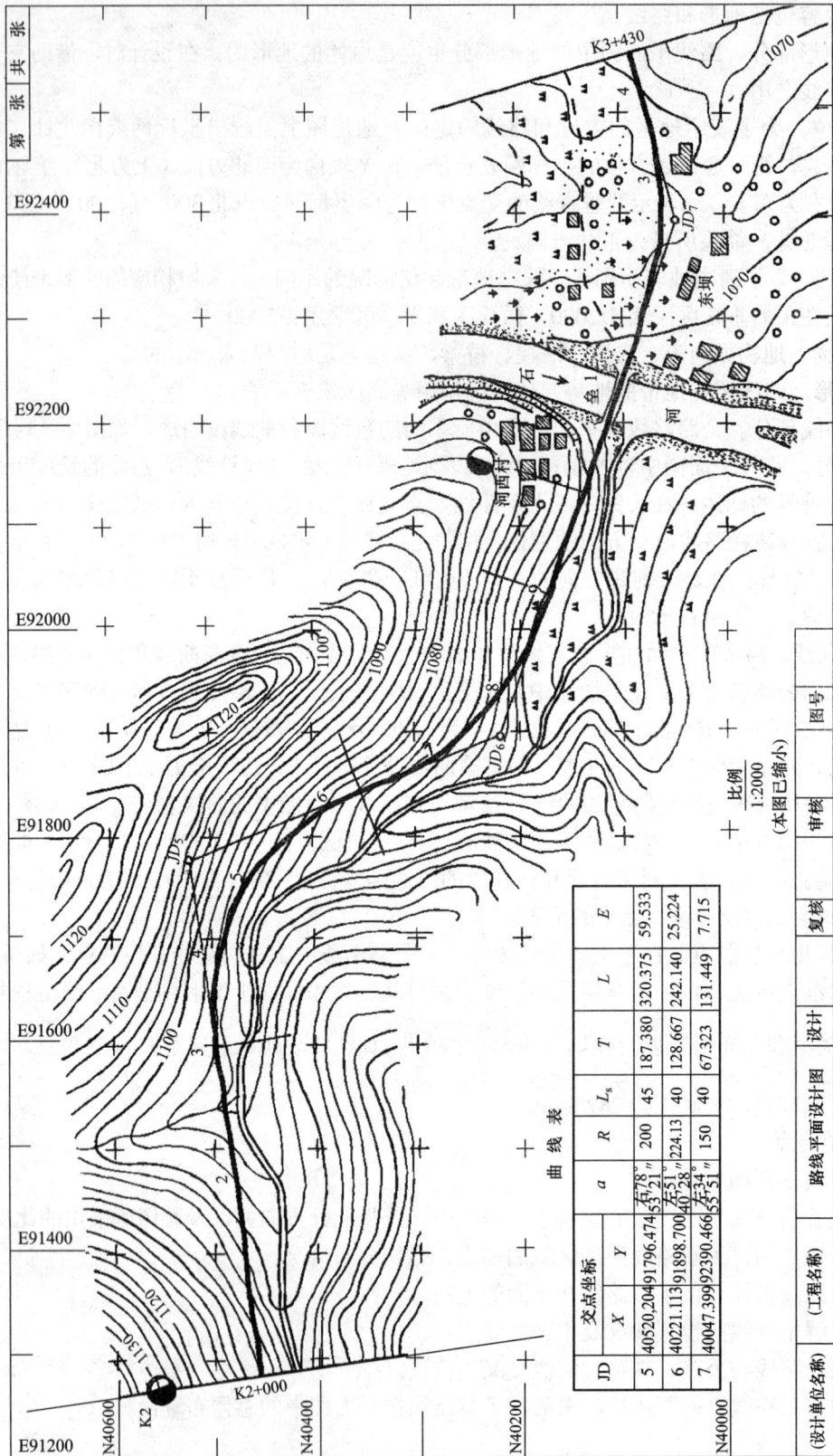

曲　线　表

| JD | 交点坐标 | | a | R | $L_s$ | T | L | E |
|----|---|---|---|---|---|---|---|---|
| | X | Y | | | | | | |
| 5 | 40520.204 | 91796.474 | 右78°53′21″ | 200 | 45 | 187.380 | 320.375 | 59.533 |
| 6 | 40221.113 | 91898.700 | 左51°40′28″ | 224.13 | 40 | 128.667 | 242.140 | 25.224 |
| 7 | 40047.399 | 92390.466 | 左34°55′51″ | 150 | 40 | 67.323 | 131.449 | 7.715 |

比例
1:2000
(本图已缩小)

| (设计单位名称) | (工程名称) | 路线平面设计图 | 设计 | 复核 | 审核 | 图号 |
|---|---|---|---|---|---|---|

图 2-13　公路平面设计图示例

## 2.2　道路纵断面图识读

通过道路中线的竖向剖面，称为纵断面。它主要反映路线起伏、纵坡与原地面的切割情况。公路的纵断面是由不同的上坡段、下坡段（统称坡段）和连接相邻两坡段的竖曲线组成，即公路路线在纵断面上是一条有起伏的空间线，其基本线形由坡度线和竖曲线组成。相邻两度坡线的交点称为转坡点，转坡点前后两坡度线坡度之差称为转坡角。在转坡点处应设竖曲线，按坡度转折形式的不同，竖曲线可分为凹形竖曲线和凸形竖曲线，其大小用半径和水平长度表示。

公路纵断面设计是在纵断面图上决定坡度、坡长、竖曲线半径等数值以及做有关的计算工作等。其主要任务就是根据汽车的动力特性、道路等级、地形、地物、水文地质等因素，综合考虑路基稳定、排水以及工程经济性等要求，达到行车安全迅速、运输经济合理及乘客感觉舒适的目的。

### 2.2.1　纵坡与坡长

路线的纵向坡度简称纵坡，用符号 $i$ 表示，其值可按下式计算：

$$i = \frac{H_2 - H_1}{L} \times 100\% \qquad (2-19)$$

式中　　$H_1$、$H_2$ ——按路线前进方向为序的坡线两端点的标高，m；

$L$ ——坡线两端点间的水平距离，称坡线长度，简称坡长，m。

路线的纵坡按路线前进方向，上坡时 $i$ 为 "+"，下坡时 $i$ 为 "–"。

**1. 纵坡设计**

（1）最大纵坡。最大纵坡是指在纵断面设计中，各级公路允许采用的最大坡度值。越岭公路常常采用较大纵坡，这是因为纵坡越大，路程就越短，一般来说工程量也越省。但由于汽车牵引力有一定的限制，故纵坡不能采用太大值，必须对最大纵坡加以限制。

制定最大纵坡主要是依据汽车的动力特性、道路等级、自然条件、车辆行驶安全以及工程、运营经济等因素进行确定。汽车沿陡坡行驶时，因克服升坡阻力及其他阻力需要增大牵引力，车速便会降低，若陡坡过长，将引起汽车水箱 "开锅"（即沸腾）、气阻等情况，严重时，还可能使发动机熄火，使驾驶条件恶化。若沿陡坡下行，因制动次数增多，制动器易发热而失效，司机心理紧张，易引起交通事故。当道路泥泞时，情况更为严重。因此，我国《规范》规定的公路最大纵坡见表 2–11。

| 表 2–11 | 公 路 最 大 纵 坡 | | | | | | |
|---|---|---|---|---|---|---|---|
| 设计速度/（km/h） | 120 | 100 | 80 | 60 | 40 | 30 | 20 |
| 最大纵坡（%） | 3 | 4 | 5 | 6 | 7 | 8 | 9 |

注：1. 设计速度为 120km/h、100km/h、80km/h 的高速公路，受地形条件或其他特殊情况限制时，经技术经济论证最大纵坡值可增加 1%。

2. 设计速度为 40km/h、30km/h、20km/h 的公路，改建工程利用原有公路的路段，经技术经济论证，最大纵坡值可增加 1%。

3. 四级公路位于海拔 2000m 以上或积雪冰冻地区的路段，最大纵坡不应大于 8%。

城市道路纵坡设计时除应考虑上述因素外，尚应结合其自身特点，确定最大纵坡。城市道路车行道线、人行道线均与路中心线纵坡相同，如道路纵坡过大，将使临街建筑物地坪标高难与人行道纵坡协调而影响街景；道路纵坡过大还不利于地下管线的敷设；考虑到自行车的爬坡能力，最大纵坡应不大于 3%。城市道路最大纵坡值见表 2-12。

表 2-12　　　　　　　　　　　　城 市 道 路 最 大 纵 坡

| 计算行车速度/（km/h） | | 80 | 60 | 50 | 40 | 30 | 20 |
|---|---|---|---|---|---|---|---|
| 最大纵坡（%） | 推荐值 | 4 | 5 | 5.5 | 6 | 7 | 8 |
| | 限制值 | 6 | 7 | 7 | 8 | 9 | 9 |

注：1. 海拔 3000～4000m 高原城市道路的最大纵坡度推荐值按表列值减小 1%。
　　2. 积雪寒冷地区最大纵坡度推荐值不得超过 6%。

（2）最小纵坡。为了保证挖方路段、设置边沟的低填方路段和横向排水不畅路段的排水，以防止积水渗入路基而影响其稳定性，一般在这些路段避免采用水平纵坡。所以《标准》规定在各级公路的长路堑路段，以及其他横向排水不畅的路段，均应采用不小于 0.3% 的纵坡，采用平坡（0%）或小于 0.3% 时，其边沟应作纵向排水设计。

城市道路最小纵坡应能保证排水和防止管道淤塞所必须的最小纵坡，其值为 0.3%。如遇特殊困难，其纵坡度必须小于 0.3% 时，则应设置锯齿形街沟排除积水。

（3）高原地区纵坡折减。在海拔 3000m 以上的高原地区，因空气稀薄而使汽车发动机功率降低，也相应地降低了汽车的爬坡能力；此外，在高原地区行车，汽车车箱容易开锅，破坏冷却系统。因此设计速度小于或等于 80km/h，位于海拔 3000m 以上高原地区的公路，最大纵坡应按表 2-13 中所列的规定予以折减。最大纵坡折减后若小于 4%，则仍采用 4%。

表 2-13　　　　　　　　　　　　高 原 纵 坡 折 减 值

| 海拔高度/m | 3000～4000 | >4000～5000 | 5000 以上 |
|---|---|---|---|
| 折减值（%） | 1 | 2 | 3 |

### 2. 坡长设计

坡长是指变坡点间的水平直线距离，坡长限制主要是指对较陡纵坡的最大长度和一般纵坡的最小长度加以限制。

（1）最大坡长。根据汽车的动力性能可知，道路纵坡的大小及其坡长对汽车的行驶影响很大，特别是长距离的陡坡对汽车行驶非常不利。当纵坡的坡段太长，汽车因克服坡度阻力而采用低速档行驶，会使发动机过热，水箱沸腾，行驶无力，发动机易受磨损甚至熄火停驶；而下坡时，则会因坡度过陡、坡段过长频繁制动，多次制动易使制动器失灵甚至造成车祸。因此对纵坡较大的坡段，其最大坡长必须加以限制。《标准》和《城市道路设计规范》规定的最大坡长见表 2-14 和表 2-15。

表 2-14　　　　　　　　　　　　公 路 不 同 纵 坡 最 大 坡 长

| 设计速度/（km/h） | | 120 | 100 | 80 | 60 | 40 | 30 | 20 |
|---|---|---|---|---|---|---|---|---|
| 纵坡坡度（%） | 3 | 900 | 1000 | 1100 | 1200 | — | — | — |
| | 4 | 700 | 800 | 900 | 1000 | 1100 | 1100 | 1200 |
| | 5 | — | 600 | 700 | 800 | 900 | 900 | 1000 |
| | 6 | — | — | 500 | 600 | 700 | 700 | 800 |
| | 7 | — | — | — | — | 500 | 500 | 600 |
| | 8 | — | — | — | — | 300 | 300 | 400 |
| | 9 | — | — | — | — | — | 200 | 300 |
| | 10 | — | — | — | — | — | — | 200 |

**表 2-15**　　　　　　　　　　　　城 市 道 路 最 大 坡 长

| 计算行车速度/(km/h) | 80 | | | 60 | | | 50 | | | 40 | | |
|---|---|---|---|---|---|---|---|---|---|---|---|---|
| 纵坡坡度（%） | 5 | 5.5 | 6 | 6 | 6.5 | 7 | 6 | 6.5 | 7 | 6.5 | 7 | 8 |
| 坡长限制/m | 600 | 500 | 400 | 400 | 350 | 300 | 350 | 300 | 250 | 300 | 250 | 200 |

（2）最小坡长。最小坡长的限制主要是从汽车行驶平顺性的要求考虑的。公路设计应尽量减少纵坡转折以满足行车平顺性，如果坡长过短，使变坡点增多，汽车行驶在连续起伏地段产生的增重与减重的变化频繁，导致乘客感觉不舒适，因此一般应保证汽车在坡道上行驶时间为 9～15s；同时当坡度差较大时还容易造成视觉的阻断，从而影响行车安全性。从路容美观、相邻两竖曲线的设置和纵面视距等也要求坡长应有一定最短长度。

我国《标准》和《城市道路设计规范》规定的最小坡长见表 2-16 和表 2-17。

**表 2-16**　　　　　　　　　　　　公 路 最 小 坡 长

| 设计速度/(km/h) | 120 | 100 | 80 | 60 | 40 | 30 | 20 |
|---|---|---|---|---|---|---|---|
| 最小坡长/m | 300 | 250 | 200 | 150 | 120 | 100 | 60 |

**表 2-17**　　　　　　　　　　　　城 市 道 路 最 小 坡 长

| 计算行车速度/(km/h) | 120 | 100 | 80 | 60 | 40 | 30 | 20 |
|---|---|---|---|---|---|---|---|
| 最小坡长/m | 300 | 250 | 200 | 150 | 120 | 100 | 60 |

注：平面交叉路口、立体交叉匝道等坡段不受此限制。

（3）缓和坡段。在纵断面设计中，当陡坡的长度达到限制坡长时，应安排一段缓坡，用以恢复在陡坡上降低的速度，同时也可以减轻上坡时汽车的机件磨损，将这一段称为缓和坡段。

从下坡安全考虑，缓坡可以降低下坡时制动器的过高温度，以保证行车安全。在缓坡上汽车将以加速行驶，理论上缓坡的长度应适应这个加速过程的需要。

《规范》规定：公路连续上坡或下坡时，应在不大于表 2-14 中规定的纵坡长度之间设置缓和坡段。缓和坡段的纵坡应不大于 3%，其长度应符合表 2-16 中最小坡长的规定。

《城市道路设计规范》规定：设计纵坡度超过 5%，坡长超过表 2-15 规定值时，应设纵坡缓和段。缓和段的坡度为 3%，长度应符合表 2-17 中的规定。

**3. 平均纵坡**

由若干坡段组成的路段，其两端点的高差与路段长度之比称为平均纵坡，用符号 $i_p$ 表示，即

$$i_p = \frac{H}{L} \times 100\% \qquad (2-20)$$

式中　$i_p$—— 路段平均纵坡，%；

　　　$H$—— 路段两端点的高差，m；

　　　$L$—— 路段的长度，m。

道路的纵断面设计，即使完全符合最大纵坡、坡长限制及缓和坡段的规定，也还不能保证使用质量。在山区公路的纵坡设计时，可能会不间断地交替使用标准规定的最大纵坡和缓和坡段，这似乎是合法的，但会造成汽车上坡持续使用低速档爬坡，也易导致车辆水箱开锅；

下坡会使刹车片过热、失效而导致交通事故发生，这就不合理了。

为了避免产生这种"合法但不合理"现象，《标准》规定：二、三、四级公路越岭路线连续上坡或下坡路段相对高差为200~500m时，平均纵坡不应大于5.5%；相对高差大于500m时，平均纵坡不应大于5%。任意连续3km路段的平均纵坡不应大于5.5%。

《城市道路设计规范》规定：越岭路段的相对高差为200~500m时，平均纵坡度宜采用4.5%；相对高差大于500m时，宜采用4%，任意连续3000m长度范围内的平均纵坡度不宜大于4.5%。

### 4. 合成坡度

合成坡度是指在设有超高的平曲线上，路线纵坡与超高横坡或不设超高的路面横坡所组成的坡度。计算公式为：

$$I = \sqrt{i^2 + i_h^2} \qquad (2-21)$$

式中　$I$ —— 合成坡度；

　　　$i$ —— 路线纵坡度；

　　　$i_h$ —— 路面横坡度。

在有平曲线的坡道上，最大坡度在纵坡和超高坡度的合成方向上。若合成坡度过大，当车速较慢或汽车停在合成坡度上，汽车可能沿合成坡度的方向产生侧滑或打滑；同时若遇到急弯陡坡，对行车来说，可能会在短时间向合成坡度方向下滑，使汽车沿合成坡度冲出弯道之外而产生事故。因此将合成坡度控制在一定范围之内，目的是尽可能地避免急弯和陡坡的不利组合，防止因合成坡度过大而引起的横向滑移和行车危险，保证车辆在弯道上安全而顺适地行驶。

我国《规范》规定各级公路的最大合成坡度值见表2-18，《城市道路设计规范》对城市道路合成坡度的规定见表2-19。

当陡坡与小半径圆曲线相重叠时，宜采用较小的合成坡度。特别是在冬季路面有积雪结冰的地区、自然横坡较陡峻的傍山路段及非汽车交通量较大的路段，其合成坡度必须小于8%。为了保证路面排水，合成坡度的最小值不宜小于0.5%。

表2-18　　　　　　　　　　　公　路　最　大　合　成　坡　度

| 公路等级 | 高速公路 | | | 一级公路 | | | 二级公路 | | 三级公路 | | 四级公路 |
|---|---|---|---|---|---|---|---|---|---|---|---|
| 设计速度/（km/h） | 120 | 100 | 80 | 100 | 80 | 60 | 80 | 60 | 40 | 30 | 20 |
| 合成坡度值（%） | 10.0 | 10.0 | 10.5 | 10.0 | 10.5 | 10.5 | 9.0 | 9.5 | 10.0 | 10.0 | 10.0 |

表2-19　　　　　　　　　　　城市道路最大合成坡度

| 计算行车速度/（km/h） | 80 | 60 | 50 | 40 | 30 | 20 |
|---|---|---|---|---|---|---|
| 合成坡度（%） | 7 | 6.5 | 6.5 | 7 | 7 | 8 |

### 5. 爬坡车道

爬坡车道是高速公路和一级公路在陡坡路段正线行车道外侧增设的供载重车行驶的专用车道。在道路纵坡较大的路段上，载重车爬坡时需克服较大的坡度阻力，车速下降，大型车与小型车的速差变大，超车频率增加，对行车安全不利。速差较大的车辆混合行驶，必将减小快车的行驶自由度，导致通行能力下降。为了消除上述种种不利影响，宜在陡坡路段增设爬坡车道，把载重车从正线车流中分离出去，可提高小型车行驶的自由度，确保行车安全，增加路段的通过能力。

《规范》中规定四车道高速公路、四车道一级公路以及二级公路连续上坡路段，符合下列情况之一者，宜在上坡方向行车道右侧设置爬坡车道：

（1）沿连续上坡方向载重汽车的运行速度降低到表 2-20 中所规定的容许最低速度以下时。

（2）上坡路段的设计通行能力小于设计小时交通量时。

（3）经设置爬坡车道与改善主线纵坡不设爬坡车道技术经济比较论证，设置爬坡车道的效益费用比、行车安全性较优时。

**表 2-20**　　　　　　　　　　　　　　上坡方向容许最低速度

| 计算行车速度/（km/h） | 120 | 100 | 80 | 60 | 40 |
|---|---|---|---|---|---|
| 容许最低速度/（km/h） | 60 | 55 | 50 | 40 | 25 |

### 2.2.2　竖曲线

纵断面上两相邻纵坡线的交点为变坡点，为保证汽车安全、顺适及视距的需要而在变坡点处设置的纵向曲线称为竖曲线，如图 2-14 所示。

转坡点前后两坡度线坡度之差称为转坡角，用符号 $\omega$ 表示，其值可按下式计算：

$$\omega = i_1 - i_2 \qquad (2-22)$$

式中　$\omega$ —— 转坡角的度数，以弧度计；

$i_1$、$i_2$ —— 转坡点前后坡线的纵坡，以小数计，上坡取 "+"，下坡取 "-"。

按式（2-22）计算结果，$\omega$ 为 "+" 时曲线开口朝下，称为凸形竖曲线，纵断面图上用 "凵" 符号表示；$\omega$ 为 "-" 时曲线开口朝上，则为凹形竖曲线，用符号 "凸" 表示。

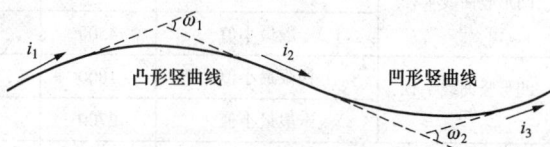

图 2-14　竖曲线示意图

竖曲线的形式可采用抛物线或圆曲线，在使用范围上二者几乎没有差别。我国规定各级公路在变坡点处均应设置竖曲线，竖曲线形式宜采用圆曲线。

由于在纵断面上只计水平距离和竖直高度，斜线不计角度而计坡度，因此，竖曲线的切线长与曲线长是其在水平面上的投影。

**1. 竖曲线设计标准**

（1）竖曲线的最小半径。纵面线形的优劣很大程度上取决于竖曲线半径的大小。为使行车舒适，在不过分增加土石方数量的情况下，应尽量采用较大半径。

凸形竖曲线半径的选定应能提供汽车所需要的视距，以保证汽车能安全迅速地行驶。凹形竖曲线主要为缓和行车时汽车的颠簸和振动而设置，汽车沿凹形竖曲线路段行驶时，在重力方向受到离心力作用而发生颠簸和引起弹簧负荷增加，凹形竖曲线最小半径的主要控制依据是使离心力不致过大。

《规范》将竖曲线半径分为极限最小半径和一般最小半径，见表 2-21。我国城市道路竖曲线半径可参照表 2–22 采用。

（2）竖曲线的最小长度。当竖曲线两端直线坡段的坡度差很小时，即使半径较大，竖曲线的长度亦有可能较小，此时汽车在竖曲线段倏忽而过，冲击增大，乘客不适；从视觉上考虑也会感到线形突然转折。因此，汽车在竖曲线上行驶时的时间不能太短，以此来控制竖曲线长度。《规范》规定竖曲线最小长度见表 2–21。城市道路竖曲线长度可参照表 2–22 采用。

同向竖曲线间，特别是同向凹形竖曲线之间，如果直线坡段接近或达到最小坡长时，宜合并为单曲线或复曲线，以避免出现断背曲线。

表 2–21 竖曲线最小半径与最小长度

| 设计速度 /（km/h） | | 120 | 100 | 80 | 60 | 40 | 30 | 20 |
|---|---|---|---|---|---|---|---|---|
| 凸形竖曲线最小半径 /m | 一般值 | 17 000 | 10 000 | 4500 | 2000 | 700 | 400 | 200 |
| | 极限值 | 11 000 | 6500 | 3000 | 1400 | 450 | 250 | 100 |
| 凹形竖曲线最小半径 /m | 一般值 | 6000 | 4500 | 3000 | 1500 | 700 | 400 | 200 |
| | 极限值 | 4000 | 3000 | 2000 | 1000 | 450 | 250 | 100 |
| 竖曲线最小长度 /m | 一般值 | 250 | 210 | 170 | 120 | 90 | 60 | 50 |
| | 最小值 | 100 | 85 | 70 | 50 | 35 | 25 | 20 |

表 2–22 城市道路竖曲线最小半径与最小长度

| 计算行车速度 /（km/h） | | 80 | 60 | 50 | 40 | 30 | 20 |
|---|---|---|---|---|---|---|---|
| 凸形竖曲线半径 /m | 极限最小值 | 3000 | 1200 | 900 | 400 | 250 | 100 |
| | 一般最小值 | 4500 | 1800 | 1350 | 600 | 400 | 150 |
| 凹形竖曲线半径 /m | 极限最小值 | 1800 | 1000 | 700 | 450 | 250 | 100 |
| | 一般最小值 | 2700 | 1500 | 1050 | 700 | 400 | 150 |
| 竖曲线最小长度/m | | 70 | 50 | 40 | 35 | 25 | 20 |

注：非机动车道，凸、凹形竖曲线半径为 500m。

### 2. 竖曲线几何要素计算

竖曲线要素主要包括竖曲线长度 $L$、切线长度 $T$ 和外距 $E$，如图 2–15 所示。因纵坡很小，而高程变化值与水平距离之比相差很大，因而实际计算时，均假定竖曲线长度 $L$、切线长度 $T$ 等于其水平投影长度。竖曲线形式通常采用圆曲线，各要素的计算公式为

$$\left.\begin{aligned} L &= R\omega \\ T &= \frac{L}{2} = \frac{R\omega}{2} \\ E &= \frac{1}{4}T\omega = \frac{T^2}{2R} \\ y &= \frac{x^2}{2R} \end{aligned}\right\} \qquad (2\text{--}23)$$

式中　　$R$——竖曲线半径，m；

$\qquad$ $L$——竖曲线的曲线长，m；

$\qquad$ $T$——竖曲线的切线长，m；

$\qquad$ $E$——竖曲线的外距，m；

$\qquad$ $\omega$ ——两相邻纵坡的代数差，以小数计，
在竖曲线要素计算时取其绝对值计；

$\qquad$ $y$——竖曲线上任意点到切线的纵距，即
竖曲线上任意点与坡线的高差，m，
亦称改正值；

$\qquad$ $x$——竖曲线上任意点与竖曲线起点或终
点的水平距离，m。

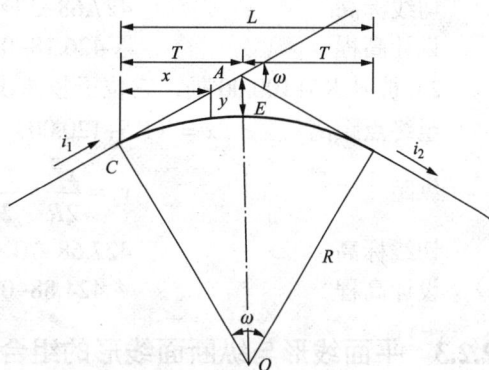

图 2-15　竖曲线要素

**3. 竖曲线内任一里程桩号处设计标高计算**

在纵断面上，有两条主要线条：一条是地面线，它是通过公路中线原地面各点的连线，地面线上各点的标高称为地面标高；另一条是设计线，设计线上各点的标高称为设计标高。首先计算竖曲线起终点的桩号：

竖曲线起点桩号=变坡点桩号-$T$

竖曲线终点桩号=变坡点桩号+$T$

其中，横距 $x$=任一点桩号-竖曲线起点桩号，则纵距 $y=\dfrac{x^2}{2R}$。

则竖曲线各点设计高程为：

对于凸形竖曲线　　　　设计标高=未设竖曲线时纵坡线上的高程-$y$

对于凹形竖曲线　　　　设计标高=未设竖曲线时纵坡线上的高程+$y$

【例 2-1】某二级公路，设计车速 $V$=80km/h，相邻两坡段纵坡为 $i_1$=5% 和 $i_2$= -4%，变坡点桩号为 K5+030.00，该点的高程 427.68m，竖曲线半径 $R$=2000m。试计算竖曲线诸要素以及桩号为 K5+000.00 和 K5+100.00 处的设计高程。

【解】（1）计算竖曲线要素。

变坡角：　　　　　　　　$\omega$=$i_1$-$i_2$=0.05-（-0.04）=0.09

$\omega$>0，故为凸形竖曲线。

竖曲线长度：　　　　$L=R\omega=2000\times0.09=180$ （m）

切线长度：　　　　　$T=\dfrac{L}{2}=\dfrac{180}{2}=90$ （m）

外距：　　　　　　　$E=\dfrac{T^2}{2R}=\dfrac{90^2}{2\times2000}=2.03$ （m）

（2）求竖曲线起点和终点桩号。

竖曲线起点桩号=K5+030.00-90=K4+940.00

竖曲线终点桩号=K5+030.00+90=K5+120.00

（3）计算设计高程。

1）桩号 K5+000.00 处，它位于竖曲线内，变坡点左侧，则

至起点距离　　　$x_1$=（K5+000.00）－（K4+940.00）=60（m）

纵距　　　　　　$y_1 = \dfrac{x_1^2}{2R} = \dfrac{60^2}{2 \times 2000} = 0.90$（m）

切线标高　　　　427.68－30×0.05=426.18（m）

设计高程　　　　426.18－0.90=425.28（m）

2）桩号 K5+100.00 处，它位于竖曲线内，变坡点右侧，则

至终点距离　　　$x_2$=（K5+120.00）－（K5+100.00）=20（m）

纵距　　　　　　$y_2 = \dfrac{x_2^2}{2R} = \dfrac{20^2}{2 \times 2000} = 0.10$（m）

切线标高　　　　427.68－70×0.04=424.88（m）

设计高程　　　　424.88－0.10=424.78（m）

### 2.2.3　平面线形与纵断面线形的组合

道路线形设计的顺序一般是从选线开始，首先确定平面线形，其次确定纵面线形，再到平、纵线形的协调设计。所谓协调，一般是在最后衡量，但只在最后阶段进行，实际是不够的，从一开始就要综合考虑。因此，平、纵面线形的组合就是把平、纵线形合理地组合起来，使之成为连续、圆滑、顺适、美观的空间曲线，从而达到行车安全、快速、舒适、经济的要求。

**1. 线形组合原则**

（1）在视觉上自然地诱导驾驶员的视线，并保持视觉的连续性。空间线形应能在视觉上自然地诱导驾驶员的视线，使其能及时和明确判断路线变化情况，不发生错觉和误会。空间线形在视觉上还应保持连续、圆滑、顺适、美观且不单调，使司机有良好的视觉条件和心理反应。

（2）应保持平曲线与竖曲线指标大小均衡。平曲线与竖曲线的大小如果不均衡，例如平面采用高标准的长直线，而纵断面采用低标准的极限纵坡或竖曲线采用极限最小半径等，会给人以不愉快的感觉，失去了视觉上的均衡性。

（3）选择适当的合成坡度。合成坡度过大对行车不利，合成坡度过小对排水不利，也影响行车。在进行平、纵面组合时，如条件可能，最好小于 8%。

**2. 空间线形要素**

平、纵线形组合是否协调，主要靠设计者对两种线形要素组合成的立体线形要素形成的想象来判断；其次，借助道路透视图来实现。线形的基本组合图形按平面线形要素分为直线和曲线，纵面线形要素分为直线、凹形竖曲线与凸形竖曲线。它们可组合为如图 2-16 所示的 6 种图形。

（1）空间线形要素 A。从视觉分析来看，该线形单调、枯燥，如果在行车过程中视景无变化，容易产生驾驶疲劳和超车频繁等现象。为调节单调的感觉，增进视线诱导，设计时可用划行车道线、标志、绿化与路旁建筑设施、景点配合等方法来弥补。

（2）空间线形要素 B。这种组合具有较好的视距条件，由于纵面上插入了凹形竖曲线，不仅改善了 A 要素的生硬、呆板的印象，而且还给驾驶员以动的视觉印象，提高行车舒适性。在运用时，不要采用较短的凹形竖曲线，以避免在视觉上产生折点；在两个凹形竖曲线间注

意不要插入短直线，以避免视觉上形成"虚假凸形竖曲线"的感觉；长直线的末端不宜设置小半径凹形竖曲线。

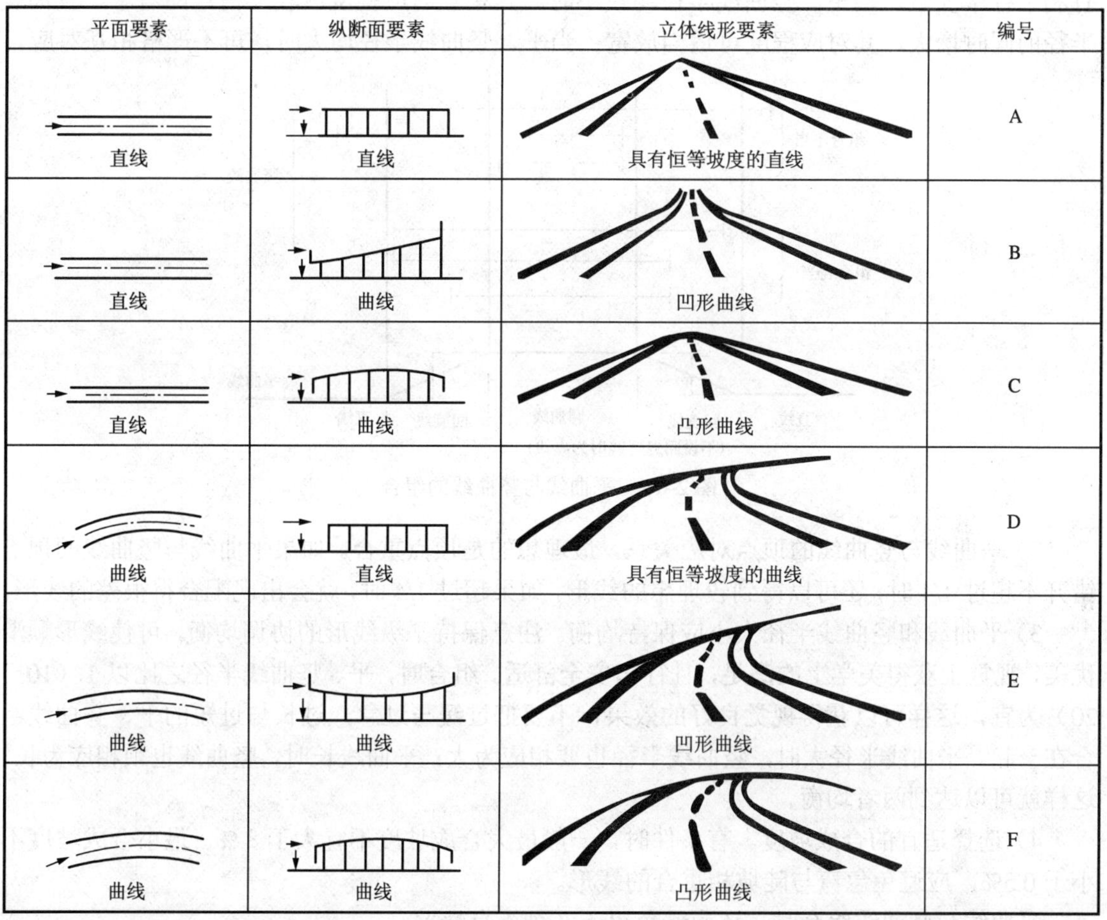

| 平面要素 | 纵断面要素 | 立体线形要素 | 编号 |
|---|---|---|---|
| 直线 | 直线 | 具有恒等坡度的直线 | A |
| 直线 | 曲线 | 凹形曲线 | B |
| 直线 | 曲线 | 凸形曲线 | C |
| 曲线 | 直线 | 具有恒等坡度的曲线 | D |
| 曲线 | 曲线 | 凹形曲线 | E |
| 曲线 | 曲线 | 凸形曲线 | F |

图 2-16　平、纵线形组合

（3）空间线形要素 C。这种组合线形的视距条件差，线形也较单调。组合时注意采用较大的竖曲线半径，以保证有较好的视距。B 和 C 连续组合时易形成"驼峰"、"暗凹"等不良视觉现象。这种不良的组合在设计时要注意避免。

（4）空间线形要素 D。平曲线与直坡段的组合线形，一般来说只要平曲线半径选择适当，平面的直线与圆曲线组合恰当，其透视效果应是良好的。汽车行驶在这种路段上，可获得较好的路旁景观，且景观逐步变化，使驾驶员感觉新鲜，方向盘操作舒适。组合时，注意平曲线与平面直线的配合，以及平曲线半径与纵坡度协调，满足合成坡度的要求。同时，要避免急弯与陡坡相重合。

（5）空间线形要素 E、F。这两种组合线形，是比较常见和复杂的组合形式。如果平纵面几何要素的大小适当，均衡协调，位置适宜，则可以获得视觉舒顺、诱导良好的空间线形；相反，则会出现一些不良的组合情况。组合时应注意以下几种情况。

1）平曲线与竖曲线重合时，应采用"平包竖"的形式。竖曲线的起终点最好分别放在平曲线的两个缓和曲线内。其中任一点都不要放在缓和曲线以外的直线上，也不要放在圆弧段之内，如图 2-17 所示。这样，不仅可以诱导驾驶员视线，而且可以取得平顺而优美的效果，有利于行车安全。当平、竖曲线半径均较小时，其相互对应程度应较严格；随着平、竖曲线半径的同时增大，其对应程度可适当放宽；当平、竖曲线半径均大时，可不严格相互对应。

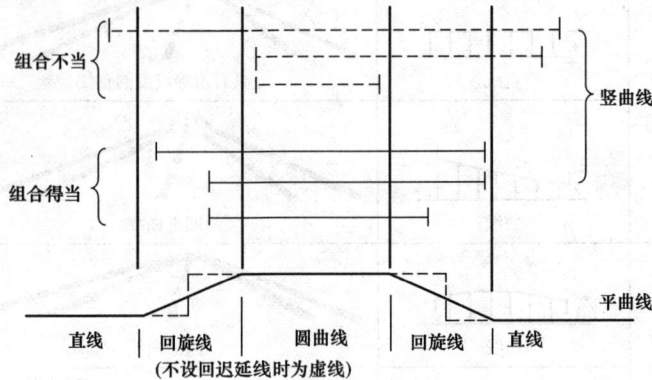

图 2-17　平曲线与竖曲线的组合

　　2）平曲线与竖曲线的顶点对应关系，最理想的是顶点重合。如果平曲线与竖曲线的顶点错开不超过 1/4 时，还可以得到较理想的线形，如果超过 1/4 时，就会出现配合得很差的线形。

　　3）平曲线和竖曲线半径大小应保持均衡。注意保持平纵线形的协调均衡，可使线形顺滑优美，视觉上获得美学上的满足，且行车安全舒适。组合时，平、竖曲线半径之比以 1:（10～20）为宜，这样可以获得视觉良好的效果，不要把过缓与过急，过长与过短的平、竖曲线组合在一起。平曲线半径大时，竖曲线半径也要相应为大；平曲线长时，竖曲线也须相应为长，这样就可以达到两者均衡。

　　4）选择适宜的合成坡度。有条件时，一般最大合成坡度不宜大于 8%，最小合成坡度不小于 0.5%，应避免急弯与陡坡相重合的线形。

　　平曲线与竖曲线组合时，还应避免以下几种不良情况：

　　1）长直线不宜与陡坡或半径小且长度短的竖曲线组合。

　　2）长的平曲线内不宜包含多个短的竖曲线；短的平曲线不宜与短的竖曲线组合。

　　3）长的竖曲线内不宜设置半径小的平曲线。

　　4）凸形竖曲线的顶部或凹形竖曲线的底部，不宜同反向平曲线的拐点重合等。

### 2.2.4　道路纵断面图识读要点

　　路线纵断面图是公路设计的重要文件之一，它反映路线所经的中心地面起伏情况与设计标高之间的关系。把它与平面图结合起来就能反映公路路线在空间中的位置。

　　**1. 纵断面图表示方法**

　　路线纵断面图是通过公路中心线用假想的铅垂面进行剖切展平后获得的，如图 2-18 所示。由于公路中线是由直线和曲线所组成，因此剖切的铅垂面既有平面又有曲面。为了能清楚地表达路线纵断面情况，特采用展开的方法将断面展平成一平面，然后进行投影，形成了路线纵断面图。

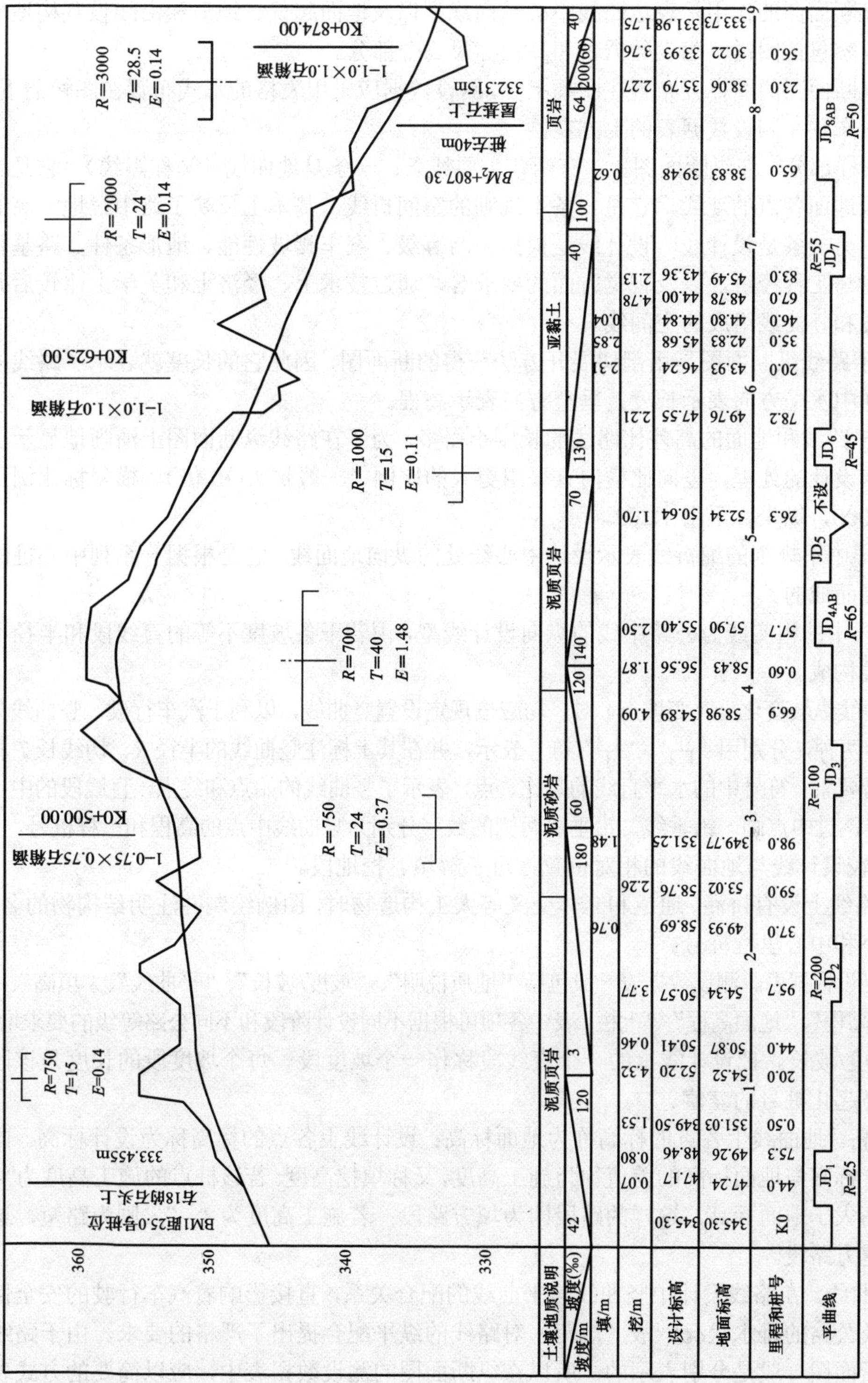

图2-18 公路纵断面图示例

## 2. 纵断面图组成

路线纵断面图的作用是表达路线中心纵向线型以及地面起伏、地质和沿线设置构造物的概况,其内容包括图样、测设数据表和高程标尺三个部分。

路线纵断面图的图样应布置在图幅上部,测设数据应采用表格的形式布置在图幅的下部,高程标尺应布置在测设数据表的上方左侧。

(1)图样部分。在纵断面图上,有两条主要线条:一条是地面线(又称黑线),它是通过公路中线原地面各点的连线,它是一条不规则的空间折线,基本上反映了路中线地面高低变化的概况;另一条是设计线,设计线是根据公路等级、汽车爬坡性能、地形条件、路基临界高度、运输与工程经济,以及视觉方面的要求等,通过技术上、经济上和美学上比较后确定的由坡度线和竖曲线组成的空间线。

1)由于路线纵断面图是用剖切展开方法获得的断面图,因此它的长度就表示了路线的长度。在图样中水平方向表示长度,垂直方向表示高程。

2)由于路线和地面的高差比路线的长度小得多,为了在路线纵断面图上清晰地显示出高差的变化和设计的处理,竖向比横向宜采用更大的比例(一般扩大10倍)。横坐标比例尺一般采用1:2000,纵坐标采用1:200。

3)图样中不规则的细折线表示设计中心线处的纵向地面线,它是根据一系列中心桩的地面高程连接而成的。

4)图样中的粗实线为公路中线的纵向设计线型,由若干条坡度不等的直线段和半径不同的竖向曲线构成。

在设计线纵坡变化处(变坡点)时,均应按规定设置竖曲线,以利于汽车行驶。竖曲线分为凸形和凹形两种,分别用"凸"、"凹"符号表示,并在其上标注竖曲线的半径$R$、切线长$T$和外矢距$E$等诸要素。符号中的水平直线的起讫点,表示了竖曲线的始点和终点,直线段的中点为竖曲线中点,过中点画一铅垂线,铅垂线两侧的数字分别为竖曲线中点的高程和里程桩号。

5)比较设计线与地面线的相对位置,可了解填、挖地段。

6)当路线上设有桥涵、通道和立体交叉等人工构造物时,图例绘制并注明结构物的名称、种类、大小和中心里程桩号。

(2)测设数据表。测设数据表一般包括"地质说明"、"坡度/坡长"、"平曲线"、"填高"、"挖深"、"设计高程"、"地面高程"等七栏,表中各项可根据不同设计阶段和不同公路等级的要求增减。

1)坡度/坡长。把设计线上的一个直线段称作一个坡度段。每个坡度段的长度是该段的终止桩号与起止桩号的差值。

2)标高。地面线上各点的标高称为地面标高;设计线上各点的标高称为设计标高。同一桩点的设计标高与地面标高的差值称为施工高度,又称填挖高度。若该桩点的施工高度为"+",即设计标高大于地面标高,这样的路段即为填方路段;若施工高度为"–",则为路堑,这样的路段为挖方路段。

3)平曲线。在路线设计中竖曲线与平曲线的配合关系,直接影响着汽车行驶的安全性和舒适性以及公路的排水状况,故《规范》对路线的纵平配合提出了严格的要求。由于路线平面图和纵断面图一般是分别表示的,所以在纵断面图的测设数据表中,应以简要的方式表示出纵平配合关系。

在平曲线一栏中,以"——"表示直线段;以"╱‾‾╲"和"╲__╱"或"┌‾┐"和"└_┘"

表示曲线段，其中前两种表示设置缓和曲线的情况，后两种表示不设置缓和曲线的情况。图样的凹凸表示曲线的转向，上凸表示右转曲线，下凹表示左转曲线。这样，结合纵断面情况，可想象出该路线的空间情况。

**3. 读图要点**

读图时可按下列顺序进行：

（1）看清水平、垂直向采用的比例与水准点位置。

（2）看地面线，了解沿路线纵向的地势起伏情况及土质分布。

（3）看设计线，了解路线沿纵向的分布情况（包括坡度和坡长）。

（4）比较设计线与地面线，了解路线填、挖情况。

（5）看清设置竖曲线的位置及竖曲线要素。

（6）了解沿路线纵向其他工程构造物的分布情况及其主要内容。

（7）了解竖曲线与平曲线的配合关系。

注意在读图过程中，应紧密结合测设数据表与图样部分，把纵断面图中体现出来的内容一一读懂、读透。

# 2.3 道路横断面图识读

道路的横断面，是指中线上各点的法向切面，它是由横断面设计线和地面线所构成的。其中横断面设计线包括行车道、路肩、分隔带、边沟边坡、截水沟、护坡道以及取土坑、弃土堆、环境保护等设施。城市道路的横断面组成中，还包括机动车道、非机动车道、人行道、绿带、分车带等。高速公路和一级公路上还有变速车道、爬坡车道等；而横断面中的地面线是表征地面起伏变化的那条线，它是通过现场实测或由大比例尺地形图、航测相片、数字地面模型等途径获得。

## 2.3.1 公路横断面的组成

**1. 横断面的组成部分**

（1）行车道。公路上供各种车辆行驶部分的总称，包括快车行车道和慢车行车道。

（2）路肩。位于行车道边缘至路基边缘，具有一定宽度的带状结构。

（3）边坡。为保证路基稳定，在路基两侧做成的、具有一定坡度的坡面。

（4）边沟。为汇集和排除路面、路肩及边坡的流水，在路基两侧设置的纵向水沟。

（5）中间带。高速公路及一级公路用于分隔对向车辆的路幅组成部分，通常设于车道中间。

（6）护坡道。当路堤较高时，为保证边坡稳定，在取土坑和坡脚之间，沿原地面纵向保留的、有一定宽度的平台。

（7）碎落台。设在路堑边坡坡脚与边沟外侧边缘之间或边坡上，为防止碎落物落入边沟而设置的、有一定宽度的纵向平台。

（8）截水沟。为拦截山坡上流向路基的水，在路堑坡顶以外设置的水沟。

（9）爬坡车道。高速公路、一级公路以及二级公路的连续上坡路段，当通行能力、运行安全受到影响时，应设置爬坡车道，供慢速上坡车辆行驶用。

（10）加减速车道（变速车道）。供车辆驶入（离）高速车流之前（后）加速（减速）用的车道，设置在高速公路、一级公路的互通式立体交叉服务区、停车区、公共汽车停靠站、管理与养护设施等的出入口处。

（11）错车道。四级公路采用 4.5m 单车道路基时，在可通视一定距离内，供车辆交错避让用的一段加宽车道。设置错车道路段的路基宽度应不小于 6.50m，有效长度应不小于 20m。

（12）紧急停车带。供车辆临时发生故障或其他紧急原因停车使用的临时停车地带。高速、一级公路的右侧硬路肩宽度小于 2.50m 时，应设置紧急停车带。

（13）避险车道。连续长、陡下坡路段危及运行安全处设置的、用于避险的车道。

图 2-19、图 2-20 列出了几种公路的标准横断面组成。

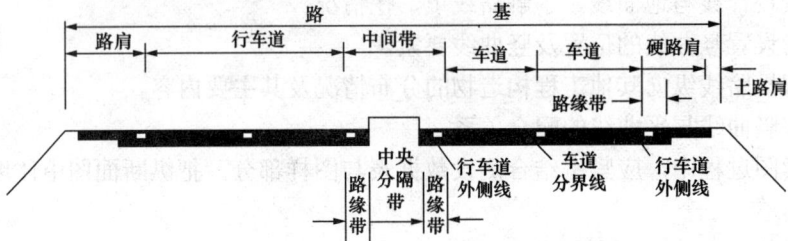

图 2-19　高速公路及一级公路横断面

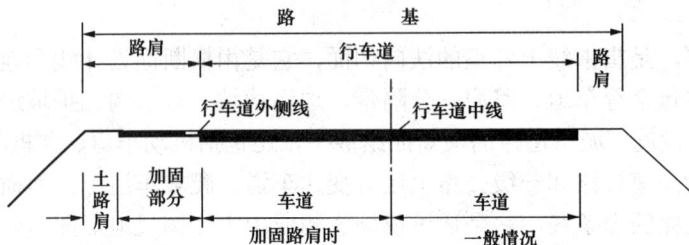

图 2-20　二、三、四级公路横断面

**2. 路幅的构成形式及使用条件**

路幅是指公路路基顶面两路肩外侧边缘之间的部分。

路幅有两种布置方式：一种是有分隔带；另一种是无分隔带。等级高、交通量大的公路（如高速公路，一级公路）适用于第一种方式，通常是将上、下行车辆分开。分隔的方式有两种：一种是用分隔带分隔，称作整体式断面；另一种是将上、下行车道放在不同的平面上加以分隔，称作分离式断面。路幅布置形式详见如下所述。

（1）单幅双车道。单幅双车道公路指的是整体式的供双向行车的双车道公路。这类公路在我国公路总里程中占的比重最大，二、三级公路和一部分四级公路都属于这一种。这类公路在交通量不大时，车速一般都不会受到影响。此类公路的最大缺点是混合交通造成的交通干扰。

（2）双幅多车道。四车道、六车道以及更多车道的公路，中间一般都设置分隔带或做成分离式路基而构成"双幅路"，有些分离式路基为了利用地形或处于风景区等原因甚至做成两条独立的单向行车的道路。这种类型的公路的设计车速高、通行能力大，每条车道能负担的交通量比一条双车道公路的还多，而且行车顺适、事故率低。《标准》中的高速公路和一级公路即属此种类型。

（3）单车道。对交通量小、地形复杂、工程艰巨的山区公路或地方性道路，可采用单车道，《标准》中规定的山区四级公路路基宽度为 4.50m，路面宽度为 3.50m 的就属此类。此类公路虽然交通量很小，但仍然会出现错车和超车。为此，应在不大于 300m 的距离内选择有利地点设置错车道，使驾驶员能够看到相邻两错车道驶来的车辆。

### 2.3.2　城市道路横断面组成

城市道路横断面作为城市交通服务的功能，一般由机动车道、非机动车道、人行道、绿带、排水设施及各种管线工程等组成。城市道路横断面的基本形式可有以下四种，即单幅路、双幅路、三幅路及四幅路。具有代表性的道路横断面如图 2-21 所示。

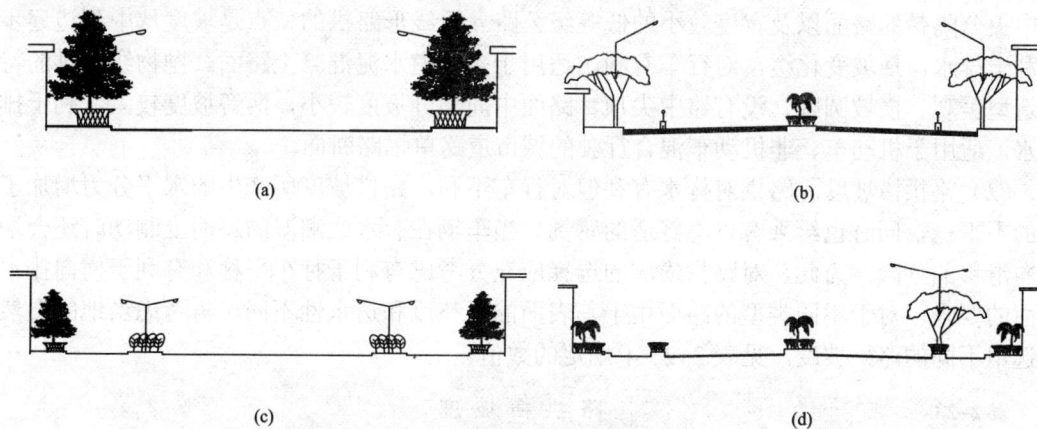

图 2-21　城市道路横断面组成

(a) 单幅路横断面组成；(b) 双幅路横断面组成；(c) 三幅路横断面组成；(d) 四幅路横断面组成

#### 1. 城市道路典型断面的适用条件

（1）单幅路。用于机动车交通量不大、非机动车较少的次干路、支路以及用地不足、拆迁困难的旧城市道路。

（2）双幅路。用于单向两条机动车车道以上、非机动车较少的道路。有平行道路可供非机动车通行的快速路和郊区道路以及横向高差大或地形特殊的路段，亦可采用双幅路。

（3）三幅路。用于机动车交通量大、非机动车多、红线宽度大于 40m 的道路。

（4）四幅路。用于机动车速度高、单向两条机动车车道以上、非机动车多的快速路和主干路。

#### 2. 城市道路横断面的组成

（1）行车道。城市道路上供各种车辆行驶的部分统称为行车道。在行车道断面上，供汽车、无轨电车、摩托车等机动车行驶的部分称为机动车道；供自行车、三轮车等非机动车行驶的部分称作非机动车道。

（2）人行道。在城市道路上用路缘石或护栏加以分隔的、专供行人步行使用的部分。

（3）绿化带。在道路用地范围内供绿化使用的条形地带。

（4）分隔带。又称分车带，沿道路纵向设置的分隔行车道用的带状设施。位于路中线位置的称为中央分隔带（中间带），位于路中线两侧的称为外侧分隔带（两侧带）。

（5）其他组成部分。除了以上部分，城市道路横断面还包括路缘石、街沟、路拱﹑照明设施等。

### 2.3.3 路拱与超高

#### 1. 路拱

为保证路面横向迅速排水，将路面做成由中央向两侧倾斜的拱形，称为路拱。其倾斜的大小以百分率表示。

（1）路拱形式。路拱的形式依路面宽度、路拱坡度及施工条件是否便利等情况，分为直线形、折线形和抛物线形等。

直线形路拱的特点是中间有屋脊形，且两侧横坡一致，适用于路拱横坡小的水泥路面、有中央分隔带的路面以及宽度较小的低等级公路。折线形路拱的特点是坡度从中到边逐步增大利于排水，横坡变化缓，对行车有利，适用于多车道水泥混凝土路面。抛物线路拱的特点是造型美观、横坡圆顺、没有路中尖顶、路面中间部分坡度较小，两旁坡度较大，利于排除雨水，适用于机动车、非机动车混合行驶的城市道路单幅路断面。

（2）路拱横坡度。路拱对排水有利但对行车不利，路拱坡度所产生的水平分力增加了行车的不平稳，同时也给乘客以不舒适的感觉。当车辆在有水或潮湿的路面上制动时还会增加侧向滑移的危险。为此，对路拱横坡的选择应充分考虑有利于行车平稳和有利于横向排水两方面的要求。对于不同类型的路面由于其表面的平整度和透水性不同，再考虑当地的自然条件选用不同的路拱坡度，见表 2–23 中规定的数值。

表 2–23 路 拱 横 坡 度

| 路面类型 | 路拱横坡度（%） | 路面类型 | 路拱横坡度（%） |
|---|---|---|---|
| 水泥混凝土路面 | 1.0～2.0 | 其他黑色路面、整齐石块 | 1.5～2.5 |
| 沥青混凝土路面 | 1.0～2.0 | 碎、砾石等粒料路面 | 2.5～3.5 |
| 半整齐、不整齐石块 | 2.0～3.0 | 低级路面 | 3.0～4.0 |

在干旱和有积雪、浮冰地区，应采用低值，多雨地区采用高值；当道路纵坡较大或路面较宽，或行车速度较高时，或交通量和车辆载重较大时，或常有拖挂汽车行驶时，应采用平均横坡度的低值；反之则应采用高值。

高速公路和一级公路设有中央分隔带，通常采用两种方式布置路拱横断面。若分隔带未设置排水设施，则做成中间高、两侧低，由单向横坡向路肩方向排水。若分隔带设置排水设施，则两侧路面分别单独做成中间高两边低的路拱，向中间排水设施和路肩两个方向排水。

路肩横坡度一般较路面横坡度大。土路肩的排水性远低于路面，其横坡度较路面宜增大1.0%～2.0%；高速公路和一级公路的硬路肩采用与路面行车道相同的结构时，应采用与路面行车道相同的路面横坡度。

#### 2. 超高

（1）超高及超高值。为抵消车辆在曲线路段上行驶时所产生的离心力，将路面做成外侧高、内侧低的单向横坡形式，称为曲线上的超高。

当圆曲线半径小于不设超高的最小半径时，汽车在圆曲线上行驶时受到的横向力可能使汽车产生滑移或倾覆。为了使汽车能安全、稳定、满足计算行车速度和经济、舒适地通过圆曲线，必须设置超高。其作用是为了让汽车在圆曲线上行驶时能获得一个向圆曲线内侧的横向分力，用以克服离心力，减小横向力。

由于从圆曲线起点到圆曲线终点的半径是不变的，所以在一定的车速时，其离心力也是不变的，故从圆曲线的起点到圆曲线的终点其超高横坡也是一个不变的定值，这个圆曲线上的超高值，称为圆曲线的全超高横坡度。

由式（2–3）可得

$$i_c = \frac{V^2}{127R} - \mu \qquad (2\text{--}24)$$

从上式可知当横向力系数为定值时，超高横坡度的大小随半径的增大而减小。因此，平曲线半径小超高坡度就应大些；反之，超高横坡就可小些。而当平曲线半径大于或等于不设超高的最小半径时就可以不设超高。在路面有积雪或结冰情况的地区，超高坡度应比一般地区小一些，以防止出现汽车向内侧滑动的危险。

各级公路和城市道路圆曲线部分最大超高值规定见表 2–24 和表 2–25。

**表 2–24　　　　　　　　各级公路圆曲线最大超高值**

| 公路等级 | 高速公路、一级公路 | 二级公路、三级公路、四级公路 |
|---|---|---|
| 一般地区（%） | 8 或 10 | 8 |
| 积雪冰冻地区（%） | 6 | |

注：高速公路、一级公路正常情况下采用 8%；交通组成中小客车比例高时可采用 10%。

**表 2–25　　　　　　　　城市道路圆曲线最大超高值**

| 计算行车速度/（km/h） | 80 | 60 | 50 | 40 | 30 | 20 |
|---|---|---|---|---|---|---|
| 最大超高值（%） | 6 | 4 | 4 | 2 | 2 | 2 |

当超高横坡度的计算值小于路拱坡度时，应设置等于路拱坡度的超高值，即道路圆曲线部分的最小超高值。

（2）超高的过渡

1）超高缓和段。公路在直线上是双向横坡断面，而在设置超高的平曲线上则是向内侧倾斜的单向横坡，这就需要采用适当的措施，使公路从直线段的正常路拱逐渐变化成圆曲线的超高横坡。也就是要有一个逐渐变化的区段，称为超高缓和段，如图 2–22 所示。

2）超高过渡方式。超高的设置方式应根据地形情况、车道数、中间带宽度、超高横坡度大小，从有利于路面排水、路面同地面构造物的协调，以及路容美观等因素进行选择。按其选用旋转轴在公路横断面组成中的位置可分为如下几种情况。

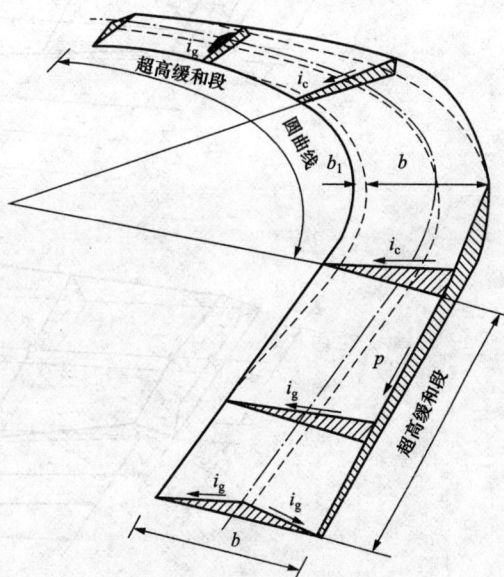

图 2–22　超高与超高缓和段

① 无中间带的公路。

a. 绕路面内边缘旋转。先将外侧车道绕路中线旋转，待达到与内侧车道构成单向横坡后，整个断面再绕未加宽前的内侧车道边缘旋转，直至超高横坡值，如图2-23（a）、图2-24（a）所示。这种方式一般适用于新建公路及以路肩边缘为设计标高的改建公路。

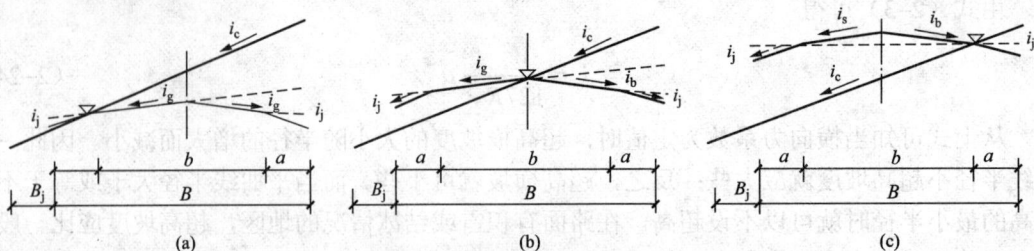

图 2-23 无中间带公路超高的过渡方式
（a）绕内边缘旋转；（b）绕中线旋转；（c）绕外边缘旋转

b. 绕中线旋转。先将外侧车道绕中线旋转，待达到与内侧车道构成单向横坡后，整个断面一同绕中线旋转，直至超高横坡值，如图2-23（b）、图2-24（b）所示。这种方式一般适用于改建公路，尤其是以路中心标高作为设计标高的情况。

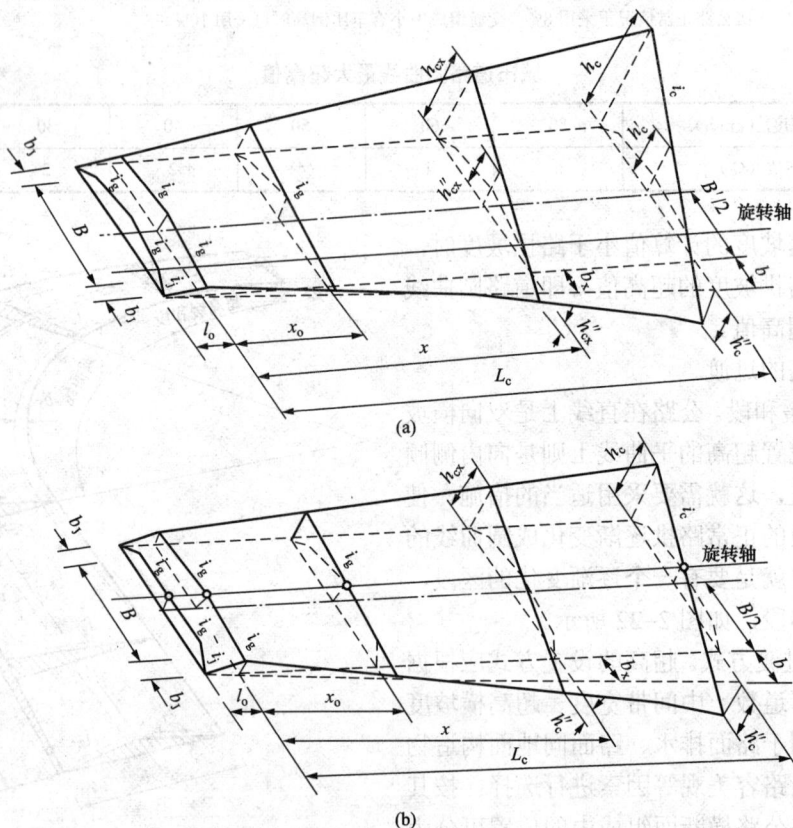

图 2-24 无中间带公路的超高过渡示意图
（a）旋转轴为内边缘；（b）旋转轴为中线

c. 绕外边缘旋转，如图 2-23（c）所示。先将外侧车道绕外边缘旋转；与此同时，内侧车道随中线的降低而相应降低，待达到单向横坡后，整个断面仍绕外侧车道边缘旋转，直至超高横坡度。路基外缘标高受限制或路容美观有特殊要求时可采用此种方式。

② 有中间带的公路。

a. 绕中间带的中心线旋转。先将外侧行车道绕中间带的中心线旋转，待达到与内侧行车道构成单向坡后，整个断面一同绕中心线旋转，直至超高横坡值。此时中央分隔带呈倾斜状，如图 2-25（a）所示。此种超高方式适用于采用窄中间带的公路。

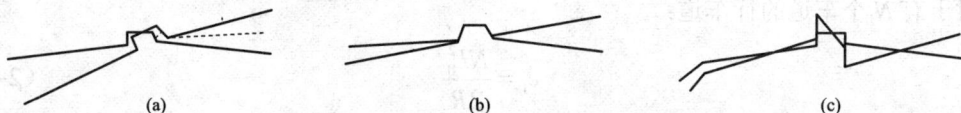

**图 2-25　有中间带公路的超高过渡方式**
（a）绕中间带的中心线旋转；（b）绕中央分隔带边缘旋转；（c）绕各自行车道中线旋转

b. 绕中央分隔带边缘旋转。将两侧行车道分别绕中央分隔带边缘旋转，使之各自成为独立的单向超高断面。此时中央分隔带维持原来的水平状态，如图 2-25（b）所示。各种宽度中间带的公路均可选用此方法。

c. 绕各自行车道中线旋转。将两侧行车道分别绕各自的中线旋转，使之各自成为独立的单向超高断面。此时中央分隔带两边缘分别升高与降低而成为倾斜断面，如图 2-25（c）所示。此种超高方式适用于车道数大于 4 条的公路。

## 2.3.4　曲线上的加宽

汽车在曲线上行驶时，各个车轮的轨迹半径是不相等的，后轴内侧车轮的行驶轨迹半径最小，前轴外侧车轮的行驶轨迹半径最大。因而在车道内侧需要更宽一些的路面，以满足后轴内侧车轮的行驶轨迹要求，故需加宽曲线上的行车道。

在曲线上行驶时，驾驶员不可能将前轴中心的轨迹操纵得完全符合理论轨迹，而是有一定的摆幅（其摆幅值的大小与汽车速度有关），汽车在曲线上行驶时的摆幅要比直线上的大，所以需要加宽，以利安全。

**1. 加宽值的计算**

（1）计算公式。汽车进入圆曲线后，汽车前轮的转向角是保持不变的。因此，汽车的行驶轨迹也是圆曲线，并且各部分的轨迹都与公路中线平行。那么，圆曲线起点至圆曲线终点的路面加宽值也是一个不变的定值，这个定值称为圆曲线的全加宽值。

在图 2-26 中，$R$ 为平曲线半径，$L_0$ 为汽车后轴至车身边缘的长度（等于汽车轴距加前悬），$B$ 为车辆宽度，$b$ 为一辆车实际占路面宽度，$e_1$ 为一个车道的加宽值。

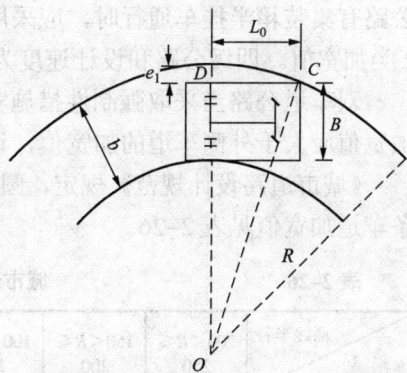

**图 2-26　平曲线上的路面加宽**

由直角三角形 $COD$ 得出下列关系：

$$L_0^2 + (R - e_1)^2 = R^2$$

展开得

$$R^2 - L_0{}^2 = R^2 - 2Re_1 + e_1{}^2$$

即

$$(2R - e_1)\, e_1 = L_0{}^2$$

$e_1$ 值与 $2R$ 相比甚小，为了简化计算，可略去不计。因此有

$$e_1 = \frac{L_0^2}{2R}$$

对于有 $N$ 个车道的行车道：

$$e_1 = \frac{NL_0^2}{2R} \tag{2-25}$$

据实测，汽车转弯摆动加宽与车速有关，一个车道摆动加宽值计算经验公式为：

$$e = \frac{0.05V}{\sqrt{R}} \tag{2-26}$$

如果为双车道公路，则每个车道都应加宽，考虑车速的影响，曲线上双车道路面的加宽值 $W$ 为：

$$W = \frac{L_0^2}{R} + \frac{0.1V}{\sqrt{R}} \tag{2-27}$$

式中　$W$—— 双车道路面加宽值，m；

　　　$L_0$—— 汽车轴距加前悬，m；

　　　$V$—— 计算行车速度，km/h；

　　　$R$—— 圆曲线半径，m。

（2）加宽标准。《规范》规定：二、三、四级公路的圆曲线半径小于或等于 250m 时，应在圆曲线的内侧设置加宽。各级公路路面加宽后，路基也应相应加宽。双车道公路路面加宽值的规定见表 2-26。由三条以上车道构成的行车道，其路面加宽值应另行计算。

圆曲线加宽类别应根据该公路的交通组成确定。二级公路以及设计速度为 40km/h 的三级公路有集装箱半挂车通行时，应采用第 3 类加宽值；不经常通行集装箱半挂车时，可采用第 2 类加宽值。四级公路和设计速度为 30km/h 的三级公路可采用第 1 类加宽值。

双车道公路当采取强制性措施实行分向行驶的路段，其圆曲线半径较小时，内侧车道的加宽值应大于外侧车道的加宽值，设计时应通过计算确定其差值。

《城市道路设计规范》规定，圆曲线半径小于或等于 250m 时，应在圆曲线内侧加宽，每条车道加宽值见表 2-26。

表 2-26　　　　　　　　　城市道路圆曲线每条车道的加宽值　　　　　　　　　　（m）

| 车型＼曲线半径 | $200<R\leqslant250$ | $150<R\leqslant200$ | $100<R\leqslant150$ | $60<R\leqslant100$ | $50<R\leqslant60$ | $40<R\leqslant50$ | $30<R\leqslant40$ | $20<R\leqslant30$ | $15<R\leqslant20$ |
|---|---|---|---|---|---|---|---|---|---|
| 小型汽车 | 0.28 | 0.30 | 0.32 | 0.35 | 0.39 | 0.40 | 0.45 | 0.60 | 0.70 |
| 普通汽车 | 0.40 | 0.45 | 0.60 | 0.70 | 0.90 | 1.00 | 1.30 | 1.80 | 2.40 |
| 铰接车 | 0.45 | 0.55 | 0.75 | 0.95 | 1.25 | 1.50 | 1.90 | 2.80 | 3.50 |

**2. 加宽的过渡**

路面在圆曲线上加宽后,应在圆曲线和直线之间设置加宽过渡段,使其顺适连接,以避免路面加宽从直线上的正常宽度到圆曲线段的加宽断面的突变,在直线和圆曲线之间应设置一段宽度的渐变段,这一渐变段称为加宽缓和段。其过渡形式主要有以下几种。

(1)直线过渡。二、三、四级公路的加宽缓和段的设置,采用在相应的缓和曲线、超高或加宽缓和段全长范围内按其长度成比例增加的方法。即加宽缓和段上任一点的加宽值 $W_x$ 与该点到加宽缓和段起点的距离 $L_x$ 成正比。即

$$W_x = \frac{L_x}{L_s} W \tag{2-28}$$

式中　　$W_x$ —— 加宽缓和段上任一点的加宽值,m;

$L_x$ —— 加宽缓和段上任一点到缓和段起点的距离,m;

$L_s$ —— 加宽缓和段长度,m;

$W$ —— 圆曲线的加宽值,m。

(2)高次抛物线形过渡。高速公路、一级公路以及对路容有一定要求的二级公路,设置加宽缓和段时,为使路面加宽后的边缘线圆滑、顺适,一般情况下应采用高次抛物线的形式过渡,即采用下式计算加宽缓和段上任一点的值 $W_x$:

$$W_x = (4k^3 - 3k^4) W \tag{2-29}$$

其中　　　　　　　　　　　　$k = L_x / L_s$

其他符号意义同前。

(3)插入回旋线过渡。在缓和段上插入回旋线,这样不但中线上有回旋线,而且加宽以后的路面边线也是回旋线,与行车轨迹相符,保证了行车的顺适与线形的美观。它一般用于一、二级公路中的下列路段:

1)位于大城市近郊的路段。

2)桥梁、高架桥、挡土墙、隧道等构造物处。

3)设置各种安全防护设施的路段。

此外,还有二次抛物线法、直线与圆弧相切法、修正系数法等,不再一一介绍。

## 2.3.5　行车视距

所谓视距就是指驾驶员在行驶过程中的通视距离。为了保证行车安全,驾驶员应能看到前方一定距离的公路以及公路上的障碍物或迎面的来车,以便及时刹车或绕过。汽车在这段时间里沿公路路面行驶的必要安全距离,称为行车视距。无论在道路的平面上或纵断面上,都应保证必要的行车视距。在平面上,平曲线部分往往会有视线被挡的情况(如处于挖方路段的曲线段或内侧有障碍物的弯道);另外,路线平面交叉口处也存在视距问题。

**1. 行车视距的分类**

行车视距根据通视的要求不同,分为停车视距、会车视距和超车视距三种。

(1)停车视距。当汽车在单车道或有明显分隔带的双车道公路上行驶时,如前面遇到障碍物或路面破坏处,不可能驶入邻近车道去绕过它时,只有采取制动措施,使汽车在障碍物

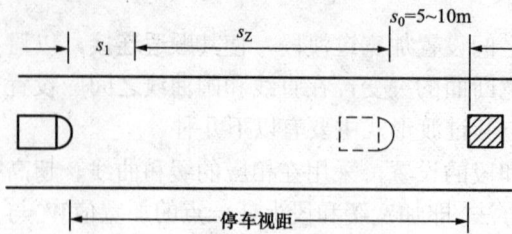

图 2-27 停车视距

前完全停住，以保证安全。这样，当驾驶员发现前方有障碍物后，立即采取制动措施，至汽车在障碍物前停下来所需要的最短距离称为停车视距。

如上所述，停车视距是指驾驶员看到障碍物后立即采取制动措施，至汽车在障碍物前停下来的最小安全距离。停车视距由三部分组成，如图 2-27 所示。即

$$s_T = s_1 + s_Z + s_0 \tag{2-30}$$

式中 $s_T$——停车视距，m；

$s_1$——驾驶员反应时间内行驶的距离，m；

$s_Z$——制动距离，指制动生效到汽车完全停止时行驶的距离，m；

$s_0$——安全距离，m。

（2）会车视距。会车视距是指两辆对向行驶的汽车能在同一车道上及时刹车所必须的距离。会车视距也是由以下三部分组成，如图 2-28 所示。

1）双方驾驶员反应时间内所行驶的距离 $2s_1$。

2）双方汽车的制动距离 $s_{Z_1} + s_{Z_2}$。

3）安全距离 $s_0$。

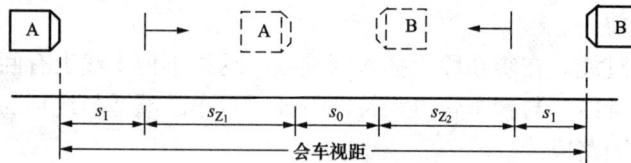

图 2-28 会车视距

参照国内外的普遍做法，会车视距取停车视距的 2 倍。

（3）超车视距。在交通稠密并有混合交通的双车道公路上，经常会出现高速车超越低速车的情况，则汽车在行驶时为超越前车所必须的视距，就称为超车视距。

超车视距全程可分为以下四个阶段，如图 2-29 所示。

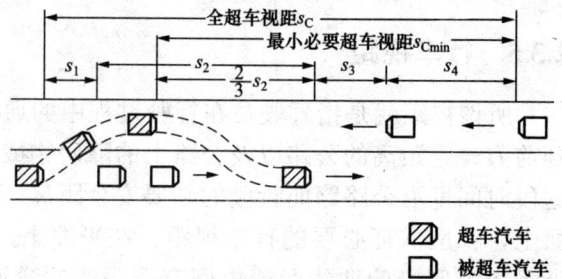

图 2-29 超车视距

1）加速行驶距离 $s_1$。当汽车赶上低速车时，首先应尾随在低速车后行驶一段距离，经判断认为有超车可能时，加速行驶移向对向车道，在进入该车道之前行驶的距离 $s_1$ 为：

$$s_1 = \frac{V_0}{3.6}t_1 + \frac{1}{2}at_1^2$$

式中 $V_0$——被超汽车的速度，一般较计算行车速度低 10～20km/h；

$t_1$——加速时间，一般取=2.9～4.5s；

$a$——平均加速度，m/s²。

2）超车汽车在对向车道上的行驶距离 $s_2$：

$$s_2 = \frac{V}{3.6} t^2$$

3）超车汽车从开始加速到超车完成的时间内，对向车道汽车的行驶距离 $s_4$：

$$s_4 = \frac{V}{3.6}(t_1 + t_2)$$

式中各符号意义同前。

4）超车完成时，超车汽车与对向汽车之间的安全距离 $s_3$：

$$s_3 = 20 \sim 60\text{m}$$

以上四个距离之和就是全超车视距 $s_C$，即

$$s_C = s_1 + s_2 + s_3 + s_4 \tag{2-31}$$

但由上式确定的超车视距较长，不太容易满足。实际上只要考虑超车汽车从完全进入对向车道到超车完毕时所行驶的时间就已经很安全了。因为当汽车在对向车道上追上被超汽车后，一旦发现对向有来车而距离不足时，该车还可以回到原来的车道上。一般汽车从对向车道赶上前车的时间为 $t_1/3$，那么从这时开始到超车完成的时间则为 $\frac{2t_2}{3}$，即其行驶距离为 $\frac{2}{3}s_2 = \frac{2}{3} \times \frac{V}{3.6}t_2$。于是，最小必要超车视距为

$$s_{C\min} = \frac{2}{3}s_2 + s_3 + s_4 \tag{2-32}$$

式中各符号意义同前。

**2. 视距的保证**

（1）行车视距标准。《标准》规定，高速公路、一级公路应满足停车视距的要求，其他各级公路一般应满足会车视距的要求，其长度不应小于停车视距的 2 倍。受地形条件或其他特殊情况限制而采取分道行驶措施的地段，可采用停车视距。

高速公路、一级公路由于设置中央分隔带，是单向行驶公路，不存在会车现象，故只需满足停车视距即可。另外，因为每侧至少有两个车道，当需要超车时，可进入超车车道，且前方无来向车辆，故高速公路和一级公路没有超车视距的要求。

其他各级公路由于是双向混合行驶的公路，存在会车现象，而且公路上超车情况也很多，故不仅需要满足会车视距要求，双车道公路还应考虑超车视距的要求。具有干线功能的二级公路宜在 3 分钟的行驶时间内，应提供一次满足超车视距要求的超车路段；其他双车道公路可根据情况间隔设置具有超车视距的路段。

我国停车视距的规定值见表 2-27 和表 2-28，超车视距规定见表 2-29。

表 2-27 各级公路车道的停车视距

| 设计速度/（km/h） | 120 | 100 | 80 | 60 | 40 | 30 | 20 |
|---|---|---|---|---|---|---|---|
| 停车视距/m | 210 | 160 | 110 | 75 | 40 | 30 | 20 |

表 2-28 城市道路车道停车视距

| 计算行车速度/（km/h） | 80 | 60 | 50 | 45 | 40 | 35 | 30 | 25 | 20 | 15 | 10 |
|---|---|---|---|---|---|---|---|---|---|---|---|
| 停车视距/m | 210 | 160 | 110 | 75 | 40 | 30 | 20 | 25 | 20 | 15 | 10 |

| 表 2–29 | | 各级公路的超车视距 | | | | |
|---|---|---|---|---|---|---|
| 计算行车速度/（km/h） | | 80 | 60 | 40 | 30 | 20 |
| 超车视距/m | 一般值 | 550 | 350 | 200 | 150 | 100 |
| | 最小值 | 350 | 250 | 150 | 100 | 70 |

注："一般值"为正常情况下的采用值；"最小值"为条件受限制时可采用的值。

（2）弯道内侧视距保证。汽车在弯道上行驶时，弯道内侧行车视线有可能被树木、建筑物、路堑边坡或其他障碍物遮挡。因此，在路线设计时必须检查平曲线上的视距是否能得到保证，如有遮挡时，则必须采取措施，如消除障碍视线的障碍物或采取分道行驶措施等以保证行车安全。

如图 2–30 所示，阴影部分是阻碍驾驶员视线的范围，范围以内的障碍物均应清除。$Z$ 为内侧车道上汽车应保证的横净距（汽车轨迹线与视线之间的距离）。对弯道进行视距检查是对沿内侧车道边缘 1.5m 处行驶的汽车进行检查，并通过驾驶员高出路面 1.2m 的视线横净距 $Z_0$ 来保证。

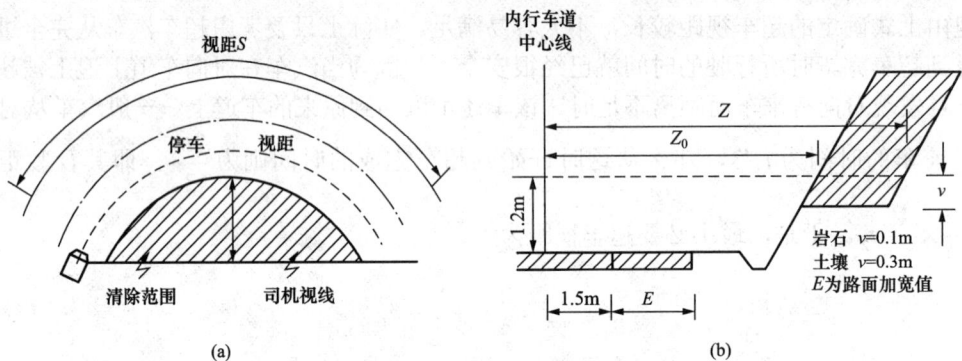

图 2–30 弯道内侧视距障碍物清除
（a）横净距平面图；（b）横净距立面图

上述 $Z–Z_0$ 值是弯道上必须清除的最大横净距，它在曲线的中点或中点附近。其他任意点的横间距设为 $Z_1$，则该点的清除宽度为 $Z_1–Z_0$。

$Z_1$ 通常用图解法求得，如图 2–31 所示，1 1、2 2、3 3…是行车轨迹线在该轨迹上的规定的设计视距 $S$ 量出多组对应的起终点，分别把各组对应起终点连接起来，与这些线相切的曲线（包络线）即为视距曲线。在视距曲线与轨迹线之间的空间范围是应保证通视的区域，在这个区域内的障碍物应予清除。

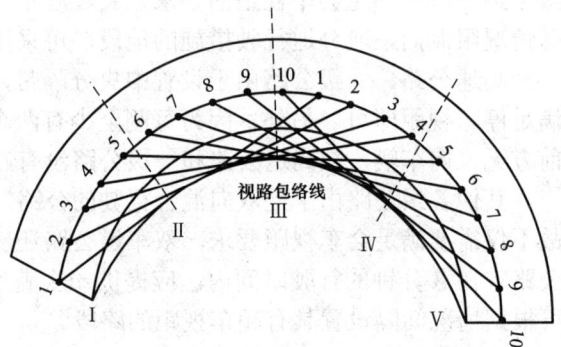

图 2–31 图解法确定横净距

**3. 交叉口的视距**

为了保证交叉口上行车安全，驾驶员在进入交叉口前的一段距离内，应能看到相交道路上的行车情况，以便能及时采取措施顺利驶过或安全停车。这段必要的距离应该大于或等于停车视距。由相交道路上的停车视距所构成的三角形称为视距三角形，在其范围内不能有任何阻挡驾驶员视线的障碍物，如图 2–32 所示。

视距三角形应以最不利的情况来绘制，绘制的方法和步骤详见如下所述。

（1）确定停车视距 $s_T$。

（2）找出行车最危险冲突点。不同形式交叉口的最危险冲突点的找法不尽相同。对常见十字形和 T 形（或 Y 形）交叉口的最危险冲突点可按下述方法寻找：

1）对十字形交叉口［图 2-32（a）］所示，最靠右侧第一条直行机动车道的轴线与相交道路最靠中心线的第一条直行车道的轴线所构成的交叉点为最危险的冲突点；

2）对 T 形（或 Y 形）交叉口［图 2-32（b）］，直行道路最靠右侧第一条直行车道的轴线与相交道路最靠中心线的一条左转车道的轴线所构成的交叉点为最危险的冲突点。

（3）从最危险的冲突点向后沿行车轨迹线各量取停车视距。

（4）连接末端构成视距三角形。

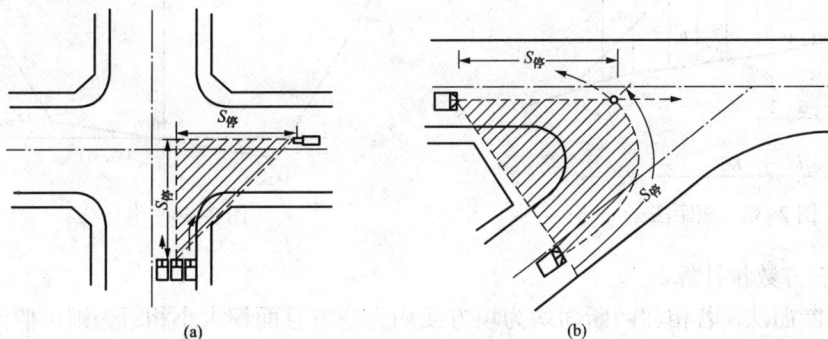

图 2-32　视距三角形
（a）十字形；（b）T 形（或 Y 形）

## 2.3.6　路基土石方计算与调配

路基土石方是公路工程的一项主要工程量，在公路设计和路线方案比较中，路基土石方数量的多少是评价公路测设质量的主要技术经济指标之一。在编制公路施工组织计划和工程概预算时，还需要确定分段和全线的路基土石方数量。

**1. 路基土石方计算**

（1）横断面面积计算。路基填挖的断面积，是指断面图中原地面线与路基设计线所包围的面积，高于地面线者为填，低于地面线者为挖，两者应分别计算，下面介绍几种常用的面积计算方法。

1）积距法。积距法，也称条分法，是把横断面图划分成若干条等宽 $l$ 的小条，累加每一小条中心处的高度，再乘以条宽即为该图形的面积，适用于不规则图形面积计算。如图 2-33 所示，将断面按单位横宽划分为若干个梯形与三角形条块，每个小条块的近似面积为 $A_i=lh_i$。

则横断面面积为：

$$A=l\sum_{i=1}^{n}h_i \tag{2-33}$$

要求得 $\sum_{i=1}^{n}h_i$ 的值，可以用卡规逐一量取各条块高度的累积值（称为"卡规法"）；当面积较大卡规张度不够用时，也可用米厘方格纸折成窄条代替卡规量取积距（称为"纸条法"）。若地面线较顺直，也可以增大 $l$ 的数值，若要进一步提高精度，可增加测量次数最后取其平均值。

2）坐标法。如图 2-34 所示，已知断面图上各转折点坐标（$x_i$，$y_i$），则断面面积为：

$$A=\frac{1}{2}\sum_{i=1}^{n}(x_i y_{i+1}-x_{i+1}y_i) \tag{2-34}$$

坐标法的精度较高，适宜于用计算机计算。

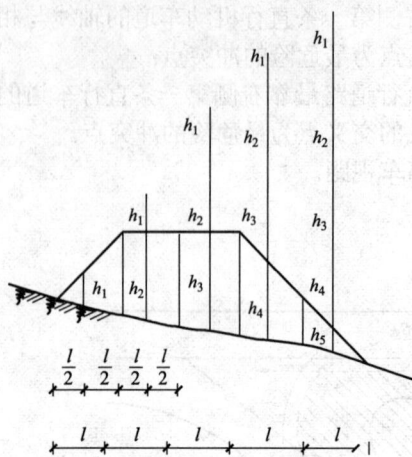

图 2-33 积距法

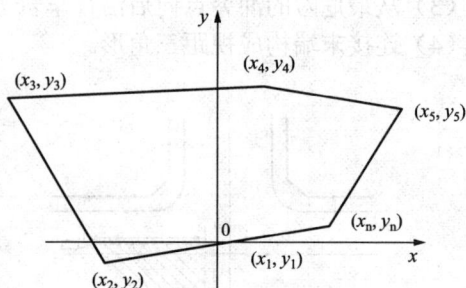

图 2-34 坐标法

（2）土石方数量计算。

1）平均断面法。若相邻两断面均为填方或均为挖方且面积大小相近，则可假定两断面之间为一棱柱体（图 2-35），其体积的计算公式为：

$$V = \frac{1}{2}(F_1 + F_2)L \qquad (2\text{-}35)$$

式中   $V$ ——体积，即土石方数量，$m^3$；

$F_1$、$F_2$ ——分别为相邻两断面的面积，$m^2$；

$L$ ——相邻断面之间的距离，$m$。

此法计算简易，较为常用，一般称之为"平均断面法"。

2）棱台体积法。若 $F_1$ 和 $F_2$ 相差甚大，则两断面间形状与棱台更为接近。其计算公式为：

$$V = \frac{1}{3}(F_1 + F_2 + \sqrt{F_1 F_2})L \qquad (2\text{-}36)$$

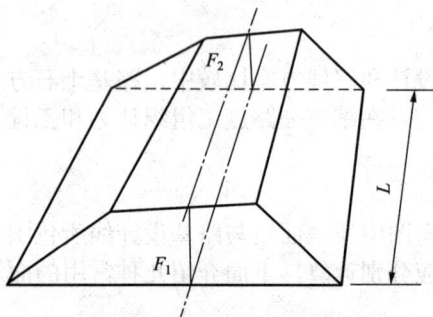

图 2-35 平均断面法

第二种方法的精度较高，应尽量采用，特别是用计算机计算时。

3）土石方数量计算要点。填挖方数量分别计算（填挖方面积分别计算）；土、石方宜分别计算（土石方面积分别计算）；土石方体积中包含路面体积，计算面积时填方应扣除、挖方应增加路面结构面积；路基土石方数量中应扣除大中桥所占的体积，小桥及涵洞可不予考虑。

**2. 路基土石方调配**

土石方调配的目的是为确定填方用土的来源、挖方弃土的去向，以及计价土石方的数量和运量等。通过调配合理地解决各路段土石方平衡与利用问题，使从路堑挖出的土石方，在经济合理的调运条件下移挖作填，达到填方有所"取"，挖方有所"用"，避免不必要的路外借土和弃土，以减少占用耕地和降低公路造价。

（1）土石方调配原则。

1）在半填半挖断面中，应首先考虑在本路段内移挖作填进行横向平衡，然后再作纵向调配，以减少总的运输量。

2）土石方调配应考虑桥涵位置对施工运输的影响，一般大沟不作跨越调运。

3）应注意施工的可能与方便，尽可能避免和减少上坡运土；位于山坡上的回头曲线段优先考虑上线向下线的土方竖向调运。

4）应进行远运利用与附近借土的经济比较（移挖作填与借土费用的比较）。为使调配合理，必须根据地形情况和施工条件，选用适当的运输方式，确定合理的经济运距，用以分析工程用土是调运还是外借。

5）不同的土方和石方应根据工程需要分别进行调配，以保证路基稳定和人工构造物的材料供应。

6）土方调配对于借土和弃土应事先同地方商量，妥善处理。借土应结合地形、农田规划等选择借土地点，并综合考虑借土还田，整地造田等措施。弃土应不占或少占耕地，在可能条件下宜将弃土平整为可耕地，防止乱弃、乱堆，或堵塞河流、毁坏农田。

（2）关于调配计算的几个问题。

1）经济运距。填方用土来源，一是路上纵向调运，二是就近路外借土。一般情况调运路堑挖方来填筑距离较近的路堤还是比较经济的。但如调运的距离过长，以致运价超过了在填方附近借土所需的费用时，移挖作填就不如就地借土经济。因此，采取"调"还是"借"有个限度距离问题，这个限度距离即所谓"经济运距"。经济运距是确定借土或调运的限界，当调运距离小于经济运距时，采取纵向调运是经济的，反之则可考虑就近借土。

2）平均运距。土方调配的运距，是指从挖方体积的重心到填方体积的重心之间的距离。在路线工程中为简化计算起见，这个距离可简单地按挖方断面间距中心至填方断面间距中心的距离计算，称平均运距。

在纵向调配时，当其平均运距超过定额规定的免费运距，应按其超运运距计算土石方运量。

3）运量。土石方运量为平均运距与土石方调配数量的乘积。在生产中，工程定额是将平均运距每 10 m 划为一个运输单位，称之为"级"，20m 为两个运输单位，称为二级。其余按此类推。在土石方计算表内可用符号①、②表示，不足 10m 时，仍按一级计算或四舍五入。于是：

$$运量 = 调配土石方数量 \times n$$

式中　$n$ —— 平均超运运距"单位"，$n$ 可按下式计算：

$$n = \frac{L - L_{免}}{N}$$

式中　$N$ —— 超运运距，m，如人工运输为 10m，轻轨运输为 50m 等；

　　　$L$ —— 平均运距；

　　　$L_{免}$ —— 免费运距。

4）计价土石方。在土石方调配中，所有挖方无论是"弃"或"调"，都应予以计价。但对于填方则不然，要根据用土来源来决定是否计价。如果是路外借土，则需要计价，倘若是移挖作填调配利用，则不应再计价，否则将会形成双重计价。因此计价土石方必须通过土石方调配表来确定其数量为：

$$计价土石方数量 = 挖方数量 + 借方数量$$

一般工程上所说的土石方总量，实际上是指计价土石方数量。一条公路的土石方总量，一般包括路基工程、排水工程、临时工程、小桥涵工程等项目的土石方数量。对于独立的大、中桥梁、长隧道的土石方工程数量应另外计算。

（3）土石方调配方法。土石方调配方法有多种，如累积曲线法、调配图法及土石方计算表调配法等，通常多采用土石方计算表调配法，该法不需绘制累积曲线图与调配图，直接可在土石方表上进行调配，其优点是方法简捷，调配清晰，精度符合要求。该计算表也可由计算机自动完成。具体调配步骤详见如下所述。

1）土石方调配是在土石方数量计算与复核完毕的基础上进行的，调配前应将可能影响运输调配的桥涵位置、陡坡、大沟等标注在表旁，供调配时参考。

2）弄清各桩号间路基填挖方情况并作横向平衡，明确利用、填缺与挖余数量。

3）在进行纵向调配前，应根据施工方法及可能采取的运输方式定出合理的经济运距，供土石方调配时参考。

4）根据填缺挖余分布情况，结合路线纵坡和自然条件，具体拟定调配方案。方法是逐桩逐段地将毗邻路段的挖余就近纵向调运到填缺内加以利用，并把具体调运方向和数量用箭头标明在纵向利用调配栏中。

5）经过纵向调配，如果仍有填缺或挖余，则应会同当地政府协商确定借土或弃土地点，然后将借土或弃土的数量和运距分别填注到借方或废方栏内。

6）土石方调配后，应按下列各式进行复核检查：

$$横向调运+纵向调运+借方=填方$$
$$横向调运+纵向调运+弃方=挖方$$
$$挖方+借方=填方+弃方$$

以上检查一般是逐页进行复核的，如有跨页调配，须将其数量考虑在内，通过复核可以发现调配与计算过程有无错误，经核实无误后，即可分别计算计价土石方数量、运量和运距等，为编制施工预算提供土石方工程数量。

### 2.3.7 道路横断面图识读要点

道路横断面设计成果主要包括路基横断面设计图和路基土石方数量计算表，具体包括路基横断面设计图、路基标准横断面图、路基设计表、路基土石方计算表等。

**1. 路基横断面设计图**

路基横断面设计图是路基每一个中桩的法向剖面图，它反映每个桩位处横断面的尺寸及结构，是路基施工及横断面面积计算的依据，图中应给出地面线和设计线，并标注桩号、施工高度与断面面积。相同的边坡坡度可只在一个断面上标注，挡墙等构造物可只绘出形状，不标注尺寸，边沟也只需绘出形状；横断面设计图应按从上到下、从左到右的方式进行布置，一般采用1:200的比例。

（1）路基横断面图的形式。

1）填方路基，即路堤。如图2-36（a）所示，在图下注有该断面的里程桩号，右侧注有

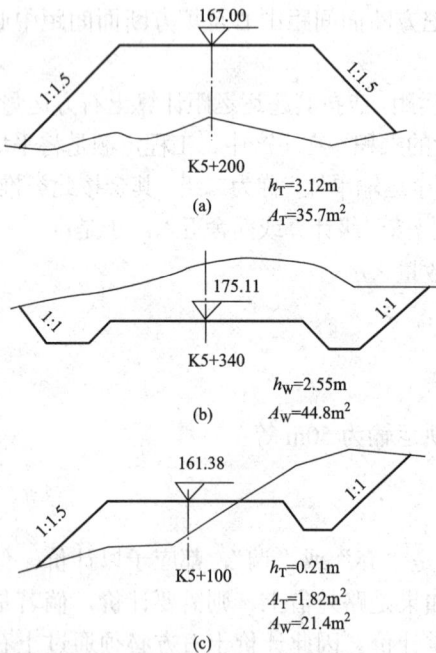

图 2-36　路基横断面图的基本形式
(a) 路堤；(b) 路堑；(c) 半填半挖路基

中心线处的填方高度 $h_T$（m）以及该断面的填方面积 $A_T$（$m^2$）。

2）挖方路基，即路堑。如图 2-36（b）所示，在图下方注有该断面的里程桩号，右侧注有中心线处挖方高度 $h_W$（m）以及该断面的挖方面积 $A_W$（$m^2$）。

3）半填半挖路基。这种路基是前两种路基的综合，如图 2-36（c）所示，在图下仍注有该断面的里程桩号，右侧注有中心线处的填（或挖）方高度 $h_T$ 或 $h_W$ 以及该断面的填方面积 $A_T$ 和挖方面积 $A_W$。

（2）读图。顺桩号由下往上、从左往右，了解每一桩号处的路基标高、路基边坡、填（或挖）方高度以及填（或挖）方面积，如图 2-37 所示。

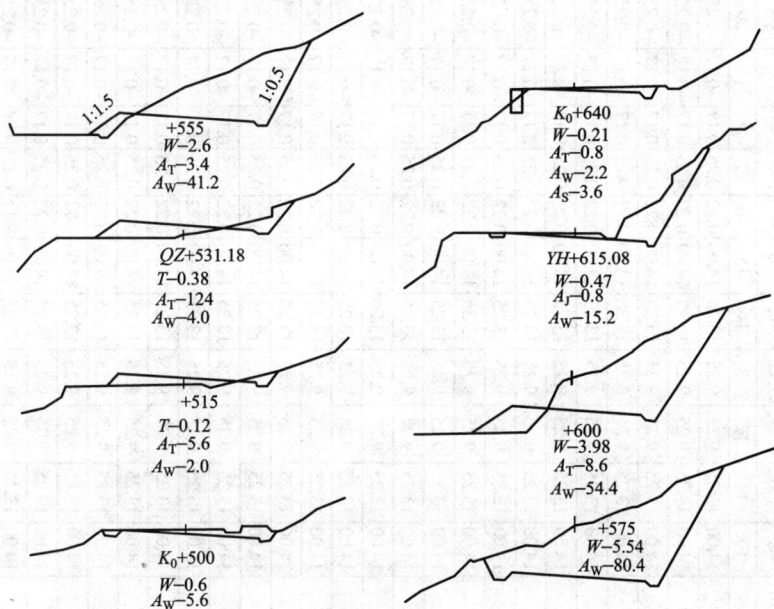

图 2-37　路基横断面设计图

## 2. 路基标准横断面图

路基标准横断面图是路基横断面设计图中所出现的所有路基形式的汇总。它表示了所有设计线（包括边沟、边坡、挡墙、路肩）的形状、尺寸和比例，用以指导施工。这样路基设计横断面图就不必对每一个断面进行详细的标注，避免了工作的重复和繁琐，也使得设计图比较简洁。

## 3. 路基设计表

路基设计表是路线设计和路基设计成果的综合体现，是平、纵、横等主要测设资料的综合，道路设计文件中占有重要地位。其前半部分是平面与纵面设计成果，横断面设计完成后，再将边坡、边沟等栏填上，其中边沟一栏的坡度如不填写，表明沟底纵坡与道路纵坡一致，如果不一致，则需另外填写，见表 2-30。

## 4. 路基土石方计算表

路基土石方是公路工程的一项主要工程量，在公路设计和路线方案比较中，路基土石方数量的多少是评价公路建设质量的主要技术经济指标之一；在编制公路施工组织计划和工程概预算时，还需要确定分段和全线的路基土石方数量，见表 2-31。

表 2-30

**路 基 设 计 表**

| 平曲线 (1) | 坡度坡长及竖曲线交点的桩号和标高 (2) | 竖曲线要素 凸 (3) | 竖曲线要素 凹 (4) | 桩号 (5) | 地面高程/m (6) | 设计高程/m (7) | 填 (8) | 挖 (9) | $W_{B1}$ (10) 左 | $W_{B2}$ (11) | $W_{B3}$ (12) | $W_{A3}$ (13) 右 | $W_{A2}$ (14) | $W_{A1}$ (15) | $B1$ (16) 左 | $B2$ (17) | $B3$ (18) | $A3$ (19) 右 | $A2$ (20) | $A1$ (21) | 备注 (22) |
|---|---|---|---|---|---|---|---|---|---|---|---|---|---|---|---|---|---|---|---|---|---|
| | -0.31%　900.00 | | | K22+200 | 36.72 | 37.94 | 1.22 | | 14.00 | 13.25 | 9.25 | 9.25 | 13.25 | 14.00 | 0.22 | 0.25 | 0.17 | -0.17 | -0.25 | -0.27 | |
| | | | | K22+240 | 36.69 | 38.00 | 1.32 | | 14.00 | 13.25 | 9.25 | 9.25 | 13.25 | 14.00 | 0.22 | 0.25 | 0.17 | -0.17 | -0.25 | -0.27 | |
| | | | | K22+270 | 36.76 | 38.08 | 1.33 | | 14.00 | 13.25 | 9.25 | 9.25 | 13.25 | 14.00 | 0.22 | 0.25 | 0.17 | -0.17 | -0.25 | -0.27 | |
| | K22+300　37.36 | | | K22+300 | 36.71 | 3819 | 1.48 | | 14.00 | 13.25 | 9.25 | 9.25 | 13.25 | 14.00 | 0.22 | 0.25 | 0.17 | -0.17 | -0.25 | -0.27 | |
| | | | | K22+323 | 36.67 | 38.29 | 1.62 | | 14.00 | 13.25 | 9.25 | 9.25 | 13.25 | 14.00 | 0.22 | 0.25 | 0.17 | -0.17 | -0.25 | -0.27 | |
| | | | | K22+340 | 36.63 | 38.37 | 1.74 | | 14.00 | 13.25 | 9.25 | 9.25 | 13.25 | 14.00 | 0.22 | 0.25 | 0.17 | -0.17 | -0.25 | -0.27 | |
| | | | | K22+370 | 36.65 | 38.54 | 1.89 | | 14.00 | 13.25 | 9.25 | 9.25 | 13.25 | 14.00 | 0.22 | 0.25 | 0.17 | -0.17 | -0.25 | -0.27 | |
| | | | | K22+400 | 36.64 | 38.74 | 2.10 | | 14.00 | 13.25 | 9.25 | 9.25 | 13.25 | 14.00 | 0.22 | 0.25 | 0.17 | -0.17 | -0.25 | -0.27 | |
| | | | | K22+430 | 36.70 | 38.96 | 2.27 | | 14.00 | 13.25 | 9.25 | 9.25 | 13.25 | 14.00 | 0.22 | 0.25 | 0.17 | -0.17 | -0.25 | -0.27 | |
| | | | | K22+470 | 36.63 | 39.31 | 2.67 | | 14.00 | 13.25 | 9.25 | 9.25 | 13.25 | 14.00 | 0.22 | 0.25 | 0.17 | -0.17 | -0.25 | -0.27 | |
| | | SID24 R=22 132.73 T|167.10 E=0.63 | SID23 R=32 752.27 T=232.90 E=0.83 | K22+500 | 36.66 | 39.60 | 2.94 | | 14.00 | 13.25 | 9.25 | 9.25 | 13.25 | 14.00 | 0.22 | 0.25 | 0.17 | -0.17 | -0.25 | -0.27 | |
| | | K22+532.90 | K22+532.90 | K22+540 | 36.63 | 40.02 | 3.39 | | 14.00 | 13.25 | 9.25 | 9.25 | 13.25 | 14.00 | 0.22 | 0.25 | 0.17 | -0.17 | -0.25 | -0.27 | |
| | | | | K22+570 | 36.53 | 40.33 | 3.80 | | 14.00 | 13.25 | 9.25 | 9.25 | 13.25 | 14.00 | 0.22 | 0.25 | 0.17 | -0.17 | -0.25 | -0.27 | |
| | | | | K22+600 | 36.53 | 40.59 | 4.06 | | 14.00 | 13.25 | 9.25 | 9.25 | 13.25 | 14.00 | 0.22 | 0.25 | 0.17 | -0.17 | -0.25 | -0.27 | |
| | | | | K22+605 | 36.54 | 40.63 | 4.09 | | 14.00 | 13.25 | 9.25 | 9.25 | 13.25 | 14.00 | 0.22 | 0.25 | 0.17 | -0.17 | -0.25 | -0.27 | |
| | | | | K22+608 | 34.28 | 40.65 | 6.37 | | 14.00 | 13.25 | 9.25 | 9.25 | 13.25 | 14.00 | 0.22 | 0.25 | 0.17 | -0.17 | -0.25 | -0.27 | |
| | | | | K22+636 | 34.28 | 40.85 | 6.57 | | 14.00 | 13.25 | 9.25 | 9.25 | 13.25 | 14.00 | 0.22 | 0.25 | 0.17 | -0.17 | -0.25 | -0.27 | |
| | | | | K22+638 | 36.54 | 40.86 | 4.32 | | 14.00 | 13.25 | 9.25 | 9.25 | 13.25 | 14.00 | 0.22 | 0.25 | 0.17 | -0.17 | -0.25 | -0.27 | |
| | | | | K22+640 | 36.49 | 40.87 | 4.38 | | 14.00 | 13.25 | 9.25 | 9.25 | 13.25 | 14.00 | 0.22 | 0.25 | 0.17 | -0.17 | -0.25 | -0.27 | |
| | | | | K22+670 | 36.38 | 41.04 | 4.66 | | 14.00 | 13.25 | 9.25 | 9.25 | 13.25 | 14.00 | 0.22 | 0.25 | 0.17 | -0.17 | -0.25 | -0.27 | |
| | K22+700　41.80 | | | K22+700 | 36.51 | 41.17 | 4.66 | | 14.00 | 13.25 | 9.25 | 9.25 | 13.25 | 14.00 | 0.22 | 0.25 | 0.17 | -0.17 | -0.25 | -0.27 | |
| | -0.40%　700.00 | | | K22+730 | 36.49 | 41.26 | 4.77 | | 14.00 | 13.25 | 9.25 | 9.25 | 13.25 | 14.00 | 0.22 | 0.25 | 0.17 | -0.17 | -0.25 | -0.27 | |
| | | | | K22+739.96 | 36.51 | 41.27 | 4.76 | | 14.00 | 13.25 | 9.25 | 9.25 | 13.25 | 14.00 | 0.22 | 0.25 | 0.17 | -0.17 | -0.25 | -0.27 | |
| | | | | K22+770 | 36.60 | 41.31 | 4.71 | | 14.00 | 13.25 | 9.25 | 9.25 | 13.25 | 14.00 | 0.11 | 0.13 | 0.09 | -0.17 | -0.25 | -0.27 | |
| | | | | K22+800 | 36.51 | 41.30 | 4.78 | | 14.00 | 13.25 | 9.25 | 9.25 | 13.25 | 14.00 | 0.11 | 0.13 | 0.09 | -0.17 | -0.25 | -0.27 | |
| | | | | K22+808 | 36.46 | 41.29 | 4.83 | | 14.00 | 13.25 | 9.25 | 9.25 | 13.25 | 14.00 | 0.11 | 0.13 | 0.09 | -0.17 | -0.25 | -0.27 | |
| | | | | K22+809 | 36.61 | 41.29 | 4.68 | | 14.00 | 13.25 | 9.25 | 9.25 | 13.25 | 14.00 | 0.11 | 0.13 | 0.09 | -0.17 | -0.25 | -0.27 | |
| | | | | K22+811 | 36.66 | 41.28 | 4.63 | | 14.00 | 13.25 | 9.25 | 9.25 | 13.25 | 14.00 | 0.11 | 0.13 | 0.09 | -0.17 | -0.25 | -0.27 | |

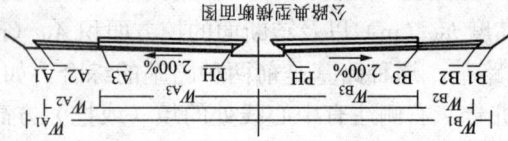

备注（第22栏）：公路横断面图，图中标注 B1 B2 B3 PH 2.00% PH 2.00% A3 A2 A1，以及 $W_{B1}$、$W_{B2}$、$W_{B3}$、$W_{A3}$、$W_{A2}$、$W_{A1}$。

表 2-31

## 路基土石方计算表

项目名称：××公路××段

| 桩号 (1) | 横断面积/m² 填 (2) | 挖 (3) | 距离/m (4) | 挖方总数量 (5) | 土 I % (6) | 数量 (7) | 土 II % (8) | 数量 (9) | 土 III % (10) | 数量 (11) | 石 IV % (12) | 数量 (13) | 石 V % (14) | 数量 (15) | 石 VI % (16) | 数量 (17) | 填方总数量 (18) | 土 (19) | 石 (20) | 本桩利用 土 (21) | 石 (22) | 填缺 土 (23) | 石 (24) | 挖余 土 (25) | 石 (26) | 远运利用纵向调配示意 (27) | 借方 土 (28) | 石 (29) | 废方 土 (30) | 石 (31) | 计价土石方 土 (32) | 石 (33) | 备注 (34) |
|---|---|---|---|---|---|---|---|---|---|---|---|---|---|---|---|---|---|---|---|---|---|---|---|---|---|---|---|---|---|---|---|---|---|
| K37+400.00 | 15.2 | | 25.00 | | | | | | | | | | | | | | 399 | 399 | | | | 399 | | | | 399 | | | | | | | |
| +425.00 | 16.7 | | 25.00 | | | | | | | | | | | | | | 439 | 439 | | | | 439 | | | | 439 | | | | | | | |
| +450.00 | 18.4 | | 25.00 | 40 | 20 | 8 | 80 | 32 | | | | | | | | | 388 | 388 | | 32 | | 356 | | | | 356 | | | 8 | | 40 | | |
| +475.00 | 12.6 | 3.2 | 17.17 | 126 | 20 | 25 | 80 | 101 | | | | | | | | | 158 | 158 | | 101 | | 57 | | | | 57 | | | 25 | | 126 | | |
| QZ+492.17 | 5.8 | 11.5 | 7.83 | 187 | 20 | 37 | 80 | 150 | | | | | | | | | 23 | 23 | | 23 | | | | 164 | | 127 | | | 37 | | 187 | | |
| +500.00 | | 36.2 | 25.00 | 996 | 20 | 199 | 50 | 498 | 30 | 299 | | | | | | | | | | | | | | 697 | 299 | 797 | | | 199 | | 697 | 299 | 开挖路堑表层土不能用于填筑路堤，按弃方计，利用方石计，填以石代土 |
| +525.00 | | 43.5 | 25.00 | 1040 | 20 | 208 | 50 | 520 | 30 | 312 | | | | | | | | | | | | | | 728 | 312 | 832（1756） | | | 208 | | 728 | 312 | |
| +550.00 | | 39.7 | 25.00 | 851 | 20 | 170 | 50 | 426 | 30 | 255 | | | | | | | | | | | | | | 596 | 255 | 681 | | | 170 | | 596 | 255 | |
| +575.00 | | 28.4 | 8.50 | 237 | 20 | 47 | 50 | 119 | 30 | 71 | | | | | | | | | | | | | | 166 | 71 | 190 | | | 47 | | 166 | 71 | |
| +583.00 | | 27.3 | 16.50 | 488 | 20 | 98 | 50 | 244 | 30 | 146 | | | | | | | | | | | | | | 342 | 146 | 390 | | | 98 | | 342 | 146 | |
| +600.00 | | 31.9 | 9.05 | 503 | 20 | 100 | 50 | 252 | 30 | 151 | | | | | | | | | | | | | | 352 | 151 | 403 | | | 100 | | 352 | 151 | |
| yH+609.05 | | 31.2 | 15.95 | 395 | 20 | 79 | 80 | 316 | | | | | | | | | 22 | 22 | | 22 | | | | 373 | | 294 | | | 79 | | 395 | | |
| +625.00 | 2.7 | 18.3 | 25.00 | 313 | 20 | 63 | 80 | 250 | | | | | | | | | 193 | 193 | | 193 | | | | 120 | | 57 | | | 63 | | 313 | | |
| +650.00 | 12.7 | 6.7 | 25.00 | 106 | 20 | 21 | 80 | 85 | | | | | | | | | 361 | 361 | | 85 | | 276 | | | | 276 | | | 21 | | 106 | | |
| +675.00 | 16.2 | 1.8 | 25.00 | 23 | 20 | 5 | 80 | 18 | | | | | | | | | 478 | 478 | | 18 | | 460 | | | | 460 | | | 5 | | 23 | | |
| +700.00 | 22.0 | | 25.00 | | | | | | | | | | | | | | 512 | 512 | | | | 512 | | | | 512 | | | | | | | |

远运利用纵向调配示意（第 27 栏）中标注：平均运距 85m、平均运距 125m。

## 2.4　道路交叉图识读

道路系统是由各种不同方向的道路所组成，由于道路的纵横交错，不可避免地形成道路交叉，即两条或两条以上道路的交会。交叉口是道路系统的重要组成部分，是道路交通的咽喉。根据各相交道路在交叉点的标高，可将道路交叉分为平面交叉和立体交叉两种类型。

一般相交道路在同一平面上的交叉称为平面交叉，交叉处称为平面交叉口；相交的道路分别在不同平面上的交叉叫立体交叉。

### 2.4.1　道路平面交叉

#### 1. 平面交叉口的交通分析

各向车辆驶入交叉口后，以直行、右转弯或左转弯的方式，汇入欲行驶方向的车流后再驶离交叉口。这样，由于行驶方向的不同，车辆间的交错方式也不相同，可能产生的交错点的性质也不一样。

同一行驶方向的车辆向不同方向分离行驶的地点称为分流点；来自不同行驶方向的车辆以较小的角度，向同一方向汇合行驶的地点称为合流点；来自不同行驶方向的车辆以较大的角度相互交叉的地点称为冲突点，如图 2-38 所示。

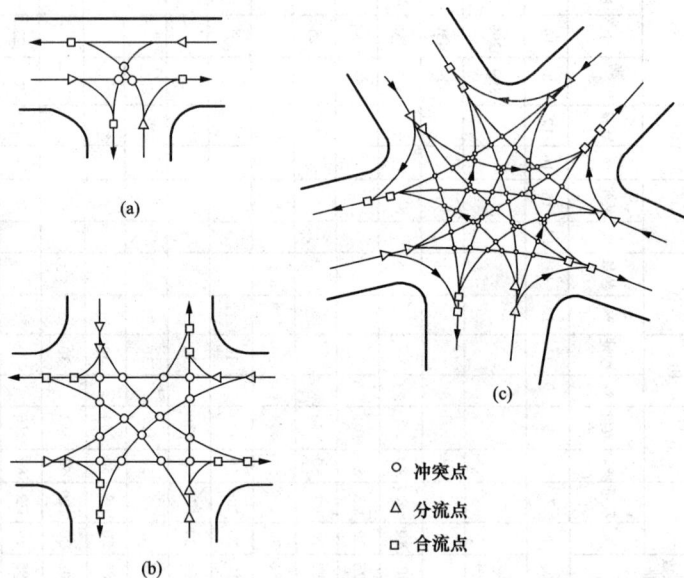

○　冲突点
△　分流点
□　合流点

图 2-38　平面交叉口危险点分布情况
(a) 三路交叉口；(b) 四路交叉口；(c) 五路交叉口

通过分析图 2-38 中的交错点可得出以下几点结论。

（1）以直行与直行、左转与左转以及直行与左转车辆之间所产生的冲突点对交通的干扰和行车的安全影响最大，其次是合流点，再次是分流点。

（2）交叉口危险点的多少，视交叉口相交路线的条数和型式而异，且随相交路线的数量的增加而显著增加。

（3）产生冲突点最多的是左转弯车辆，如四路交叉口若没有左转车流，则冲突点可由 16 个减至 4 个，而五路交叉口则从 50 个减至 5 个，因此，在交叉口设计中如何正确地处理和组织左转弯车辆，是保证交叉口交通通畅和安全的关键所在。

**2. 交叉口的平面布置和适用范围**

平面交叉的类型按几何形状可分为十字形，T 形及其演变而来的 X 形、Y 形、错位、环路交叉（图 2-39）等。按布置形式一般可分为加铺转角式、分道转弯式、加宽路口式和环形交叉四类。

（1）加铺转角式。以圆曲线构成加宽来连接交叉公路的路基和路面的形式称为加铺转角，可按交叉路线的情况和需要，选用如图 2-39（a）～（d）的布设形式。此类交叉口形式简单、占地少、造价低、设计方便，但行车速度低、通行能力小，适用于交通量小、车速低、转弯车辆少的三、四级公路或地方道路。若斜交不大时，也可用于转弯交通量较小的主要道路与次要道路交叉。

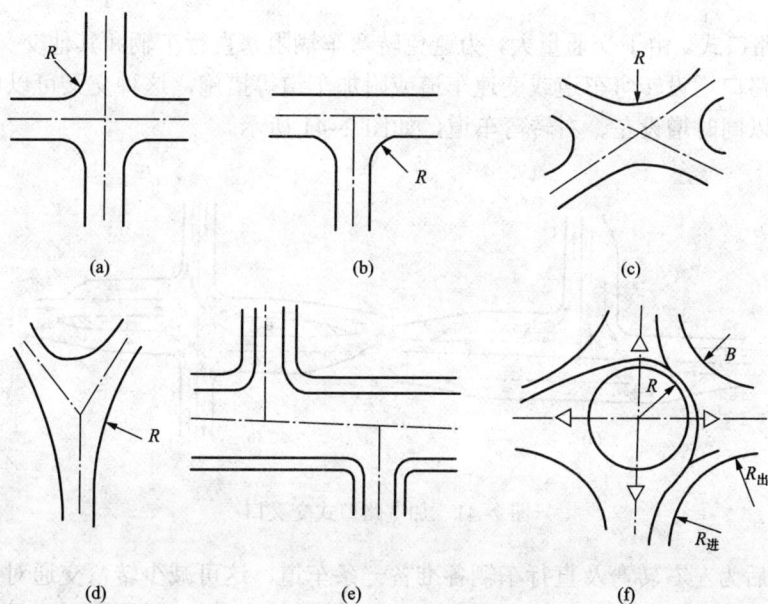

图 2-39　平面交叉的形式

（a）十字形；（b）T 形；（c）X 形；（d）Y 形；（e）错位；（f）环路交叉

（2）分道转弯式。利用在路面上画线、设分隔器、分隔带或交通岛等限制行车路线，使不同类型、车速和行驶方向的车辆，顺着指定方向通过交叉口，这种形式称为分道转弯式交叉，如图 2-40 所示。分道转弯式交叉口转弯车辆，尤其是右转弯车辆行驶速度和通行能力都较高，适用于车速较高，转弯车辆较多的一般道路，或斜交、畸形交叉口。

《标准》规定，四车道以上的多车道公路的平面交叉、二级公路的平面交叉、三级公路的平面交叉当转弯交通量较大时应进行渠化设计。

若设置各种交通岛则面积不宜过小，一般三角形分隔岛任何一边不小于 2.5m；长条形分隔岛的宽和长一般分别不小于 1.2m 及 4~6m。交通岛上可以绿化，但不宜种影响驾驶员视线的植物。

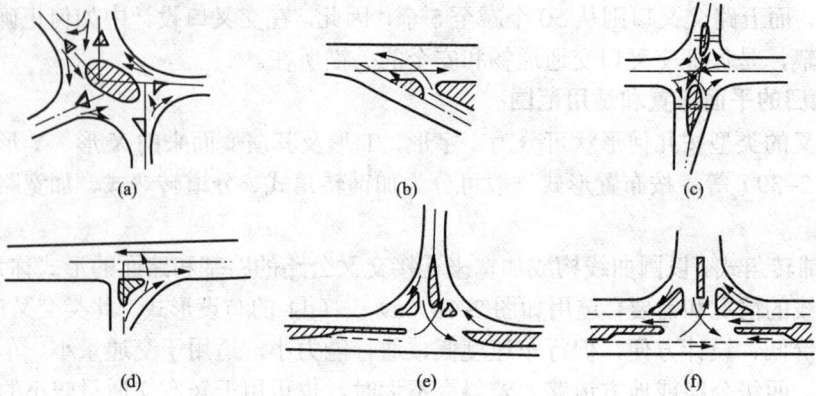

图 2-40 分道转弯式交叉口

（3）加宽路口式。由于交通量大，为避免转弯车辆阻塞直行车辆和其他交叉道路的车辆，可以采用加宽路口增设转弯车道或变速车道或附加车道等措施，这种交叉可以单增右转或左转车道，也可以同时增设左、右转弯车道，如图 2-41 所示。

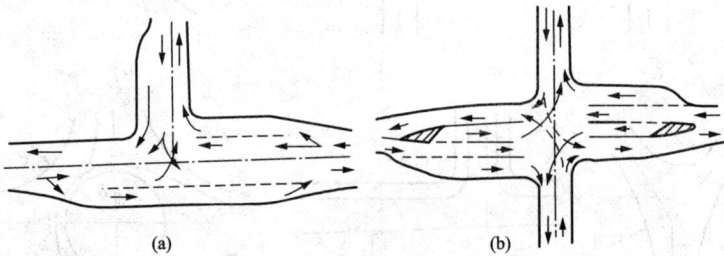

图 2-41 加宽路口式交叉口

加宽路口后为左右转弯及直行车辆各准备一条车道，这可减少转弯交通对直行交通的干扰，车速较高、事故率低、通行能力大，但占地多、投资较大，适用于交通量较大、转弯车辆较多的二级公路和城市主干路。

（4）环形交叉。环形交叉（俗称转盘）是在交叉口的中心设置一个中心岛，使各类车辆按逆时针方向环岛作单方向行驶，直至所要去的路口驶出，如图 2-39（f）所示。环形交叉的优点是能消除冲突点，不需设专人指挥交通；缺点是占地较多，直行车、左转弯车绕行的距离较长。因此，这种环形交叉适用于多条公路相交，通过交叉口的总交通量达 500~3000辆/h，转向车辆较多，地形开阔且较为平坦时。

中心岛的形状一般多用圆形，有时也用圆角方形和菱形；主次道路相交时宜采用椭圆形；交角不等的畸形交叉可采用复合曲线型。

环岛的大小应根据交织段需要的长度而定。所谓交织就是两条车流汇合交换位置后又分离的过程。环道上相邻路口之间有足够的距离，使进环和出环的车辆在环道上均可在合适的机会相互交织连续行驶，该段距离称为交织段长度。中心岛半径必须满足两个路口之间最小交织段长度的要求。

一般环道上设计 3～4 条车道，每条车道宽 3.50～3.75m。靠近中心岛的一条车道作绕行之用，最靠外侧的一条车道供右转弯之用，中间的 1～2 条车道为交织之用。

**3. 交叉口的立面设计**

交叉口立面设计（也称竖向设计）的目的是通过调整交叉口范围的行车道、人行道及附近地面等有关各点的设计标高，合理确定各相交道路之间及交叉口和周围建筑物之间共同面的形状，以符合行车舒适、排水迅速和建筑艺术三方面的要求。

交叉口立面设计的方法有方格网法、设计等高线法以及方格网设计等高线法三种。

（1）方格网法。方格网法是在交叉口范围内以相交道路中心线为坐标基线打方格网，测出方格点上的地面标高，求出其设计标高，并标出相应的施工高度，如图 2–42 所示。

（2）设计等高线法。设计等高线法是在交叉口范围内选定路脊线和标高计算线网，并计算其上各点的设计标高，勾绘交叉口设计等高线，最后标出各点施工高度。

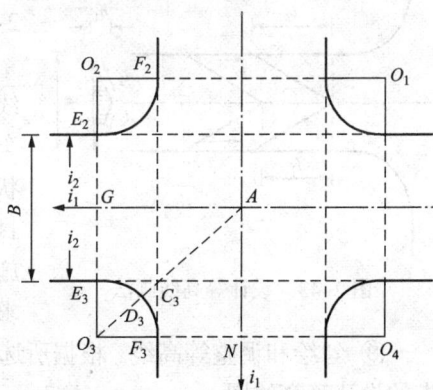

图 2–42　方格网法

（3）方格网设计等高线法。比较上述两种方法，其中设计等高线法比方格网法更能清晰地反映交叉口的立面设计形状，但等高线上的标高点在施工放样时不如方格网法方便。为此，通常把以上两种方法结合使用，称之为方格网设计等高线法，它可以取长补短，既能直观地看出交叉口的立面形状，又能满足施工放样方便的要求。

对于普通交叉口，多采用方格网法或设计等高线法，其中混凝土路面宜采用方格网法，而沥青路面宜采用设计等高线法；对于大型、复杂的交叉口和广场的立面设计，通常采用方格网设计等高线法。实际工作中，若采用方格网法，则不需勾绘设计等高线，而采用设计等高线法时，可不打方格，只加注一些特征点的设计标高即可。下面以方格网设计等高线法为例来介绍交叉口立面设计的方法和步骤。

1）方格网设计等高线法需收集的资料。

① 测量资料：交叉口的控制标高和控制坐标；收集或实测 1:500 或 1:200 地形图，详细标注附近地坪及建筑物标高。

② 道路资料：相交道路的等级、宽度、半径、纵坡、横坡等平纵横设计或规划资料。

③ 交通资料：交通量及交通组成。

④ 排水资料：区域排水方式，已建或拟建地下、地上排水管渠的位置和尺寸。

2）绘制交叉口平面图。按比例绘出道路中心线、车行道、人行道及分隔带的宽度，转角曲线和交通岛等。以相交道路中心线为坐标基线打方格网，斜交道路的方格网线应选在便于施工放线测量的方向，方格的大小一般采用 5m×5m～10m×10m，并量测方格点的地面标高。

3）确定交叉口的设计范围。交叉口的设计范围一般为转角圆曲线的切点以外 5～10m（相当于一个方格的距离），主要用于过渡处理，如横坡的过渡、标高的过渡等。

4）确定立面设计图式和等高距。根据相交道路的等级、纵坡方向、地形情况以及排水要求等，确定所采用的立面设计图式。根据纵坡度的大小和精度要求选定等高线间距 $h$，一般 $h$ 为 0.02～0.10m，为便于计算取偶数为宜。

5）勾绘设计等高线。

① 路段设计等高线的计算与画法。当道路的纵坡、横断面形式及路拱横坡度确定以后，可按照所需要的等高距计算路段上设计等高线的水平距离。进而可以勾绘路段设计等高线。

实际上，如路拱形式为抛物线时，等高线应以曲线勾绘，只有直线型路拱可用折线连成等高线，为简化起见，如图 2-43 所示，用折线表示。

② 交叉口上设计等高线的计算。在交叉口上，路脊线的交点就是控制标高的位置，选定路脊线时，要考虑行车平顺及整个交叉口均衡美观。为反映交叉口的立面形状，需正确选择标高计算线网并确定计算线上标高点的数目。每条标高计算线上标高点的数目，可根据路面宽度、施工需要以及等高距来确定。对路宽、坡陡、施工精度要求高的，标高点可多些；反之则少些。

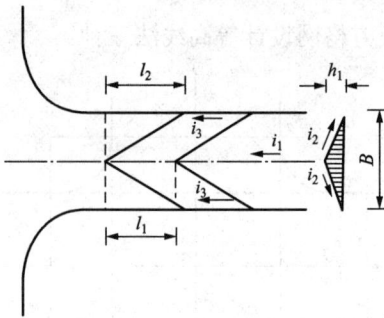

图 2-43 设计等高线画法

③ 勾绘和调整等高线。根据所选立面设计图式和等高距，把各等高点连接起来，得到初步的设计等高线图。

该设计等高线图应满足行车平顺和路面排水通畅的要求。通过调整等高线的疏密（一般中间部分疏一些，而边沟处密一些），使纵、横坡度变化均匀，调整个别不合适的标高，并合理布置雨水口。

6）计算施工高度。根据设计等高线图，用内插法求出方格点上的设计标高，则施工高度等于设计标高减去地面标高。

完成后的交叉口立面设计图如图 2-44 所示。

**4. 平面交叉口的一般要求**

（1）公路与公路交叉，除高速公路全部采用立体交叉外，一级公路可少量采用平面交叉，其他各级公路可采用平面交叉。

（2）平面交叉路线应为直线并尽量正交，当采用曲线时，其半径宜大于不设超高的最小半径。当必须斜交时，交叉角应大于 45°，避免畸形交叉。

（3）平面交叉一般应设置在水平地段。紧接水平地段的纵坡，一般不应大于 3%，困难地段不应大于 5%。

（4）各平面交叉口之间的间距应尽量地大，以便提高通行能力和保证行车安全。

**5. 平面交叉口设计图**

（1）平面布置图。平面布置图比例一般采用 1:500～1:1000，图中不仅应标明路中心线、路面边缘线、缘石边线，还应标明交叉点、各交叉点的起点和终点、交叉加桩与控制断面的位置和桩号，并且应列出各交叉道的曲线要素表、各交叉道路的纵坡值。同时，还应标出各控制断面的宽度、横坡坡度、两侧路面边缘标高和各坡段的纵坡。

（2）纵、横断面设计图。横断面设计图可采用 1:100～1:200 的比例，其余要求同一般路线设计。

（3）交叉口地形图和立面设计图。除设计图外，还应包括交叉口设计资料一览表、交叉口工程数量计算表等资料。

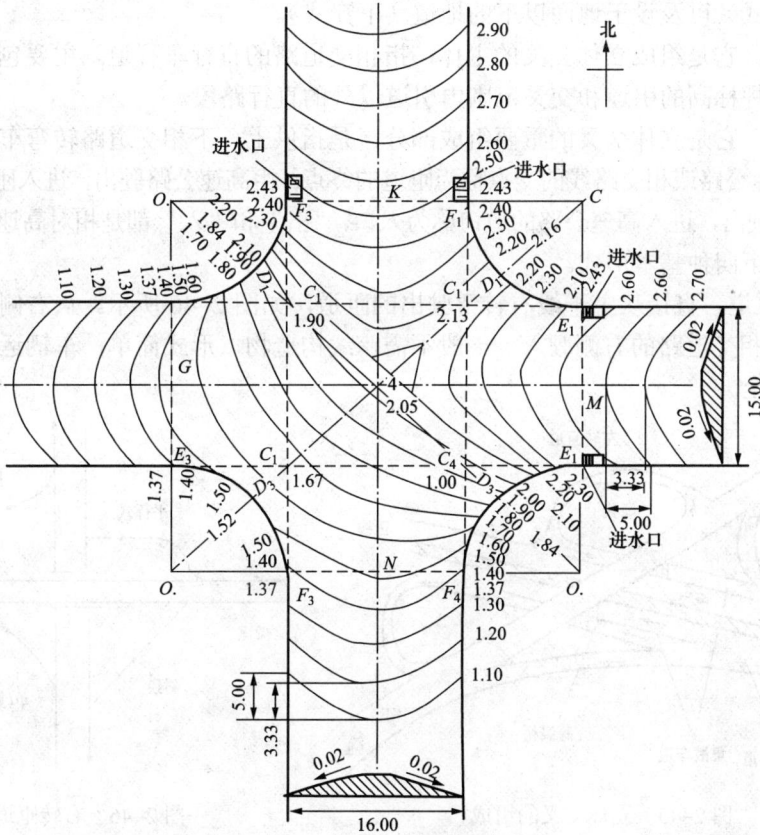

图 2-44　交叉口立面设计图示例

## 2.4.2　道路立体交叉

立体交叉是利用跨线构造物使道路与道路（或铁路）在不同标高条件下相互交叉的连接方式，是高等级道路相交必不可少的组成部分。采用立体交叉可使各方向车流在不同标高的平面上行驶，消除或减少了冲突点；车流可连续运行，提高了道路的通行能力；节约了运行时间和燃料消耗；控制了相交道路车辆的出入，减少了对高速道路的干扰。

**1. 一般要求**

（1）高速公路与其他各级公路交叉时，必须采用立体交叉。交叉型式除在控制出入的地方设互通式立体交叉外，均采用分离式立体交叉。

（2）一级公路与其他公路交叉时，应尽量采用立体交叉。交叉型式可根据具体情况采用互通式或分离式立体交叉。

（3）其他各级公路的交叉，当交通条件需要或有条件的地点，也可采用立体交叉。

（4）立体交叉的建筑限界应满足要求。

**2. 立体交叉的组成**

立体交叉主要包括以下几个组成部分（图2-45）。

（1）跨线构造物。它是立体交叉实现车流空间分离的主体构造物，包括设于地面以上的跨线桥（上跨式）以及设于地面以下的地道（下穿式）。

（2）正线。它是组成立体交叉的主体，指相交道路的直行车行道，主要包括连接跨线构造物两端到地坪标高的引道和交叉范围内引道以外的直行路段。

（3）匝道。它是立体交叉的重要组成部分，是指供上、下相交道路转弯车辆行驶的连接道。匝道与高速公路或相交路线的交点称为匝道的终点；由高速公路驶出，进入匝道的道口称为出口；由匝道驶出，进入高速公路的道口称为入口，"出"和"入"都是相对高速公路而言的。

匝道有以下四种基本形式。

1）右转匝道。直接从主干线右转弯驶出的匝道，如图2-46所示。从右侧驶出后直接右转约90°，到相交道路的右侧驶入，一般不需跨线构造物，形式简单，车辆运行方便，直接顺当，行车安全。

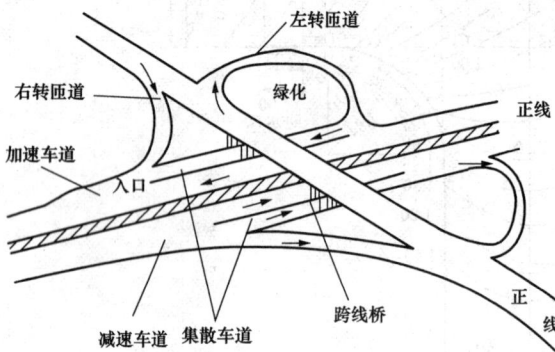

图2-45 立体交叉的组成

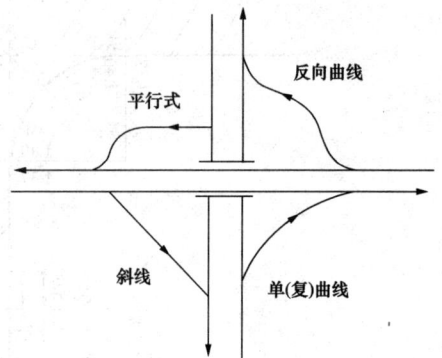

图2-46 右转匝道

2）环形匝道。又称环圈式，车辆由干线的右侧出口，并以约270°角向右转弯，而完成左转弯的行驶，如苜蓿叶式立交中的左转匝道，如图2-47所示。特点是右出右进，行车安全；不需设构造物；造价最低；匝道线形指标差；占地较大；车速和通行能力低；左转绕行较长。环形匝道除在苜蓿叶形立体交叉中采用外，在喇叭式、叶式等立体交叉中都采用这种左转形式的匝道。

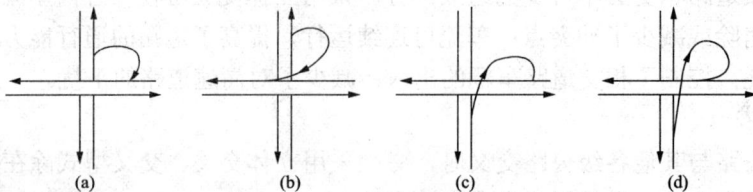

图2-47 环形匝道

3）定向式匝道。由干线左侧出口，以较短捷的路线从左侧直接驶入连接的干线，从而完成左转弯的匝道，如图2-48所示。定向式匝道是唯一由干线驶出的形式，这种形式需增建立体交叉桥，投资大，车辆行驶便利、快速，在高速公路立体交叉中应用较多。但是车辆高速驶入所去的干线，交织合流时有一定的危险性；相交道路的双向行车之间需有足够间距；对重型车和慢速车左侧高速驶出困难，左侧高速驶入困难且不安全。

4）迂回式匝道。由干线右侧出口，暂时偏离所去方向，以迂回绕行的方式完成左转弯的匝道，如图 2-49 所示。迂回式匝道在一定程度上消除了定向式左出、左进的缺点，行车安全；右侧入口车流并入形式较好，对干线高速车辆影响小。但匝道绕行长，方向欠明确。

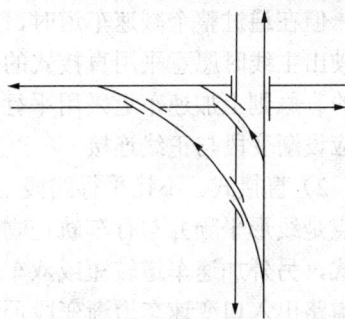

图 2-48　定向式匝道（左出左进式）

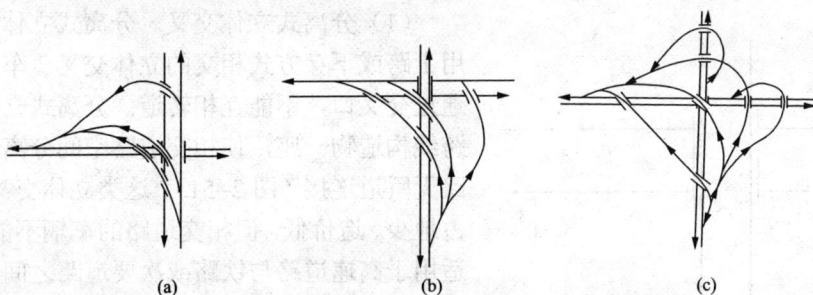

图 2-49　迂回式匝道

（a）左侧出口、右侧入口；（b）右侧出口、左侧入口；（c）右侧出口、右侧入口

（4）出、入口。由正线驶出进入匝道的道口为出口，由匝道驶入正线的道口为入口。

（5）变速车道：为适应车辆变速行驶的需要，而在正线右侧的出入口附近设置的附加车道称为变速车道；出口端为减速车道，入口端为加速车道。其典型形式有平行式和直接式两种，如图 2-50 所示。

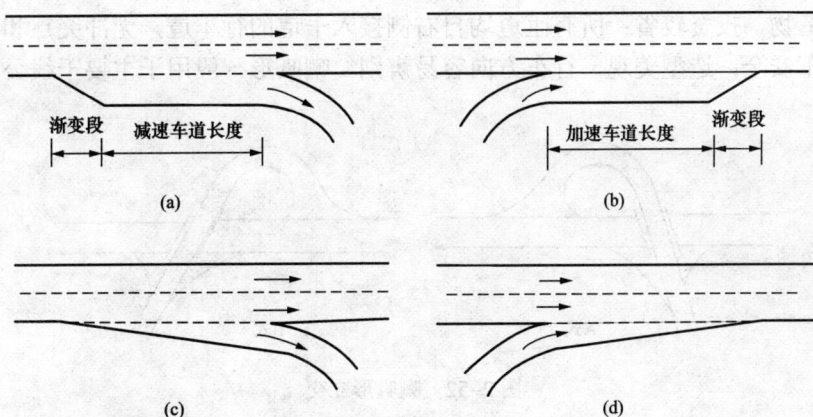

渐变段　减速车道长度

（a）

加速车道长度　渐变段

（b）

（c）

（d）

图 2-50　变速车道的形式

（a）平行式减速车道；（b）平行式加速车道；（c）直接式减速车道；（d）直接式加速车道

1）平行式。平行式是在正线外侧平行增设的一条附加车道。其特点是车道划分明确，行车容易辨认。与直接式相比是强调减速车道的起点，三角段部分虽然与车辆的行驶轨迹相符

合，但在通过整个减速车道时，必须走 S 形路线。根据调查认为，一般情况下，大多数驾驶员驶出主线时愿意采用直接式的流出，而不愿走 S 形路线。平行式与实际行驶状态是不相符合的。原则上加速车道采用平行式，因加速车道较长，平行式容易布置。平行式变速车道端部应设渐变段与正线连接。

2）直接式。不设平行路段，由正线斜向渐变加宽，形成一条与匝道连接的附加车道，其特点是线形平顺并与行车轨迹吻合，对行车有利，但起点不易识别。原则上减速车道采用直接式，另外加速车道较短或双车道的变速车道应采用直接式。立体交叉的范围一般是指各相交道路出入口变速车道渐变段顶点以内包含的正线和匝道的全部区域。

**3. 立体交叉的类型和适用条件**

立体交叉按交通功能划分为分离式立体交叉和互通式立体交叉两类。

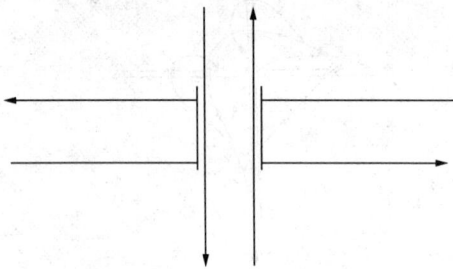

图 2-51　分离式立体交叉

（1）分离式立体交叉。分离式立体交叉是指采用上跨或下穿方式相交的立体交叉。车辆只能直行通过交叉口，不能互相转道。分离式立体交叉仅设跨线构造物一座，使相交道路空间分离，上、下道路无匝道连接（图 2-51）。这类立体交叉结构简单、占地少、造价低，但相交道路的车辆不能转弯行驶，适用于高速道路与铁路或次要道路之间的交叉。

（2）互通式立体交叉。互通式立体交叉不仅设跨线构造物使相交道路空间分离，而且上、下道路有匝道连接，以供转弯车辆行驶。这种立体交叉车辆可转弯行驶，全部或部分消灭了冲突点，各方向行车干扰较小；但结构复杂、占地多、造价高，如图 2-45 所示。

互通式立体交叉的类型较多，基本类型有以下几种：

1）喇叭形。喇叭形立体交叉如图 2-52 所示，是三路立体交叉的代表形式，可分为 A 式和 B 式。经环圈式左转匝道驶入主线（或正线）为 A 式，驶出时为 B 式。其特点是结构简单，只需一座构造物，投资较省；所有匝道均自右侧接入干道的行车道，无冲突点和交织，通行能力大，行车安全；造型美观，行车方向容易辨别。喇叭形一般用于主要干线公路与次要公路相交。

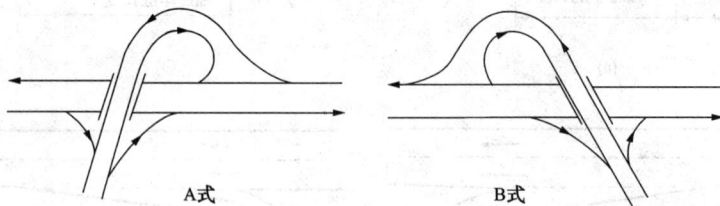

A式　　　　　　　　B式

图 2-52　喇叭形立交

2）Y 形立交。Y 形立交如图 2-53 所示，其特点是正线与立交匝道作为一体设计，行驶方向最易识别；无交织，无冲突点，行车安全；方向明确，路径便捷，通行能力强；正线外侧占地宽度较小，但需要构造物多，造价较高。

3）部分苜蓿叶形立体交叉。当主要道路与次要道路相交或用地受到限制时，可减少匝道数而采用部分苜蓿叶形立体交叉，如图 2-54 所示。部分苜蓿叶形立体交叉仅需一跨线桥，用地和工程费用较少；远期可扩建为全苜蓿叶式立体交叉，但次线上存在平面交叉，有停车等待和错路运行可能；在匝道上发生交织车流或对向车流，左转的车辆须环绕匝道从左驶入主要车流，这些情况都影响行车安全和行车速度。所以，部分苜蓿叶形立体交叉只有交通量小、可分期改建为苜蓿叶形立体交叉时才采用。

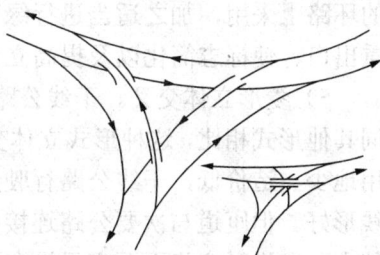

图 2-53　Y 形立交

　　但部分苜蓿叶形立体交叉可保证主要道路直行交通畅通，适用于主要道路与次要道路相交的交叉口。

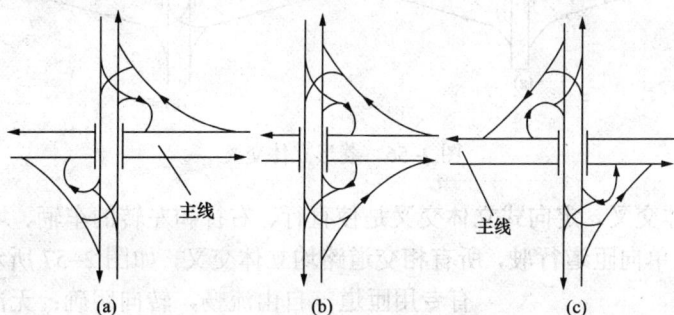

图 2-54　部分苜蓿叶形立体交叉

　　4）苜蓿叶形立体交叉。两条主要的道路相交可采用苜蓿叶形立体交叉，如图 2-55 所示。它是在中央部分修建跨线桥，用八条单向交通的匝道来连接两条相交道路，直行、左右转弯的车流各有其独立的车道，可连续行驶，各向车流互不干扰，行车安全；但这种立体交叉占地面积大，左转绕行距离较长，环形匝道适应车速较低，且桥上、下存在交织；多用于高速道路之间的立体交叉，而在城市内因受用地限制很难采用。因其形式美观，如果在城市外围

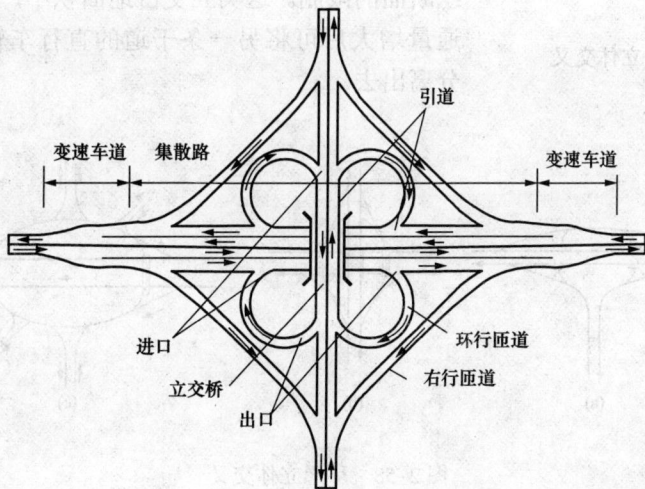

图 2-55　苜蓿叶形立体交叉

的环路上采用，加之适当进行绿化，也是较为合适的。布设时为消除主线上的交织、避免双重出口、使标志简化以及提高立体交叉的通行能力和行车安全，可加设集散车道。

5）菱形立体交叉。干线公路与次要公路相交时可采用菱形立体交叉，如图 2-56 所示。同其他形式相比，这种形式立体交叉能保证主线直行车辆快速通畅；转弯车辆绕行距离较短；用地少、造价低，干线公路行驶方向只有一个出口，易被驾驶员识别，匝道近似直线，平面线形好。但匝道与次要公路连接处系平面交叉，导致干扰大，限制了匝道与次要道路的通过能力，布设时应将平面交叉设在次线上。

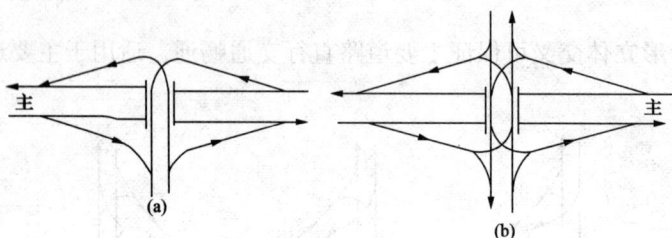

图 2-56　菱形立体交叉

6）定向式立体交叉。定向式立体交叉是使直行、右行和左转的车辆、均沿着比较顺捷方向的行车道和专用单向匝道行驶，所有相交道路均立体交叉，如图 2-57 所示。各方向运行都有专用匝道，自由流畅，转向明确；无冲突点，无交织，通行能力大；适应车速高。但占地面积大、层多桥长、造价高，在城内很难实现。定向式立交适用于高速公路与高速公路相交，且左转车流特别大的交叉口。

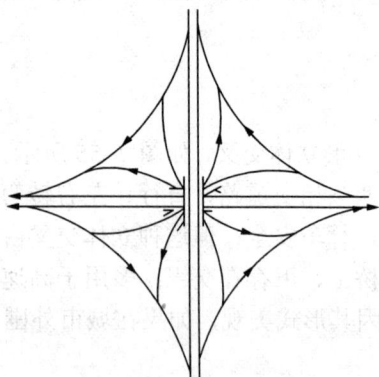

7）环形立体交叉。环形立体交叉是由环形平面交叉加主干道的上跨或下穿构造物构成，如图 2-58 所示。环形立体交叉能保证干道上的车流连续行驶，转向车流沿着环岛逆时针交织行驶，环道上的通行能力与行车速度受交织断面的限制。这类立交占地面积小，可分期修建，当交通量增大后可将另一条干道的直行车辆通过上跨或下穿分离出去。

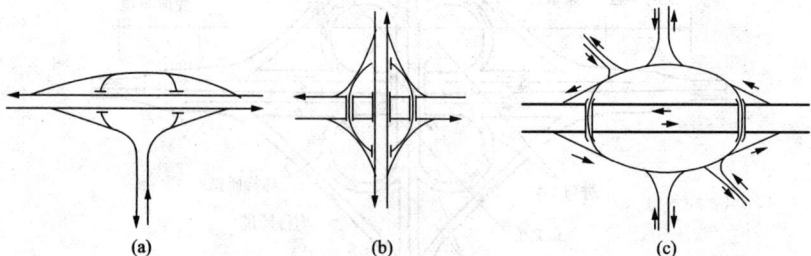

图 2-57　定向式立体交叉

图 2-58　环形立体交叉

（a）三路；（b）四路；（c）多路

# 复习思考题

1. 道路平、纵、横断面的定义是什么?
2. 公路设计中对于直线长度是如何要求的?
3. 缓和曲线的主要作用和特点是什么?
4. 超高渐变率指的是什么? 对道路有什么影响?
5. 平面线形要素的组合类型有哪些?
6. 纵坡与坡长指的是什么? 如何计算?
7. 合成坡度指的是什么? 对其加以限制的意义是什么?
8. 简述平纵线形组合各种类型的特点及组合所应注意的问题。
9. 简述路拱与超高的定义。其设置的目的是什么?
10. 超高过渡的方式有哪些?
11. 简述行车视距的保证方法。
12. 简述路基土石方计算与调配的方法、步骤。
13. 简述平面交叉口的布置形式及其特点。
14. 简述平面交叉口的立面设计方法。
15. 简述立体交叉匝道的类型及其特点。
16. 简述常见互通式立交的布置形式与特点。

# 第3章 施 工 放 样

## 3.1 基本知识

### 3.1.1 施工放样概述

在公路的建设中，测量工作必须先行。施工测量就是研究如何将设计图纸中的各项元素按规定的精度要求，准确无误地测设于实地，作为施工的依据，并在施工过程中进行一系列的测量工作，以保证道路施工能按设计要求进行。为了保证公路路线符合设计文件的要求，确保施工中不发生任何差错，施工单位在施工前必须把设计单位提交的全部控制桩点（平面控制点、水准点等）进行复测。施工复测的工作内容基本上与定测相同，它包括导线、中线、基平、中平和横断面等。施工复测的主要目的是检验原有桩号的准确性，而不是重新测设。所以经过复测，凡是与原来的成果或点位的差异在允许的范围内时，一律以原有的成果为准，不作改动。对经过多次复测确定，证明原有成果有误或点位有较大变动时，应报有关单位，经审批后，才能改动。施工前，除恢复中桩外，为了施工方便，尚需加设临时水准点及补测。

施工放样是保证施工质量的一个重要环节，其主要任务包括以下几项。

（1）研究设计图纸并勘察施工现场。根据工程设计的意图及对测量精度的要求，在施工现场找出定测时的各控制桩或点（交点桩、转点桩、主要的里程桩以及水准点）的位置，为施工测量做好充分准备。

（2）恢复公路中线的位置。公路中线定测后，一般要过一段时间才能施工，在这段时间内，部分标志桩被破坏或丢失。因此，施工前必须进行一次复测工作，以恢复公路中线的位置。

（3）测设施工控制桩。由于定测时设立的及恢复的各种桩在施工中都要被挖掉或掩埋，为了在施工中控制中线的位置，需要在不受施工干扰、便于引用、易于保存桩位的地方测设施工控制桩。

（4）复测、加密水准点。水准点是路线高程控制点，在施工前应对破坏的水准点进行恢复定测，为了施工中测量高程方便，在一定范围内应加密水准点。

（5）路基边坡桩的放样。根据设计要求，施工前应测设路基的坡脚桩和路堑的坡顶桩。

（6）路面的放样。路基施工后，应测出路基设计高度，放样出铺筑路面的标高，作路面铺设依据。

（7）构造物的放样。组成公路的桥梁、涵洞等构筑物也要进行施工前放样测量，如桥梁桥位的平面放样，墩台基础平面位置放样，墩身、墩帽放样，桥台锥坡放样以及高程放样，涵洞的轴线基础及基坑的边线放样和高程放样。

### 3.1.2 测量准备工作

施工单位在施工复测前，首先应把设计单位移交的有关资料，如路线平面图、路线纵断面图、路线桩志固定表等进行室内检核和现场核对，全面了解路线与附近建筑物之间的关系及地形情况，以便确定相应的测量方法。测量前的准备工作，一般包括以下几方面的内容。

（1）根据工作实际需要选择任命测量员，要求全面熟悉设计文件，领会设计意图及要求。

（2）熟悉测量设备与工具，并按有关规定进行测量仪器设备的常规检验与校正。

（3）对测量人员进行培训交底，公布工作纪律和标志设置要求，明确桩志书写方式和其他注意事项。

（4）对原设桩志进行现场核对，了解移动、丢失情况，拟定新测设或补加桩志计划。

### 3.1.3　交接桩范围及程序

为便于施工测量工作的进行，施工单位应会同设计单位、监理单位在现场进行交接桩，交接桩的范围及程序详见以下所述。

**1. 范围**

（1）路线控制桩包括直线转点桩、交点桩、回旋线和圆曲线的起讫点桩等；当原测的中线由导线控制时，应沿着选线走廊布设的导线点桩和与线路有联系的"国家三角点"（等级、编号、坐标和地点）测设。

（2）工程控制桩如桥隧两端的控制桩、导线网、三角网以及间接测量所布设的控制桩等。

（3）水准基点及与其有联系的国家水准点（等级、编号、高程和地点）。

**2. 程序**

（1）根据设计单位提供的原设桩点的有关资料，进行室内审核和现场查对。

（2）用测量仪器对重要桩、点进行施测交接，作出详细记录。

（3）交接中发现的问题，如误差超限、错误、漏项以及需补测或精测等事项，应明确处理办法及负责施测单位。

（4）写出"交桩纪要"，交接双方签字。

**3. 施工测量的一般要求**

施工测量的精度要求应符合交通部颁布实施的《公路勘测规范》（JTGC 10—2007）和《公路勘测细则》（JTG/T 10—2007）的要求。

（1）导线复测。

1）导线起讫点应与设计单位测定结果进行比较。测量精度应满足设计要求：角度闭合差为 $\pm 16\sqrt{n}''$（$n$ 是测点数）；坐标相对闭合差为 $\pm 1/10\,000$。

2）复测导线时，必须注意和相邻施工段的导线闭合，以保证线形的顺畅。

（2）中线复测。

1）高速公路、一级公路应采用坐标法恢复路线控制桩。

2）恢复中线时，应注意与结构物中心、相邻施工段的中线闭合。

3）如发现原设计中线长度测量错误或需局部改线时，应作断链处理，相应调整纵坡，并在设计图表的相应部位注明断链距离和桩号。

（3）水准点复测。

1）高速公路和一级公路的水准点闭合差为 $20\sqrt{l}$ mm，二级以下公路水准点闭合差为 $30\sqrt{l}$ mm（$l$ 为水准路线长度，以 km 计）。

2）水准点间距不宜大于 1km，在结构物附近、高填深挖地段、工程量集中及地形复杂地段宜增设临时水准点。

3）施工期间有关人员应经常对水准点进行复测。

## 3.2 施工测量的基本方法

### 3.2.1 在地面上测设已知长度的水平距离

在地面上测设某已知长度的水平距离，就是在施工场地上从小点开始，按给定的方向，量出设计所需的水平距离并定出终点。其测设方法可按下述三种方法进行。

**1. 一般测设方法**

当测设精度要求不高时，可从起点按给定的方向和长度，用钢尺量出终点位置。地面稍有起伏时，可拉平钢尺丈量。为了校核起见，可将钢尺移 20～30cm 再丈量一次。两次丈量之差在允许范围之内时，取其平均值作为最后结果，并适当调整终点位置。

**2. 精确测设方法**

当测设精度要求比较高时，先按一般方法测设已知的水平距离 $D$，然后结合尺长改正数、地面高低及温度变化等，算出地面上实际量得的距离 $D'$，再根据已知水平距离 $D$ 与 $D'$ 差值，沿已知方向进行距离调离。其计算公式如下：

$$D'=D+\Delta L_1+\Delta L_t+\Delta L_h \tag{3-1}$$

式中　$\Delta L_1$——尺长改正数；

　　　$\Delta L_t$——温度改正数；

　　　$\Delta L_h$——高差改正数。

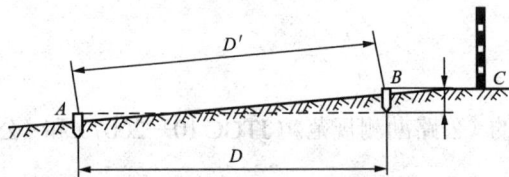

图 3-1　例 3-1 图

【例 3-1】在图 3-1 中，自 $A$ 点沿 $AC$ 向在倾斜地面上测设 $B$ 点，使 $AB$ 的水平距离 $D$ 为 25m。设所用钢尺 $L_0$ 为 30m，在温度 $t_0$= 20℃时检定的实际长度 $L$ 为 30.003m，钢尺的膨胀系数 $\alpha$=12.5×10⁻⁶，测设时温度 $t$ 为 40℃。预先用钢尺量得 $AB$ 长度后得 $B$ 的概略位置，用水准仪测得 $A$、$B$ 两点的高差 $h$=0.5m，求测设时图 3-1 中测设已知长度在地面上量出的长度 $D'$ 为多少时才能使 $AB$ 的水平距离等于 25m。

【解】根据已知条件，尺长改正数$\Delta L_1$ 为：

$$\Delta L_1 = D\frac{L-L_0}{L_0} = 25\times\frac{30.003-30.000}{30} = 0.0025（m）$$

温度改正数$\Delta L_t$ 为：

$$\Delta L_t = D\alpha(t-t_0) = 25\times12.5\times10^{-6}\times(40-20) = 0.00625（m）$$

高差改正数$\Delta L_h$ 为：

$$\Delta L_h = \frac{h^2}{2D} = -\frac{0.5^2}{2\times25} = -0.005（m）$$

因此，测设长度 $D'$ 为：

$$D' = D + \Delta L_1 + \Delta L_t + \Delta L_h = 25 + 0.0025 + 0.00625 + (-0.005) = 25.00375 \, (\text{m})$$

因此，在实地上自 $A$ 点起，沿 $AB$ 方向，并使用检定时的拉力，实量 25.00375m，可标出 $B$ 点。此时，$AB$ 的水平距离正好等于 25m。

### 3.2.2 光电测距仪或全站仪测设距离

安置光电测距仪于 $A$ 点（图 3-2），输入气压、温度和棱镜参数，用测距仪瞄准直线 图 3-2
测距仪或全站仪测设距离 $AB$ 方向，制动仪器，指挥
立镜员在 $AB$ 方向上 $B$ 点的大概位置设置反光镜，
测出距离与垂直角，按公式 $D' = D\cos\alpha$ 直接算出水
平距离并与测设平距进行比较，将差值通知立镜
员，由立镜员在视线方向上用小钢尺进行初步移
镜，定出 $B$ 点的位置。重新再进行观测，直到计算
所得距离与已知水平距离之差在规定的限差以
内，则 $AB$ 便是测设的长度。

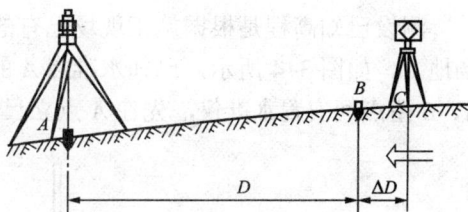

图 3-2 测距仪与全站仪测设距离

### 3.2.3 在地面上测设已知角值的水平角

测设已知角值的水平角是根据已知测站点和一个方向，按设计给定的水平角值，把该角的另一个方向在施工场地上标定出来。根据精度要求不同，可按下述两种方法测设。

#### 1. 一般测设方法

当测设精度要求不高时，可用盘左盘右取中数的方法。如图 3-3（a）所示，安置经纬仪于 $A$ 点，先以盘左位置照准 $B$ 点，使水平度盘读数为零；松开制动螺旋，旋转照准部，使水平度盘读数为 $\beta$，在此视线方向上定出 $C'$。再用盘右位置重复上述步骤，测设 $\beta$ 角定出 $C''$点。取 $C'$ 和 $C''$ 的中点 $C$，则 $\angle BAC$ 就是要测设的 $\beta$ 角。

#### 2. 精确测设方法

当测设水平角的精度要求较高时，可采用垂线改正法，以提高测设精度。如图 3-3（b）所示，安置仪器于 $A$ 点，先用一般方法测设角值，在地面上定出 $C$ 点。再用测回法观测 $\angle BAC$，测回数可视精度要求而定，取各测回角值的平均值 $\beta'$ 作为观测结果。设 $\beta - \beta' = \Delta\beta$，即可根据 $4C$ 长度和 $\Delta\beta$ 计算其垂直距离 $CC_1$ 为：

$$CC_1 = AC\tan\Delta\beta \approx AC\frac{\Delta\beta}{\rho'} \tag{3-2}$$

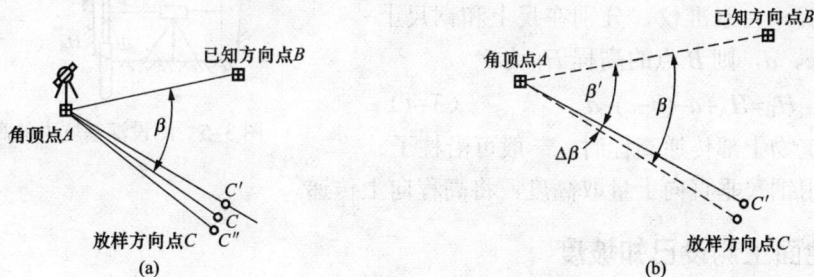

图 3-3 测设已知水平角

若设 $AC$=25m，$\Delta\beta$=+12″，$\rho'$=206 265″，则

$$CC_1 = 25 \times \frac{12}{206\ 265} = 0.001\ 5\,(\text{m})$$

过 $C$ 点作 $AC$ 的垂直方向，向外量出 0.001 5m 即得 $C_1$ 点，则 $\angle BAC_1$ 就是精确测定的 $\beta$ 角。注意 $CC_1$ 的方向，要根据 $\Delta\beta$ 的正、负号定出向里或向外的方向。

### 3.2.4 在地面上测设已知高程

测设已知高程是根据施工现场已有的水准点，通过水准测量，将设计的高程测设到施工场地上。如图 3-4 所示，已知水准点 $A$ 的高程为 $H_A$，现欲测设 $B$ 点的高程为 $H_B$。为此，在 $A$、$B$ 两点间安置水准仪，先在 $A$ 点立尺，读得后视读数为 $a$，则 $B$ 点的前视读数 $b$ 为：

$$b=H_A+a-H_B \qquad (3-3)$$

在 $B$ 点处打一长木桩，使尺子沿木桩侧面上下移动，当尺上读数为 $b$ 时，沿尺底在木桩侧面画一红线，该线便是在 $B$ 点测设的高程位置。

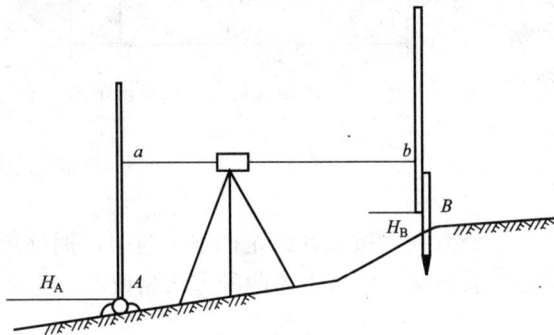

图 3-4　测设已知高程

【例 3-2】如图 3-4 所示，设已知 $H_A$=120.376m，今欲测设高程 $H_B$=121.000m。观测得 $A$ 点处后视读数 $a$=1.246m，试确定 $B$ 点的测设高程位置。

【解】$B$ 点读数 $b$ 为：

$$b=H_A+a-H_B=120.376+1.246-121.000=0.622\,(\text{m})$$

将尺子沿 $B$ 点木桩上、下移动，使尺上读数为 0.622m 时，将尺子底部画线，此线即为 $B$ 点测设高程 121.000m。

开挖基槽或修建高层建筑物时，需要向低处或高处引测高程，此时必须建立临时水准点，再由临时水准点测设已知高程。

如图 3-5 所示，欲根据地面临时水准点 $A$ 测定坑内临时水准点 $B$ 的高程时，可在坑边架设一吊杆，杆顶吊一根零点向下的钢尺，尺的下端挂一质量相当于钢尺检定时拉力的重物，在地面上和坑内各安置一台水准仪，分别在尺上和钢尺上读得 $a$、$b$、$c$、$d$，则 $B$ 点的高程 $H_B$ 为：

$$H_B=H_A+a-(b-c)-d \qquad (3-4)$$

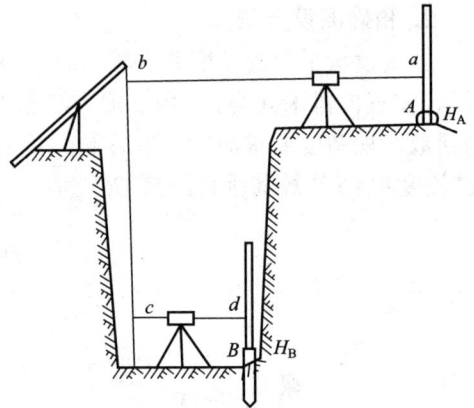

图 3-5　测设深基坑内的高程

若向建筑物上部传递高程时，一般可沿柱子、墙边或楼梯用钢尺垂直向上量取高度，将高程向上传递。

### 3.2.5 在地面上测设已知坡度

如图 3-6 所示，$A$、$B$ 为设计坡度线的两端点，已知 $A$ 点高程为 $H_A$，设计坡度为 $i_{AB}$，则

$B$ 点的设计高程可用下式计算：

$$H_B=H_A+i_{AB}D_{AB} \tag{3-5}$$

式中　$i_{AB}$——$A$、$B$ 两点间的设计坡度，坡度上升时 $i$ 为正，反之 $i$ 为负；

　　　　$D_{AB}$——$A$、$B$ 两点的水平距离。

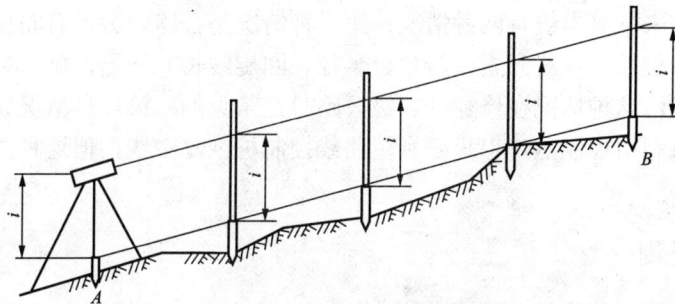

图 3-6　测设已知坡度

利用水准仪（若地面坡度较大，亦可用经纬仪）测已知坡度步骤详见如下所述。

（1）先根据附近水准点，将设计坡度线两端点 $A$、$B$ 的设计高程 $H_A$、$H_B$ 测设于地面上，并打入木桩。

（2）将水准仪安置于 $A$ 点，并量取仪高 $i_0$ 安置时使一个脚螺旋在 $AB$ 方向上，另两个脚螺旋的连线大致垂直于 $AB$ 方向线。

（3）旋转 $AB$ 方向上的脚螺旋或微倾螺旋，使视线在 $B$ 标尺上的读数等于仪高 $i$，此时水准仪的倾斜视线与设计坡度线平行。当中间各桩点上的标尺读数都为 $i$ 时，则各桩顶连线就是所需测设的设计坡度。若各桩顶的标尺实际读数为 $b_i$ 时，则可按下式计算各桩的填挖数值：

$$填挖数值=i-b_i$$

其中，$i=b_i$ 时不填不挖；$i>b_i$ 时需挖；$i<b_i$ 时需填。

## 3.3　路线中线施工放样

路线中线施工放样就是利用测量仪器和设备，按设计图纸中的各项元素（如公路平纵横元素）和控制点坐标（或路线控制桩），将公路的"中心线"准确无误地放到实地，指导施工作业，习惯上称为"放样"。

路线中线施工放样是保证施工质量的一个重要环节。这是一项严肃认真、精确细致的工作，稍有不慎，就有可能发生错误。一旦发生错误而未能及时发现，就会影响下一步工作，影响工程进度，甚至造成损失。要严格按照有关规范、规程的要求，对测量数据认真复核检查，不合格的成果一定要返工重测，要一丝不苟，树立"质量重于泰山"的意识。为确保施工测量质量，在施工前必须对导线控制点和路线控制桩（又称固定点）进行复测，在施工过程中要定期检查。放样时应尽量使用精良的测量设备，采用先进的测设方法。

路线中线施工放样又称为恢复中线，一般有两种方法：① 用沿线控制点放样；② 用路线控制桩（交点、直圆点、圆直点等）放样。

用控制点放样中线，放样精度能得到充分的保证。在测量技术飞速发展的今天，测距仪的使用越来越普遍。现在，几乎所有的施工单位都有测距仪或全站仪，因而这种方法得了广泛的应用，成为恢复中线的主要手段。《公路路基施工技术规范》（JTG F10—2006）规定，对高速公路、一级公路，应用坐标法恢复路线主要控制桩。

实际应用中，二级以上的公路勘察设计，均沿路线建有导线控制点，作为首级控制，故可采用控制点放样。

用路线控制桩来恢复中线有两种情况：第一种情况是公路两旁没有布设导线控制点，公路中线都是用交点桩号、曲线元素（转角、半径、回旋线长）标定，施工单位只能根据路线控制桩来恢复中线，这种情况在修建低等级公路时是常见的；第二种情况就是由于施工单位没有测距仪，无法利用控制点，也只好利用路线控制桩恢复中线，但这种方法常用于低等级公路。

### 3.3.1 控制点复测

控制点复测是施工测量前必不可少的准备工作，它包括导线控制点和路线控制桩的复测。另外，由于人为或其他原因，导线控制点和路线控制桩丢失或遭到破坏，要对其进行补测；有的导线点在路基范围以内，需将其移至路基范围以外。只有当这一切都完成无误时，方能进行施工放样工作。

**1. 导线控制点和路线控制桩的复测**

路线勘测设计完成以后，往往要经过一段时间才能施工。在这段时间内，导线控制点或路线控制桩是否移位、精度如何，需对其进行复测。

导线点的复测主要是检查它的坐标和高程是否正确。检测的方法如图 3-7 所示。

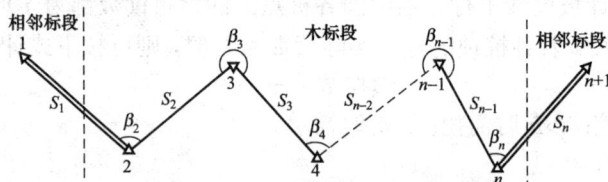

图 3-7　导线点复测

（1）根据导线点 1~$n$ 的坐标由式（3-6）反算转角（左角）$\beta_2 \sim \beta_{n-1}$ 和导线边长 $S_1 \sim S_{n-1}$。

$$\left.\begin{aligned}
\alpha_{i+1,1} &= \arctan \frac{y_i - y_{i+1}}{x_i - x_{i+1}} \\
\alpha_{i+1,i+2} &= \arctan \frac{y_{i+2} - y_{i+1}}{x_{i+2} - x_{i+1}} \\
\beta_{i+1} &= \alpha_{i+1,i+2} - \alpha_{i+1,i} \\
S_i &= \sqrt{(x_{i+1} - x_i)^2 + (y_{i+1} - y_i)^2}
\end{aligned}\right\} \tag{3-6}$$

（2）实地观测各转角 $\beta_{i+1}$ 及导线边长 $S_i$，观测可取一个测回平均值，边长测量可取连续观测 3~4 次的平均值。当观测值与计算值满足式（3-7）时，则认为点的平面坐标和位置是正确的。

$$\left.\begin{aligned}
\left| \beta_{i+1} - \bar{\beta} \right| &\leqslant 2m\beta = 16'' \\
\frac{S_i - \bar{S}_i}{S_i} &\leqslant \frac{1}{15\,000}
\end{aligned}\right\} \tag{3-7}$$

　　另外还要对导线进行检查。检查时可将图 3-7 中 1、2 和 $n$、$n+1$ 点作为已知点，$a_{1,2}$ 和 $a_{n \cdot n+1}$ 作为已知坐标方位角，按二级导线的方位角闭合差和全长相对闭合差的精度要求进行控制。

　　（3）水准点高程的检测。在使用水准点之前应仔细校核，并与国家水准点闭合。水准点高程的检测和水准测量的方法一样。高速公路和一级公路水准点闭合差按四等水准（$20\sqrt{L}$）控制，二级以下公路水准点闭合差按五等水准（$30\sqrt{L}$）控制，大桥附近的水准点闭合差应按《公路桥涵施工技术规范》（JTJ 041—2000）的规定办理。若符合精度要求，则认为点的高程是正确的。

　　一般情况下，公路两旁布设的导线点，其坐标和高程均在同一点上。因此，在复测坐标的同时可利用三角高程测量的方法检测高程。

　　水准点间距不宜大于 1km，在人工构造物附近、高填深挖地段、工程量集中及地形复杂地段宜增设临时水准点。临时水准点必须符合精度要求，并与相邻路段水准点闭合。

　　值得注意的是，有的施工单位在复测导线点时，只检查本标段的点，而忽视了对前后相邻标段点的检查，这样就有可能在标段衔接处出现线路中导线错位或断高现象。在实际工作中应引起重视，防止这种问题发生。复测导线时，必须和相邻标段的导线闭合。

**2. 导线控制点的补测与移位**

　　由于人为或其他的原因，导线控制点丢失或遭到破坏。如果间断性地丢失，则可利用前方交会、支点等方法补测该点，或采用任意测站方法补测导线点。补测的导线点原则上应在原导线点附近；如果连续丢失数点，则要用导线测量的方法补测。若将路基范围内的导线点移至路基范围以外，可根据移点的多少分别采用交会法或导线法，也可采用"骑马桩"法加以保护。导线点的高程用水准测量或三角高程测量测定（前方交会、支点、任意测站等方法请参阅有关测量教材）。

　　值得注意的是，在补点时应尽量将点位选在路线的一侧且地势较高处，以避免路基填土达到一定高度时影响导线点之间的通视。

　　施工期间应定期（一般半年）对导线控制点（特别是水准点）进行复测。季节冻融地区，在冻融以后也要进行复测。发现导线控制点丢失后应及时补上，并做好对导线控制点（特别是原始点）的保护工作。

**3. 用导线控制点恢复中线**

　　用导线控制点测设中线，实质上就是根据导线点坐标与公路中线坐标之间的关系，借以高精度的测距手段，将公路中线放到实地。因此，也可称其为坐标法。

　　如图 3-8 所示，$P$ 为公路中线点，坐标为（$x_P$, $y_P$）；$A$、$B$ 为导线点，坐标分别为（$x_A$, $y_A$）、（$x_B$, $y_B$），$P$ 点与 $A$ 点的极坐标关系用 $A$ 点到 $P$ 点的距离 $S_{AP}$、坐标方向 $\alpha_{AP}$ 表示，即

图 3-8　用导线控制点恢复中线

$$\left.\begin{array}{l} S_{AP} = \sqrt{(x_P - x_A)^2 + (y_P - y_A)^2} \\[2mm] \alpha_{AP} = \arctan\dfrac{y_P - y_A}{x_P - x_A} \end{array}\right\} \tag{3-8}$$

　　式（3-8）就是两点间距离和坐标方位的计算公式，式中导线点的坐标通过控制测量求得。

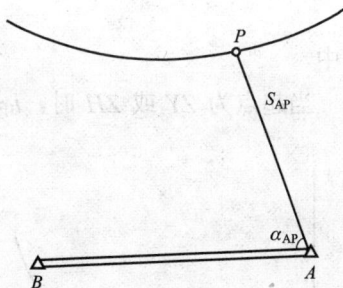

求得 $P$ 点坐标，可分为以下几种情况。

（1）根据中线上 $P$ 点的里程桩号求算坐标。

1）$P$ 点在中线的直线段上。如图 3-9 所示，直线段起点桩号为 $l_0$，坐标（$x_0$，$y_0$）直线段坐标方位角为 $\alpha$，直线段上一交点 $P$（桩号 $l_i$）的坐标（$x_i$，$y_i$）的计算公式为：

$$\left.\begin{array}{l} x_i = x_0 + (l_i - l_0)\cos\alpha \\ y_i = y_0 + (l_i - l_0)\sin\alpha \end{array}\right\} \tag{3-9}$$

路线上直线段起点一般为 $JD_n$，如图 3-10 所示，其 $P$ 点坐标可用式（3-10）求得：

$$\left.\begin{array}{l} x_\mathrm{p} = x_{\mathrm{JD}_n} + [T_n + (P_n - HZ_n(YZ_n)]\cos\alpha_{\mathrm{JD}_{n-\mathrm{p}}} \\ x_\mathrm{p} = y_{\mathrm{JD}_n} + [T_n + (p_n - HZ_n(YZ_n)]\sin\alpha_{\mathrm{JD}_{n-\mathrm{p}}} \end{array}\right\} \tag{3-10}$$

式中　$P_n$、$HZ_n(YZ_n)$——$P_n$ 点和 $YZ_n$ 点的里程桩号；

　　　　$T_n$——切线长。

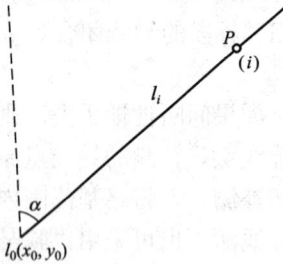

图 3-9　$P$ 点在中线的直线段上

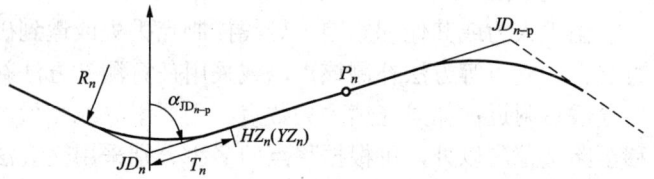

图 3-10　$P$ 点在直线段起（讫）点上

2）$P$ 点在中线的圆曲线上。如图 3-11 所示，圆曲线半径为 $R$，起点桩号为 $l_0$，起点坐标为（$x_0$，$y_0$），起点的切线坐标方位角为 $\alpha_i$，曲线段上一点 $P$（桩号 $l_i$）的坐标用式（3-11）直接求得：

$$\left.\begin{array}{l} x_i = x_0 + S_i\cos\alpha_i \\ y_i = y_0 + S_i\sin\alpha_i \end{array}\right\} \tag{3-11}$$

其中　　　　　　　　　　　　　　$S_i = 2R\sin\Delta i$

当起点为 $ZY$ 或 $ZH$ 时，$l_0 = i_{ZY（ZH）}$，$x_0 = x_{ZY（ZH）}$，$y_0 = y_{ZY（ZH）}$，"±"号取法：左偏"-"，右偏"+"。

当起点为 $YZ$ 或 $HZ$ 时，$l_0 = l_{YZ（HZ）}$，$x_0 = x_{YZ（HZ）}$，$y_0 = y_{YZ（HZ）}$，"±"号取法：左偏"+"，右偏"-"。

3）$P$ 点在中线的回旋线上。完整的回旋线布置如图 3-12 所示，为方便计算，建立一个辅助坐标系。

如图 3-13 所示，在以回旋线起点 $R = \infty$，桩号 $l_0$，坐标（$x_0$，$y_0$）为坐标原点，起点切线（切线坐标方位角）为 $x'$ 轴，垂线为 $y'$ 轴的直角坐标系 $x'O'y'$ 中，曲线段上一点 $i$（桩号 $l_i$）的切线正支距坐标（$x_i'$，$y_i'$）可由式（3-12）求得，即

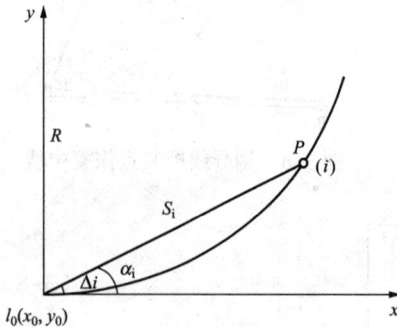

图 3-11　$P$ 点在中线的圆曲线上

$$\left.\begin{array}{l} x_i' = l - \dfrac{l^5}{40R^2 l_s^2} \\[2mm] y_i' = \dfrac{l^3}{6Rl_s} - \dfrac{L^7}{336R^3 l_s^3} \\[2mm] l = \mid l_i - l_0 \mid \end{array}\right\} \qquad (3\text{--}12)$$

式中　$l_s$ ——回旋线长度，m；

　　　$R$ ——平曲线半径，m。

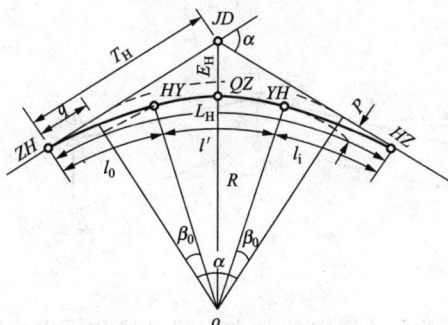

图 3-12　$P$ 点在中线的回旋线上

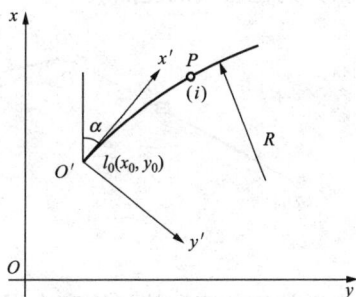

图 3-13　$P$ 点坐标

利用坐标平移和旋转计算出该点在大地平面直角坐标系 $xOy$ 中的坐标（$x_i$，$y_i$）为：

$$\left.\begin{array}{l} x_i = x_0 + x_i' \cos\alpha - y_i' \sin\alpha \\ y_i = y_0 + x_i' \sin\alpha + y_i' \cos\alpha \end{array}\right\} \qquad (3\text{--}13)$$

当起点为 **ZH** 时，$l_0 = l_{ZH}$，$x_0 = x_{ZH}$，$y_0 = y_{ZH}$；曲线为左偏时，应以 $y' = -y_i'$ 代入。

当起点为 **HZ** 时，$l_0 = l_{HZ}$，$x_0 = x_{HZ}$，$y_0 = y_{HZ}$；曲线为右偏时，应以 $y' = -y_i'$ 代入。

（2）根据求得的 $P$ 点坐标进行放样。

1）在设站 $A$ 上架设经纬仪、测距仪，整平对中。

2）将导线点坐标、路线有关数据输入计算机，运行计算机程序。

3）后视已知导线点 $B$，配置水平度盘读数至后视导线点坐标方位角 $OAB$。

4）根据待放样点的桩号，计算机自动判断（亦可人工判断）该点所处平曲线的线段（如直线段、回旋线段、圆曲线段），计算该点的放样资料 $S_i$、$a_i$。

5）经纬仪拨方位角 $\alpha_i$，导棱镜操作者沿该方向走到放样点大概位置，用测距仪进行测距。当所测距离与计算距离 $S_i$ 之差在 ±2m 以内时，便可用 2m 小钢尺量具定桩，并在桩的侧面标注上桩号。

6）精确对点测距，用小铁钉确定该点位置。

7）检查该点的桩号、方位、距离是否正确。

重复第 4）～7）步，放样其他中线点。

## 3.3.2　用路线控制桩恢复中线

### 1. 恢复交点

（1）当原勘测设计时所钉的交点桩保存基本完好，只有个别交点桩丢失时，恢复路线中线的测量工作就比较简单，可用方向交会法，根据前、后两已知点间的直线距离，所量得的转角值和距离应与原勘测时的转角值和距离相符，其差数应不超过测量误差要求的范围，并根据勘测时的路线平面图和横断面图与实地对照，看其新交的交点的点位是否与图示一致。

（2）当原勘测设计时所钉的交点桩大部分丢失时，路线要恢复到原来的位置是比较困难的，一般只能恢复到比较接近原来的位置。恢复时先组织人员根据路线平面图把可能保存下的桩都打出来，然后从一已知直线段出发，根据原勘测设计时的直线、曲线转角一览表上的数据，用放样已知数值的水平角和已知长度直线的方法，放样出丢失的交点。

如图 3-14 所示，$JD_{19}$、$ZD$、$JD_{23}$ 是打出的原桩，$JD'_{20}$、$JD'_{21}$、$JD'_{22}$、$JD'_{23}$ 为用放样的方法获得的已丢失的交点桩。

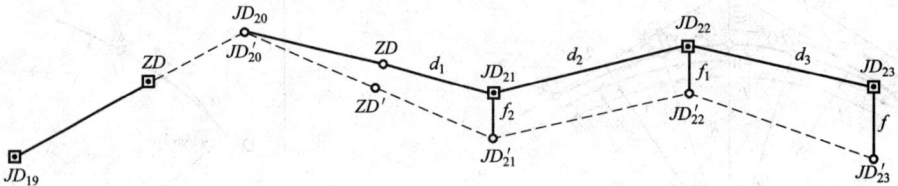

图 3-14 交点恢复

由于放样角度和边长均存在误差，所以通过放样方法得出的交点位置必然和原来位置和原来位置不一致，使 $JD_{23}$ 和 $JD'_{23}$ 不重合，在实地的闭合差为 $f$。根据附合导线的闭合差与导线边长成正比的原则，在实地量出 $f$ 值后，按直线、曲线转角一览表上所列各交点间的直线长度在实地进行近似的调整，调整的数值如下：

$$\left.\begin{aligned} f_1 &= \frac{f}{d_1 + d_2 + d_3}(d_1 + d_2) \\ f_2 &= \frac{f}{d_1 + d_2 + d_3}d_1 \end{aligned}\right\} \tag{3-14}$$

按 $f_1$ 的方向在 $JD'_{22}$ 上钉出 $JD_{22}$；在 $JD'_{21}$ 上量 $f_2$ 钉出 $JD_{21}$，然后在 $JD'_{20}$、$JD'_{21}$、$JD'_{22}$、$JD'_{23}$ 上述各点安置经纬仪量角、量边，看其数值是否符合直线、曲线一览表上所列数值。若不超过测量误差要求的范围，则根据地形和地物判断先在直线段恢复几个比较典型的中桩，并在中桩上测出横断面图，将测出的横断面图与原来的进行对照，如果基本一致，可认为所恢复的交点桩基本正确。否则应反复调整交点桩，直到所测得的横断面与原横断面图差别不大为止。

**2. 恢复转点**

由于在恢复交点的过程中不能一次定下交点的点位，一般都要经过多次调整，才能符合要求，所以用正倒镜的方法得出的转点往往不能在两交点之间的直线上。因此，转点的最后恢复都需采用逐渐趋近法。如图 3-15 所示，用放样的方法得出的 $JD_{20}$ 和 $JD_{21}$ 中间有一个用正倒镜法得出的转点 $ZD'$，由于调整了交点 $JD'_{21}$ 后，使原来的 $ZD'$ 也不再在 $JD_{20}$ 和 $JD'_{21}$ 的连线上。假设 $JD_{20}$ 和 $ZD'$ 之间的距离约为 $\frac{2}{3}d_1$，先估算出 $ZD'$ 点应移动的 $x$ 值为 $x = f_2/d_1 \times \frac{2}{3}d_1 = \frac{2}{3}f_2$，在原来的 $ZD'$ 点上用尺量出 $x$ 值，将经纬仪安置在此点上，经对中、整平后，后视 $JD_{20}$ 倒望远镜看视线是否通过 $JD_{21}$，若视线通过 $JD_{21}$，则说明经纬仪的垂球尖即为所求的 $ZD$ 点。如果视线不通过 $JD_{21}$，而偏于 $JD'_{21}$ 和 $JD_{21}$ 之间，则说明 $x$ 值估算小了；反之说明 $x$

值估算大了。再搬动经纬仪继续趋近，直到后视 $JD_{20}$ 后，倒转望远镜视线恰好通过 $JD_{21}$ 为止。

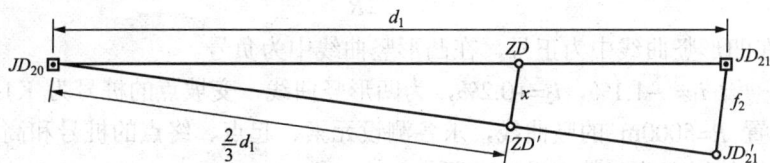

图 3-15　转点恢复

**3. 恢复中桩**

当交点和转点恢复后，根据路基设计表上的桩号可直接用钢尺恢复直线段上的中桩。如果在恢复后的交点上量得的转角与原设计表上所列值相差不大，则可根据勘测设计时给定的半径和曲线元素用直线坐标法或偏角法等设置曲线加桩；假如所量得的转角与原来的相差较大，应根据地形并参照原来的切线长，根据改变后的转角改动曲线半径，重新计算曲线元素，并设置曲线上的各加桩。但改变半径值不应影响纵坡的规定和要求。

### 3.3.3　竖曲线的施工放样

在设计路线纵坡的变更处，考虑行车的视距要求和行车的平稳性，在曲线内用圆曲线连接起来，这种曲线称为竖曲线。如图 3-16 所示路线上三条相邻的纵坡 $i_1$（+）、$i_2$（-）、$i_3$（+），在 $i_1$ 和 $i_2$ 之间设置凸形竖曲线，在 $i_2$ 和 $i_3$ 之间设置凹形竖曲线。

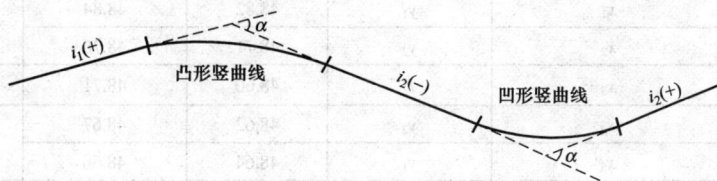

图 3-16　竖曲线

根据路线相邻坡道的纵坡设计 $i_1$ 和 $i_2$，计算竖曲线的坡度转折角 $\alpha$，由于 $\alpha$ 角很小，计算时可以作一些简化：

$$\alpha = \arctan i_1 - \arctan i_2 \approx (i_1 - i_2)\frac{180}{\pi} \tag{3-15}$$

竖曲线的设计半径为 $R$，竖曲线的计算元素为切线长 $T$、曲线长 $L$ 和外距 $E$。因此，可以采用与平面圆曲线计算主点测设元素同样的公式。

由于竖曲线的设计半径 $R$ 较大，而 $\alpha$ 角又较小。因此，竖曲线测设元素也可以用下列近似公式计算：

$$T = \frac{1}{2}R\,|\,i_1 - i_2\,| = \frac{1}{2}R\bar{\omega} \tag{3-16}$$

$$L = R\bar{\omega} \tag{3-17}$$

$$E = \frac{T^2}{2R} \tag{3-18}$$

同理可导出竖曲线中间各点按直角坐标法测设的 $y_i$（即竖曲线上的标高改正值）为：

$$y_i = \frac{x_i^2}{2R} \qquad (3-19)$$

式中　$y_i$——在凹形竖曲线中为正号，在凸形竖曲线中为负号。

**【例 3-3】** 设 $i_1= -1.1\%$，$i_2=+0.2\%$，为凹形竖曲线，变坡点的桩号为 K1+670，高程为 48.60m，预设置 $R=5000m$ 的竖曲线，求各测设元素、起点、终点的桩号和高程、曲线上每 10m 间距里程桩的标高改正数和设计高程。

**【解】** 根据式（3-16）和式（3-17）求得 $T=32.50m$，$L=65.00m$，$E=0.11m$，则以下各公式即为竖曲线起点、终点的桩号和高程的计算过程。

起点桩号：K1+（670-32.50）=K1+637.50m

终点桩号：K1+（637.50+65.00）=K1+702.50m

起点坡道高程：48.60m+32.50m×1.1%=48.96m

终点坡道高程：48.60m+32.50m×0.2%=48.67m

然后根据 $R=5000m$ 和相应的桩距 $x_i$，即可求得竖曲线上各桩的标高改正数 $y_i$，计算结果列于表 3-1。

表 3-1　　　　　　　　　　　　　**竖曲线各桩高程计算**

| 桩号 | 至起点、终点距 $x_i$ /m | 高差改正数 $y_i$ /m | 坡道高程 /m | 竖曲线高程 /m | 备注 |
|---|---|---|---|---|---|
| K1+637.50 | — | — | 48.96 | 48.96 | 竖曲线起点 |
| K1+650 | $x_1$ | $y_1$ | 48.82 | 48.84 | $i_1=-1.1\%$ |
| K1+660 | $x_2$ | $y_2$ | 48.71 | 48.76 | |
| K1+670 | $x_3$ | $E$ | 48.60 | 48.71 | 边坡点 |
| K1+680 | $x_4$ | $y_2$ | 48.62 | 48.67 | $i_2=+0.2\%$ |
| K1+690 | $x_5$ | $y_1$ | 48.64 | 48.66 | |
| K1+702.5 | — | — | 48.67 | 48.67 | 竖曲线终点 |

竖曲线起点、终点的测设方法与圆曲线相同，而竖曲线上辅点的测设实质上是在曲线范围内的里程桩上测出竖曲线的高程。因此，实际工作中测设竖曲线都与测设路面高程桩一起进行。测设时，只需把已算出的各点坡道高程再加上（对于凹形竖曲线）或减去（对于凸形竖曲线）相应点上的标高改正值即可，如图 3-17 所示。

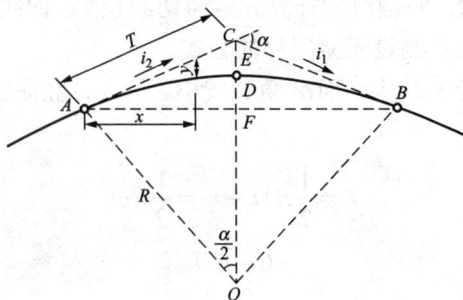

图 3-17　竖曲线测设元素

## 3.4 路基横断面的施工放样

道路从勘测完成到施工阶段，以及在道路施工过程中，部分路线里程桩可能遗失或遭破坏。因此，在施工前应及时检查和核对，必要时还应增设施工控制点，对遗失地段及时恢复控制桩，并在施工范围外设置保护桩。

### 3.4.1 路基边桩的测设

路基边桩测设就是将每一个横断面的路基两侧的边坡线与地面的交点，用木桩标定在实地上，作为路基施工的依据。常用的有以下几种方法。

（1）图解法。直接在路基设计的横断面图上，按比例量取中桩至边桩的距离，然后到实地用皮尺量得其位置。在填挖量不大时常采用此法。

（2）解析法。它是根据路基填挖高度、路基宽度、边坡率计算路基中桩至边桩的距离。分平坦地面和倾斜地面两种情况。

**1. 平坦地面**

填方路基称为路堤，如图 3–18（a）所示；挖方路基称为路堑，如图 3–18（b）所示。

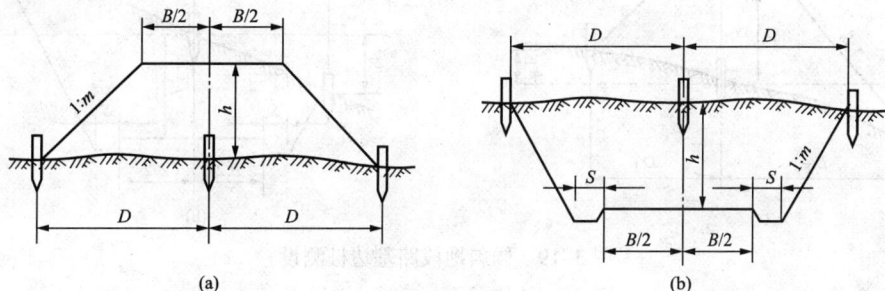

图 3–18 平坦路段路基边桩测设

由图 3–18 可以看出：

路堤

$$D = \frac{B}{2} + mh \tag{3–20}$$

路堑

$$D = \frac{B}{2} + S + mh \tag{3–21}$$

式中　$D$——路基中桩至边桩的距离；

　　$B$——路基宽度；

　　$m$——路基边坡坡度率；

　　$h$——填土高度或挖土深度；

　　$S$——路堑边沟顶宽。

式（3–20）、式（3–21）为地面平坦、断面位于直线段时计算边桩至中桩距离的方法。如果该断面位于曲线段时，则路基外侧的加宽度应包括在路基宽度内。

## 2. 倾斜地面

由图 3–19（a）和（b）中可看出：$D_上 \neq D_下$，则

路堤

$$\left. \begin{array}{l} D_上 = \dfrac{B}{2} + m(h - h_上) \\[2mm] D_下 = \dfrac{B}{2} + m(h + h_下) \end{array} \right\} \qquad (3\text{–}22)$$

路堑

$$\left. \begin{array}{l} D_上 = \dfrac{B}{2} + S + m(h + h_上) \\[2mm] D_下 = \dfrac{B}{2} + S + m(h - h_下) \end{array} \right\} \qquad (3\text{–}23)$$

式中，$B$、$h$、$m$ 和 $S$ 均为设计数据，故 $D_上$、$D_下$ 随 $h_上$、$h_下$ 而变化，$h_下$ 和 $h_上$ 各为左、右边桩与中桩的地面高差，目前都为未知值，所以 $D_上$ 和 $D_下$ 也无法算出。

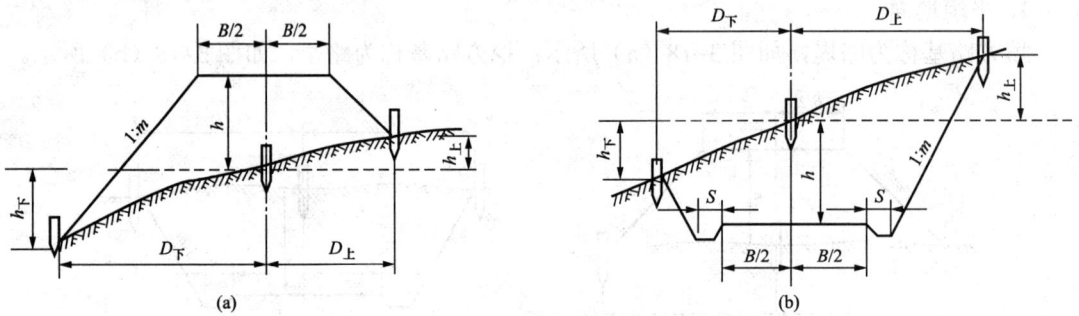

图 3–19　倾斜地段路基边桩测设

在实际测设中先定出断面方向后再采用逐点趋近法测设边桩。

如图 3–20 所示，设路基左侧与边沟顶宽之和为 4.7m，右侧需增加曲线的加宽，其和为 5.3m；中心挖深 5.0m，边坡坡度为 1:1。现以左侧为例说明用逐点趋近法测设边桩的步骤。

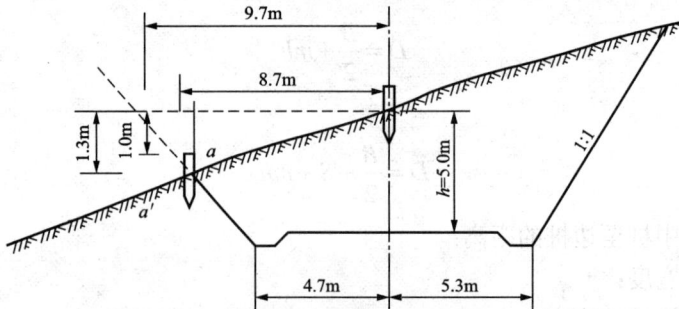

图 3–20　倾斜地段用逐点趋近法测设边桩

（1）估计边桩位置。若地面水平，则左边桩与中桩之距离为：

$$D_左 = 4.7 + 5.0 = 9.7（m）$$

实际情况是左侧地面较中桩低，估计左边桩处比中桩处地面低 1m，$h_左 = 5 - 1 = 4$（m）。边

桩与中桩距离为：

$$D_左=4.7+4.0=8.7（m）$$

在地面上于中桩左侧量 8.7m，得 $a'$ 点。

（2）实测高差。测得 $a'$ 点与中桩地面之差为 1.3m，则 $a'$ 距中桩之距离应为：

$$D_左=4.7+（5-1.3）=8.4（m）$$

（3）重估边桩位置。正确的边桩位置应在 8.4～8.7m 之间，重估距中桩 8.5m 处在地上定出 $a$ 点。

（4）重测高差。测出 $a$ 点与中桩的高差为 1.2m，则 $a$ 点与中桩距离为：

$$D_左=4.7+（5-1.2）=8.5（m）$$

此值与估计值相符，故 $a$ 点即为左侧边桩位置。

由上述情况可知，逐点趋近法测设边桩位置的步骤是：先根据地面实际情况，参照路基横断面图估计边桩位置；然后测出估计位置与中桩地面的高差，按其高差可以算出与其及对应的边桩位置；若计算值与估计值相符，即为边桩位置；否则，再按实际资料进行估计，重复上述工作，逐点趋近，直至计算值与估计值相符或十分接近为止。路堤边桩的测设方法与路堑大致相同，只是估计边桩位置与路堑正好相反。测设时需考虑路堤的下沉及路面施工等因素。

### 3.4.2　路基边坡的测设

边桩测设后，为保证填、挖边坡达到设计要求，还应将设计边坡在实地上标定出来，以便指导施工。

#### 1. 用细竹竿、绳索测设边坡

如图 3-21 所示，$O$ 为中桩，$A$、$B$ 为边桩，$CD$ 的水平距离为路基宽度。测设时在 $C$、$D$ 处竖立竹竿，在竹竿上等于中桩填土高度 $h$ 处作 $C'$、$D'$ 的记号，用绳索连接 $A$、$C'$、$D'$、$B$，即得出设计边坡。此法仅适用于填土不高的路堤施工。当路堤填土较高时，可分层挂线施工，如图 3-22 所示。

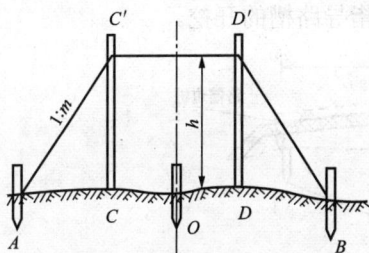

图 3-21　挂线法测设边桩　　　　　　　　图 3-22　分层挂线法测设边桩

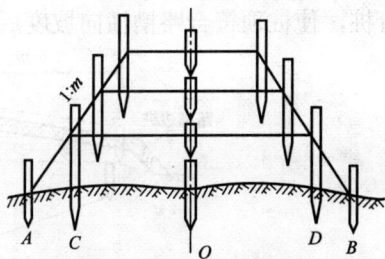

#### 2. 用边坡样板测设边坡

施工前按照设计的边坡坡度做好边坡样板，施工时利用边坡样板进行测设。

（1）用活动边坡样板测设边坡。活动边坡样板（带有水准器的边坡尺）测设边坡如图 3-23 所示，当水平尺上水准气泡居中时，边坡尺斜边所指示的坡度即为设计的边坡。故可用此指示或检核路堤和路堑的填挖。

（2）用固定边坡样板测设边坡。如图 3-24 所示，在开挖路堑前，于坡顶桩外侧按设计边坡设立固定样板，施工时可随时指示并检核开挖和修整情况。

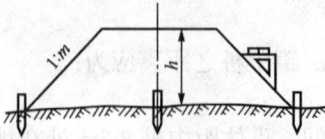

图 3-23　用活动边坡样板测设边坡　　　　图 3-24　用固定边坡样板测设边坡

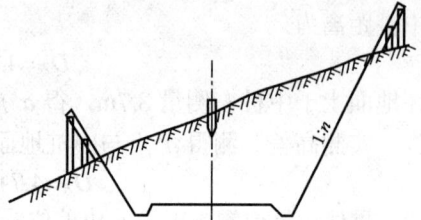

### 3.4.3　路面施工测设

路面施工是道路施工的最后一个环节,也是最重要的一个环节。因此,对路面施工放样的精度要求要比路基施工阶段放样的精度高。为了保证精度且便于测量,通常在路面施工中将线路两侧的导线点和水准点引测到路基上。一般设置在不易被破坏的桥梁、通道的桥台上或涵洞的压顶石上。

路面施工阶段的测量放样工作内容有恢复中线、放样高程和测量边线。

路面施工是在路基土石方施工完成以后进行的。在路面底基层(或垫层)施工前,首先进行路槽放样,路槽放样包括中线施工控制桩恢复放样、中平测量及路槽横坡放样。除面层外,各结构层横坡按直线形式进行放样。

**1. 路槽的放样**

在铺筑公路路面时,首先应进行路槽的放样,在已恢复的路线中线的百米桩和加桩上,从最近的水准点出发,进行路线水准测量,测出各桩的路基标高,并与设计标高相比较,看是否在规范规定的容许范围内;然后在路线中线上每隔 10m 设立高程桩,用放样已知点的方法使各桩顶高程等于铺筑的路面标高。

如图 3-25 所示,用皮尺由高程桩沿横断面方向向左右各量出等于路槽宽度一半的长度,定出路槽边桩,使桩顶的高程也等于铺筑后的路面标高。在上述这些桩的旁边挖一小坑,在坑中钉桩,使桩顶符合路槽横向坡度后槽底的高程,以指导路槽的开挖。

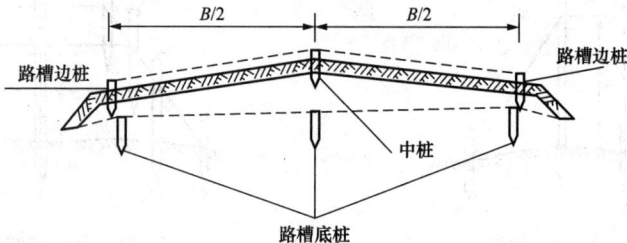

图 3-25　路槽放样

**2. 路拱的放样**

路面各结构层的放样方法都是先恢复中线,再量取道路宽度确定控制边线,放样高程控制各结构层的标高。

对于水泥混凝土路面或者中间有分隔带的沥青路面,路拱按直线形式放样。对于没有中间分隔带的沥青路面,路拱有以下形式。

(1)抛物线路拱。如图 3-26 所示的抛物线的形状用下列方程式表示:

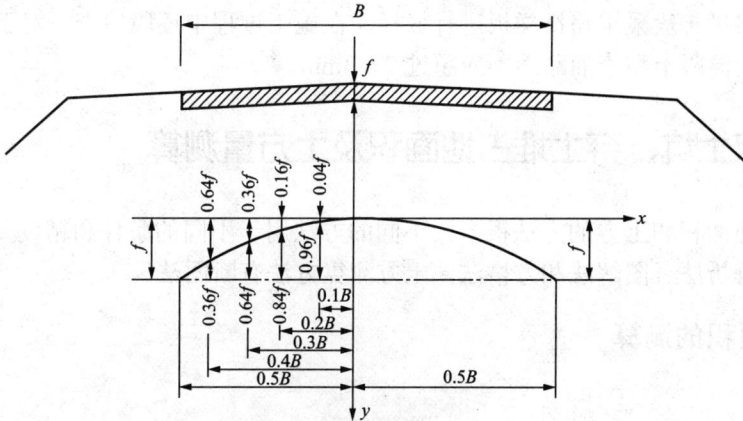

图 3-26　抛物线路拱

$$x^2 = 2py$$

当 $x = \dfrac{B}{2}$ 时，$y = f$

所以

$$\frac{B^2}{4} = 2py$$

或

$$2p = \frac{B^2}{4f}$$

$$y = \frac{x^2}{2p} = \frac{4f}{B^2}x^2$$

式中　$x$——横距；

　　　$y$——纵距；

　　　$B$——路面宽度；

　　　$f$——拱高，可按路拱坡度 $i_1$ 确定，即 $f = \dfrac{B}{2}i_1$。

（2）斜面夹曲线路拱。如图 3-27 所示，中间部分可用抛物线或圆曲线连接。拱高 $f$ 可按下式计算：

$$f = \left(\frac{B}{2} - \frac{l_1}{4}\right)i_1 = \left(B - \frac{l_1}{2}\right)\frac{i_1}{2}$$

式中　$l_1$——曲线段的水平距离。

　　　其他符号意义同前。

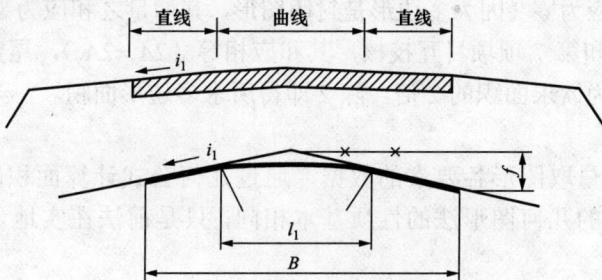

图 3-27　斜面夹曲线路拱

公路路面路拱一般采用路拱样板进行放样，在施工过程中逐段检查，对于碎石路面不应超过 1cm，对于混凝土和渣油路面不应超过 2～3mm。

## 3.5 沿线取土坑、弃土堆占地面积及土方量测算

测算占土地面积和土方的方法很多，不同的方法用于不同的条件和精度要求。常用的面积测算方法有解析法、图解法和方格法，土方测算方法有断面法。

### 3.5.1 占地面积的测算

#### 1. 解析法

将实地量测地物所得数据，代入相应数学公式计算面积的方法称解析法。解析法最重要特点是实地量测地物，无需进行图上作业。解析法一般分为两类：坐标法和几何图形法，本课题介绍坐标法。坐标法是采用地物角点的坐标值计算面积的方法，一般适用于多边形的地物。地物顶点的坐标值可通过全站仪实地测量的方法计算取得。首先，在实地施测闭合导线，量测地物各边长及其夹角；然后，利用边长和夹角角度计算出各点的坐标，将坐标值代入式（3-24）或式（3-25），即可计算出地物的面积（图3-28）。

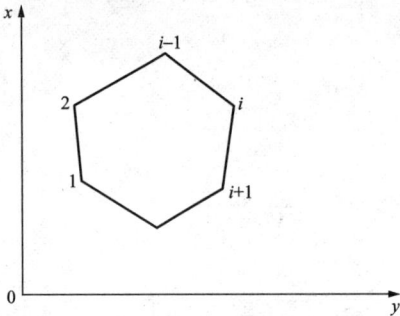

图 3-28 坐标法计算多边形面积

$$2A = \sum_{i=1}^{n} x_i(y_{i+1} - y_{i-1}) \tag{3-24}$$

$$2A = \sum_{i=1}^{n} y_i(x_{i-1} - x_{i+1}) \tag{3-25}$$

式中 $A$ ——取（弃）土坑（堆）占地面积；

$x_i$ ——各顶点纵坐标值；

$y_i$ ——各顶点横坐标值；

$i$ ——地物各顶点的序号。

表 3-2 为一个八边形面积的计算实例，运算采用了式（3-24）和式（3-25）。第 1 项为八边形顶点序号，2、3 两项填写各顶点相应坐标值，4、5、6、7 四项为运算过程，其中第 4 项和第 5 项各自的和应为零（因为多边形是封闭图形，其增量之和应为零）。如不得零，则说明计算有误。第 6 项和第 7 项项目互校核，其和应相等（$2A_x = 2A_y$），尾数因四舍五入也可能不等。计算最终结果为欲求面积的 2 倍，除 2 即得所求多边形面积。

#### 2. 图解法

在地形图上直接量取图形各要素的数据，通过几何公式计算面积的方法称为图解法。此法与前述解析法中的几何图形法的性质基本相同，只是前法在实地量测，后法在图上量测而已。

表 3-2　　　　　　　　坐 标 法 计 算 面 积 表

| 点号 | 坐标值/m | | | | 坐标差/m | | | | 乘积/m² | | | |
|---|---|---|---|---|---|---|---|---|---|---|---|---|
| | +/- | $x_i$ | +/- | $y_i$ | +/- | $x_{i-1}-x_{i+1}$ | +/- | $y_{i+1}-y_{i-1}$ | +/- | $y_i(x_{i+1}-x_{i-1})$ | +/- | $x_i(y_{i+1}-y_{i-1})$ |
| 1 | | 2 | | 3 | | 4 | | 5 | | 6 | | 7 |
| 1 | − | 443.4 | + | 132.6 | − | 585.5 | − | 543.8 | | 77 636 | + | 241 121 |
| 2 | 0 | 0 | + | 0 | | 809.8 | − | 10.1 | | 0 | | 0 |
| 3 | + | 366.4 | + | 122.5 | − | 383.6 | + | 423.5 | | 46 991 | + | 155 170 |
| 4 | + | 383.6 | + | 423.5 | + | 163.9 | + | 520.0 | + | 69 412 | + | 199 472 |
| 5 | + | 202.5 | + | 642.5 | + | 304.1 | + | 466.1 | + | 195 384 | + | 94 385 |
| 6 | + | 79.5 | + | 889.6 | + | 455.7 | + | 39.9 | + | 405 391 | + | 3172 |
| 7 | − | 253.2 | + | 682.4 | + | 665.0 | + | 345.8 | + | 453 796 | + | 87 557 |
| 8 | − | 585.5 | + | 543.8 | | 190.2 | − | 549.8 | + | 1 013 431 | + | 321 908 |
| 1 | − | 443.4 | + | 132.6 | | | | | | | | |
| 2 | | 0 | | 0 | | | | | | | | |
| | | | | | + | 1778.9 | + | 1449.5 | + | 1 227 414 | + | 1 102 785 |
| | | | | | − | 1778.9 | − | 1449.5 | | 124 628 | | 0 |
| | | | | | | 2P | + | 1 102 786 | | | + | 1 102 785 |
| | | | | | | | $A=551\,393\,\text{m}^2=827.1$ 亩 | | | | | |

用图解法量算面积的基本方法为三角形底高法。其公式为：

$$A_\triangle = \frac{1}{2}ah \qquad\qquad (3-26)$$

式中　$A_\triangle$——三角形面积；

　　　$a$——三角形边长；

　　　$h$——三角形 $a$ 边的高。

在土地利用现状图上，我们经常遇到很多边的图形，除确知为矩形或梯形的图形可用矩形或梯形公式计算面积外，一般的四边形图形均将其分割为两个三角形量算面积（图3-29），不可视作近似的矩形或梯形量算面积，以免发生错误。对多边形的图形，一般也是将其划分为若干个三角形（图3-30）进行量算。为保证量算精度，所划分三角形的底高之比以接近 1:1 为最好。每个图形必须量算两次，两次之间的限差（允许最大差值），按下列公式计算：

$$f = 0.04\frac{M}{10\,000}\sqrt{A_{公顷}} \qquad\qquad (3-27)$$

或

$$f = 0.04\frac{M}{10\,000}\sqrt{15A_{亩}}$$

式中　$f$——同一图形两次量算的限差，公顷或亩；

$M$——图纸比例尺分母；

$A$——图形面积，公顷或亩。

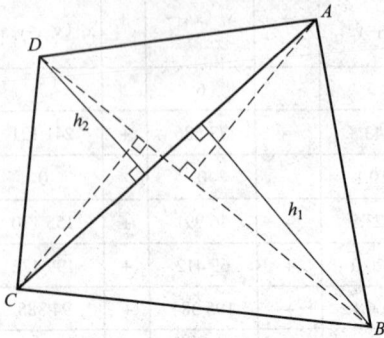

图 3-29　多边形

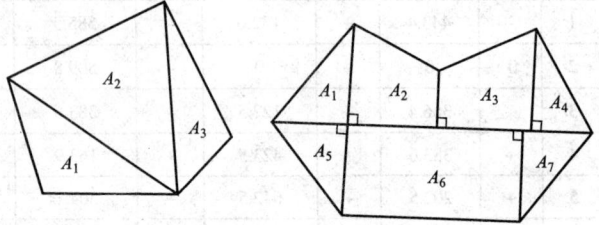

图 3-30　多边形划分

图解法最好使用复式比例尺量测图形要素长度，若无复式比例尺，也可使用一般尺子，但必须对其刻度进行校核，刻度不符合精度的尺子不能使用。

**3. 方格法**

利用正方形网格的透明纸或透明模片，蒙图数格量算面积的方法，称为方格法。方格法量面积的原理：如果将绘制方格网的透明纸或模片覆盖在预量算的图形上，透视出的图形中填满了网格。这些方格可分做两部分；图形中间部分的方格都是整方格（毫米格）；另一部分为与图形轮廓线相交的方格（破毫米格），都被分为轮廓线内外两半。每个单位方格（单格）的面积都是相等的。我们数出图形轮廓线内的整格数，并将破格凑为整格数，即可得到代表图形的单格数。方格法求积公式可写成：

$$A = n \cdot C \tag{3-28}$$

$$C = \left( l \times \frac{M}{100} \right)^2 \times 0.0015 \tag{3-29}$$

式中　$A$——图形面积；

　　　$n$——图形占有的单格数；

　　　$C$——单格值；

　　　$l$——单格边长，cm；

　　　$M$——图纸比例尺分母。

### 3.5.2　取土坑、弃土堆土方量测算

取土坑、弃土堆土方量测算采用断面法。断面法适用于地形起伏变化大的地区，或地形狭长、挖填深度较大又不规则的地区，计算方法较为简单方便，单精度较低。其计算步骤和方法详见如下所述。

（1）划分横断面。根据地形图竖向布置或现场测绘，将要计算的场地划分若干个相互平行的断面；该断面尽可能垂直于等高线或主要建筑物的边长，各断面间距可以不等，地形变化复杂的地段其间距宜小，一般可用 10m 或 20m，平坦地区其间距可用大些，但最大不超过 100m。

（2）画横断面图形。按比例绘制每个断面的自然地面和设计地面的轮廓线。自然地面轮廓线与设计地面轮廓线之间的面积，即为挖方或填方的断面，如图 3–31 所示。

（3）计算断面面积。按表 3–3 横断面计算公式，计算每个断面的挖方或填方断面。

（4）计算土方量。根据断面面积按式（3–30）计算土方量：

$$V = \frac{A_1 + A_2}{2} L \qquad (3-30)$$

式中　$V$——相邻两断面间的土方量，$m^3$；

$A_1$、$A_2$——相邻两断面的挖（+）或填（–）的断面面积，$m^3$；

$L$——相邻两断面的间距，m。

（5）土方量汇总。

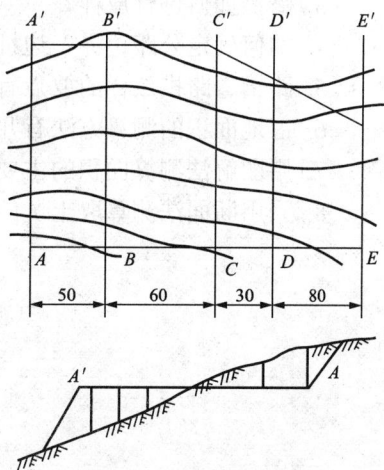

图 3–31　横断面示意图

**表 3–3**　　常用断面面积计算公式

| 断面图式 | 断面面积计算公式 |
|---|---|
|  | $A = h(b + nb)$ |
|  | $A = h\left[b + \dfrac{h(m+n)}{2}\right]$ |
|  | $A = b\dfrac{(h_1 + h_2)}{2} + nh_1 h_2$ |
|  | $A = \dfrac{h_1}{2}a_1 + \dfrac{h_1 + h_2}{2}a_2 + \dfrac{h_2 + h_3}{2}a_3 + \dfrac{h_3 + h_4}{2}a_4 + \dfrac{h_4}{2}a_5$ |
|  | $A = \dfrac{a}{2}(h_0 + 2h + h_n)$ <br> $h = h_1 + h_2 + h_3 + h_4 + h_5$ |

# 复习思考题

1. 恢复中线的方法有哪些？
2. 路基边桩的放样方法有哪些？

3. 路拱如何进行放样？

4. 如何确定公路边界？边桩放样的基本方法有哪些？

5. 路槽、路拱放样的要点有哪些？

6. 占地面积的测算方法有几种？

7. 用图解法测算面积的主要步骤有哪些？

8. 采用断面法测算取土坑的土方量的计算步骤是什么？

# 第4章 路 基 施 工

## 4.1 路基施工准备

### 4.1.1 公路的施工方法与特点

路基是公路的重要组成部分，是路面的基础。路基的强度和稳定性，不仅要通过设计予以保证，而且还要通过施工得以实现。路基的施工质量直接影响到路面，有些新建公路投入运行不久，路面就发生破坏或下陷，其主要原因之一是路基的施工质量问题。路基的各种病害关系到养护维修费用增加，乃至影响交通运输的畅通与安全。因此，对路基施工要充分重视。

**1. 路基工程的特点**

路基工程具有以下特点：

（1）工程数量大。

（2）耗费劳力多。

（3）涉及面广，投资高等。

路基是路面结构的基础，路面结构层的存在又保护了路基。

**2. 路基施工的基本方法**

路基土石方的施工作业主要包括开挖、运输、铺填、压实和修整等工作。路基施工的基本方法可分为以下几种：

（1）人工和半机械化施工。主要依靠人力，使用手工工具和简易的机械设备。效益低、劳动强度大、进度慢，适用于一些路段机械无法进场、一些工程（如砌体工程）还无法开展机械化作业，以及某些辅助性工作。

（2）水力机械施工。运用水泵、水枪等水力机械，是机械化施工的一种，可用来挖掘比较松散的土层和进行软土地基加固的钻孔工作，但施工现场需有充足的水源和电源。

（3）爆破施工。这是开挖岩石路堑的基本方法，主要用来震松岩石、坚土、冻土，或采集石料，是公路施工特别是山区公路施工不可缺少的施工方法。

（4）机械化施工。采用推土机、铲运机、平地机、挖掘机、压路机及松土机等机械，可以极大地提高劳动生产率，显著地加快施工进度，并有效地保证了工程质量。降低工程造价、保证施工安全，是加速公路建设以及实现公路施工现代化的根本途径。

施工方法的选择，应根据工程性质、施工期限、现有施工条件等因素而定，同时要结合考虑因地制宜和综合配套使用各种方法。

高速公路、一级公路以及在特殊地区或采用新技术、新工艺、新材料进行路基施工时，应采用不同的施工方案做试验路段，从中选出路基施工的最佳方案指导全线施工。试验路段位置应选择在地质条件、断面形式均具有代表性的地段，路段长一般不宜小于100m。

### 3. 公路施工程序

公路工程施工的基本程序主要是完成从投标 → 开工 → 施工 → 验收等公路工程施工工作（图 4-1）的过程。

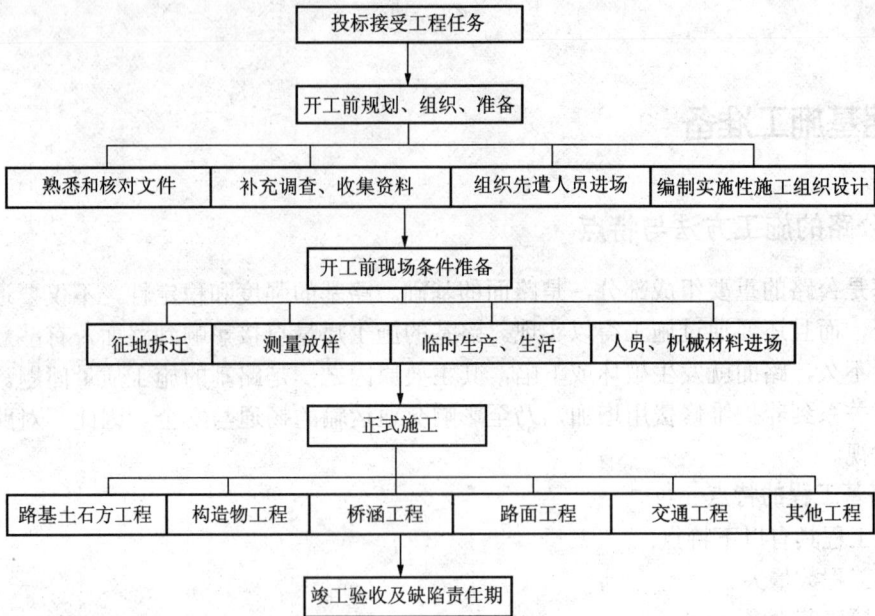

```
        ┌─────────────────────────┐
        │     投标接受工程任务      │
        └─────────────────────────┘
                    │
        ┌─────────────────────────┐
        │   开工前规划、组织、准备   │
        └─────────────────────────┘
         │        │         │         │
┌──────────┐┌────────────┐┌──────────────┐┌──────────────────┐
│熟悉和核对文件││补充调查、收集资料││组织先遣人员进场││编制实施性施工组织设计│
└──────────┘└────────────┘└──────────────┘└──────────────────┘
                    │
        ┌─────────────────────────┐
        │     开工前现场条件准备     │
        └─────────────────────────┘
         │        │         │          │
┌────────┐┌────────┐┌──────────────┐┌──────────────────┐
│ 征地拆迁 ││ 测量放样 ││ 临时生产、生活 ││ 人员、机械材料进场 │
└────────┘└────────┘└──────────────┘└──────────────────┘
                    │
        ┌─────────────────────────┐
        │        正式施工          │
        └─────────────────────────┘
    │        │        │        │        │        │
┌──────────┐┌────────┐┌────────┐┌────────┐┌────────┐┌────────┐
│路基土石方工程││构造物工程││桥涵工程││路面工程││交通工程││其他工程│
└──────────┘└────────┘└────────┘└────────┘└────────┘└────────┘
                    │
        ┌─────────────────────────┐
        │    竣工验收及缺陷责任期    │
        └─────────────────────────┘
```

图 4-1　公路施工流程图

## 4.1.2 施工准备

施工准备是工程顺利实施的基础和保证。施工准备工作的好坏，直接影响到工程的进度、质量和施工方的经济效益，因此必须高度重视，认真对待。施工准备工作的内容主要包括熟悉设计文件、制定施工组织设计、施工现场准备等。

### 1. 熟悉设计文件

（1）设计文件是组织工程施工的主要依据，见表 4-1。

表 4-1　　　　　　　　　　　　设 计 文 件 的 组 成

| | 工 程 概 要 |
|---|---|
| 设计说明书<br>（或设计概要） | 平面设计：平面位置、曲线半径、超高、加宽、视距、路口 |
| | 纵断面设计：控制标高、最大纵坡、最小纵坡、竖曲线半径 |
| | 横断面设计：红线及车道宽度与分配、分隔带、路拱及横坡、挡墙 |
| | 路面结构设计：土基干湿类型、变形及回弹模量、路面结构及厚度 |
| | 排水系统设计：排水方式、断面尺寸、排水出口<br>交通工程设计：交通安全、管理及服务设施 |
| | 立交及道路照明设计：设置理由、规模及形式 |
| | 环境保护设计：公路对环境的影响及采取的措施 |

| | 工 程 概 要 |
|---|---|
| 工程数量表 | 路面工程：各结构层（面层与底层）的工程质量 |
| | 路基工程：填挖及特殊路基数量、排水、防护及桥涵工程数量 |
| | 土石方工程：主要列出不同运距土石方填挖数量及调配 |
| | 交通工程：交通工程设计工程数量 |
| | 杂项工程：便道、伐树、征地、拆迁、加固等工程数量 |
| 公路分项分步施工图 | 定线关系测量成果图或道路路线示意图<br>道路平面设计图及征地地亩图 |
| | 道路纵断面设计图<br>标准横断面设计图及路面结构设计图 |
| | 交叉口设计图 |
| | 附属结构物设计图：挡土墙、桥涵、护坡、护面设计图 |
| | 其他附属工程设计图：排水沟等 |
| | 交通工程设计图 |

（2）进行现场调查核对。

1）核对设计是否符合实际情况，工程质量能否保证，施工能否满足设计规定的标准。

2）是否符合施工条件及施工是否具有可靠性、安全性。

3）核对有无特殊的材料要求，这些材料的品种、规格、数量能否解决。

4）核对图纸说明有无矛盾，规定是否明确、齐全。

5）核对图纸各构造物的主要尺寸、位置、标高有无错误。

6）核对土建工程与设备安装有无矛盾，施工中如何交叉衔接。

通过熟悉图纸，明确场外在施工中所需材料和构件等制备工程项目的安排。通过熟悉设计文件，确定与施工有关的组织、物质、技术等各方面的准备工作项目。

（3）设计交桩和技术交底。在有关施工人员熟悉设计文件，充分准备的基础上，由建设单位负责人召集设计、施工、监理、科研人员参加图纸会审会议。设计人员向施工方作图纸交底，讲清设计意图和对施工的主要要求。施工人员应对图纸和有关问题提出质询，最终由设计单位对图纸会审中提出的合理化建议，按程序进行变更设计或作补充设计。

**2. 制定施工组织设计**

应根据核实的工程量、工地条件、工期要求及本单位的施工设备情况，制定实施性施工组织设计（其包括选择施工方案、确定施工方法、布置施工场地、编制施工进度计划、拟定关键工程的技术措施等），报监理工程师审批。同时，根据施工组织设计的要求，组织施工队伍，合理部署施工力量，做好后勤物资供应工作（详见《施工组织设计》教材）。

**3. 施工现场的准备工作**

路基施工前，现场的准备工作有：恢复中线和复查水准点，划定路界，路基放样，清理场地，修建临时设施等。

（1）恢复路线。从路线勘测到施工进场一般要经过一段时间，在这段时间内原钉的桩志可能有部分丢失或发生移动。因此，监理工程师向施工单位交桩后，施工方必须按设计图表对路线进行复测，把决定路线位置的各测点加以恢复。其内容有：导线、中线的复测和固定；水准点的复测和增设；横断面的检查与补测。

1）导线、中线复测和固定。导线复测就是把控制路线中线的各导线点在地面上重新钉出。导线复测应采用红外线测距仪或其他满足测量精度的仪器，其测量精度应满足设计要求。复测导线时，必须和相邻施工段的导线闭合；对有碍施工的导线点，在施工前应设护桩加以固定。

中线复测就是把标定路线平面位置的各点在地面上重新钉出，有时还需要在曲线上以及地形有突变或土石方成分有变化等处增钉加桩，并复核路线的长度。如发现丈量错误或需要局部改线，均应作断链处理，相应调整纵坡，设置断链桩，注明前后里程关系及长（或短）链距离。对高等级公路，应采用坐标法恢复主要控制桩。复测中常会发现有些桩丢失，要及时补上。当交点桩丢失时，可由前、后的 ZY 点和 YZ 点定出切线并延长切线，交出丢失的交点桩，并钉护桩固定。转点桩丢失时，可用正倒镜延长直线，重新补设。曲线特征点桩丢失时，可对曲线重新测设补桩。对路线的主要控制点，如交点、转点、曲线的起讫点，以及起控制作用的百米桩和加桩，应视当地的地形条件和地物情况，采取有效的方法加以固定。

2）水准点的复测与加设。中线恢复后，对沿线的水准点作复核性水准测量，以复核水准点一览表中各点的水准基点高程和中桩的地面高程。当相邻水准点相距太远，为便于施工期间引用，可加设一些临时水准点。在如桥涵、挡土墙等较大构造物附近，以及高路堤、深路堑等集中土石方地段附近，应加设水准点。临时水准点的标高必须符合精度要求。

3）横断面的检查与补测。路线横断面应详细检查与核对，发现疑问与错误时，必须进行复测。在恢复中线时新设的桩点，应进行横断面的补测。此外，应检查路基边坡设计是否恰当；与有关构造物如涵洞、挡工墙的设计是否配合相称；取土坑、弃土堆的位置是否合理。应当注意，凡是在恢复路线时发现原设计中的任何不正确之处，都应在图纸上明确地记录下来，并与复测的结果一起呈报监理工程师复核或审批。

（2）划定路界。此项工作一般由建设单位（业主）完成。个别地段尚未划定的，应立即报告监理工程师，并会同业主尽快解决。

（3）路基放样。路基施工前，应根据中线桩和设计图表在实地定出路基的几何轮廓形状，作为施工的依据。其主要工作内容有以下几项。

1）横断面放样。横断面的方向，在直线段为与路中线垂直的方向，曲线段为垂直于所测点的切线方向。首先用十字架确定横断面的方向，然后确定填方断面的坡脚点，挖方断面的坡顶点，半挖半填的坡脚点和坡顶点，放置边桩，画出作业界限。

2）边坡放样。当路堤边坡放样时，通常采用分层填土、逐层挂线的方法；当路堑边坡放样时，可采在坡顶外侧设置固定的坡度样板的方法。

（4）清理场地。施工前应清除施工现场内所有阻碍施工或影响工程质量的障碍物。其工作内容详见如下所述。

1）房屋及其他构造物的拆除。此项工作一般由业主在施工单位进驻工地前应完成。

2）清除树木和灌木丛。公路工程占地范围内的树木、灌木丛、孤石等必须清除或移植。高等级公路和路基填土高度小于 1m 的其他公路，应将路基范围内的树根全部挖除，并将坑穴填平夯实；填土高度大于 1m 的其他公路，允许保留树根。采用机械化施工的路堑及取土坑，均应将树根全部挖除。

在填方和借方地段的原地面应进行表面清理，清理深度应根据种植土厚度决定，清出的种植土应集中堆放。填方地段在清理完地表面后，应整平压实到规定要求，方可进行填方作业。

3）施工场地排水。场地排水是指疏干、排除场地上所积地面水，保持场地干燥，为施工提供正常条件。通常是根据现场情况，设置纵横排水沟，形成排水系统，或者抽水机强制排水，将水引入附近河渠、低洼处予以排除。

4）试验准备工作。工地试验室建立后，应马上开展试验工作，如：原材料的质量检验；混凝土配合比试验；同路段的土质性能试验，包括土的颗粒分析、密度和相对密度试验，塑限、液限、塑性指数测定，击实试验，土的强度试验，承包路段内地下水位和长期地表积水位测定，不同层位的土的含水量试验，高等级公路应做土的有机质含量及易溶盐含量试验等；并将试验结果报监理工程师审批后待用。

5）预制场地的准备。做好台座、锚夹具、钢筋加工、木加工等的准备工作。锚夹具和钢筋（丝）均需抽样检验合格。

（5）临时工程。临时工程包括临时供电、临时供水、临时交通道路、临时通信线路和施工用房等。临时工程的建设是保证正常施工以及确保施工质量和安全的必备前提条件。因此临时工程的施工要与正式工程一样进行周密的考虑。但由于它只要求在施工期内达到预期的目的，所以在确保安全、满足使用要求的前提下，应力求简化。

（6）试验路段。高等级公路以及在特殊地区或采用新技术、新工艺、新材料进行路基施工时，应采用不同的施工方案做试验路段，从中选出路基施工的最佳方案指导全线施工。

试验路段的位置应选在地质条件、断面形式均具有代表性的地段，长度大于 100m。通过试验要确定：不同机具压实不同填料的最佳含水量、适宜的松铺厚度和相应的碾压遍数、最佳的机械配套和施工组织。

在整个试验段施工时，应加强对有关指标的检测，完工后及时写出试验报告，上报监理工程师审批。

（7）自检质量保证体系。为了保证公路工程的施工质量，建设单位必须有高度的质量意识，使所建工程经得起监理的抽检和政府质监部门的检查。因此，必须建立自检质量保证体系。它主要由建设单位的主要负责人、有关的技术质量检查人员、施工设备及检测仪器等组成。

（8）开工报告。以上各项工作准备就绪后，就可向监理工程师提出工程开工的申请报告。开工报告的内容有以下几项：

1）施工组织设计（监理审批）。

2）施工放样合格（监理审批）。

3）材料报验合格（监理审批）。

4）机械设备报验合格。

5）已落实必需的流动资金。

6）已建立自检质量保证体系。

当监理工程师同意、签发开工令后，施工单位即可正式开工。

## 4.2　土质路基施工

路基填筑的主要工作内容包括路基用土的正确选择和处理，填筑施工的各种方法和工艺流程，以及路基压实等问题。

### 4.2.1　路基用土

各类公路用土具有不同的工程性质，在选择作为路基的填筑材料时，应根据不同的土类分别采取不同的工程技术措施。

**1. 各类土的工程性质**

（1）易风化的石块。包括漂石（块石）和卵石（块石），有很高的强度和稳定性，使用场合和施工季节均不受限制，为最好的填筑路基材料，也可用于砌筑边坡。但石块之间要嵌锁密实，以免在自重和行车荷载作用下，石块松动产生沉陷变形。

（2）碎（砾）石土。强度能满足要求，内摩擦系数高，水稳定性好，材料的透水性大，施工压实方便，能达到较好的密实程度，是很好的填筑材料。但若细粒含量增多，则透水性和水稳定性就下降。

（3）砂土。无塑性，透水性和水稳定性均良好，毛细管水上升高度很小，具有较大的内摩擦系数。砂土黏结性小，易于松散，对流水冲刷和风蚀的抵抗能力很弱，压实困难；但是经充分压实的砂土路基，则压缩变形小，稳定性好。为了加强压实和提高稳定性，可以采用振动法压实，并可适量掺些黏土，以改善级配组成，并应将边坡予以加固，以提高路基的稳固性。

（4）砂性土。既含有一定数量的粗颗粒，又含有一定数量的细颗粒，级配适宜，强度、稳定性等都能满足要求，是理想的路基填筑材料。如细粒土质砂土，其粒级组成接近最佳级配，遇水不黏着、不膨胀，雨天不泥泞，晴天不扬尘，便于施工。

（5）黏性土。细颗粒含量多，土的内摩擦系数小而黏聚力大，透水性小而吸水能力强，毛细现象显著，有较大的可塑性。干燥时坚硬而不易挖掘，施工时不易破碎，浸水后强度下降较多，干湿循环因胀缩引起的体积变化也大，过干或过湿时都不便施工。在给予充分压实和良好排水的条件下，黏性土可作路堤填筑材料。

（6）粉性土。因含有较多的粉粒，毛细现象严重，干时易被风蚀，浸水后很快被湿透，在季节性冰冻地区常引起冻胀和翻浆，水饱和时有振动液化问题。粉性土特别是粉土，属于不良的公路路基用土。如果不得已使用时，宜掺配其他材料，即采取技术措施改良土质，同时必须加强排水和隔离水等措施。

（7）膨胀性重黏土。几乎不透水，黏结力特强，湿时膨胀性和塑性都很大。膨胀性重黏土工程性质受黏土矿物成分影响较大,黏土矿物主要包括蒙脱土、伊里土、高岭土。蒙脱土主要分布在东北地区,其塑性大,吸湿后膨胀强烈,干燥时收缩大,透水性极低,压缩性大,抗剪强度低。高岭土分布在南方地区,其塑性较低,有较高的抗剪强度和透水性,吸水和膨胀量较小。伊里土分布在华中和华北地区,其性质介于上述两者之间。膨胀性重黏土不宜用来填筑路堤。

(8)易风化的软质岩石(如泥灰岩、硅藻岩等)。浸水后易崩解,强度显著降低,变形量大,一般不宜作路堤填筑材料。

总之,路基用土中,砂性土最优,黏性土次之,粉性土属不良材料,容易引起路基病害;膨胀性重黏土,特别是蒙脱土更是不良的路基;此外,还有一些特殊土类,如有特殊结构的土(湿陷性黄土)、含有机质的土(腐殖土)以及含易溶盐的土(盐渍土)等,用以填筑路基时必须采取相应技术措施。

**2. 规范中对路基用土的规定**

《公路路基设计规范》(JTG D30—2004)及《公路软土地基路堤设计与施工技术规范》(JTJ 027—1996)中对路基用土还有如下几项规定:

(1)路堤填料不得使用淤泥、沼泽土、冻土、有机土、含草皮土、生活垃圾、树根和含有腐朽物质的土。采用盐渍土、黄土、膨胀土填筑路堤时,应遵照有关规定执行。

(2)液限大于50%、塑性指数大于26的土质,以及含水量超过规定的土质,不得直接作为路堤填料。需要应用时,必须采取满足设计要求的技术处理,经检查合格后方可使用。

(3)钢渣、粉煤灰等材料,可用作路堤填料,其他工业废渣在使用前应进行有害物质的含量试验,避免有害物质超标,污染环境。

(4)捣碎后的种植土,可用于路堤边坡表层。

(5)路基填筑材料最小强度和最大粒径应符合表4–2的有关规定。

表4–2 路基填筑材料最小强度和最大粒径

| 填料应用部位<br>(路面底面以下深度/m) | | 填料最小强度(CBR)(%) | | | 填料最大粒径/mm |
|---|---|---|---|---|---|
| | | 高速、一级公路 | 二级公路 | 三、四级公路 | |
| 填方路堤 | 上路床(0～0.3) | 8 | 6 | 5 | 100 |
| | 下路床(0.3～0.8) | 5 | 4 | 3 | 100 |
| | 上路堤(0.8～1.5) | 4 | 3 | 3 | 150 |
| | 下路堤(>1.5) | 3 | 2 | 2 | 150 |
| 零填及挖方路基 | 0～0.3 | 8 | 6 | 5 | 100 |
| | 0.3～0.8 | 5 | 4 | 3 | 100 |

注:1. 表列强度按《公路土工试验规程》规定的浸水96h的CBR试验方法测定。

2. 三、四级公路铺筑沥青混凝土和水泥混凝土路面时,应采用二级公路的规定。

3. 表中上、下路堤填料最大粒径150mm的规定不适用于填石路基和土石路堤。

## 4.2.2　路基填筑施工工艺流程

### 1. 路基填筑施工的工艺流程（图4-2）

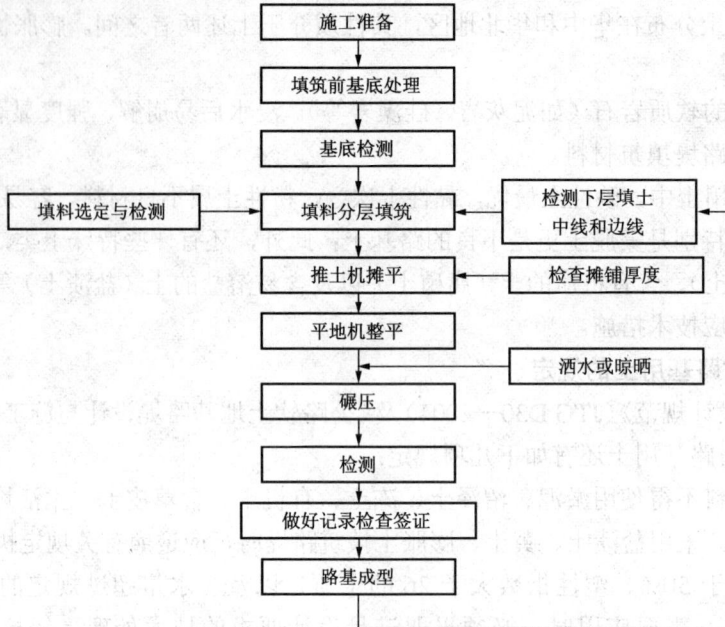

```
                    施工准备
                      ↓
                  填筑前基底处理
                      ↓
                    基底检测
                      ↓
  填料选定与检测 →  填料分层填筑  ← 检测下层填土
                      ↓              中线和边线
                   推土机摊平   ← 检查摊铺厚度
                      ↓
                   平地机整平
                      ↓          洒水或晾晒
                     碾压
                      ↓
                     检测
                      ↓
                 做好记录检查签证
                      ↓
                   路基成型
```

图 4-2　路基填筑施工工艺流程

### 2. 路基填筑施工的主要工序

主要工序有料场选择、基底处理、填筑和碾压。

（1）料场选择。填筑路堤的材料（以下简称填料）以采用强度高、水稳定性好、压缩变形小且便于施工压实以及运距短的土、石材料为宜。在选择填料时，一方面要考虑料源和经济性，另一方面要顾及填料的性质是否合适。为了节约投资和少占耕地良田，一般应利用附近路堑或附属工程（如排水沟等）的弃方作为填料，或者将取土坑布置在荒地、空地或劣地上。

（2）基底处理。路堤基底的处理是保证路堤稳定和坚固的极为重要的措施。在路堤填筑前进行基底处理，能使填土与原来的表土密切结合；能使初期填土作业顺利进行，能使地基保持稳定，增加承载能力；能防止因草皮、树根腐烂而引起的路堤沉陷。路堤表层土清理压实工序如图 4-3 所示。对于一般的路堤基底处理，应按下列规定执行。

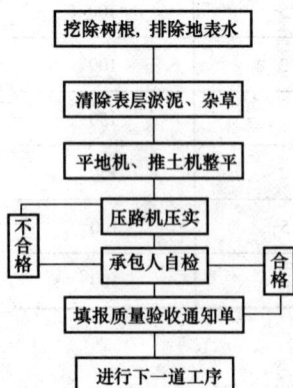

```
  挖除树根，排除地表水
           ↓
    清除表层淤泥、杂草
           ↓
   平地机、推土机整平
           ↓
不      压路机压实
合 ←               → 合
格      承包人自检      格
           ↓
    填报质量验收通知单
           ↓
     进行下一道工序
```

图 4-3　表土清理压实工序

1）基底土密实，且地面横坡不陡于 1:10 时，经碾压符合要求后，可直接在地面上修筑路堤（但在不填、不挖或路堤高度小于 1m 的地段，应清除草皮等杂物）。在稳定的斜坡上，横坡为 1:10～1:5 时，基底应清除草皮。横坡陡于 1:5 时，原地面应挖成台阶，台阶宽度不小于 1m，高不小于 0.5m（图 4-4）。若地面横坡超过 1:2.5 时，外坡脚应进行特殊处理，如修护墙和护脚。

2）当路基受到地下水影响时，应予以拦截或排除，引地下水至路堤基础范围之外，再进行填方压实。

3）基底土为腐殖土，必须用人工或机械将其表层
土清除换填，厚度视具体情况而定，一般不小于 30cm
为宜。并予以分层压实，压实度符合规范要求。

4）路堤修筑范围内，原地面的坑、洞、墓穴等，
应用原地的土或砂性土回填，并按规定进行压实。

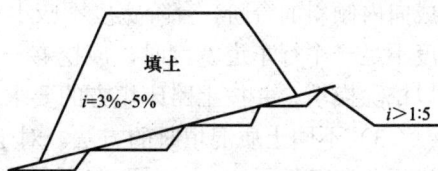

图 4-4　坡面处理

5）路基受到地下水影响时，应予以拦截或排除，引地下水至路堤基础范围之外。当路基
经过水田、池塘或洼地时，应根据具体情况排水疏干、挖除淤泥、打砂桩、抛填片石、砂砾
石或石灰（水泥）处理土等措施，以保持基底稳固。

（3）填筑。路堤填筑必须考虑不同的土质，从原地面逐层填起，并分层压实，每层厚度
随压实方法而定。

1）填筑方式。

路堤填筑的方式如图 4-5 所示，具体描述如下：

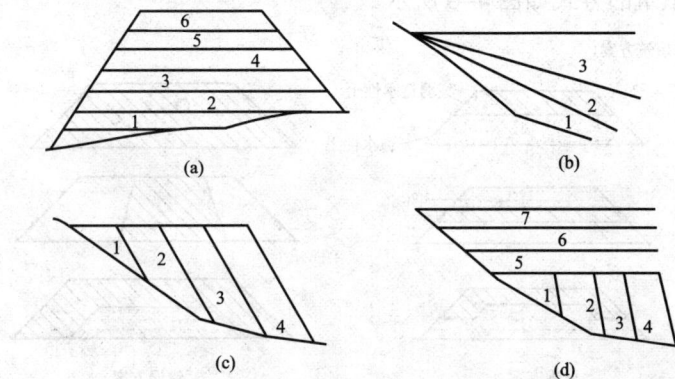

图 4-5　路堤填筑方式

（a）水平分层填筑法；（b）纵坡分层填筑法；（c）横向填筑法；（d）混合填筑法

① 水平分层填筑。填筑时按照横断面全宽分成水平层次，逐层向上填筑。如原地面不平，
应由最低处分层填起，每填一层，经压实合格后再填上一层。此法施工操作方便、安全，压
实质量容易保证。

② 纵坡分层填筑。适用于推土机或铲运机从路堑取土填筑运距较短的路堤。依纵坡方向
分层、逐层推土填筑。原地面纵坡小于 20° 的地段可用此法施工。

③ 横向填筑。从路基一端按各横断面的全部高度，逐步推进填筑，适用于无法自下而上、
分层填土的陡坡、断岩或泥沼地区。此法不易压实，且还有沉陷不均匀的缺点。

为此，应采用必要的技术措施，如选用高效能的压实机械（振动压路机）碾压；采用沉
陷量较小的砂性土或废石方作填料等。

④ 混合填筑。当高等级公路路线穿过深谷陡坡，尤其是要求上部的压实度标准较高时，
施工时下层采用横向填筑，上层采用水平分层填筑，此种方法称为混合填筑法。

2）沿横断面一侧填筑的方法。旧路拓宽改造需加宽路堤时，所用填土应与原路堤用土尽
量接近或为透水性好的土，并将原边坡挖成向内倾斜的台阶，分层填筑，碾压到规定的密实
度。严禁将薄层新填土贴在原边坡的表面。

高速公路和一级公路，横坡陡峻地段的半填半挖路基，必须在山坡上从填方坡脚向下挖

成向内倾斜的台阶，台阶宽度不应小于 1m。其中沿横断面挖方的一侧，在行车范围之内的宽度不足一个行车道宽度时，应挖够一个行车道宽度，其上路床深度范围之内的原地面土应予以挖除换填，并按上路床填方的要求施工。

3）不同土质混填时的方法。对于不同性质的土混合填筑时，应视土的透水能力的大小，进行分层填筑压实，并采取有利于排水和路基稳定的方式。一般应遵循以下几项原则：

① 以透水性较小的土填筑路堤下层时，其顶面应做成 4% 的双向横坡。如用以填筑上层时，除干旱地区外，不应覆盖在透水性较大的土所填的下层边坡上。

② 不同性质的土应分别填筑，不得混填。每种填料层累计总厚度不宜小于 0.5m。

③ 凡不因潮湿及冻融而变更其体积的优良土应填在上层，强度（形变模量）较小的土应填在下层。

为防止相邻两段用不同土质填筑的路堤在交接处发生不均匀变形，交接处应做成斜面，并将透水性差的土填在斜面的下部。

不同土质路堤填筑的方式如图 4-6 所示。

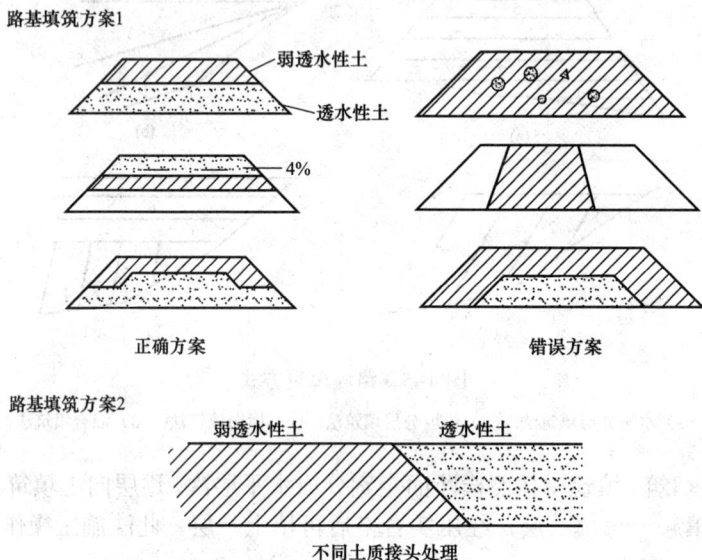

图 4-6 路堤填筑方式

（4）碾压内容详见 4.2.3。

### 4.2.3 路基压实

**1. 路基压实的意义**

路基施工破坏了土体的天然状态，使得结构松散，颗粒需要重新组合。为使路基具有足够的强度与稳定性，必须予以压实，以提高其密实程度。所以路基的压实工作，是路基施工过程中一个重要工序，也是提高路基强度与稳定性的根本技术措施之一。

土是三相体，土粒为骨架，颗粒之间的孔隙为水分和气体所占据。压实的目的在于使土粒重新组合，彼此挤紧，孔隙缩小，土的单位质量提高，形成密实整体，最终导致强度增加，稳定性提高。

通过大量的试验和工程实践已证明：土基压实后，路基的塑性变形、渗透系数、毛细水作用及隔温性能等，均有明显改善。

**2. 影响压实效果的因素**

对于细粒土的路基，影响压实效果的因素有内因和外因两方面。内因指土质和湿度，外因指压实功能（如机械性能、压实时间与速度、土层厚度）及压实时外界自然和人为的其他因素等。下面就影响压实效果的主要因素进行讨论。

（1）含水量对压实的影响。

在压实过程中，土的含水量对所能达到的密度起着非常重大的作用。压实功需要填方克服土颗粒间的内摩阻力和粒结力，才能使土颗粒产生位移并互相靠近而被压实。土的内摩阻力和粒结力是随密实度而增加的。土的含水量小时，土颗粒间的内摩阻力大，压实到一定程度后，压实功不能克服内摩阻力而相互平衡，压实所得干密度小，压实度小；当土的含水量逐步增加时，水在土颗粒之间起到润滑作用，减小了内摩阻力，压实所得的干密度较大，压实度较大，在这个过程中单位土体积内空气的体积逐渐减小，而固体体积中水体积逐渐增大。当土的含水量继续增加到超过一定限度后，虽然内摩阻力还在减小，但单位体积中空气的体积已减到最小限度，而水的体积却在不断增加，由于水是不可压缩的，因此会出现干密度逐渐减小的现象，即"翻浆"现象，这就表明在最佳含水量±2%时进行压实最为合适，此时的压实效果最好，压实度最高。

（2）土质对压实效果的影响。土质对压实效果的影响很大。通过对比可见，砂性土的压实效果优于黏性土。其机理在于土粒越细，比表面积越大，土粒表面水膜所需的含水量就越多，加之黏土中含有亲水性较高的胶体物质所致。另外，至于砂土的颗粒组，由于呈松散状态，水分极易散失，对其最佳含水量的概念就没有多大的实际意义。

（3）压实功能对压实的影响。压实功能（指压实工具的质量、碾压次数或锤落高度、作用时间等）对压实效果的影响，是除含水量之外的另一个重要因素。据此规律，工程实践中可以增加压实功能（选用重碾，增加次数或延长作用时间等），以提高路基强度或降低最佳含水量；但必须指出，用增加压实功能的办法以提高土基强度的效果有一定限度。压实功能增加到一定限度以上，效果提高越为缓慢，在经济效益和施工组织上，不尽合理，甚至压实功能过大，一是会破坏土基结构，二是相对应含水量减少而带来的水稳定性差，其压实效果适得其反。相比之下，严格控制最佳含水量，要比增加压实功能收效大得多。当含水量不足，洒水有困难时，适当增大压实功能可以收效，如果土的含水量过大，此时如果增大压实功能，必将出现"弹簧现象"，即压实效果很差，造成返工浪费。

（4）压实厚度对压实效果的影响。相同压实条件下（土质、含水量与压实功能不变）实测土层不同深度的密实度（$\gamma$ 或压实度）可得知，密实度随深度递减，表层 5cm 最高。不同压实工具的有效压实深度有所差异，根据压实工具类型、土质及土基压实的基本要求，路基分层压实的厚度有具体的规定数值。一般情况下，夯实不宜超过 20cm。12～15t 光面压路机，不宜超过 25cm；振动压路机或夯击机，宜以 50cm 为限。实际施工时的压实厚度应通过现场试验确定合适的摊铺厚度。

**3. 压路机的选择与操作**

压实机具的选择以及合理的操作，则是影响土基压实效果的另一综合因素。土基压实机具的类型较多，大致分为碾压式、夯击式和振动式三大类型。碾压式（又称静力碾压式），包括光面碾（普通的两轮和三轮压路机）、羊足碾和气胎碾等几种。夯击式中人工使用的有石硪、大夯，机动设备中有夯锤、夯板、风动夯及蛙式夯机等。振动式中有振动器、振动压路机等。此外，运土工具中的汽车、拖拉机以及土方机械等，也可用于路基压实。

不同压实机具适用于不同土质及不同土层厚度等条件，这些都是选择压实机具的主要依据。正常条件下，对于砂性土的压实效果，振动式较好，夯击式次之，碾压式较差。对于黏性土，则宜选用碾压式或夯击式，振动式较差甚至无效。不同压实机具，在最佳含水量条件下，适应于一定的最佳压实厚度以及通常的压实遍数。表4-3是各种土质适宜的碾压机械的建议。

表 4-3 各种土质适宜的碾压机械

| 碾压机具 \ 土类 | 细粒土 | 砂类土 | 砾石土 | 巨粒土 | 备 注 |
|---|---|---|---|---|---|
| 6～8t 两轮光轮压路机 | A | A | A | A | 用于预压整平 |
| 15～18t 三轮光轮压路机 | A | A | A | B | 最常使用 |
| 25～50t 轮胎压路机 | A | A | A | B | 最常使用 |
| 羊足碾 | A | B 或 C | C | C | 粉、黏土质砂可用 |
| 振动压路机 | B | A | A | A | 最常使用 |
| 凸块式振动压路机 | A | A | A | A | 最宜使用于含水量较高的细粒土 |
| 扶式振动压路机 | B | A | A | C | 用于狭窄地点 |
| 振动平板夯手 | B | A | A | B 或 C | 用于狭窄地点，机械质量800kg 的可用巨粒土 |
| 扶式振动夯 | A | A | A | B | 用于狭窄地点 |
| 夯锤（板） | A | A | A | A | 夯击影响深度最大 |
| 推土机、铲运机 | A | A | A | A | 仅用于摊平土层和预压 |

注：1. 表中符号：A 代表适用；B 代表无适当的机械时可用；C 代表不适用。
2. 土的类别按《公路土工试验规程》的规定划分。
3. 对特殊土和黄土（CLY）、膨胀土（CHE）、盐渍土等的压实机械选择可按细粒土考虑。
4. 自行式压路机宜用于一般路堤、路堑基底的换填等的压实，宜采用直线式进退运行。
5. 羊足碾（包括凸块式碾、条式碾）应有光轮压路机配合使用。

压实机具对土施加的外力，应有所控制，以防压实功能太大，压实过度，并防失效、浪费或有害。一般认为，压实时的单位压力，不应超过土的强度极限。不同土的强度极限，与压实机具的质量、相互接触的面积、施荷速度及作用时间（遍数）等因素有关。

### 4. 土基压实标准

土基的压实程度用压实度来表示，以此来检查和控制压实的质量。

压实度是指土被压实后的干密度与该土的标准最大干密度之比，用百分率表示。

标准最大干密度是指按照标准击实试验法，土在最佳含水量时得到的干密度。

土被压实后的干密度是指在施工条件下，获取施工压实后的土样通过试验所得到的干密度。

压实度按下述公式计算：

$$K = \frac{\rho_d}{\rho_0} \times 100\%$$

式中　$K$——压实度，%；

$\rho_d$——压实土的干密度，ks/m；

$\rho_0$——压实土的标准最大干密度，kg/m。

压实标准规定的应用如下：

（1）土质路基压实度应符合表 4-4 的规定。

表 4-4　　　　　　　　　　　　　　土质路基压实度标准表

| 填挖类型 | | 路床顶面以下深度/m | 压实度（%） | | |
| --- | --- | --- | --- | --- | --- |
| | | | 高速公路 一级公路 | 二级公路 | 三、四级公路 |
| 路堤 | 上路床 | 0～0.30 | ≥96 | ≥95 | ≥94 |
| | 下路床 | 0.30～0.80 | ≥96 | ≥95 | ≥94 |
| | 上路堤 | 0.80～1.50 | ≥94 | ≥94 | ≥93 |
| | 下路堤 | >1.50 | ≥93 | ≥92 | ≥90 |
| 零填及挖方路基 | | 0～0.30 | ≥96 | ≥95 | ≥94 |
| | | 0.30～0.80 | ≥96 | ≥95 | — |

注：1. 表列压实度以《公路土工试验规程》重型击实试验法为准。

2. 三、四级公路铺筑水泥混凝土路面或沥青混凝土路面时，其压实度应采用二级公路的规定值。

3. 路堤采用特殊填料或处于特殊气候地区时，压实度标准根据试验路在保证路基强度要求的前提下可适当降低。

4. 特别干旱地区的压实度标准可降低 2%～3%。

施工过程中，每一压实层均应检验压实度，检查路段以延米计，则为双车道公路每 200 米每压实层测 4 处。

（2）填石路堤，包括分层填筑和倾填爆破石块的路堤，不能用土质路基的压实度来判定路基的密实程度。

**5. 碾压工序的控制**

为了有效地压实路基填筑土，必须对碾压工序实行以下的控制工作。

（1）确定工地施工要求的密实度。路基要求的压实度根据填挖类型和公路等级及路堤填筑的高度而定（见表 4-4）。通常根据表中的规定，用标准击实试验，求出最大干密度和相应的最佳含水量，计算出施工要求的最小干密度。

（2）各种压实机具碾压不同土类的适宜厚度和所需压实遍数与填土的实际含水量（最佳含水量的±2%以内）及所要求的压实度大小有关，应根据要求的压实度，在做试验时加以确定。

高等级公路路基填土压实宜采用振动压路机或 35～50t 轮胎压路机进行。采用振动压路机碾压时，第一遍应静压，第二遍开始用振动压实。压实过程中严格控制填土的含水量。含水量过大时，应将土翻晒至要求的含水量再碾压；含水量过小时，需均匀晒水后再进行碾压。通常，天然土的含水量接近最佳含水量时，在填土后应随即压实。

（3）填石路堤在压实前，应先用大型推土机推铺平整，个别不平处，应用人工配合，用细石屑找平。采用的压路机宜选 12t 以上的重型振动压路机、2.5t 以上的夯锤或 25t 以上的轮胎压路机。碾压时要求均匀压实，不得漏压。每层的铺填厚度在 0.4m 左右，当采用重型振动压路机或夯锤压实时，可加厚至 1.0m。

填石路堤所要求的密实度所需的碾压遍数（或夯压遍数）应经过试验确定。以 12t 以上振动压路机进行压实试验，当压实层顶面稳定，不再下沉（无轮迹）时，可判断为密实状态，即压实度合格。

（4）土石混填路堤的压实要根据混合料中巨粒土含量的多少来确定。当巨粒土含量较少时，应按填土路堤的压实方法进行压实，当巨粒土含量较大时，应按填石路堤的压实方法压实。不论何种路堤，碾压都必须确保均匀密实。

（5）压实度检测方法有环刀法、灌砂法、灌水法（水袋法）和核子密度湿度仪法。在使用核子密度仪时，事先应与规定试验方法作对比试验而进行标定。

## 4.3 石质路基施工

### 4.3.1 填石路堤施工方法

填石路堤一般是指用粒径大于 40mm、含量超过 70%的石料填筑的路堤。

填石路堤的填筑施工方式有倾填和逐层填筑、分层压实两种。铺设低级路面的一般公路，在陡峻山坡段施工特别困难或大量爆破以挖作填时，可采用倾填方式将石料填筑于路堤下部。但倾填路堤在路床底面不小于 1.0m 范围内仍应分层填筑压实。倾填时，路堤边坡坡脚应用直径大于 30cm 的硬质石料码砌。码砌的厚度：填石路堤高度小于或等于 6m 时应不小于 1m，高度大于 6m 时，应不小于 2m 或按设计规定。倾填法是将石料从高处自然落下，石料间难免犬牙交错，空隙较大，故倾填路堤的压实、稳定等问题较多。因此，对于高速公路、一级公路和铺设高级路面的其他等级公路的填石路堤不宜采用倾填式施工，而应采用分层填筑、分层压实的方法。

分层填筑施工可分为机械作业和人工作业两种方式。机械施工分层填筑时，高速公路及一级公路分层松铺厚度一般为 50cm；其他公路为 100cm。逐层填筑时，应安排好石料运行路线，专人指挥，按水平分层，先低后高、先两侧后中间卸料。摊铺整平工作采用大型推土机进行，个别不平处应配合人工用细石块、石屑找平。人工摊铺、填筑填石路堤，当铺填粒径 25cm 以上石料时，应先铺填大块石料，大面向下，小面向上，摆平放稳，再用小石块找平，石屑塞填，最后压实。人工铺填粒径 25cm 以下石料时，可直接分层摊铺，分层碾压。

高等级公路填石路堤路床顶面以下 50cm 范围内应填筑符合路床要求的土并分层压实，填料最大粒径不得大于 10cm。其他公路填石路堤路床顶面以下 30cm 范围内填筑应符合路床要求的土并压实，填料最大粒径不应大于 15cm。

土石路堤的填筑，其基底处理同填土路堤。土石混合料中石料强度大于 20MPa 时，石块最大尺寸不得超过压实层厚的 2/3，否则应予剔除。当石料强度小于 15MPa 时，石块最大尺寸不得超过压实层厚，超过的应打碎。

土石路堤必须分层填筑，分层压实。每层铺填厚度应根据压实机械类型和规格确定，但不宜超过 40cm。

混合料中石料的含量多少将影响压实效果。因此，当石料含量大于 70%时，应先铺大块石料，且大面向下放平稳，然后铺小块石料、石屑等嵌缝找平，再碾压密实。当石料含量小于 70%时，土石可混合铺填，但应消除硬质石块集中的现象。

土石混合料填筑高等级公路时，其路床顶面以下 30～50cm 范围内仍应填筑符合路床要求的土并分层压实，填料最大粒径不大于 10cm。其他公路在路床顶面以下填筑 30cm 的砂类土，最大粒径不大于 15cm。

填石路堤其密实程度的判定方法目前国内外尚无统一的规定。我国现行《公路工程质量检验评定标准》（JTGF 80—2004）规定：采用振动压路机分层碾压，压至填筑层顶面石块稳定，18t以上压路机振压两遍无明显高程差异，压实层顶面稳定，不再下沉时，可判定为密实状态。

### 4.3.2 岩石路堑爆破方法

山区高等级公路路基石方工程量大，而且集中，一般占土石方总量的 45%～75%，目前爆破法仍是石方路基施工最有效的方法。所谓爆破法就是利用炸药爆炸时产生的热和高压，使岩石或周围的介质受到破坏或移位。

**1. 爆破作业的施工程序**

（1）对爆破人员进行技术学习和安全教育。

（2）对爆破器材进行检查和试验。

（3）清除岩石表面的覆盖土及松散石层，确定炮型，选择炮位。

（4）钻眼或挖坑道、药室，装药及堵塞。

（5）敷设起爆网路。

（6）警戒。

（7）起爆。

（8）清理爆破现场（处理瞎炮，测定爆破效果等）。

**2. 常用的爆破方法**

根据石方的集中程度，地质、地形条件及公路路基断面的形状，开挖岩石路堑所采用的爆破方法一般可分为中、小型爆破和大型爆破两种。中、小型爆破主要包括钢钎炮、深孔爆破等钻孔爆破、药壶炮和猫洞炮等，大型爆破主要指采用导洞和药室装药，用药量在 1000kg以上的爆破。现将各种爆破方法特性总结归纳，详见如下所述。

（1）钢钎炮（眼炮）。在路基工程中，钢钎炮通常指眼炮直径和深度分别小于 7cm 和 5m的爆破方法。一般情况下，单独使用钢钎炮爆破石方是不大经济的，其原因是：① 炮眼浅，用药少，每次爆破的方数不多，且全靠人工清除，所以功效较低；② 不利于爆破能量的利用，由于眼浅，爆破时爆炸气体很容易冲出，变成不做功的声波，以至响声大而炸下的石方不多，个别石块飞得很远。因此，在公路工程中，应尽可能少用这种炮型。但是，由于它比较灵活因而又是一种不可缺少的炮型，在地形艰险及爆破量较小地段（如打水沟、开挖便道、基坑等）仍属必需，在综合爆破中是一种改造地形，为其他炮型服务的辅助炮型。

（2）深孔爆破。深孔爆破就是孔径大于 75mm、深度 5m 以上、采用延长药包的一种爆破方法。炮孔需用大型的潜孔凿岩机或穿孔机钻孔，如用挖运机械清方可以实现石方施工全面机械化，是大量石方（万方以上）快速施工的发展方向之一。其优点是劳动生产率高，一次爆破的方量多，施工进度快，爆破时对路基边坡的影响比大炮小。若配合预裂或光面爆破，则边坡平整稳定，爆破效果容易控制，爆破时比较安全。但由于需要用大型机械，故转移工地、开辟场地、修筑便道等准备工作都较复杂，且爆破后仍有 10%～25% 的大石块需经第二次爆破改小。

（3）微差爆破。两相邻药包或前后排药包以毫秒的时间间隔（一般为 15～75ms）依次起爆，称为微差爆破，也称毫秒爆破。多数一次爆破最好采用毫秒雷管。当装药量相等时其优点是：可减震 1/3～2/3 左右；前发药包为后发药包开创了临空面，从而加强了岩石的破碎效果；降低多排孔一次爆破的堆积高度，有利于挖掘机作业；由于逐发或逐排依次爆破，减少了岩石夹制力，可节省炸药 20%，并可增大孔距，提高每米钻孔的炸落方量。

（4）光面爆破和预裂爆破。光面爆破是在开挖限界的周边，适当排列一定间隔的炮孔，在有侧向临空面的情况下，用控制抵抗线和药量的方法进行爆破，使之形成一个光滑平整的边坡。

预裂爆破是在开挖限界处按适当间隔排列炮孔，在没有侧向临空面和最小抵抗线的情况下，用控制药量的方法，预先炸出一条裂缝，使拟爆体与山体分开，作为隔震减震带，起保护和减弱开挖限界以外山体或建筑物的地震破坏作用。光面与预裂爆破后，在边坡壁上通常均留下半个炮孔的痕迹。

（5）药壶炮（烘膛炮）。药壶炮是指在深 2.5～3.0m 以上的炮眼底部用少量炸药经一次或多次烘膛，使眼底成葫芦形，将炸药集中装入药壶中进行爆破。

药壶炮适用于露天爆破，其使用条件是：岩石应在Ⅺ级以下，不含水分，阶梯高度小于 10～20m，自然地面坡度在 70° 左右。如果自然地面坡度较缓，一般先用钢钎炮切脚，炸出台阶后再使用。

装药量可根据药壶体积而定，一般介于 10～60kg 之间。每次可炸岩石数十方至数百方，是小型炮中最省工、省药的一种方法。

（6）猫洞炮（蛇穴炮）。猫洞炮是指炮洞直径为 0.2～0.5m，洞穴成水平或略有倾斜，深度小于 5m，用集中药包在炮洞中进行爆破的一种方法。其特点是充分利用岩体本身的崩塌作用，能用较浅的炮眼爆破较高的岩体，一次爆破可炸松 15～150m³。

其最佳使用条件是：岩石等级一般为Ⅸ级以下，最好是Ⅴ～Ⅶ级；阶梯高度最少应大于眼深的两倍，自然地面坡度不小于 50°，最好在 70° 左右。在有裂缝的软石和坚石中，阶梯高度大于 4m，药壶炮药壶不易形成时，采用这种爆破方法，可以获得好的爆破效果。

（7）大爆破。大型爆破主要采用导洞和药室装药进行爆破，爆破威力大，使用时要慎重，必须在施工前做好技术设计。

为使药包集中，药室宜作成近似立方体，药室断面应按设计规范开挖。导洞与药室之间用横洞连接，二者保持垂直，药室中心与导洞中心一般不小于 2.5cm。导洞分竖井和平洞两种，竖井深度不宜大于 16cm，如超过或有地下水时，最好采用平洞，平洞总长度以 30cm 为宜。为减少爆破后的清方工作量，保证路基的稳定性，可根据地形和路基断面形式，采用抛掷爆破、定向爆破、松动爆破等不同性质的洞室炮爆破方法。

大型爆破威力大，效率高，可以缩短工期，节约劳力，技术安全、可靠；但若使用不当，则可能破坏山体平衡，造成路基后遗病害。使用时必须进行现场调查，摸清当地的工程地质条件及周围环境，通过技术经济比较来确定。

## 4.4  防护与加固工程施工

### 4.4.1  路基坡面防护

#### 1. 植物防护

植物防护可美化路容，协调环境，调节边坡土的湿温状况，起到固结和稳定边坡的作用。

它对于坡高不大，边坡比较平缓的土质坡面是一种简易有效的防护设施，其方法有种草、铺草皮和植树。土质边坡防护也可采用拉伸网草皮、固定草种布或网格固定撒种，用土工合成材料进行土质边坡防护的边坡坡度宜在 1:1～1:2 之间。

（1）种草。种草适用于边坡稳定、坡面冲刷轻微的路堤或路堑边坡。一般要求边坡坡度不陡于 1:1，边坡地面水径流速度不超过 0.6m/s。长期浸水的边坡不宜采用。采用种草防护时，对草籽的选择应注意当地的土壤和气候条件，通常应以容易生长、根部发达、叶茎低矮或有匍匐茎的多年生草种为宜。最好采用几种草籽混合播种，使之生成一个良好的覆盖层。播种的坡面应平整、密实、湿润。

播种方法有撒播法、喷播法和行播法等。采用撒播法时，草籽应均匀撒布在已清理好的土质边坡上，同时做好保护措施。对于不利于草类生长的土质，应在坡面上先铺一层 5～10cm 的种植土。路堑边坡较陡或较高时，可通过试验采用草籽与含肥料的有机质泥浆混合，用喷播法将混合物喷射于坡面。采用行播法时，草籽埋入深度应不小于 5cm 且行距均匀。种草应在温度、湿度较大的季节播种。播种前应在路堤的路肩和路堑的堑顶边缘埋入与坡面齐平的宽 20～30cm 的带状草皮。播种后，应适时进行洒水施肥、清除杂草等养护管理，直到植物覆盖坡面。

（2）铺草皮。铺草皮适用于各种土质边坡。特别是当坡面冲刷比较严重，边坡较陡，径流速度大于 0.6m/s 而又需要快速绿化时，采用铺草皮防护比较适宜。草皮应选择根系发达、茎矮叶茂、耐旱草种，不宜选用喜水草种。铺草皮的方式有平铺（平行于坡面）、水平叠置、垂直坡面或与坡面成一半坡角的倾斜叠置，以及采用片石铺砌成方格或拱式边框，方格式框内铺草皮等，如图 4-7 所示。

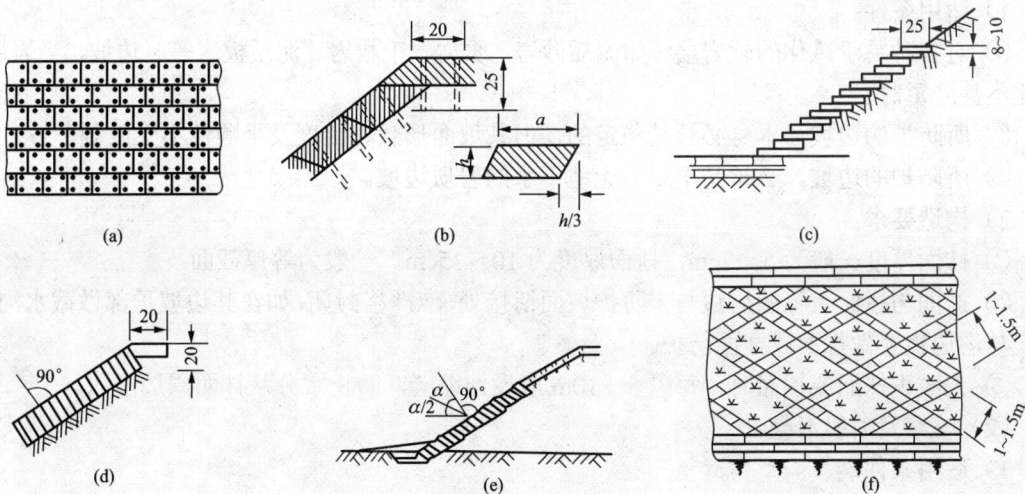

图 4-7　草皮防护示意图（单位：cm）

（a）平铺平面；（b）平铺剖面；（c）水平叠铺；（d）垂直叠铺；（e）斜交叠铺；（f）网格式

（图中 $h$ 为草皮厚度，约 5～8cm；$a$ 为草皮边长，约为 20～25cm）

铺草皮需预先备料，草皮可就近培育，切成整齐块状，然后移铺在坡面上。草皮的规格一般为 20cm×25cm、25cm×40cm 及 30cm×50cm 的块状或宽 25cm，长 200～300cm 的带状；

草皮厚约 6~10cm，干旱和炎热地区为 15cm。铺时应自下而上，并用竹木小桩将草皮钉在坡面上，使之稳定。草皮根部土应随草切割，坡面要预先整平，必要时还应加铺种植土，草皮应随挖随铺，注意相互贴紧。铺草皮施工时，应将边坡表面挖松整平，并尽可能在春秋季或雨季进行，不宜在冰冻时期或解冰时期施工。

（3）拉伸网草皮。拉伸网草皮是在土工网或土工垫等土工合成材料上铺设 3~5cm 厚的种植土层，经过撒种、养护后形成的人工草皮。固定草种布（也可称植生带）是在土工织物纺织时将草种固定于土工织物中，然后到现场铺筑、养护，以促使草皮生长的一种土工合成材料草皮制品。网格固定撒种是先将土工网固定于需防护的边坡上，然后撒播草种形成草皮的一种边坡防护方法。

（4）植树。植树适用于各种土质边坡和风化极严重的岩石边坡，边坡坡度不陡于 1:1.5。在路基边坡和漫水河滩上植树，对于加固路基与防护河岸可收到良好的效果。它可以降低水流速度，种在河滩上可促使泥沙淤积，防止水流直接冲刷路堤。在风沙和积雪地面，林带可以防沙防雪，保护路基不受侵蚀。此外还可以美化路容，调节气候，改善高等级道路的美学效果。

植树防护宜选用在当地土壤与气候条件下能迅速生长、根系发达、枝叶茂密的树种，用于冲刷防护时宜选用生长很快的杨柳类或不怕水淹的灌木类，公路弯道内侧边坡严禁栽植高大树木。种植后在树木未成长前，应防止流速大于 3m/s 的水流侵害，必要时应在树前方设置障碍物加以保护。植树防护最好与种草结合使用，使坡面形成一个良好的覆盖层，才能更好地起到防护作用。

**2. 工程防护**

（1）抹面

1）适用条件：

① 对各种易于风化的软岩层（如泥质砂岩、页岩、千枚岩、泥质板岩等）边坡，当岩层风化不甚严重时。

② 所防护的边坡，本身必须是稳定的，但其坡面形状、陡度及平顺性不受限制。

③ 所防护的边坡，必须是干燥、无地下水的岩质边坡。

2）构造要求：

① 抹面厚度一般为 5~7cm，捶面厚度为 10~15cm，一般为等厚截面。

② 抹面与捶面工程的周边与未防护坡面衔接处，应严格封闭，如在其边坡顶部做截水沟，沟底与沟边也要做抹面或捶面防护。

③ 大面积抹面或捶面时，每隔 5~10m 应设伸缩缝。防止水分从抹面周边渗入。

（2）喷浆及喷射混凝土

1）适用条件：

① 适用于岩性较差、强度较低、易风化或坚硬岩层风化破碎、节理发育、其表层风化剥落的岩质边坡。

② 当岩质边坡因风化剥落和节理切割而导致大面积碎落，以及局部小型坍塌、落石时，可采用局部加固处理后，进行大面积喷浆（喷射混凝土）。

③ 对于上部岩层风化破碎下部岩层坚硬完整的高大路堑边坡。

④ 不能承受山体压力，边坡须是稳定的。

2）构造要求：

① 喷浆厚度不宜小于 1.5～2cm，喷射混凝土的厚度以 3～5cm 为宜。

② 为防止坡面水的冲刷，沿喷浆（喷射混凝土）坡面顶缘外侧设置一条小型截水沟。

③ 浆体两侧凿槽嵌入岩层内。

（3）单层干砌片石护坡（图 4-8）。适用于土质路堤边坡易受表水冲刷或边坡经常有少量地下水渗出而产生小型溜坍等病害地段；边坡坡度不宜陡于 1:1.25。

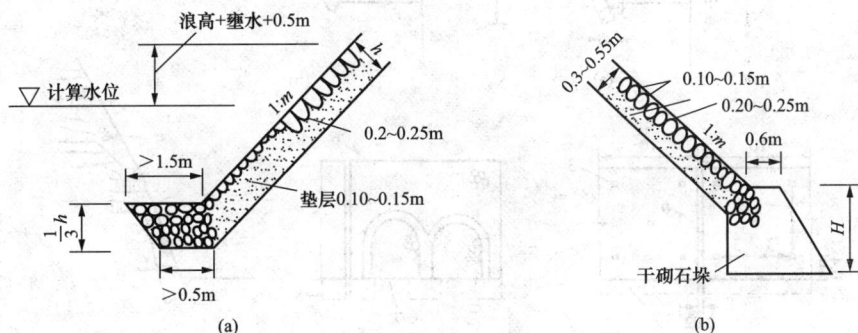

图 4-8　单层干砌片石护坡

干砌片石厚度一般不少于 0.2～0.3m，片石下设厚度不少于 0.1m 的垫层，由碎石或砂砾材料组成。护坡的基础应选用较大的石块砌筑，其顶宽不少于 0.5m 并深埋至边沟底部。

（4）浆砌片石护坡。适用于各种易风化的岩石边坡，若用于路堤边坡上，应待路堤沉实后再施工；边坡坡度不宜陡于 1:1。

浆砌片石护坡的厚度视边坡高度和陡度而异，一般为 0.3～0.4m。为防止不均匀沉陷和收缩引起过大的内应力，每隔 10～20m 设伸缩缝一道，缝隙宽 2cm，缝内填塞沥青麻筋或沥青木板。每隔 2～3m 交错设置孔径 0.1m 的泄水孔。对于土质边坡，为防止泄水孔淤塞护坡背后应设置反滤层，或仅在泄水孔后面 0.5m×0.5m 范围内设置。

护坡施工前应将边坡表面松散的土、石清除掉。

（5）浆砌片石护面墙（图 4-9）。浆砌片石护面墙能防治比较严重的坡面变形，适用于各种土质边坡及易风化剥落的岩石边坡。边坡坡度不大于 1:0.5。分等截面和变截面两种形式。等截面护面墙高度，当边坡为 1:0.5 时，不宜超过 6m；当边坡缓于 1:0.5 时，不宜超过 10m。

**3. 冲刷防护**

沿河路基地段，应采用冲刷防护措施，常用的防护方式分为直接防护和间接防护。

（1）直接防护。

1）抛石防护。抛石防护常用于浸水且水较深地段的路基边坡防护，为了减小坡脚处的局部冲刷及增加抛石的稳定性，抛石堆的水下边坡不宜陡于 1:1.5，当水较深且流速较快时，不宜陡于 1:2～1:3。抛石防护的顶宽不应小于所用最小石块尺寸的 2 倍。所抛石料应选用质地坚硬、耐冻且不易风化崩解的石块，如图 4-10 所示。

2）干砌片石护坡。此种护坡用于周期性浸水的河岸或路基边坡防护，一般适用于洪水时水流较平顺，不受主流冲刷且流速小于 3m/s 的地段，如图 4-11 所示。

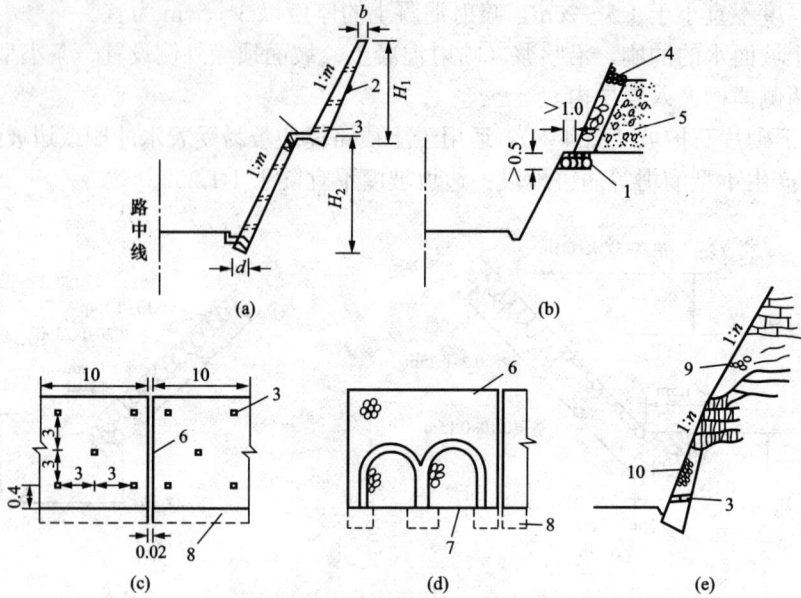

图 4-9 浆砌片石护面墙（单位：m）

（a）双层式；（b）单层式；（c）墙面；（d）拱式；（e）混合式

1—平台；2—耳墙；3—泄水孔；4—封顶；5—松散夹层；6—松缩缝；7—软地基；8—基础；9—支补墙；10—护面墙

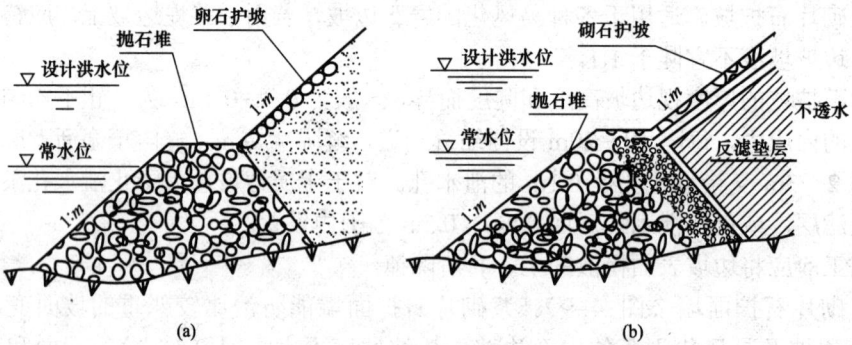

图 4-10 抛石防护

（a）不设垫层；（b）设置垫层

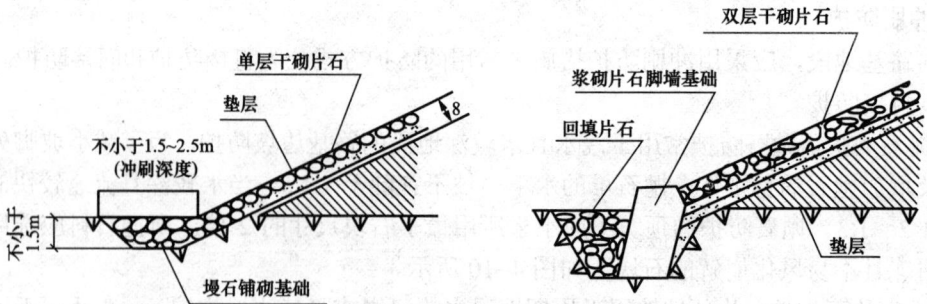

图 4-11 干砌片石护坡

3）石笼护坡。如果石笼用于防止岸坡被冲刷时，则可用垒码或平铺于坡面的形式，如图 4-12 和图 4-13 所示。

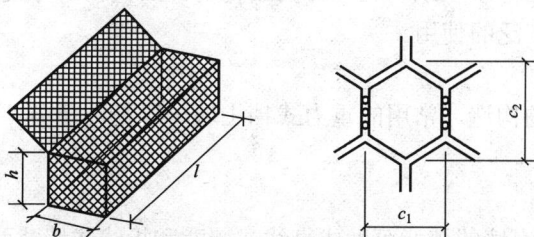

图 4-12 石笼构造图

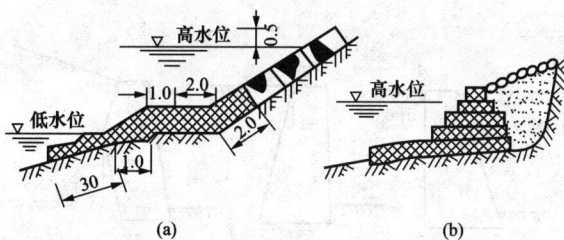

图 4-13 石笼护坡（单位：m）

（a）平铺；（b）垒码

（2）间接防护。采用导流或阻流的方法，改变水流性质，或者迫使主流流向偏离被防护的路段，也可减小流速，缓和水流对被防护路段的作用，改变河槽中冲刷和淤积的部位，以及必要时改变河道等，均属于间接防护。导流建筑物常用的有丁坝、顺坝两种，如图 4-14 所示。

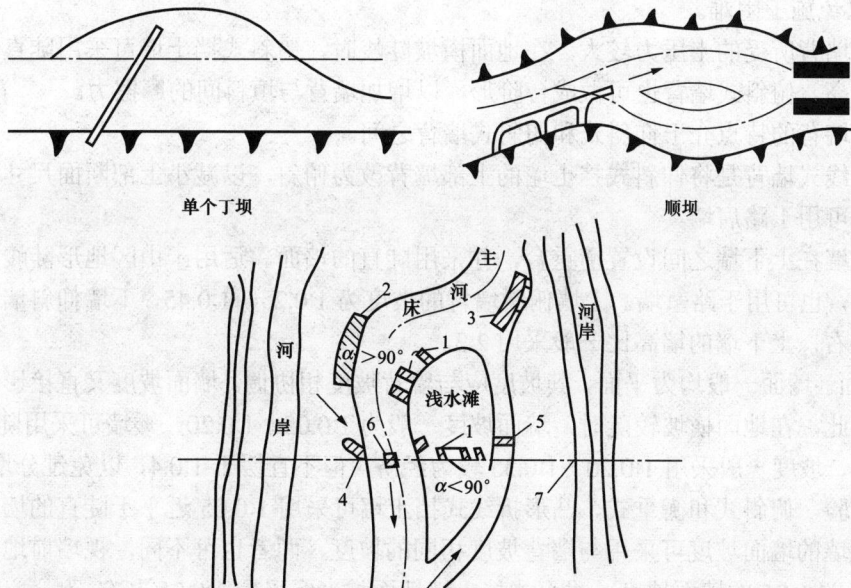

单个丁坝　　　　　　　　顺坝

图 4-14 间接防护

1—丁坝；2—顺坝；3—格坝；4—导流坝；5—拦水坝；6—桥墩；7—路中线

### 4.4.2　挡土墙施工

挡土墙是用于支挡路基填土或山坡土体的结构物，因其施工方便，可就地取材及适应性强，所以在公路上得到广泛的使用。

**1. 重力式挡土墙**

（1）重力式挡土墙的构造。常用的重力式挡土墙一般是由墙身、基础、排水设施和沉降伸缩缝等部分组成。

1）墙身

① 墙背。重力式挡土墙的墙背可做成直线式墙背和折线式墙背两大类型，如图 4-15 所示。直线式墙背常见的有仰斜式、垂直式、俯斜式三种。折线式墙背常见的有凸形折线式和衡重式两种。

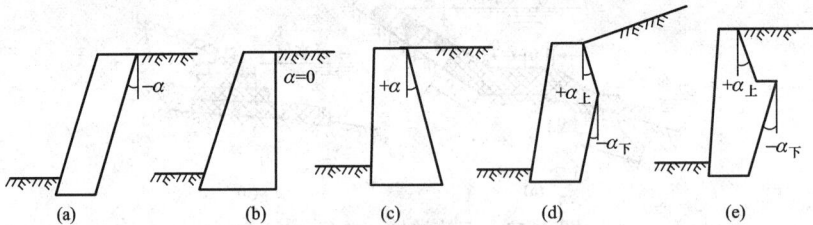

图 4-15　重力式挡土墙的断面类型

（a）仰斜式；（b）垂直式；（c）俯斜式；（d）凸形折线式；（e）衡重式

仰斜式墙背所受的土压力较小，故墙身断面较经济。用于路堑墙时，墙身与开挖面坡较贴合，故开挖量与回填量均较小。但当墙趾处地面横坡较陡时，会使墙身增高、断面增大，故仰斜式墙背适用于路堑墙及墙趾处地面平坦的路肩墙或路堤墙。仰斜式墙背的坡度不宜缓于 1:0.3，以免施工困难。

俯斜式墙背所受的土压力较大。在地面横坡陡峻时，俯斜式挡土墙可采用陡直的墙面，借以减小墙高。俯斜式墙背也可做成台阶形，以增加墙背与填料间的摩擦力。

垂直式墙背的特点介于仰斜式和俯斜式墙背之间。

凸形折线式墙背是将仰斜式挡土墙的上部墙背改为俯斜，以减小上部断面尺寸，多用于路堑墙，也可用于路肩墙。

衡重式墙在上下墙之间设置衡重台，并采用陡直的墙面。适用于山区地形陡峻处的路肩墙和路堤墙，也可用于路堑墙。上墙俯斜墙背的坡度为 1:0.25～1:0.45，下墙仰斜墙背的坡度为 1:0.25 左右，上下墙的墙高比一般采用 2:3。

② 墙面。墙面一般均为平面，其坡度应与墙背坡度相协调。墙面坡度又直接影响挡土墙的高度。因此，在地面横坡较陡时，墙面坡度一般为 1:0.05～1:0.20，矮墙可采用陡直墙面；地面平缓时，坡度一般采用 1:0.20～1:0.35 较为经济，但不宜缓于 1:0.4，以免过分增加墙高。

根据经验，俯斜式和衡重式、凸形折线式挡土墙可采用 1:0.05 近乎于陡直的墙面坡度。仰斜式挡土墙的墙面坡度可采用与墙背坡度相同的坡度，两者也可不同，视墙前地面横坡可采用 1:0.15～1:0.25 的墙面坡度。垂直式挡土墙墙面坡度常采用 1:0.25 左右。

③ 墙顶。墙顶最小宽度为浆砌挡土墙不小于 50cm，干砌挡土墙不小于 60cm。钢筋混凝

土挡土墙墙顶宽度按施工条件确定，一般不应小于 20cm。浆砌路肩墙顶一般宜采用粗石料或 C15 混凝土材料做成顶帽，厚 40cm。如不做顶帽，对路堤墙和路堑墙，墙顶应以大块石砌筑，并用砂浆勾缝，或用 M5 砂浆抹平顶面，砂浆厚 20cm。干砌挡土墙墙顶的 50cm 厚度内，应用 M5 号砂浆砌筑，以增加墙身稳定。

④ 护栏。为保证交通安全，在地形险峻地段，或过高、过长的路肩墙的墙顶应设置护栏。为满足路肩最小宽度的要求，护栏内侧边缘距路面边缘的距离，二、三级路不小于 0.75cm，四级路不小于 0.5cm。

2）基础。重力式挡土墙一般采用明挖基础，当基底松软或水下挖基困难时，可采用换填基础。对于土质地基，基础埋置深度无冲刷时，应在天然地面以下至少 1m；有冲刷时，应在冲刷线以下至少 1m；受冻胀影响时，应在冻结线以下不少于 0.25m。当冻深超过 1m 时，采用 1.25m，但基底应夯填一定厚度的砂砾或碎石垫层，垫层底面亦应位于冻结线以下不少于 0.25m。碎石、砾石和砂类地基，不考虑冻胀影响，但基础埋深不宜小于 1m。对于岩石地基，应清除表面风化层。当风化层较厚难以全部清除时，可根据地基的风化程度及其容许承载力将基底埋入风化层中。

3）排水设施。挡土墙应设置排水措施，以疏干墙后土体和防止地面水下渗，防止墙后积水形成静水压力，减少寒冷地区回填土的冻胀压力，消除黏性土填料浸水后的膨胀压力。

挡土墙常用的排水措施可以分为地面排水和墙身排水两部分。

地面排水主要是防止地表水渗入墙背土体或地基。防止地表水渗入墙后土体的主要措施有：在墙后地面设置排水沟，引排地面水；夯实回填土和地表松土，防止雨水及地面水下渗，必要时还需采取封闭处理等。防止地表水渗入地基的主要措施有：加固边沟（路堑墙）或在适当位置设置排水沟。

墙身排水主要是为了迅速排除土内积水。其方法是在浆砌块（片）石墙身的适当高度处设置一排或数排泄水孔，如图 4–16 所示。泄水孔的尺寸一般为 5cm×10cm、10cm×10cm、15cm×20cm 的方孔或直径为 5～10cm 的圆孔。孔眼间距一般为 2～3m，对于浸水挡土墙孔眼间距一般为 1.0～1.5m，干旱地区可适当加大，孔眼上下错开布置。下排排水孔的出口应高出墙前地面 0.3m；若为路堑墙，应高出边沟水位 0.3m；若为浸水挡土墙，应高出常水位 0.3m。为防止水分渗入地基，下排泄水孔进水口的底部应铺设 30cm 厚的黏土隔水层。泄水孔的进水部分应设置粗粒料反滤层，以免孔道堵塞。当墙背填土透水性不良或可能发生冻胀时，应在最低一排泄水孔至墙顶以下 0.5m 的范围内铺设厚度不小于 0.3m 的砂卵石排水层。

干砌挡土墙因墙身透水，可不设泄水孔。

4）沉降伸缩缝。为避免因地基不均匀沉陷而引起墙身开裂，需根据地质条件的变异和墙高、墙身断面的变化情况设置沉降缝。为了防止圬工砌体因收缩硬化和温度变化而产生裂缝，应设置伸缩缝。

设计时，一般将沉降缝与伸缩缝合并设置，统称为沉降伸缩缝，沿路线方向每隔 10～15m 设置一道，兼起两者的作用。缝宽 2～3cm，缝内一般可用胶泥填塞，但在渗水量大、填料容易流失或冻害严重地区，则宜用沥青麻筋或涂以沥青的木板等具有弹性的材料，沿内、外、顶三方填塞，填深不宜小于 0.15m，当墙后为岩石路堑或填石路堤时，可设置空缝。干砌挡土墙，缝的两侧应选用平整石料砌筑，使其成为垂直通缝。

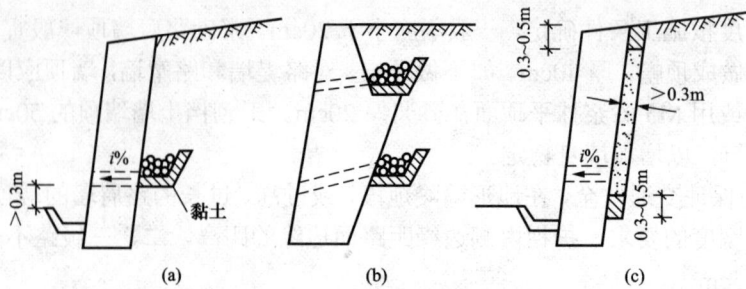

图 4-16 挡土墙的泄水孔及排水层

**2. 重力式挡土墙的施工**

（1）墙身。墙身砌筑前，应将石料表面泥土清扫干净并用水保持湿润。砌筑采用挂线浆砌砌筑，宜分层砌筑，浆砌石底面应卧浆铺砌，上下层石块交错排列，不得有空隙和竖缝贯通现象。施工缝位置宜设在伸缩缝和沉降缝处，水平缝应一致。分段砌筑时相邻段的高差不宜超过 1.2m。

（2）墙顶。墙顶宜用粗料石或现浇混凝土做成顶帽，路肩墙顶面宽宜用大石块砌筑，M5砂浆勾缝或抹面，并均应在墙顶外缘线留出 10cm 帽沿。

（3）基础。

1）在松软地层或坡积层地段时，基坑不宜全段贯通，应采用跳槽办法开挖以防治上部失稳。

2）当基底软弱、地形平坦、墙身又超过一定高度时，可在墙趾处伸出一台阶，以拓宽基础。

3）当地层为淤泥土、杂填土等，可采用砂砾、碎石、矿渣灰土等材料予以换填，或用砂桩、石灰桩、碎石桩、土工织布、粉喷桩等方法处理。

4）当岩层有空隙裂缝时，应以水泥砂浆或小石子混凝土浇注饱满。

5）基坑底面开挖宽度应比设计尺寸各边增宽 0.5～1.0m，并保持一定开挖边坡度。

（4）墙背填料。

1）砌体砂浆强度达到 70%以上时，方可回填墙背填料，并应优先选择渗水性较好的砂砾土填筑。

2）墙背回填要均匀摊铺平整，并设不小于 3%的横坡逐层填筑，逐层夯实。

3）压实时，临近墙背 1.0m 范围内，应采用小型压实机具。

**3. 混凝土挡土墙**

混凝土挡土墙墙身断面小、自重轻、圬工省，适用于石料缺乏、地基承载力较低的路堤和路肩墙。浇筑的钢筋混凝土系整体结构，以现浇为宜。

（1）基础施工。

1）基底处理。与砌石挡土墙基础基本相同。软基处，可以采取桩基础、加固结剂等加固措施。

2）桩基础。挡土墙的桩体规模不大，常用挤密振冲桩或沉桩。相关施工技术参见第 2章有关内容。

3）施工方式。混凝土底板，可以在地基上直接立模；钢筋混凝土底板，则需先浇垫层，在垫层上放线扎钢筋立模。基础模板的支撑，不宜直接落在土基上，应加垫木。钢筋混凝土基础施工时，要注意钢筋的保护层厚度，墙体的钢筋应安装到位并且应有可靠的固定措施。混凝土的施工缝应尽量避免设置在基础与墙体的分界面，基础混凝土成型面设置在墙体以上10cm 处，其界面应做成毛面。

（2）墙体模板。按墙体模板的特点，可使用木模、组合钢模以及整体模板，甚至滑模和翻模。

1）基本要求。挡土墙分段施工时，相邻段应错开间断施工。钢筋混凝土挡土墙，特别是扶壁式挡土墙，因墙体交叉倾斜，需要放样准确，支撑控制到位，并且模板要有一定的结构刚度。

2）整体模板技术。整体模板是目前发展比较快的一种模板技术。它的特点是整体设计、工厂加工、整体安装。整体模板成型混凝土质量高，功效也得以大大提高。

① 整体模板由面板、筋肋和支撑件构成。

② 挡土墙对模板接缝要求不是很高，可不用拼接件而直接安装。

③ 为了方便拆模，模板表面应涂刷拆模剂。

3）其他辅助施工。混凝土挡土墙同砌石挡土墙一样，需进行排水、渗水和接缝处理，方法基本相同。

（3）钢筋安装。现浇钢筋基础先安装基础钢筋，预埋墙身竖向钢筋，待基础浇灌混凝土完成后且混凝土强度达到 2.5MPa 后，再进行墙身钢筋安装。预制钢筋混凝土挡土墙的基础钢筋分两次安装，第一次安装最底层的钢筋，基础达到一定强度，安装好预制墙身后，再安装第二次的基础钢筋。

（4）现浇混凝土基础。按挡土墙分段长，整段进行一次性浇灌，在清理好的垫层表面测量放线，立模浇灌。

（5）现浇墙身混凝土。现浇钢筋混凝土挡土墙与基础的结合面，应按施工缝处理，即先进行凿毛，将松散部分的混凝土及浮浆凿除，并用水清洗干净，然后架立墙身模板。混凝土开始浇筑时，先在结合面上刷一层水泥浆或垫一层 2～3cm 厚的 1:2 的水泥砂浆，再浇筑墙身混凝土。墙身模板采用光面七夹板拼装，竖枋用 8cm×10cm，枋间距为 40cm，用钢管作围楞，用 8cm×10cm 的木枋作斜撑进行支撑，侧模用 ϕ16 的螺栓对拉定位，螺栓间距为 80cm，螺栓穿孔可采用内径为 20～25cm 的硬塑料管；拆模时，将螺栓拔出，再用 1:2 的水泥砂浆堵塞螺栓孔，墙身模板视高度情况分一次立模到顶和二次立模的办法，一般 4m 高之内为一次立模，超过 4m 高的可分二次立模，也可一次立模。当混凝土落高大于 2.0m 时，要采用串筒输送混凝土入仓，或采用人工分灰，避免混凝土产生离析。混凝土由混凝土加工厂用混凝土运输车运至现场，在墙顶搭设平台，用吊机吊送混凝土至平台进行浇灌，混凝土浇灌从低处开始分层均匀进行，分层厚度一般为 30cm，采用插入式振捣器振捣，振捣棒移动距离不应超过其作用半径的 1.5 倍，并与侧模保持 5～10cm 的距离，切勿漏振或过振。在混凝土浇灌过程中，如表面泌水过多，应及时将水排走或采取逐层减水措施，以免产生松顶，浇灌到顶面后，应及时抹面，定浆后再二次抹面，使表面平整。混凝土浇灌过程中应派出木工、钢筋工、电工及试验工在现场值班，发现问题及时处理。混凝土强度件制作应在现场拌和地点或浇灌地点随机制取，每工作班应制作不少于 2 组试件（每组 3 块）。混凝土浇灌完进行收浆后，应及时洒水养护，养护时间最少不得小于 7d，在常温下一般 24h 即可拆除墙身侧模板，拆模时，必须特别小心，切勿损坏墙面。

（6）伸缩缝、沉降缝及泄水孔的处理。现浇钢筋混凝土挡土墙的伸缩缝和沉降缝宽 2cm（施工时缝内夹 2cm 厚的泡沫板或木板，施工完后抽出木板或泡沫板），从墙顶到基底沿墙的内、外、顶三侧填塞沥青麻丝，深 15cm。

挡土墙泄水孔为 $\phi$ 10cm 的硬质空心管，泄水孔进口周围铺设 50cm×50cm×50cm 碎石，碎石外包土工布，下排泄水孔进口的底部铺设 30cm 厚的黏土层并将其夯实。

### 4.4.3 加筋土挡土墙

加筋土挡土墙是填土、拉筋、面板三者的结合体，如图 4-17 所示。填土和拉筋之间的摩擦力改善了土的物理力学性质，而使得填土与拉筋结合为一个整体。

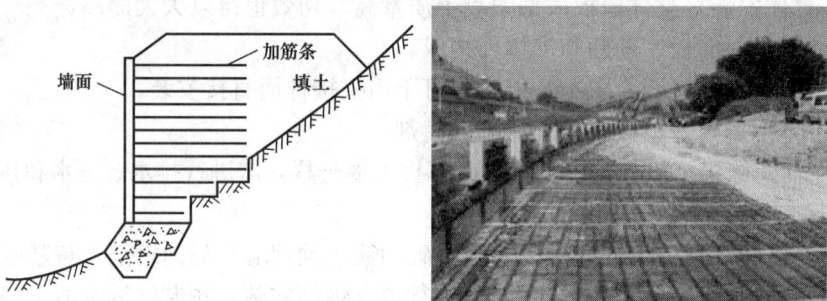

图 4-17 加筋土挡土墙

在加筋土结构中，面板的作用是防止土体填料滑塌，使加筋材料与土体填料组成复合土体，用以防止加筋土体免遭侵蚀。

加筋材料是加筋土结构的关键部分，一般按材质可分为四类，即：天然材料（如竹筋、柳条等，一般应用于临时性工程）、金属材料（如扁钢带、带肋钢带、镀锌钢带、不锈钢钢带等）、合成材料（如聚丙烯、聚乙烯、聚酯、尼龙、玻璃纤维等）和复合材料（如钢筋混凝土带、钢塑复合加筋带等）。在包固段加筋土挡墙设计中，为保证加筋材料具有抗拉强度大、变形小、耐久性强等性能，在加筋填料的选用上，要求有较好的稳定性和较高的抗剪强度，一般采用中低液限黏土、砂类土、砾碎石土和各种稳定土，对于满足要求的工业废渣也可采用。填料的选用宜根据当地土源情况，尽可能选择力学性能好的土料。

加筋土挡土墙施工工艺简单，施工质量容易控制。其面板的预制、加筋材料可采用工厂生产，在现场分层装配施工，可加快施工进度，缩短工期，并且节省劳动力。面板设计可根据需要采用各种图案，配合环境实现路、景、物美观协调。加筋土挡土墙是柔性结构物，其抗振动性强，也是一种很好的抗震结构物。加筋土挡墙具有一定的柔性，可以结合软基处理，应用于软土地基工程。

加筋土挡土墙有如下特点：

（1）柔性结构。能够适应地基的一定变形，因而比重力式挡土墙更适用于湿软地基；具有一定的柔性，故抗震能力强；且节约用地，造形美观。

（2）面板可预制。拉筋带可直接购买定型产品或现场预制，在现场进行装配，填料分层填筑，施工简便、快速。

（3）造价较低。与重力式挡土墙比，可节省造价 20%～60%，并且墙的高度越大其经济效果越好。因此，它具有良好的经济效益。

**1. 施工方法**

（1）面板安装。

1）第一层面板安装。在清洁的条形基础顶面上准确划出外缘线。定点进行水平测量，用低强度等级砂浆砌筑调平。安装用人工或机械吊装将面板就位。为防止相邻面板错位，可采用螺栓夹木或斜撑固定。安装时同层相邻面板水平误差不大于 10mm，轴线偏差每 20m 不大于 10mm。安装时单块面板倾斜度一般可内倾 1/100～1/200，作为填料压实时面板外倾的预留度。

2）以后各层面板的安装。面板纵向每 5m 间距设标桩。每层都要用垂球和挂线方法核对安装水平误差，用低强度等级水泥砂浆调平，其他同第一层。施工中应注意每 3 层面板安装完毕后均应测量其标高和轴线，其允许偏差与第一层相同。水平或倾斜的误差逐层调整，不得将误差累积后再作总的调整；严禁采用硬石及铁片支垫，以免造成应力集中损伤面板。

（2）筋带铺设。筋带或面板间的钢筋连接，可采用焊接、拉环连接或螺栓连接，且连接处应浇混凝土保护。筋带成辐射状铺设在压实整平的填料上，不得与硬质棱角填料直接接触。而后将筋带拉紧（拉力保持一致），不得弯曲，接头和防锈处理应符合标准规定。再用少量填料压住筋带尾部，使之固定并保持正确位置。

（3）填料的摊铺、压实。

1）填料采用人工或机械分二次摊铺，摊铺厚度每层 25cm。填料摊铺要均匀一致，表面平整，并设向内的不小 3%横坡。在距面板 1.5m 范围内必须用人工摊铺。

2）填料采用机械碾压。禁止使用羊足碾，不得在填料上急转弯和急刹车，以免破坏筋带。填土压实度按《公路路基施工技术规范》（JTG F10—2006）执行。碾压前要试压，根据压实机械和填料性质确定每层虚铺厚度、碾压遍数以指导施工。

3）应严格分层碾压。碾压时先轻后重，首先从筋带中部开始，逐步碾压至筋带尾部，然后反方向碾压。在距面板 1m 范围内严禁用重型机械碾压，可采用小型压实机械如蛙式夯和人工夯实相结合的方法夯实，以保证该区域内填料压实度。

4）反滤层设置。摊铺填料时，在距面板 1m 范围内用砂砾料等透水性良好的材料做滤水层，以保证排水及防冻。施工中应注意运料、摊铺机械行驶时与面板距离不小于 1.5m，机械不得在未覆盖填料的筋带上行驶，不得扰动下层筋带；压路机不得急刹车。每 10m 设一道沉降缝，同时作为伸缩缝。缝宽 1cm，用沥青木板填塞。加筋土挡墙施工中有关要求、检测项目、方法和标准按《公路路基施工技术规范》（JTG F10—2006）执行。

**2. 施工注意事项**

（1）加筋面板必须采用钢模板预制，做到表面平整，外光内实，外形轮廓清晰，线条顺直，不得有露筋、掉角、啃边现象存在；插销孔必须精确定位，预留钢拉环在弯制钢筋前应进行除锈、涂防锈漆，并套上 $\phi$20mm 塑料套管防腐，塑料套管两端应埋入混凝土内。

（2）条形基础应准确划线立模浇筑，顶面应平整，面板安装应严格挂线施工，面板间拼装缝除预留伸缩缝和泄水孔外均应做到灰满缝严。

（3）筋带从面板预留拉环中穿过，折回与另一端对齐，严禁筋带在环上绕成死结。筋带应与面板垂直，并铺设在向外倾斜 1%横坡的经压实整平的填料上，筋带不得重叠。

（4）加筋体的填料粒径不宜大于 10cm。填料应严格分层压实，分层厚度应与拉筋的竖直间距相匹配，碾压前填料摊铺要均匀一致，表面平整。当用机械摊铺时，摊铺机械距面板不应小于 1.5m，而距面板 1.5m 范围内，要用人工摊铺。

（5）加筋体填土压实作业应先从筋带中部开始逐步碾压至筋带尾部，然后再碾压靠边的面板部位，压实机械距面板小于 1.0m，而距面板 1.0m 的范围内，应用小型机械夯实，压实系数小于 0.9。

## 4.5　路基病害处理

### 4.5.1　路基病害的成因

**1. 翻浆**

寒冷地区道路的一种冻害现象。这种现象主要是由土基水源的补给和气温的变化所造成的。

（1）产生的原因。冬季路基开始结冻，不断向深处发展，上下层形成了温度坡差。在负温区内，土中的毛细水、自由水首先结冻，薄膜水逐渐移向冰晶体而结冻，于是该处土粒周围的水膜减薄而剩余了许多表面能，增加了从水膜较厚的土粒处吸温的能力。土中温度高处的水分便向上移动，补充低温处土粒薄膜水的转移。在正温区内，下层水分向零度等温线附近移动，气态水由于冷处比暖处气压小而移向冰晶体，凝成液态水而结冰；毛细水通过毛细作用上升移向冰晶体，部分冻结，部分转变为薄膜水以补给负温区的水分转移，从而造成大量水分积聚在土基上层。由于气候的变化，零度等温线不断下移，形成一层、两层或多层聚冰层。土基中水分冻结后体积膨胀，由于土质不均匀，使路面冻死或冻胀隆起。春季气温回升到 0℃以上，土基开始解冻，由于路面导热性大，路中的融解速度较两侧快，水分不易向下及两侧排泄，土基上层便呈现过湿状态。当融解到聚冰层时，土层的湿度有时会超过液限。土基承载力极低，在车辆通过时稀软的泥浆便会沿着开裂的路面缝隙挤出或形成较深的车辙和鼓包，此即为翻浆现象。路基土壤冻融情况如图 4-18 所示。

（2）造成土基冻胀与翻浆的条件。

1）土质。采用粉性土质做路基，便构成了冻胀与翻浆的内因，粉性土质毛细上升速度快，作用强烈，为水分向上积聚创造了条件。

2）水文。地面排水困难；路基填土高度不足；边沟积水或利用边沟作农田灌渠，路基靠近坑塘；地下水位较高的路段；为水分积聚提供充足的水源。

3）气候。多雨的秋天、暖和的冬天、骤热的晚春以及春融期降雨等都是加剧湿度积聚和翻浆现象的不利气候。

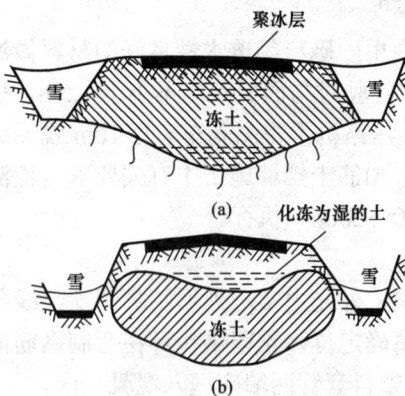

图 4-18　路基土壤冻融情况

（a）冻结时；（b）化冻时

4）行车。通行过大的交通量或过重的汽车，能加速翻浆发生。

5）养护。不及时排泄积水，弥补裂缝，会促成或加剧翻浆的出现。

**2. 崩塌**

在比较陡峻的斜坡上，岩体或土体在自重作用下，由高处崩落下来，损坏路基，这种现象称为崩塌。崩塌形成的原因主要有：

（1）地形。陡峻的山坡是产生崩塌的基本条件。

（2）岩性。节理发达的块状或层状岩石，层状硬岩覆盖在软弱岩层之上的陡壁易发生崩塌。

（3）降水。暴雨或久雨之后，水分沿缝隙渗入岩层，降低了岩石裂隙间的黏聚力和摩擦力，增加了岩体的重力而引起崩塌。

（4）此外，冲刷、地震和人为开挖也可引起崩塌。

**3. 滑坡**

滑坡的成因很多，主要由水害引起的。因此，重视导水、排水是防止滑坡的主要措施。坍方滑坡种类的主要有以下几种。

（1）堆积层滑坡。其主要由于地下水引起的。

（2）残积层滑坡。由于强烈的化学风化作用，使坚硬的基岩风化成土和碎石而形成的。

（3）黄土滑坡。由于黄土对水的不稳定而引起的。

（4）黏性土滑坡。水沿裂缝下渗，使土的强度降低而引起的。

（5）破碎岩体滑坡。由碎（块）石和黏土混合组成的岩体，失去完整性，且地下水位较多而引起的。

**4. 泥石流**

泥石流是一种突发性的含大量泥砂石块的洪流。泥石流对路基的危害主要是通过堵塞、淤埋、冲刷、撞击等造成的，也可通过压缩、堵塞河路使水位壅升，淹没上游沿河路基，或者迫使主河槽改道，引起对岸的冲刷，造成间接水毁。泥石流的形成主要有以下原因：

（1）流域内有丰富的松散固体物质。

（2）地形陡峻，沟槽纵坡较大。

（3）流域中上游有大量的降雨、急剧消融的冰雪或渠道、水库的溃决。

**5. 高填路堤下沉**

高填路堤下沉主要有堤身下沉与地基下陷两种类型，不均匀下沉将造成局部路段的破坏。高填路堤下沉是公路工程主要质量通病之一，其形成原因主要有：

（1）工程地质与地形情况所引起。

（2）水文与气候情况。

（3）路堤填料不符合要求。

（4）设计中存在缺陷。

（5）未能严格按施工规范进行施工。

### 4.5.2　路基病害的处理方法及施工工艺

**1. 翻浆处治**

（1）防治翻浆病害的一般原则。

1）防止地面水、地下水或其他水分在冻结前或冻结过程中进入路基上部，在易发生翻浆地段可以在路基设计和施工中设置隔离层，如利用土工布等；同时应采取做好路基排水，提高路基等方法。

2）在化冻时可以将聚冰层中的水分及时排除或暂时蓄积在渗水性好的路面结构层中。可以采取设置排水沟或蓄水砂（砾）垫层等方法处理。

3）提高路面强度和整体性，改善土基结构。可以采用水稳定性和冰冻稳定以及隔湿性好的石灰土、煤渣石灰土等结构层的措施来防治。

（2）防治翻浆的工程措施。

1）做好路基排水，提高路基高度。这种方法可以防止地面水或地下水浸入路基，保证路基干燥；减少冻结时水分聚流的来源，增大聚流途径。这种措施效果显著、简便易行，也比较经济。

2）铺设隔离层。用沥青、沥青土、沥青毡纸、塑料布等作成封闭式隔离层隔断土壤水分的渗入和聚流。也可用有反滤层的砾石及其他粒料做成透水性隔离层（图 4-19），以排渗土基水和防止地下水上升。

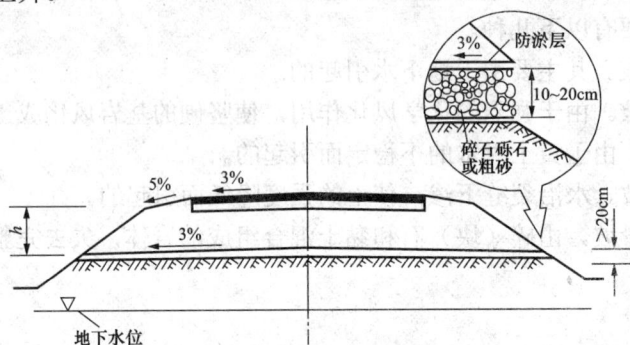

图 4-19　透水性隔离层

3）设置路肩盲沟或渗沟。排除地表水，降低地下水位，加深边沟，提高路基，用截水沟、盲沟等截断地下含水层渗流。

4）换土。

5）改善路面结构层：

① 铺设砂（砾）垫层。

② 铺设水泥稳定类、石灰稳定类或石灰工业废渣类基（垫）层。

**2. 滑坡的防治**

滑坡的防治主要有以下几项措施：

（1）水。滑坡体上及以外的地表水，应拦截引离，可采用截水沟、明沟、渗沟等排水构造物；地下水可采用支撑渗沟、边坡渗沟及截水渗沟等措施。

（2）减重。在滑坡体后缘挖除一定数量的滑体，以减小滑体的下滑力，常与其他方法配合使用。减重的弃土，应尽量堆填于滑坡前缘，以稳定滑坡，减重后的坡面，应注意整平、排水及防渗。

（3）支挡措施。根据滑坡性质，可采用干砌石垛、重力式防护挡土墙、锚杆及加筋土挡土墙等构造物进行处理。具体可参见挡土墙施工部分的有关内容。

**3. 崩塌的防治**

崩塌的防止措施主要有：

（1）拦截构造物。

（2）支补构造物（图 4-20）。

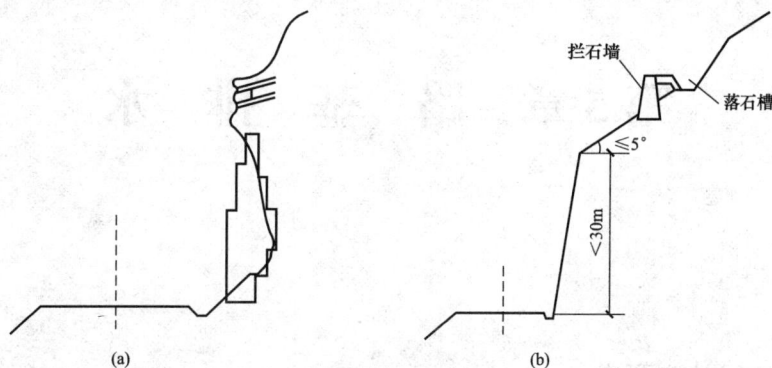

图 4-20　支补构造物

（a）支顶；（b）落石槽与拦石墙

### 4. 泥石流的防治

泥石流的防止措施主要有以下两种。

（1）水土保持措施。在易发生泥石流地区植树造林，平整填洼，修筑截水沟、边坡渗沟等排水工程，设置支挡工程。

（2）跨越措施。以桥梁、涵洞、过水路面、明洞、渡槽等形式跨越泥石流区域。

### 5. 路基下沉的处治技术

路基下沉一般可用换土复填法、固化剂法、粉喷桩法、灌浆法进行处治。

# 复习思考题

1. 路基工程有哪些特点？
2. 如何保证路基工程的高质量标准和要求？
3. 路基施工有哪些基本方法？各自适用性如何？
4. 怎样理解路基的施工程序？
5. 施工准备工作包括哪些内容？
6. 施工前熟悉设计文件有什么作用？
7. 制定施工组织设计包括哪些内容？
8. 施工现场有哪些准备工作？
9. 开工报告包括哪些内容？
10. 路基用土中哪种土最好？哪些土较差？为什么？
11. 路基填筑施工有哪些主要工序？
12. 路堤填筑有哪些方式？适用性如何？
13. 为什么要进行路基压实？
14. 影响压实效果有哪些因素？
15. 何谓最佳含水量和最大干密度？
16. 土基压实机具有哪些类型？各自适用性又如何？
17. 试述土基压实的具体操作过程。

# 第5章 路 基 排 水

## 5.1 概述

### 5.1.1 排水的目的与要求

水是造成路基路面及其沿线构造物病害的主要原因。根据水源的不同，危害路基路面的水可分为地面水和地下水两大类。

地面水包括大气降水（雨和雪）以及海、河、湖、水渠及水库水。地面水对路基产生冲刷和渗透，冲刷可能导致路基整体稳定性受损害，形成水毁现象。渗入路基土体的水分，使土体过湿而降低路基强度。

地下水包括上层滞水、潜水及层间水等，它们对路基的危害程度也因条件不同而有所差异。轻者能使路基湿软，降低路基强度；重者会引起冻胀、翻浆或边坡滑坍，甚至整个路基沿倾斜基底滑动。水还可能造成掺有膨胀土的路基工程遭受毁灭性的破坏。

水对路面的危害可以表现为：降低路面材料的强度，在水泥混凝土路面的接缝和路肩处造成唧泥；移动荷载作用下引起的唧泥和高压水冲刷，造成路面基层承载能力下降；在冻胀地区，融冻季节水会引起路面承载能力的普遍下降。

路基排水的任务，就是将路基范围内的土基湿度降低到一定的限度以内，保持路基常年处于干燥状态，确保路基及路面具有足够的强度与稳定性。

路基设计时，必须考虑将影响路基稳定性的地面水排除和拦截于路基用地范围以外，并防止地面水漫流、滞积或下渗。对于影响路基稳定性的地下水，则应予以隔断、疏干和降低，并引导至路基范围以外的适当地点。

路基施工中，首先应校核全线路基排水系统的设计是否完备和妥善，必要时应予以补充或修改，应重视排水工程的质量和使用效果。此外，应根据实际情况与需要，设置施工现场的临时性排水措施，以保证路基土石方及附属结构物在正常条件下进行施工作业，消除路基基底和土体内与水有关的隐患，保证路基工程质量，提高施工效率。

路基养护中，对排水设施应定期检查与维修，以保证排水设施正常使用，水流畅通，并根据实际情况不断改善路基排水条件。

路界地表排水的目的是把降落在路界范围内的表面水有效地汇集并迅速排除出路界，同时把路界外可能流入的地表水拦截在路界范围外，以减小地表水对路基和路面的危害以及对行车安全的不利。通常地表排水可以划分为路面表面排水、中央分隔带排水和坡面排水三部分。中央分隔带排水，视其宽度和表面横向坡度倾向，可以包括中央分隔带和左侧边缘带，或者仅为中央分隔带，而在设超高路段，它还包括上侧半幅路面的表面水。坡面排水包括路堤坡面、路堑坡面和倾向路界的自然坡面的排水。

路面工程的实践证明了路面内部排水的重要性。新建的刚性路面需设置各种接缝，而路面在使用期间又会出现各种裂缝、松散及坑槽等病害。降落在路面表面的排水，会通过路面接缝或裂缝及松散等病害处或者沥青路面面层孔隙下渗入路面结构内部。此外，道路两侧有滞水时，水分也可能侧向渗入路面结构内部。路面内部排水系统的设计通常需满足三方面的要求：一是各项设施应具有足够的泄水能力，排除渗入路面结构内的自由水；二是自由水在路面结构内的渗流时间不能太长，渗流路径不能太长；三是排水设施要有较好的耐久性。

### 5.1.2　排水设计的一般原则

在排水设计过程中，要注意以下原则：

（1）排水设施要因地制宜、全面规划、合理布局、综合治理、讲究实效、注意经济，并充分利用有利地形和自然水系。一般情况下地面和地下设置的排水沟渠，宜短不宜长，以使水流不致过于集中，做到及时疏散，就近分流。

（2）各种路基排水沟渠的设置，应注意与农田水利相配合，必要时可适当地增设涵管或加大涵管孔径，以防农业用水影响路基稳定。路基边沟一般不应用做农田灌溉渠道，两者必需合并使用时，边沟的断面应加大，并予以加固，以防水流危害路基。

（3）设计前必须进行调查研究，查明水源与地质条件，重点路段要进行排水系统的全面规划，考虑路基排水与桥涵布置相配合，地下排水与地面排水相配合，各种排水沟渠的平面布置与竖向布置相配合，做到路基路面综合设计和分期修建。对于排水困难和地质不良的路段，还应与路基防护加固相配合，并进行特殊设计。

（4）路基排水要注意防止附近山坡的水土流失，尽量不破坏天然水系，不轻易合并自然沟溪和改变水流性质，尽量选择有利地质条件布设人工沟渠，减少排水沟渠的防护与加固工程。对于重点路段的主要排水设施，以及土质松软和纵坡较陡地段的排水沟渠，应注意必要的防护与加固。

（5）路基排水要结合当地水文条件和道路等级等具体情况，注意就地取材，以防为主，既要稳固适用，又必须讲究经济效益。

（6）为了减少水对路面的破坏作用，应尽量阻止水进入路面结构，并提供良好的排水措施，以便迅速排除路面结构内的水，也可建筑具有能承受荷载和雨水共同作用的路面结构。

## 5.2　路基排水设计

### 5.2.1　地面排水结构物

路基地面排水结构物常见的类型有边沟、截水沟、排水沟、跌水、急流槽、拦水带、蒸发池、渡槽和倒虹吸等。高速公路、一级公路应有自身的地表排水设施。这些排水结构物，分别设在路基的不同部位，各自的主要功能、布置要求或构造形式均有所差异。路基地表排水结构物的概流量计算，对高速公路和一级公路应采用 15 年，其他等级公路应采用 10 年的重现期内任意 30min 的最大降雨强度。各类地表水沟沟顶应高出设计水位 0.2m 以上。

**1. 边沟**

设置在挖方路基的路肩外侧或低路堤的坡脚外侧，多与路中线平行，用以汇集和排除路基范围内和流向路基的少量地面水。平坦地面填方路段的路旁取土坑，常与路基排水设计综合考虑，使之起到边沟的排水作用。

边沟的排水量不大，一般不需要进行水文和水力计算，依据沿线具体条件，选用标准横断面形式。边沟紧靠路基，通常不允许其他排水沟渠的水流引入，也不能与其他人工沟渠合并使用。

边沟不宜过长，尽量使沟内水流就近排至路旁自然水沟或低洼地带，必要时设置涵洞，将边沟水横穿路基从另一侧排出。

边沟的纵坡（出水口附近除外）一般与路线纵坡一致。平坡路段，边沟宜保持不小于0.5%的纵坡。特殊情况容许采用0.3%，但边沟口间距宜减短。在边沟出水口附近以及排水困难路段，如回头曲线和路基超高较大的平曲线等处，边沟应进行特殊设计。

边沟的横断面形式，有梯形、矩形、三角形及流线型等，如图5-1所示。边沟横断面一般采用梯形，梯形边沟内侧边坡为1:1～1:1.5，外侧边坡坡度与挖方边坡坡度相同。石方路段的边沟宜采用矩形横断面，其内侧边坡直立，坡面应采用浆砌片石防护，外侧边坡坡度与挖方边坡坡度相同。少雨浅挖地段的土质边沟可采用三角形横断面，其内侧边坡宜采用1:2～1:3，外侧边坡坡度与挖方边坡坡度相同。三角形边坡的水流条件较差，流量较大时沟深宜适当加大。

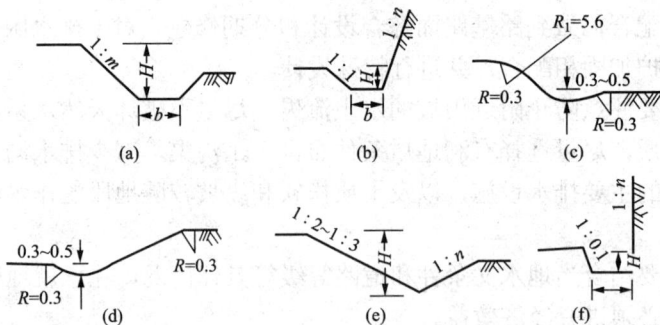

图5-1 边沟的横断面形式示意图（单位：m）

（a）、（b）梯形；（c）、（d）流线型；（e）三角形；（f）矩形

梯形边沟的底宽与深度约0.4～0.6m，水流少的地区或路段，取低限或更小，但不宜小于0.3m；降水量集中或地势偏低的路段，取高限或更大一些。流线型边沟，是将路堤横断面的边角整修圆滑，可以防止路基旁侧积沙或堆雪，适用于沙漠或积雪地区的路基。

边沟可采用浆砌片石，裁砌卵石和水泥混凝土预制块防护，砌筑用的砂浆强度，对于高速公路、一级公路采用M7.5和其他等级公路采用M5。边沟出水口附近，水流冲刷比较严重，必须慎重布置和采取相应措施。

如图5-2所示为路堑与高路堤衔接处的边沟排水布置图。由于边沟泄出水流流向路堤坡脚处，两者高差大，必须因地制宜，根据地形与地质等具体条件，将出水口延伸至坡脚以外，以免边沟水冲刷填方坡脚。

边沟水流流向桥涵进水口时，为避免边沟流水产生冲刷，应做适当处治，图5-3是涵洞进口设置窨井的一例。此外还应根据地形等条件，在桥涵进口前或在其他水流落差较大处，设置急流槽与跌水等结构物，将水流引入桥涵或其他指定地点。

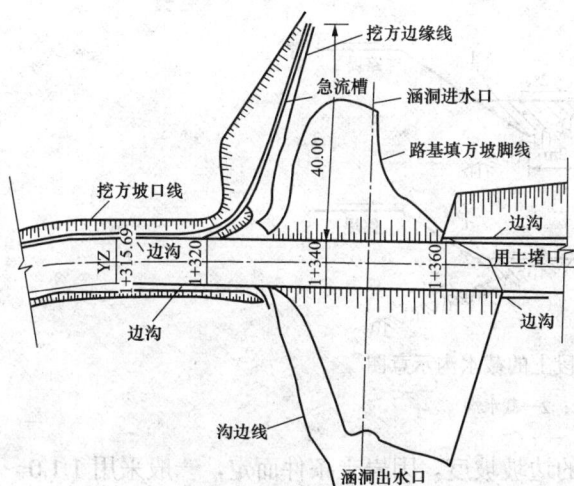

图 5-2 路堑与高路堤衔接处的边沟排水布置图

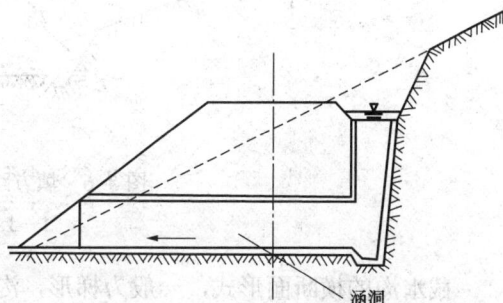

图 5-3 边沟泄水流入涵洞前
窨井剖面图（单级跌水）

当边沟水流流至回头曲线处，一般边沟水较满，且流速较大，此时宜顺着边沟方向沿山坡设置引水沟，将水引至路基范围以外的自然沟中，或设急流槽、涵洞等结构物，将水引下山坡或路基另一侧，以免对回头曲线路段冲刷。

**2. 截水沟**

又称天沟，一般设置在挖方路基边坡坡顶以外，或山坡路堤上方的适当地点，用以拦截并排除路基上方流向路基的地面径流，减轻边沟的水流负担，保证挖方边坡和填方坡脚不受流水冲刷。降水量较少或坡面坚硬和边坡较低以致受冲刷影响不大的路段，可以不设截水沟；反之，如果降水量较多，且暴雨频率较高，山坡覆盖层比较松软，坡面较高，水土流失比较严重的地段，必要时可设置两道或多道截水沟。

如图 5-4 所示为路堑段挖方边坡上方设置的截水沟图例之一，图中距离 $d$ 一般应大于 5.0m，地质不良地段可取 10.0m 或更大。截水沟下方一侧，可堆置挖沟的土方，要求做成顶部向沟倾斜 2% 的土台。路堑上方设置弃土堆时截水沟的位置及断面尺寸如图 5-5 所示。

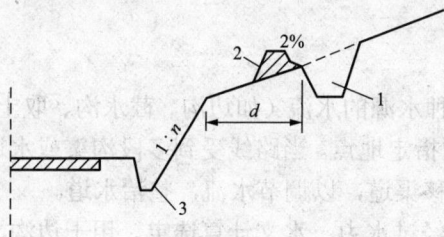

图 5-4 挖方路段截水沟示意图
1—截水沟；2—土台；3—边沟

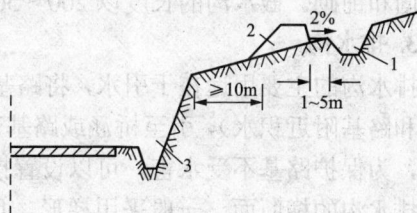

图 5-5 挖方路段弃土堆与截水沟关系图
1—截水沟；2—弃土堆；3—边沟

山坡填方路段可能遭到上方水流的破坏作用，此时必须设截水沟，以拦截山坡水流保护路堤，如图 5-6 所示。截水沟与坡脚之间，要有不小于 2.0m 的间距，并做成 2% 的向沟倾斜横坡，确保路堤不受水害。

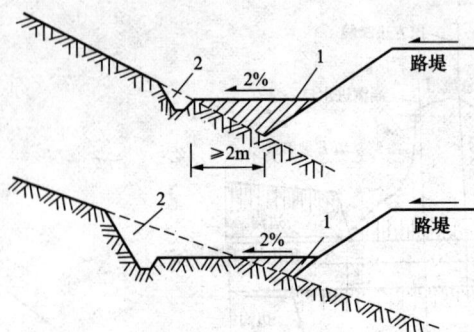

图 5-6 填方路段上的截水沟示意图

1—土台；2—截水沟

截水沟的横断面形式，一般为梯形，沟的边坡坡度，因岩土条件而定，一般采用 1:1.0～1:1.5，如图 5-7 所示。沟底宽度 $b$ 不小于 0.5m，沟深 $h$ 按设计流量而定，也不小于 0.5m。

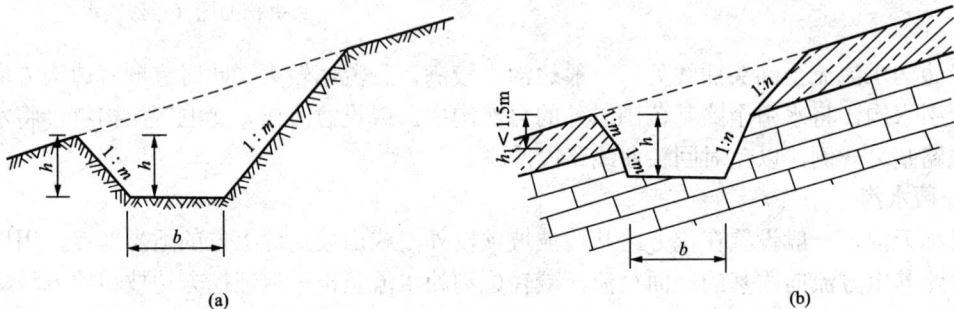

图 5-7 截水沟的横断面示例

（a）土沟；（b）石沟

截水沟的位置，应尽量与绝大多数地面水流方向垂直，以提高截水效能和缩短沟的长度。截水沟应保证水流畅通，就近引入自然沟内排出，必要时配以急流槽或涵洞等泄水结构物将水流引入指定地点。截水沟水流不应引入边沟，当必须引入时，应增大边沟横断面，并进行防护。沟底应具有 0.5% 以上的纵坡，沟底和沟壁要求平整密实，不滞流、不渗水，必要时予以加固和铺砌。截水沟的长度以 200～500m 为宜。

**3. 排水沟**

排水沟的主要用途在于引水，将路基范围内各种水源的水流（如边沟、截水沟、取土坑、边坡和路基附近积水），引至桥涵或路基范围以外的指定地点。当路线受到多段沟渠或水道影响时，为保护路基不受水害，可以设置排水沟或改移渠道，以调节水流，整治水道。

排水沟的横断面，一般采用梯形，尺寸大小应经过水力、水文计算选定。用于边沟、截水沟及取土坑出水口的排水沟，横断面尺寸根据设计流量确定，底宽与深度不宜小于 0.5m，土沟的边坡坡度约为 1:1～1:1.5。

排水沟的位置，可根据需要并结合当地地形等条件而定，离路基尽可能远些，距路基坡脚不宜小于 2m，平面上应力求简洁，需要转弯时也应尽量圆顺，做成弧形，其半径不宜小于 10～20m，连续长度宜短，一般不超过 500m。

排水沟水流注入其他沟渠或水道时，应使原水道不产生冲刷或淤积。通常应使排水沟与原水道两者成锐角相交，即交角不大于 45°，有条件可用半径 $R=10b$（$b$ 沟顶宽）的圆曲线朝下游与其他水道连接，如图 5-8 所示。

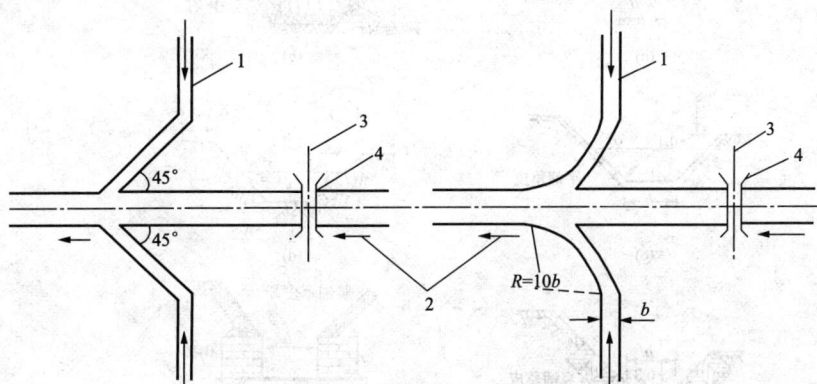

图 5-8　排水沟与水道衔接示意图

1—排水沟；2—其他渠道；3—路基中心线；4—桥涵

排水沟应具有合适的纵坡，以保证水流畅通，不致因流速太大而产生冲刷，也不致因流速太小而形成淤积，为此宜通过水文水力计算择优选定。一般情况下，可取 0.5%～1.0%，不小于 0.3%，也不宜大于 3%。

路基排水沟渠的加固类型有多种，表 5-1 所列为土质沟渠各种加固类型，图 5-9 为沟渠加固横断面图，设计时可结合当地条件，根据沟渠土质、水流速度、沟底纵坡和使用要求等而定。

表 5-1　　　　　　　　　　　　沟渠加固类型

| 形　式 | 名　称 | 铺砌厚度/cm |
|---|---|---|
| 简易式 | 平铺草皮 | 单层 |
| | 竖铺草皮 | 迭铺 |
| | 水泥砂浆抹平层 | 2～3 |
| | 石灰三合土抹平层 | 3～5 |
| | 黏土碎（砾）石加固层 | 10～15 |
| | 石灰三合土碎（砾）石加固层 | 10～15 |
| 干砌式 | 干砌片石 | 15～25 |
| | 干砌片石砂浆匀缝 | 15～25 |
| | 干砌片石砂浆抹平 | 20～25 |
| 浆砌式 | 浆砌片石 | 20～25 |
| | 混凝土预制块 | |
| | 砖砌水槽 | 6～10 |

沟渠加固类型与沟底纵坡有关，表 5-2 所列可供设计时参照使用。

表 5-2　　　　　　　　　　　　沟渠加固类型与沟底纵坡关系

| 纵坡（%） | <1 | 1～3 | 3～5 | 5～7 | >7 |
|---|---|---|---|---|---|
| 加固类型 | 不加固 | (1)土质好，不加固；(2)土质不好，简易加固 | 简易加固或干砌式加固 | 干砌式或浆砌式加固 | 浆砌式加固或改用跌水 |

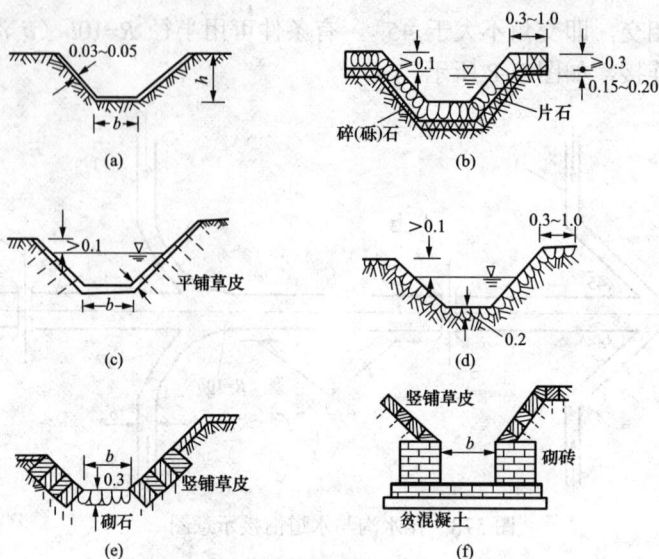

图 5-9　沟渠加固横断面图（单位：m）

（a）石灰三合土抹平层；（b）干砌片石（碎石垫平）；（c）平铺草皮；

（d）浆砌片石（碎石垫平）；（e）竖铺草皮，砌石底；（f）砖砌水槽

### 4. 跌水与急流槽

跌水与急流槽是路基地面排水沟渠的特殊形式，用于陡坡地段，沟底纵坡可达 45°。由于纵坡陡、水流速度快、冲刷力大，要求跌水与急流槽的结构必须稳固、耐久，通常应采用浆砌块石或水泥混凝土预制块砌筑，并具有相应的防护加固措施。

跌水的构造，有单级和多级之分，沟底有等宽和变宽之别。单级跌水适用于排水沟渠连接处，由于水位落差较大，需要消能或改变水流方向，如图 5-10 所示为路基边沟水流通过涵洞排泄时，采用单级跌水（相当于雨水井）的示例。较长陡坡地段的沟渠，为减缓水流速度，并予以消能，可采用多级跌水，如图 5-11 所示。多级跌水底宽和每级长度，可以采用各自相等的对称形，也可根据实地需要，做成变宽或不等长度与高度。

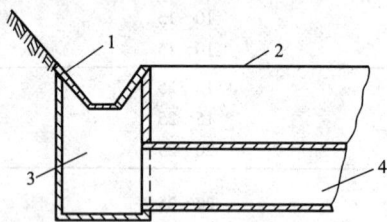

图 5-10　边沟与涵洞单级跌水连接图

1—边沟；2—路基；3—跌水井；4—涵洞

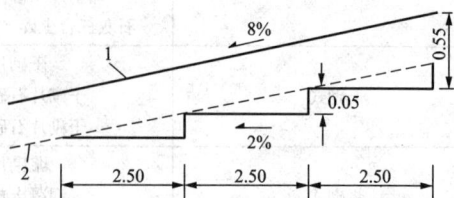

图 5-11　多级跌水纵剖面图（单位：m）

1—沟顶线；2—沟底线

按照水力计算特点，跌水的基本构造可分为进水口、消力池和出水口三个组成部分，如图 5-12 所示。各个组成部分的尺寸依水力计算而定。一般情况下，如果地质条件良好，地下水位较低，设计流量小于 1.0~2.0m³/s，跌水台阶（护墙）高度 $H$，最大不超过 2.0m。常用的简易多级跌水，台高约 0.4~0.5m，护墙用石砌或混凝土结构，墙基埋置深度为水深 $h$ 的 1.0~1.2 倍，并不小于 1.0m，且应深入冰冻线以下，石砌墙厚约 0.25~0.30m。消力池起消能

作用，要求坚固稳定，底部具有 1%～2% 的纵坡，底厚约 0.30～0.35m，壁高应比计算水深至少大 0.20m，壁厚与护墙厚度相仿。消力池末端设有消力槛，槛高 $c$ 依计算而定，要求低于池内水深，约为护墙高度的 1/5～1/4，即 $c$＝（0.2～0.25）$H$，一般取 $c$＝15～20cm。消力槛顶部厚度约为 0.3～0.4m，底部预留孔径为 5～10cm 的泄水孔，以利水流中断时排泄池内的积水。跌水两端的土质沟渠，应注意加固，保持水流畅通，不致产生水流冲刷或淤积，以充分发挥跌水的排水效能。急流槽的纵坡比跌水的平均纵坡更陡，结构的坚固稳定性要求更高，是山区公路回头曲线沟通上下线路基排水及沟渠出水口的一种常见排水设施。急流槽主体部分的纵坡依地形而定，一般可达 67%（1:1.5），如果地质条件良好，需要时还可更陡，但对结构要求则更严，造价也相应提高，设计时应通过比较而定。急流槽多用砌石（抹面）和水泥混凝土结构，也可利用岩石坡面挖槽。如临时急需时，可就近取材，采用竹木结构。急流槽的构造，如图 5-13 所示。按水力计算特点，也由进口、主槽（槽身）和出口三部分组成。

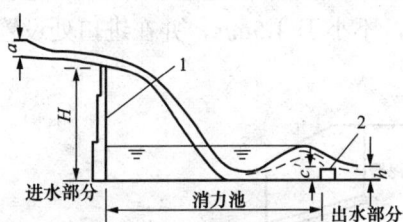

图 5-12　跌水构造示意图

1—护墙；2—消力槛

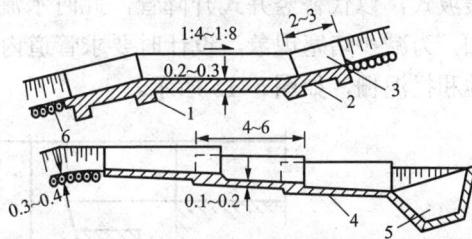

图 5-13　急流槽构造示意图（单位：m）

1—耳墙；2—混凝土槽底；3—消力池；

4—钢筋混凝土槽底；5—横向沟渠；6—砌石护底

急流槽的进出口与主槽连接处，因沟槽横断面不同，为了能平顺衔接，可设过渡段，出口部分设有消力池。各个部分的尺寸，依水力计算而定。对于设计流量不超过 1.0m³/s，槽底倾斜为 1:1～1:1.5 的小型结构，可参照图 5-13。急流槽的基础必须稳固，端部及槽身每隔 2～5m，在槽底设耳墙埋入地面以下。槽身较长时，宜分段砌筑，每段长约 5～10m，预留伸缩缝，并用防水材料填缝。

### 5. 倒虹吸与渡槽

当水流需要横跨路基，同时受到设计标高的限制，可以采用管道或沟槽，从路基底部或上部架空跨越，前者称为倒虹吸，后者称为渡槽，分别相当于涵洞和渡水桥；两者属于路基地面排水的特殊结构物，并且多半是配合农田水利所需而采用。倒虹吸的设置往往是因路基横跨原有沟渠，且沟渠水位高于路基设计标高，不能按正常条件下设置涵洞，此时采用倒虹吸是可行的方案之一，图 5-14 是其布置图式的一种。

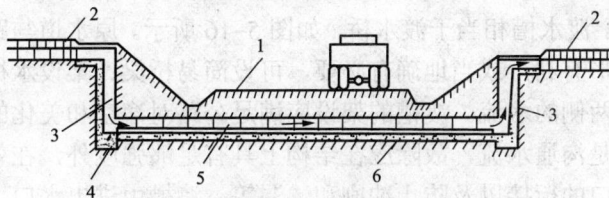

图 5-14　竖井式倒虹吸布置图

1—路基；2—原沟渠；3—竖井；4—沉淀池；5—洞身；6—垫层

倒虹吸是借助上下游沟渠水位差，利用势能迫使水流降落，经路基下部管道流向路基另一侧，再复升流入下游水渠。由于所设管道为有压管道，竖井式倒虹吸的水流成多次垂直改变方向，水流条件较差，结构要求较高，容易漏水和淤塞，且难以清理和修复，应尽量不用或少用，使用时需合理设计，进行水力计算，选择最佳设计方案，并要求施工保证质量，使用时要经常检查和维修。

倒虹吸管道有箱形和圆形两种形式，以水泥混凝土和钢筋混凝土结构为主，临时简易管道可用砖石结构，永久性或急需时也可改用钢铁管道。管道的孔径约 0.5～1.5m，管道附近的路基填土厚度，一般不小于 1.0m，以免行车荷载压力过于集中，严寒地区也可赖以防冻。考虑到倒虹吸的泄水能力有限，以及为了施工和养护方便，管道也不宜埋置过深，以填土高度不超过 3.0m 为宜。

倒虹吸管道两端设竖井，井底标高低于管道，起沉淀泥砂与杂物作用。也可改用斜管式或缓坡式，以代替竖井式升降管，此时水流条件有所改善，但路基用地宽度增大，管道长度增加。为减少堵塞现象，设计时要求管道内水流的速度，不小于 1.5m/s，并在进口处设置沉砂池和拦泥栅，如图 5-15 所示。

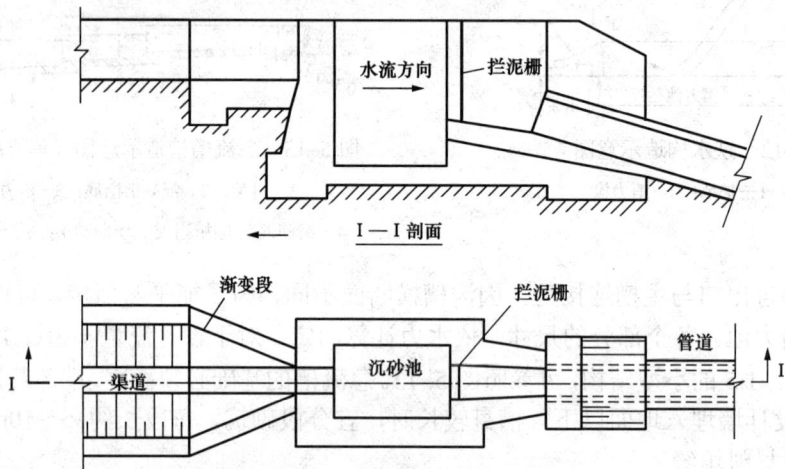

图 5-15 倒虹吸管上游进口构造图

倒虹吸管进口处所设的沉砂池，位于原沟渠与管道之间的过渡段，池底和池壁采用砌石抹面或混凝土，厚度约 0.3～0.4m（砌石），或 0.25～0.30m（混凝土），池的容量以不溢水为度。水流经过沉砂池后，水中仍含有细粒泥砂或轻质漂浮物，可设网状拦泥栅予以清除，确保虹吸管道不致堵塞，但拦泥栅本身容易被堵塞，需经常清理，以保证水流畅通，避免沉砂池和沟渠溢水而危害路基。倒虹吸的出口，也应设过渡段与下游沟渠平顺衔接，应对原有土质沟渠进行适当加固。渡水槽相当于渡水桥，如图 5-16 所示。原水道与路基设计标高相差较大，如果路基两侧地形有利，或当地确有必要，可设简易桥梁、架设水槽或管道，从路基上部跨越，以沟通路基两侧的水流。渡槽的架设应满足公路对净空和美化的要求，其构造和桥梁相似，但主要作用是沟通水流，故除应在结构上具有足够强度外，在效能上应适合排水的要求，其中包括进出口的衔接以及防止冲刷和渗漏等。渡槽由进出水口、槽身和下部支承三部分组成，其中进（出）口段的构造如图 5-17 所示。

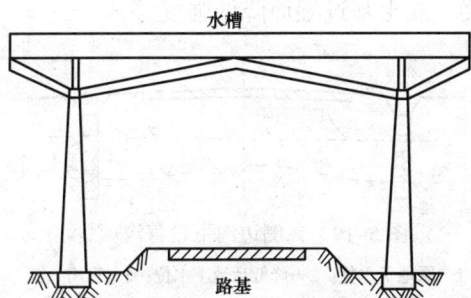

图 5-16 渡槽图例

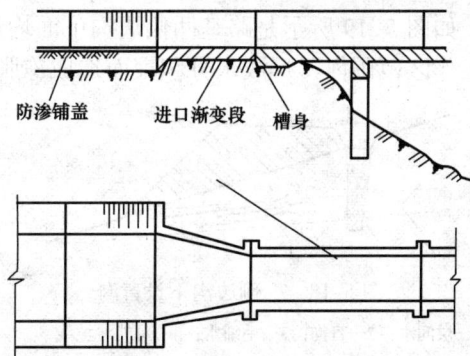

图 5-17 渡槽进出口布置图

为降低工程造价，槽身过水横断面一般均较两端的沟渠横断面为小，槽中水流速度相应有所提高，因此进出口段应注意防止冲刷和渗漏。进出水口处设置过渡段，根据土质情况，分别将槽身两端伸入路基两侧地面 2～5m，而且进出水口过渡宜长一些，以防淤积。如果主槽较短，可取槽身与沟渠的横断面相同，沟槽直接衔接，可不设过渡段。水流横断面不同时，过渡段的平面收缩角约为 10°～15°，据此可确定过渡段的有关尺寸。与槽身连接的土质沟渠，应予以防护加固，其长度至少是沟渠水深的 4 倍。

**6. 蒸发池**

气候干旱、排水困难地段，可利用沿线的集中取土坑或专门设置蒸发池排除地表水。

蒸发池与路基边沟（或排水沟）间应设排水沟连接。蒸发池边缘与路基边沟距离不应小于 5m，面积较大的蒸发池不得小于 20m。池中水位应低于排水沟的沟底。

蒸发池的容量应以一个月内路基汇流入池中的雨水能及时完成渗透与蒸发作为设计依据。每个蒸发池的容水量不宜超过 200～300m³，蓄水深度不应大于 1.5～2.0m。

蒸发池的设置不应使附近地面形成盐渍化或沼泽化。

## 5.2.2 地下排水结构物

路基及边坡土体中的上层滞水或埋藏很浅的潜水称为地下水。当地下水影响路基路面强度或边坡稳定时，应设置暗沟（管）、渗沟和检查井等地下排水结构物。

常用的路基地下排水结构物有盲沟、渗沟和渗井等，其特点是排水量不大，主要是以渗流方式汇集水流，并就近排出路基范围以外。对于流量较大的地下水，应设置专用地下管道予以排除。由于地下排水结构物埋置地面以下，不易维修，在路基建成后又难以查明失效情况，因此要求地下排水结构物牢固可靠。

**1. 暗沟**

相对于地面排水的明沟而言，暗沟又称盲沟，具有隐蔽工程的含义。从盲沟的构造特点出发，由于沟内分层填以大小不同的颗粒材料，利用渗水材料透水性将地下水汇集于沟内，并沿沟排泄至指定地点，此种构造相对于管道流水而言，习惯上称之为盲沟，在水力特性上属于紊流。

如图 5-18 所示为一侧边沟下面所设的盲沟，用以拦截流向路基的层间水，防止路基边坡滑坍和毛细水上升危及路基的强度与稳定性。

如图 5-19 所示是路基两侧边沟下面均设盲沟，用以降低地下水位，防止毛细水上升至路基工作区范围内，形成水分积聚而造成冻胀和翻浆，或土基过湿而降低强度等。

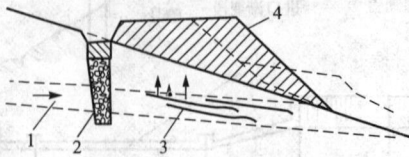

图 5-18　一侧边沟下设盲沟

1—层间水；2—盲沟；3—毛细水；4—可能滑坡线

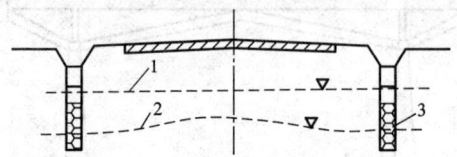

图 5-19　二侧边沟下设盲沟

1—原地下水位；2—降低后地下水位；3—盲沟

如图 5-20 所示是设在路基挖方与填方交界处的横向盲沟，用以拦截和排除路堑下面层间水或小股泉水，保持路堤填土不受水害。

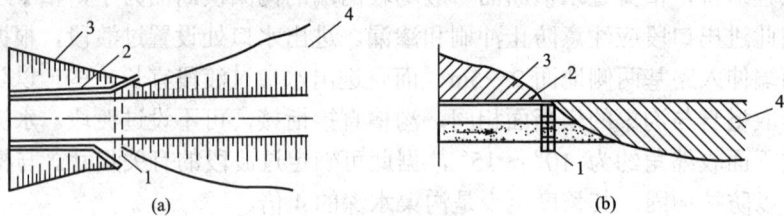

(a)　　　　　　　　　　(b)

图 5-20　挖填交界处横向盲沟

1—盲沟；2—边沟；3—路堑；4—路堤

以上所述的盲沟，沟槽内全部填满颗粒材料，可以理解为简易盲沟，其构造比较简单，横断面成矩形，也可做成上宽下窄的梯形，沟壁倾斜度约 1:0.2，底宽 $b$ 与深度 $h$ 比大致为 1:3，深约 1.0～1.5m，底宽约 0.3～0.5m。盲沟的底部中间填以粒径较大（3～5cm）的碎石，其空隙较大，水可在空隙中流动。粗粒碎石两侧和上部，按一定比例分层（层厚约 10cm）填以较细粒径的粒料，逐层粒径比例大致按 6 倍递减。盲沟顶部和底面，一般设有厚 30cm 以上的不透水层，或顶部设有双层反铺草皮。

简易盲沟的排水能力较小，不宜过长，沟底具有 1%～2% 的纵坡，出水口底面标高应高出沟外最高水位 20cm，以防水流倒渗。寒冷地区的暗沟，应做防冻保温处理或将暗沟设在冻结深度以下。

**2. 渗沟**

采用渗透方式将地下水汇集于沟内，并通过沟底通道将水排至指定地点，此种地下排水设备统称为渗沟，它的作用是降低地下水位或拦截地下水，其水力特性是紊流，但在构造上与上述简易盲沟有所不同。渗沟有三种结构形式，如图 5-21 所示盲沟式渗沟与上述简易盲沟相似，但构造更为完善。当地下水流量较大，要求埋置更深时，可在沟底设洞或管，前者称为洞式渗沟，后者称为管式渗沟。

渗沟的位置与作用，视地下排水的需要而定，大致与图 5-18～图 5-20 所示的简易盲沟相仿，但沟的尺寸更大且埋置更深，而且要进行水力计算确定尺寸。公路路基中，浅埋的渗沟约在 2～3m 以内，深埋时可达 6m 以上。渗沟底部设洞或管，底部结构相当于顶部可以渗水的涵洞。图 5-22 是洞式渗沟结构图例，其洞宽 $b$ 约 20cm，高约 20～30cm；盖板用条石或混凝土预制板；板长约为 26，板厚 $P \geqslant 15cm$，并预留渗水孔，以便渗入沟内的水汇集于洞内排出。洞身要求埋入不透水层内。如果地基软弱还应铺设砂石基础；洞身埋在透水层中时，必要时在两侧和底部加设隔水层，以达到排水的目的。洞底设置不小于 0.5% 的纵坡，使集水通畅排出。当排除地下水的流量更大，或排水距离较长，可考虑采用管式渗沟。渗沟底部埋设的管道，一般为陶土或混凝土的预制管，管壁上半部留有渗水孔，渗水孔交错排列，设于边沟下的管或渗沟，如图 5-23 所示。管的内径 $D$ 由水力计算而定，一般约 0.4~0.6m，管底设基座。对于冰冻地区，为防止冻结阻塞，除管道埋在冰冻线以下外，必要时采取保温措施，管径也宜较大一些。

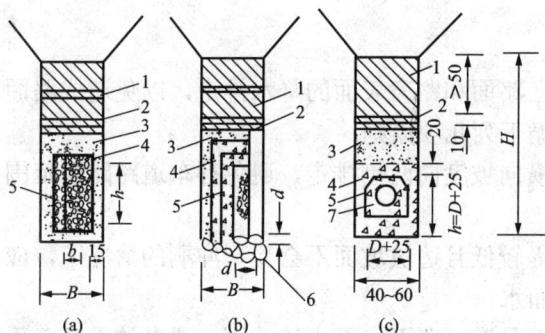

图 5-21　渗沟结构图式（单位：cm）

（a）盲沟式；（b）洞式；（c）管式

1—黏土夯实；2—双层反铺草皮；3—粗砂；

4—石屑；5—碎石；6—浆砌片石沟洞；

7—预制混凝土管

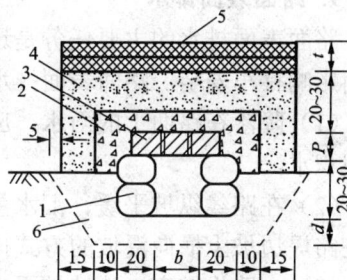

图 5-22　洞式渗沟结构示意图（单位：cm）

1—浆砌块石；2—碎砾石；3—盖板；

4—砂；5—双层反铺草皮或土工布；6—基础

## 3. 渗井

渗井属于水平方向的地下排水设备，当地下存在多层含水层，其中影响路基的上部含水层较薄，排水量不大，且平式渗沟难以布置，采用立式（竖向）排水，设置渗井，穿过不透水层，将路基范围内的上层地下水，引入更深的含水层中去，以降低上层的地下水位或全部予以排除。图 5-24 为圆形渗井的结构与布置图例。

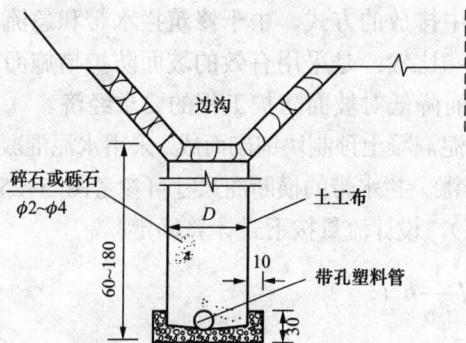

图 5-23　管式渗沟（单位：cm）

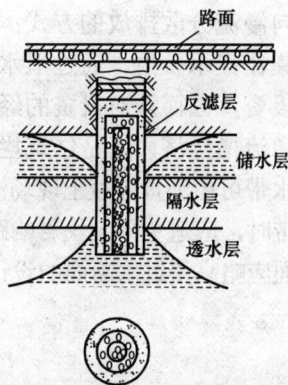

图 5-24　圆形渗井结构与布置

渗井的平面布置以及孔径与渗水量按水力计算而定，一般为直径 1.0~1.5m 的圆柱形。也可是边长为 1.0~1.5m 的方形。井深视地层构造情况而定，井内由中心向四周按层次，分别填入由粗而细的砂石材料，粗料渗水，细料反滤。填充料要求筛分冲洗，施工时需用薄铁板套筒分隔填入不同粒径的材料，要求层次分明，不得粗细材料混杂，以保证渗井达到预期的排水效果。

鉴于渗井施工不易，单位渗水面积的造价高于渗沟，一般尽量少用。有时，因土基含水量大，严重影响路基、路面的强度，其他地下排水设备不易布置，其他技术措施如隔离层的造价较高，此时渗井可作为方式之一，设计时应进行分析比较，有条件地选用。

### 5.2.3 路面排水设计

#### 1. 路面表面排水

路面表面排水的主要任务是迅速把降落在路面和路肩表面的降水排走，以免造成路面积水而影响行车安全。路面表面排水设计应遵循下列几项原则：

（1）降落在路面上的雨水，应通过路面横向坡度向两侧排走，避免行车道路路面范围内出现积水。

（2）在路线纵坡平缓、汇水量不大、路堤较低且边坡坡面不会受到冲刷的情况下，应采用在路堤边坡上横向漫坡的方式排除路面表面水。

（3）在路堤较高，边坡坡面在未做防护而易遭受路面表面水流冲刷，或者坡面虽已采取防护措施但仍有可能受到冲刷时，应沿路肩外侧边缘设置拦水带，汇集路面表面水，然后通过泄水口和急流槽排离路堤。

（4）设置拦水带汇集路面表面水时，拦水带过水断面内的水面，在高速公路及一级公路上不得漫过右侧车道外边缘，在二级及二级以下公路上不得漫过右侧车道中心线。

当路基横断面为路堑时，横向排流的表面水汇集于边沟内。当路基横断面为路堤时，可采用两种方式排除路面表面水：一种方式是让路面表面水以横向漫流形式向堤坡面分散排放；另一种方式是在路肩外侧边缘放置拦水带，将路面表面水汇集在拦水带同路肩铺面（或者路肩和部分路面铺面）组成的浅三角形过水断面内，然后通过相隔一定间距设置的泄水口和急流槽集中排放在路堤坡脚外。两种排水方式的选择，主要依据表面水是否对路堤坡面造成的冲刷危害。在汇水量不大、路堤不高、路线纵坡不同、坡面耐冲刷能力强的情况下，应优先采用横向漫流分散排放的方式；而在表面水有可能冲刷路堤坡面的情况下，则采用将路面表面水汇集在拦水带内，通过泄水口和急流槽集中排放的方式。由于修筑拦水带和急流槽需增加工程投资，因而须对投资的经济性进行分析和比较：是采用有效的坡面防护措施而不设拦水带和急流槽经济，还是修筑拦水带和急流槽而降低对坡面防护工程的要求经济。

拦水带可由沥青混凝土现场浇筑，或者由水泥混凝土预制块铺砌而成。采用水泥混凝土预制块拦水带时，应避免预制块影响路面内部水的排泄。拦水带的横断面尺寸可参考图 5-25，拦水带的顶面应略高于过水断面的设计水面高（水深），设计流量按下式计算确定：

$$Q_c = 0.377 \frac{1}{i_h n} h^{\frac{8}{3}} I^{\frac{1}{2}} \qquad (5\text{-}1)$$

式中　$Q_c$——沟或过水断面的设计流量，$m^3/s$；

　　　$i_h$——沟或过水断面的横向坡度；

　　　$n$——沟壁或管壁的粗糙系数，按表 5-3 选用；

　　　$I$——水力坡度，要取用沟或管的坡度。

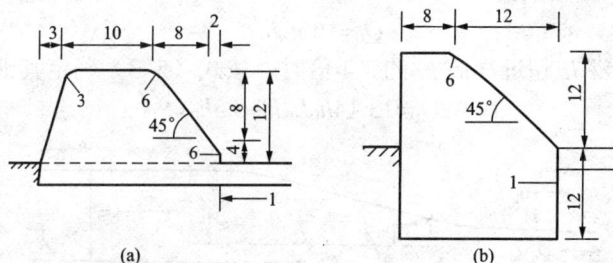

图 5-25　拦水带横断面参考尺寸（单位：cm）

（a）沥青混凝土拦水带；（b）水泥混凝土拦水带

**表 5-3**　　　　　　　　　　　**沟壁或管壁的粗糙系数 $n$**

| 沟或管类别 | $n$ | 沟或管类别 | $n$ |
|---|---|---|---|
| 塑料管（聚氯乙烯） | 0.010 | 岩石质明沟 | 0.035 |
| 石棉水泥管 | 0.012 | 植草皮明沟（流速 0.6m/s） | 0.035～0.050 |
| 水泥混凝土管 | 0.013 | 植坡明沟（流速 0.8m/s） | 0.050～0.090 |
| 陶土管 | 0.013 | 浆砌石明沟 | 0.025 |
| 铸铁管 | 0.015 | 干砌石明沟 | 0.032 |
| 波纹管 | 0.027 | 水泥混凝土明沟（镘抹面） | 0.015 |
| 沥青路面（光滑） | 0.013 | 水泥混凝土明沟（预制） | 0.012 |
| 沥青路面（粗糙） | 0.016 | 土质明沟 | 0.022 |
| 水泥混凝土路面（镘抹面） | 0.014 | 带杂草土质明沟 | 0.027 |
| 水泥混凝土路面（拉毛） | 0.016 | 砂砾质明沟 | 0.025 |

拦水带的泄水口可设置成开口（喇叭口）式。设在纵坡坡段上的泄水口为提高泄水能力，宜做成不对称的喇叭口，并在硬路肩边缘的外侧设置逐渐变宽的低凹区。其平面布置可参照图 5-26。泄水口的泄水量以及开口长度、低凹区宽度和下凹深度等尺寸应按泄水口水力计算确定。

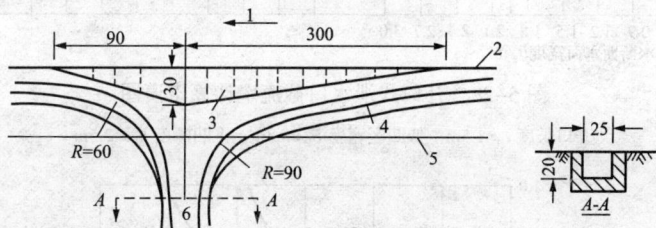

图 5-26　纵坡坡段上拦水带不对称泄水口的平面位置（单位：cm）

1—水流流向；2—硬路肩边缘；3—低凹区；4—拦水带顶；5—路堤边坡坡顶；6—急流槽

在纵坡坡段上的开口式泄水口，其泄水量随开口长度 $L_i$、低凹区的宽度 $B_w$ 和下凹深度 $h_a$，以及过水断面的纵向坡度 $i_z$ 和横向坡度 $i_h$ 而变化（图 5-27），可利用图 5-28 查取截流率（$Q_0/Q_c$），按过水断面泄水能力 $Q_c$ 确定其泄水量 $Q_0$。

在凹形竖曲线底部的开口式泄水口，按泄水口处的水深和泄水的尺寸确定其泄水量。

（1）如开口处设有低凹区，当开口处的净高 $h_0$ 不小于由图 5-29 确定的满足堰流要求的最小高度 $h_m$ 时，可利用图 5-30 确定开口的泄水量 $Q_0$ 或最大水流高度 $h_i$。

（2）如不设低凹区，可按下式确定泄水量：

$$Q_0=166L_ih_i^{1.5} \tag{5-2}$$

（3）当开口处水深 $h_i$ 超过净高 $h_0$ 的 1.4 倍时，按式（5-3）确定其泄水量：

$$Q_0=13.14h_0L_i(h_i-0.5h_0) \tag{5-3}$$

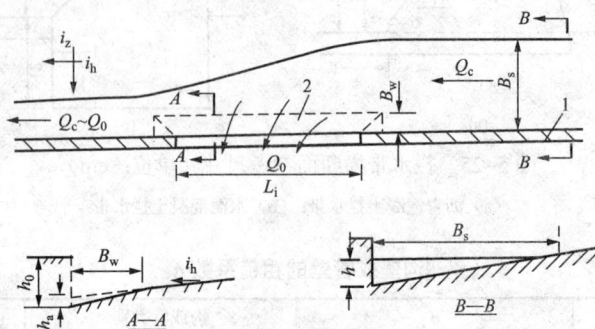

图 5-27　开口式泄水口周围的水流状况

1—拦水带或缘石；2—低凹区

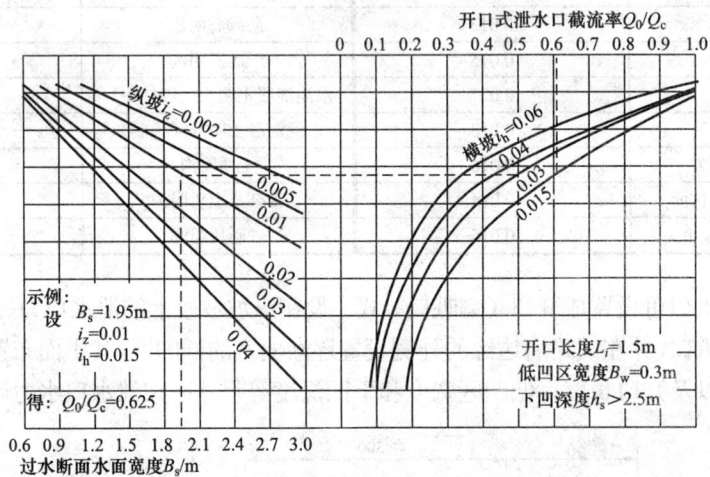

图 5-28　开口式泄水口截流率计算诺谟图

开口长度 $L_i$=1.5m；低凹区宽度 $B_w$=0.3m，下凹深度 $h_a$≥2.5m

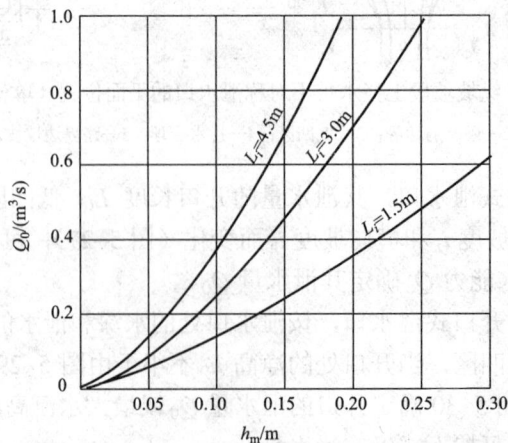

图 5-29　开口式泄水口满足堰流的最小开口高度 $h_m$ 计算图

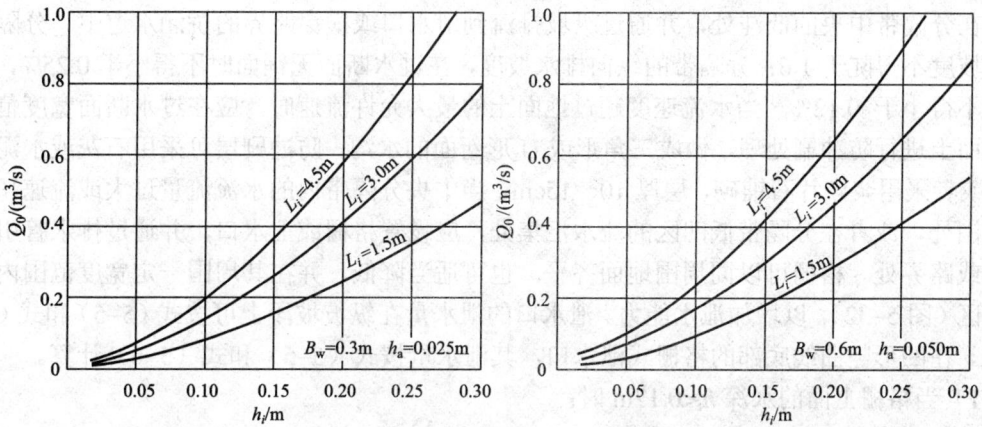

图 5-30  开口处净高 $h_0$ 不小于 $h_m$ 时开口的泄水量 $Q_0$ 或最大水深 $h_i$ 计算图

## 2. 中央分隔带排水

中央分隔带排水是高速公路及一级公路地表排水的重要内容，应根据分隔带宽度、绿化和交通安全设施的形式和分隔带表面的处理方式等因素选择不同的排水方式。我国的《公路排水设计规范》（JTJ 018—1997）将中央分隔带排水划分为三种类型。

（1）宽度小于 3m 且表面采用铺面封闭的中央分隔带排水，降落在分隔带上的表面水排向两侧行车道，其坡度与路面的横坡度相同；在超高路段上，可在分隔带上侧边缘处设置缘石或泄水口，或者在分隔带内设置缝隙式圆形集水管或碟形混凝土浅沟和泄水口（图 5-31），以拦截和排泄上侧半幅路面的表面水。缘石过水断面的泄水口可采用开口式、格栅式或组合式，碟形混凝土浅沟的泄水口采用格栅式。格栅铁条应平行于水流方向，孔口的净泄水面积应占格栅面积的 1/2 以上，泄水口间距和截流量计算以及断面尺寸等可通过计算选取。在纵坡坡段上的格栅式泄水口，其泄水量为过水断面中格栅宽度 $B_0$ 所截流的部分，可利用式（5-4）确定。格栅孔口所需的最小净长度按下式确定：

$$L_g = 0.91 v_g (h_i + t_b) \tag{5-4}$$

式中  $L_g$ ——格栅孔口的最小净长度，cm；
　　　$v_g$ ——格栅宽度范围内水流的平均流速，m/s；
　　　$h_i$ ——最大水流高度，m；
　　　$t_b$ ——格栅栅条的厚度，m。

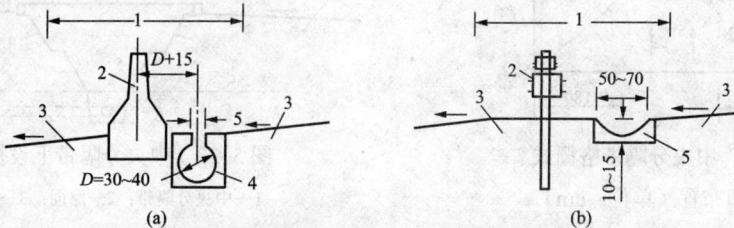

图 5-31  超高路段上设置缝隙式圆形集水管或碟形混凝土浅沟（单位：cm）

（a）缝隙式圆形集水管；（b）碟形混凝土浅沟

1—中央分隔带；2—护栏；3—铺面；4—缝隙式圆形集水管；5—碟形混凝土浅沟

（2）宽度大于 3m 且表面未采用铺面封闭的中央分隔带排水，降落在分隔带上的表面水汇集在分隔带中央的低洼处，并通过纵坡排流到泄水口或横穿路界的桥涵水道中。分隔带的横向坡度不得陡于 1:6；分隔带的纵向排水坡度，在过水断面无铺面时不得小于 0.25%，有铺面时不得小于 0.12%。当水流速度超过地面土的最大允许流速时，应在过水断面宽度范围内对地面土进行防冲刷处理，做成三角形或 U 形断面的水沟。防冲刷层可采用石灰或水泥稳定土，或者采用浆砌片石铺砌，层厚 10~15cm。当中央分隔带内的水流流量过大或流速超过允许范围处，或者在分隔带低凹区的流水汇集处，应设置格栅或泄水口，并通过排水管引排到桥涵或路界处。格栅可以同周围地面齐平，也可适当降低，并在其周围一定宽度范围内做成低凹区（图 5–32），以增加泄水能力。泄水口的泄水量在纵坡坡段上可按式（5–5）和式（5–6）计算。在凹形竖曲线底部的格栅式泄水口，其泄水量按式（5–5）和式（5–6）计算。

1）当格栅上面的水深 $h_i$<0.12m 时：

$$Q_0=1.66P_gh_i^{1.5} \tag{5–5}$$

式中　$P_g$——格栅的有效周边长，为格栅进水周边边长之和的 1/2，m。

2）当格栅上面的水深 $h_i$>0.43m 时：

$$Q_0=2.96A_ih_i^{0.5} \tag{5–6}$$

式中　$Q_0$——格栅孔口净泄水面积的 1/2，m²。

3）当格栅上的水深度处于 0.12~0.43m 之间时，其泄水量介于按式（5–5）和式（5–6）计算的结果之间，水深可通过直线内插得到。

（3）表面无铺面且未采用表面排水措施的中央分隔带，降落在分隔带上的表面水下渗，由分隔带内的地下排水设施排除。常用的纵向排水渗沟如图 5–33 所示，应隔一定间距通过横向排水管将渗沟内的水排出路界。渗沟周围包裹反滤织物（土工布），以免渗入水携带的细粒将渗沟堵塞。渗沟上的回填料与路面结构的交界面铺设涂双层沥青的土工布隔渗层。排水管可采用直径 70~150mm 的塑料管。

在我国，通常采用较窄的中央分隔带，仅在中间设预留车道时才采用宽的中央分隔带。各地在选用排水设施类型时，并未拘泥于以分隔带宽度限值作为唯一的依据，而是结合地区和工程需要确定，形式是多样的。因而，上述分类中的宽度标准并不是绝对的。

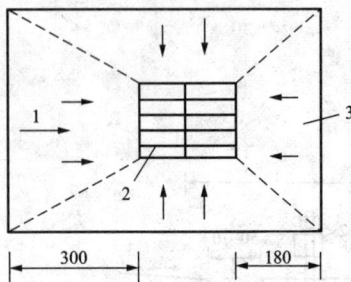

图 5–32　中央分隔带格栅式

泄水口布置（单位：cm）

1—上游；2—隔栅；3—低凹区

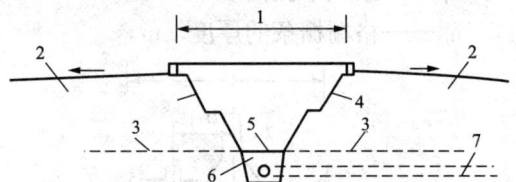

图 5–33　中央分隔带下设排水沟

1—中央分隔带；2—路面；3—路床顶；

4—隔渗层；5—反滤织物；6—渗沟；7—横向排水管

## 3. 路面内部排水

水可以通过路面接缝、裂缝、路面表面和路肩渗入路面，或是由高水位地下水、截断的含水层和当地泉水进入路面结构，被围封在路面结构内的水分产生的有害影响如下：

（1）浸湿各结构层材料和路基土，易造成无黏结粒状材料和地基土的强度降低。

（2）使混凝土路面产生唧泥，随之出现错台、开裂和整个路肩破坏。

（3）进入空隙的自由水在行车荷载的作用下，会形成高孔隙水压力和高流速的水流，引起路面基层的细颗粒产生唧泥，结果路面失去支撑。

（4）在冰冻深度大于路面厚度的地方，高地下水位会造成冻胀，并在冻融期间降低承载能力。

（5）水使冻胀土产生不均匀冻胀。

（6）与水经常接触将使沥青混合料剥落，影响沥青混凝土耐久性并产生龟裂。

表 5-4 所列即为每延米双车道路面 7.5m 下各种路基土排除 $0.1m^3$ 路面结构内自由水所需时间的计算结果（表中，$H$ 为路面结构底面到地下水位的距离，$H_0$ 为到不透水层的距离）。由表列数值可知，当路基土为低透水性时（渗透系数不大于 $10^{-5}$cm/s），排除 $0.1m^3$ 路面结构内自由水约需 1d 以上时间；而当路基土的渗透系数不大于 $10^{-7}$cm/s 时，排除这些水分所需时间达数个月，也即实际上是不透水的。当路基为低透水性（渗透系数不大于 $10^{-7}$cm/s），而两侧路肩外也由这种土填筑时，路面结构便类似于被安置在封闭的槽式"浴盆"内，进入路面结构内的水分，无法向下或向两侧迅速渗漏，而被长时间积滞在路面结构内部。特别是位于凹形竖曲线底部、低洼河谷地、曲线超高断面内侧，或者立体交叉的下穿路段的路面结构，由于地表径流或地下水汇集，进行结构内的自由水不仅数量大，而且停滞时间久。

**表 5-4　　　　不同渗透性路基土排除 $0.1m^3$ 路面结构内自由水所需的渗流时间**

| $H/H_0$ | 渗透系数/（cm/s） | | | | |
|---|---|---|---|---|---|
| | $10^{-3}$ | $10^{-4}$ | $10^{-5}$ | $10^{-6}$ | $10^{-7}$ |
| | min | h | d | 周（7d） | 月（30d） |
| 0.2 | 111 | 18.52 | 7.72 | 11.02 | 25.72 |
| 0.4 | 56 | 9.62 | 3.86 | 5.51 | 12.86 |
| 0.6 | 37 | 6.17 | 2.57 | 3.67 | 8.57 |
| 0.8 | 28 | 4.63 | 1.93 | 2.75 | 6.43 |
| 1.0 | 22 | 3.71 | 1.54 | 2.20 | 5.14 |

大量的路面损坏状况调查和路面使用经验表明，进入路面结构内的自由水是造成或加速路面损坏的重要原因。国外的一些对比分析和试验段观察结果表明，设有排水基层的路面，其使用寿命要比未设的提高 30%（沥青混凝土路面）和 50%（水泥混凝土路面）左右。因而，采用内部排水设施所增加的资金投入，可以很快从路面使用性能的提高、使用寿命的增加和养护工作的减少中得到补偿。

美国在 20 世纪的 60 年代末及 70 年代初通过调查和经验总结，认识到了路面内部排水的重要性，在 1973 年便由联邦公路局组织制定了路面结构内部排水系统设计指南，以引导和推动公路部门采用路面内部排水措施。到 1996 年，经过十余年的使用经验和研究成果的积累，又进一步在 AASHTO 路面结构设计指南中，把排除渗入路面结构内水分所需的时间和一年内路面结构处于水饱和状态的时间比例作为指标，在路面设计中作为一项设计因素予以考虑。目前，在美国的路面内部排水系统已成为一项常用的措施，一些州的路面通用结构断面中也做了相应的规定。

我国《公路排水设计规范》（JTJ 018—1997）建议遇有下列情况时，应设置路面内部排水系统。

（1）年降水量为 600mm 以上的湿润和多雨地区，路基由透水性差的细粒土（渗透系数大于 $10^{-5}$cm/s）组成的高速公路和一级公路或重要的二级公路。路基两侧有滞水，可能渗入路面结构内。

（2）严重冰冻地区，路基为由粉性土组成的潮湿、过湿路段。

（3）现有路面改建或改善工程，需排除积滞在路面结构内的水分。

同时规定，路面内部排水系统设计应符合下列要求：

（1）路面内部排水系统中各项排水设施的泄水能力均应大于渗入路面结构内的水量，且下游排水设施的泄水能力应超过上游排水设施的泄水能力。

（2）渗入水在路面结构内的最大渗流时间，冰冻地区不应超过 1h，其他地区不应超过 2h（重交通）～4h（轻交通）。渗入水在路面结构内的渗流路径长度不宜超过 45～60m。

（3）各项排水设施不应被渗流从路面结构、路基或路肩中带来的细料堵塞，以保证系统的排水能力不随时间推移而很快丧失。

路面结构表面的渗水量，按路面类型分别由下列公式计算：

水泥混凝土路面：

$$Q_i = I_c \left( n_z + n_h \frac{B}{L} \right) \qquad (5-7)$$

沥青路面：

$$Q_i = I_a B \qquad (5-8)$$

式中    $Q_i$——纵向每延米路面结构表面水的渗入量，$m^3/(d \cdot m)$；

     $I_c$——每延米水泥混凝土路面接缝或裂缝的表面水设计渗入率，$m^3/(d \cdot m)$；可按 $0.36m^3/(d \cdot m)$ 取用；

     $I_a$——每平方米沥青路面的表面水设计渗入率，$m^3/(d \cdot m^2)$；可按 $0.15m^3/(d \cdot m^2)$ 取用；

     $B$——单向坡度路面的宽度，m；

     $L$——水泥混凝土路面的横缝间距（即板长），m；

     $n_z$——$B$ 长度范围内纵向接缝和裂缝的条数（包括路面与路肩之间的接缝）；

     $n_h$——$L$ 长度范围内横向接缝和裂缝的条数。

进入路面结构内的自由水，可通过向路基下部渗流而逐渐排走。渗流的速度随路基土的渗透性和地下水位的高度而异，可以利用达西渗流定律，以不同渗透性的路基土的排水时间进行计算分析。自由水在排水层内的渗流时间按下列公式计算。

$$t = \frac{L_s}{3600 v_s}$$

$$L_s = B \sqrt{1 + \frac{i_z^2}{i_h^2}}$$

$$v_s = \frac{1}{n_e k_b} \sqrt{i_z^2 + i_h^2}$$

式中　$t$——渗流时间；

　　　$L_s$——渗流路径长；

　　　$k_b$——透水材料的渗透系数；

　　　$n_e$——透水材料的有效孔隙率。

### 4. 边缘排水系统

边缘排水系统是由沿路面边缘设置的透水性填料集水沟、纵向排水沟、横向出水管和过滤织物组成的边缘排水系统。该系统是将渗入路面结构内的自由水，先沿路面结构层间空隙或某一透水层次横向流入纵向集水沟和排水管，再由横向出水管排引出路基。这种方案常用于基层透水性小的水泥混凝土路面，特别是用于改善排水状况不良的旧水泥混凝土路面。水泥混凝土面层板的边缘和角隅处，由于温度和湿度梯度引起的翘曲变形作用以及地基的沉降变形，常出现板底面同基层顶面的脱空。下渗的路表水易积聚在这些脱空内，促使唧泥和错台等损坏的出现。设置边缘排水系统，便于将面层—基层—路肩界面处积滞的自由水排离路面结构；而对于排水状况不良的旧水泥混凝土路面，采用边缘排水设施方案，可以在不改变原路面结构的情况下改善其排水状况，从而提高原路面的使用性能和使用寿命。然而，自由水在路面结构层内沿层间渗流的速率要比向下渗流的速率慢许多倍，并且部分自由水仍有可能被阻封在路面结构内，因而，边缘排水系统的渗流时间较长，路面结构处于潮湿状态的时间要比下面将要介绍的排水层排水系统长许多。边缘排水系统的常用形式如图5–34 所示。

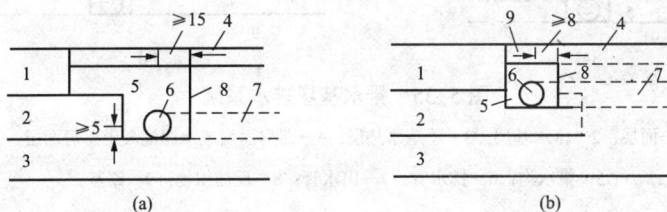

图 5–34　边缘排水系统（单位：cm）

（a）新建路面边缘排水系统；（b）改建路面边缘排水系统

1—面层；2—基层；3—垫层；4—路肩面层；5—集水沟；

6—排水管；7—出水管；8—反滤织物；9—回填路肩面层

纵向排水管通常选用聚氯乙烯（PVC）或聚乙烯（PE）塑料管。排水管设 3 排槽口或孔口，其开口总面积不小于 42cm²/延米。管径按设计流量由水力计算确定，通常在 70～150mm 范围内选用。排水管的埋设深度，应保证不被车辆或施工机械压裂，并应超过当地的水冻深度，在非冰冻地区，新建路面时，排水管管底通常与基层底面齐平；改建路面时，管中心应低于基层顶面。排水管的纵向坡度宜与路线纵坡相同，但不得小于 0.25%。横向出水管选用不带槽或孔的聚氯乙烯塑料管，管径与排水管相同。其间距和安全位置由水力计算并考虑邻近地面高程和公路纵横断面情况确定，一般在 50～100m 范围内选用。出水管的横向坡度不宜小于 5%。埋设出水管所开挖的沟，须用低透水材料回填。出水管的外露端头用镀锌铁丝网或格栅罩住。出水口的下方应铺设水泥混凝土防冲刷垫板或者对泄水道的坡面进行浆砌片石防护，以防止水流冲刷路基边坡和植物生长，出水水流应尽可能排引至排水沟或涵洞内。

透水性填料由水泥处治升级配粗集料组成，其孔隙率约为 15%～20%。粗集料最大粒径不大于 40mm，粒径 4.75mm 以下的细粒含量不应超过 16%；粒径 2.36mm 以下的细粒含量不应超过 6%。为避免带孔排水管被堵塞，透水性填料在通过率为 85% 时的粒径应比排水管槽口宽或为孔口直径的 1.0～1.2 倍。水泥处治集料的配合比，应按透水性要求和施工要求通过试配确定。

集水沟底面的最小宽度，对新建路面，不应小于 30cm；对改建路面，应能保证排水管两侧各有至少 5cm 宽的透水填料。透水填料的底面和外侧围以反滤织物（土工布），以防垫层、基层和路肩内的细粒侵入而堵塞填料空隙或管孔。反滤织物可选用由聚酯类、尼龙或聚丙烯材料制成的无纺织物、能透水，但细粒土不能随水透过。

**5. 排水基层的排水系统**

基层的排水系统是直接在面层下设置透水性排水基层，在其边缘设置纵向集水沟和排水管以及横向出水管等，组成排水基层的排水系统（图 5-35），采用透水性材料做基层，使渗水路面结构内的水分，先通过竖向渗流进入排水层，然后横向渗流进入纵向集水和排水管，再由横向出水管排引出路基。这种排水系统，由于自由水进入排水层的渗流路径短，在透水性材料中渗流的速度快，其排水效果要比边缘排水系统好得多。一般在新建路面时采用此方案。排水基层设在面层下，作为路面结构的基层或基层的一部分，共同承受车辆荷载。

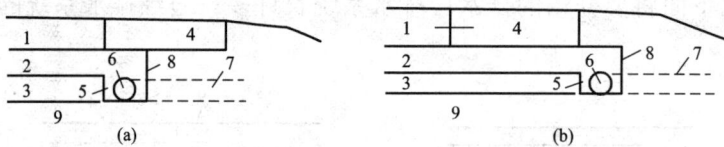

图 5-35　排水基层排水系统

1—面层；2—排水基层；3—不透水垫层；4—路肩面层或水泥混凝土路肩面层；

5—集水沟；6—排水管；7—出水管；8—反滤织物；9—路基

排水层也可采用横贯路基整个宽度的形式，不设纵向集水沟和排水管以及横向出水管。渗入排水层内的自由水，横向渗流，直接排泄到路基坡面外。这种形式便于施工，但其主要缺点是，排水层在坡面出口处易生长杂草或被其他杂物堵塞，从而在使用几年后便不再能排泄渗入水，而集中积滞在排水层内的自由水反而使路面结构，特别是路肩部分，更易出现损坏。在一些特殊地段，如连续长纵坡坡段、曲线超高过滤段和凹形竖曲线段等，排水层内渗流的自由水有可能被堵封或者渗流路径超过 45～60m。在这些地段，应增设横向排水管以拦截水流，缩短渗流长度。排水层的透水性材料可以采用经水泥或沥青处治，或者未经处治的开级配碎石集料。未处治碎石集料的透水性一般比水泥或沥青处治的要低，其渗透系数大致变动于 60～1000m/d 范围内；而水泥或沥青处治碎石集料的渗透系数则大致在 1000～6000m/d 范围内，其中沥青处治碎石的透水性略高于水泥处治碎石。未经水泥或沥青处治的碎石集料，在施工摊铺时易出现离析，在碾压时不易压实稳定，并且易在施工机械行驶下出现推移变形，因而一般情况下不建议采用作为排水基层。用做水泥混凝土面层的排水基层时，宜采用水泥处治升级配碎石集料，其最大粒径可选取用 25mm。而用做沥青混凝土面层的排水基层时，则宜采用沥青处治碎石集料，最大粒径宜为 20mm。

透水性与颗粒组成有关，空隙率大的组成材料，其渗透系数也大，需通过透水试验确定。表 5-5 列示了国外一些未处治和水泥或沥青处治集料排水基层的集料级配情况及相应的渗透系数。

**表 5-5　　　　未处治和水泥或沥青处治集料排水基层的集料级配与渗透系数**

| 材料类型 | | 通过下列筛孔/mm 的质量百分率（%） | | | | | | | | | | 渗透系数/(m/d) |
|---|---|---|---|---|---|---|---|---|---|---|---|---|
| | | 37.5 | 25 | 19 | 12.5 | 9.5 | 4.75 | 2.36 | 1.18 | 0.3 | 0.075 | |
| 未处治集料 | ① | 100 | 95~100 | — | 25~60 | — | 0~10 | 0~5 | — | — | 0~2 | 6000 |
| | ② | 100 | 100 | 90~100 | — | 20~55 | 0~10 | 0~5 | — | — | — | 5400 |
| | ③ | 100 | 95~100 | — | 60~80 | — | 40~55 | 5~25 | 0~8 | 0~5 | — | 600 |
| | ④ | 100 | — | — | 0~90 | — | 0~8 | — | — | — | — | 300 |
| 水泥处治 | ① | 100 | 88~100 | 52~85 | — | 15~38 | 0~16 | 0~6 | — | — | — | 1200 |
| | ② | 100 | 95~100 | — | 25~60 | — | 0~10 | 0~5 | — | — | 0~2 | 6000 |
| 沥青处治 | ① | 100 | 100 | 90~100 | 35~65 | 20~45 | 0~10 | 0~5 | — | — | 0~2 | 4500 |
| | ② | 100 | 100 | 50~100 | — | 15~85 | 0~5 | — | — | — | — | — |

纵向集水沟布置在路面横坡的下方。行车道路面采用双向坡路拱时，在路面两侧都设置纵向集水沟。集水沟的内侧边缘可设在行车道面层边缘处，但有时为了避免排水管被面层施工机械压裂，或者避免路肩铺面受集水沟沉降变形的影响，将集水沟向外侧移出 60~90cm。路肩采用水泥混凝土铺面时，集水沟内侧边缘可外移到路肩面层边缘处。排水基层下必须设置不透水垫层或反滤层，以防止表面水向下渗入垫层，浸湿垫层和路基，同时防止垫层或路基土中的细粒进入排水基层而造成堵塞。排水垫层按路基全宽设在其顶面。过湿路基中的自由水上移到排水垫层内后，向两侧横向渗流。路基为路堤时，水向路基坡面外排流；路基为路堑或半路堑时，挖方坡脚处须设置纵向集水沟、排水管和横向排水管。排水垫层一方面要能渗水，另一方面要防止渗流带来的细粒堵塞透水材料。为此，在材料级配组成上要满足关于透水和反滤要求。这些要求的应用如图 5-36 所示。

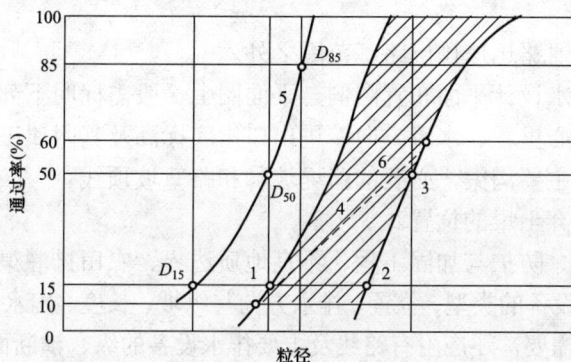

图 5-36　符合渗透和反滤要求的材料设计标准

1—不小于 $5D_{15}$；2—不大于 $5D_{85}$；3—不大于 $25D_{50}$；4—（$D_{60}/D_{10}$）≤20；

5—路基土级配曲线；6—符合上述要求的排水垫层级配范围

## 5.2.4　综合排水系统设计

### 1. 综合设计的意义

上述各类排水结构物，均是针对某一水源，为满足某一方面的要求而设置的。由于自然条件、路线布置及其他人为因素的不同，水源可能同时来自几个不同的方向，它们对路基的危害程度不尽相同。因此，单一、互不联系的排水结构物，是不能完成全路基排水任务的。为了使各结构物都得以合理使用，需要进行路基排水综合设计，使地面排水与地下排水设备相互协调；路基排水设备与桥涵等泄水结构物合理布置；排水工程与防护加固工程、农田水利及相关建设项目相互结合。因此，路基排水设计必须包括两部分内容，即首先是进行排水系统的总体规划，或者称排水系统设计，在此基础上进行各单项结构物的设计。

实践证明，排水系统综合设计的好坏，对路基的稳定性影响很大，尤其在多雨山区、黄土高原地区、寒冷潮湿平原区、水网密布、地基湿软、与水有关的地质不良路段。建造高等级公路更应重视路基排水的综合设计。

**2. 综合设计的基本要求**

排水综合设计，一般结合路线的平面、纵断面设计和沿线地形、地质、水文条件进行。对一般公路，常在路线平面图、地形图上予以反映。对高等级公路，排水不良、易受水流冲刷的特殊地区，如滑坡路段、隧道洞口、干线交叉道口、连续回头曲线等排水复杂路段，应作专项公路排水综合设计，设计中应考虑以下各点。

（1）流向路基的地面水和地下水，需在路基外适当位置设置截水沟或渗沟拦截，并引离路基范围之外指定地点。路基范围内的水源，分别采取边沟、暗沟、渗沟或渗井汇集或降低水位，通过排水沟排到指定地点，必要时设置跌水或急流槽、倒虹、桥涵。

（2）对明显的天然沟槽，一般宜"一沟一涵"，不要勉强改动；对沟槽不明显的漫流应在上游设置束流设施加以调节，尽量汇成沟槽，导流排除。

（3）为了提高截流效果，节省工程，地面沟渠应大体沿等高线布置，并尽可能垂直于流水方向直线布置，转弯处圆曲线相接。

（4）各种排水结构物均应设置于稳固的地基上，不得渗流、溢水或滞留，冲刷严重时应予以加固。

（5）水流应循最短通路迅速排出路基范围之外。

某路段路基综合排水设计平面布置图例，平面图上一般需标明下列几项主要内容：

（1）桥涵位置、中心里程、水流方向、进出口沟底标高及其附属工程等。

（2）地形等高线、主要沟渠、必要的路堤坡脚和路堑坡顶线。

（3）沿线取土坑、弃土堆的位置。

（4）路线交叉设施、防护与加固工程、不良地质边界、农田排灌渠道等。

（5）各种路基排水设备的类型、位置、排水方向与纵坡、长度、出水口与分界点的位置等；此外，根据工程设计的需要，还应附有路线及主要排水设备的纵、横断面图和结构设计图。

# 复习思考题

1. 路面基层（底基层）对主要材料有何要求？
2. 简述碎砾石路面强度形成机理。
3. 简述无机结合料稳定土的组成设计。

# 第6章 中低层路面及基层
# （底基层）、垫层施工

## 6.1 碎（砾）石路面与基层

### 6.1.1 强度形成原理

#### 1. 纯碎石材料

（1）嵌锁型原则的理论基础是填充理论。即大颗料填料间空隙如何填充才能使空隙率最小，同时大小颗粒间又不会产生干涉（挤开）现象。因此，它的抗剪强度主要取决于剪切面上的法向应力和材料内摩阻角。它由三项因素构成：粒料表面的相互滑动摩擦；剪切时体积膨胀而需克服的阻力；粒料重新排列受到的阻力。

研究表明：单一粒料在另一粗糙但平整的粒料上滑动，其摩阻角大都小于 30°；许多粒料相互紧密接触，沿某一剪切面相互变位时因体积膨胀和粒料重新排列而多消耗的功，会使摩阻角增至 45°～50°。

嵌锁型结构强度主要取决于石料的强度、形状、尺寸、均匀性、表面粗糙度以及施工时的压实程度。当石料强度高，形状接近正立方体、有棱角、尺寸均匀、表面粗糙、压实度高时，内摩阻力就大。

（2）级配原则组成的理论基础。C.A.C 魏矛斯（Weymooth）提出的干涉理论，认为颗粒间的空隙应由次一级颗粒填充，但填隙的颗粒不得大于其间隙的距离，否则大小颗粒间势必发生干涉现象。为避免干涉，大小粒子间应按一定数量分配，常见的粒料级配有连续级配和间断级配两类。

连续级配的级配曲线平顺圆滑，相邻粒径间有一定的质量比例，混合料不易离析。在连续级配中剔除其中一个或几个分级形成一种不连续的级配称为间断级配。间断级配的粗料可以互相靠拢而不受干涉，从而提高混合料的摩阻角；细料部分仍按连续级配原则以保持其黏聚力，且粗料的空隙以更小的粒径而不是次级集料填充会得到更大的密实度。因此间断级配兼有嵌挤原则与级配原则的优点，是摩阻力、黏聚力、密实度最好的混合料。

#### 2. 土—碎（砾）石混合料

土—碎（砾）石混合料的强度和稳定性取决于内摩阻力和黏结力的大小。当混合料中含土较少时，按嵌挤原则形成强度；反之，则按级配密实原则形成强度。其中，以集料大小分配，特别是主集料与细料（0.074mm 以下颗粒）的比例最为重要。土—碎（砾）石混合料的三种物理状态如图 6-1 所示。

第一种状态 [图6-1（a）]，不含或很少含细料（指 0.074mm 以下颗粒）的混合料，它的强度和稳定性依靠颗粒之间摩阻力获得。其密度较低，但透水性好，不易冰冻。由于这种材料没有黏结性，施工时压实困难。

第二种状态［图 6-1（b）］，含有足够的细料来填充颗粒间空隙的混合料，仍能够从颗粒接触而获得强度，其抗剪强度、密实度有所提高，透水性低，施工时易压实。

第三种状态［图 6-1（c）］，含有大量细料，粗颗粒间没有直接接触，集料是"浮"在细料之中。这种混合料施工时易压实，但其密实度较低，易冰冻，难透水，强度和稳定性受含水量影响很大。

图 6-2 表示不同细料含量时，土—砾石混合料的密实度和 CBR 的试验结果，其中 CBR 值为试件浸湿后的测定结果。由图可知，随压实功能增加，密实度和 CBR 值均增加，而最大密实度和 CBR 值都对应一个最佳细料含量。最大密实度时的最佳细料含量为 8%～10%，而最大 CBR 值时的最佳细料含量为 6%～8%。前者的细料含量的状况可代表图 6-1（b）状态，而最大值左右两侧的曲线部分则分别代表图 6-1（a）和（c）两种状态。

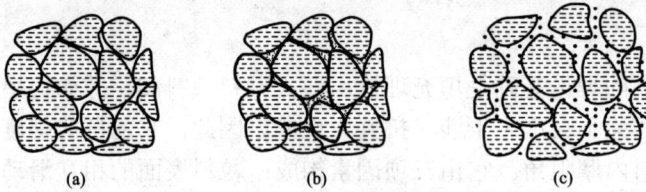

图 6-1　混合料三种物理状态

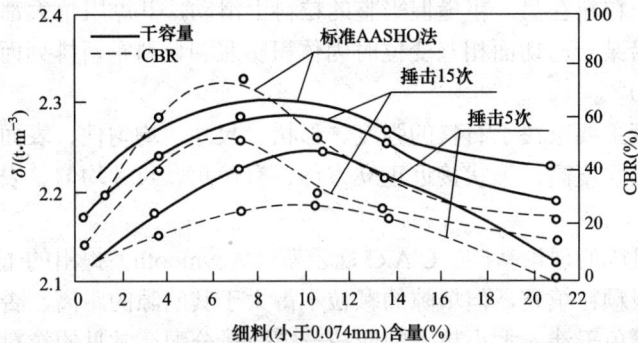

图 6-2　土—砾石混合料密度和 CBR 随细料含量而变化

如图 6-3 所示为土—碎石混合料的试验结果。可见，细料成分对碎石集料 CBR 的影响一般比对砾石的影响小。密实度曲线与砾石区别不大，对同一粒径分配，土—碎石混合料的 CBR 值通常比土—砾石混合料稍大一些。

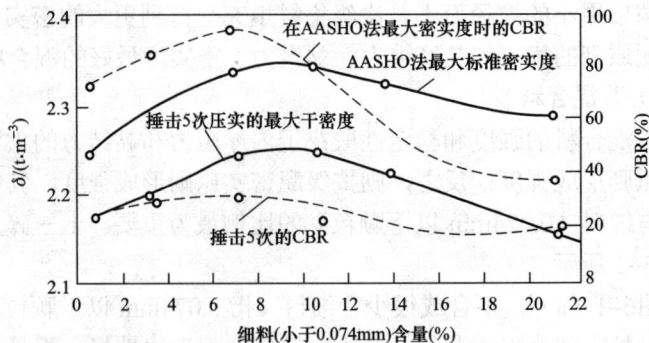

图 6-3　细料（小于 0.074mm）含量（%）

图 6-4 是几种粒状材料用 AASHO 标准压实法的 CBR 值和干密度的试验结果。密实度和 CBR 值都随集料尺寸增大而增大，但最佳细料含量却随之降低。当细料含量稍小于最大密实度时的含量，其 CBR 最大，其强度和稳定性也最大。

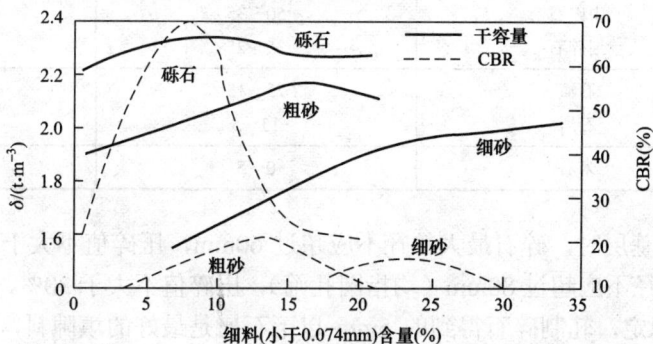

图 6-4　混合料密实度和 CBR 随细料和最大粒径而变化

由以上分析可知，只有在已知粒径分配的情况下，密实度才能作为衡量强度和稳定性的依据。细料含量偏多的混合料强度和稳定性大大低于细料含量偏低的混合料的原因，是由于在图 6-1（c）的情况下，强度和稳定性受结合料的影响很小，主要取决于大颗粒间的接触。

室内试验和工地实践都表明，集料为碎石时，由于颗粒间嵌挤作用的增强，其强度和稳定性都比圆滑砾石集料为好，更易排水。此外，细粒土的物理性质对混合料的强度和稳定性也会有影响，特别是图 6-1（c）的情况时。

图 6-5 表示细料（小于 0.42mm）的塑性指数对砾石混合

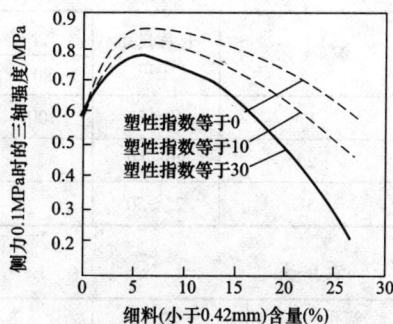

图 6-5　塑性指数对砾石（最大粒径 2.54cm）三轴强度的影响

料三轴强度的影响。可见，当细粒土含量很低时，其塑性指数对强度的影响很小；随着细粒土的含量增加时，塑性指数的影响越来越大。因此，对于细料含量多的混合料，必须限制细料的塑性指数。

## 6.1.2　碎（砾）石基层

碎（砾）石基层是用尺寸均匀的碎（砾）石作为基本材料，以石屑、黏土或石灰土作为填充结合料，经压实而成的结构层。碎石层的结构强度，主要靠碎石颗粒间的嵌挤作用以及填充结合料的黏结作用。嵌挤作用的大小，主要取决于石料的尺寸、强度、形状以及压实度；黏结作用则取决于填充结合料本身的内聚力及其与矿料之间黏附力的大小。碎石颗粒尺寸为 0～75mm，通常按其尺寸大小划分为 6 类，见表 6-1。颗粒最大尺寸，按层厚和石料强度选定，一般不宜超过压实层厚的 0.8 倍，石料较软时，可采用较大尺寸。

用单一尺寸的粗碎石做主集料，形成嵌锁作用，并用石屑填满碎石间的孔隙，增加密实度和稳定性，称为填隙碎石。填隙碎石可适用于各等级公路的底基层和二级以下公路的基层。填隙碎石的一层压实厚度为 10～20cm，若设计层厚超过该值，应分层压实。

**表 6−1**　　　　　　　　　　　　各种碎石尺寸与分类表

| 编　　号 | 碎石名称 | 粒径范围/mm | 用　　途 |
|---|---|---|---|
| 1 | 粗碎石 | 75～50 | |
| 2 | 中碎石 | 50～35 | 集料 |
| 3 | 细碎石 | 35～25 | |
| 4 | 石渣 | 25～15 | 嵌缝料 |
| 5 | 石屑 | 15～5 | |
| 6 | 米石 | 0～5 | 封面料 |

填隙碎石用做基层时，碎石最大粒径不应超过 60mm，压碎值不大于 26%；用做底基层时，碎石的最大粒径不应超过 80mm（均指圆孔筛），压碎值不大于 30%。粗碎石的颗粒组成应符合表 6−2 的规定，轧制碎石得到的 5mm 以下石屑是最好的填隙料，填隙料的颗粒组成见表 6−3。

**表 6−2**　　　　　　　　　　　填隙碎石粗碎石的颗粒组成

| 编　　号 | 标称尺寸/mm | 通过下列筛孔/mm 的质量百分率（%） | | | | | | | |
|---|---|---|---|---|---|---|---|---|---|
| | | 80 | 60 | 50 | 40 | 30 | 25 | 20 | 10 |
| 1 | 40～80 | 100 | 25～60 | | 0～15 | | 0～5 | | |
| 2 | 30～60 | | 100 | | 25～50 | 0～15 | | 0～5 | |
| 3 | 25～50 | | | 100 | 35～70 | | 0～15 | | 0～5 |

**表 6−3**　　　　　　　　　　　　填 隙 料 的 颗 粒 组 成

| 筛孔尺寸 | 10 | 5 | 2.0 | 0.5 | 0.075 | 塑性指数 |
|---|---|---|---|---|---|---|
| 通过百分率（%） | 100 | 85～100 | 60～80 | 30～50 | 0～10 | 小于 6 |

（1）泥结碎石基层。泥结碎石基层是以碎石作为集料、黏土作为填充料和黏结料，经压实修筑成的一种结构。泥结碎石层虽用同一尺寸石料修筑，但在使用过程中由于行车荷载的反复作用，石料会被压碎而向密实级配转化。它的力学强度和稳定性不仅取决于碎石的相互嵌挤作用，同时也受到土的黏结作用的影响。

泥结碎石水稳性较差，当被用做沥青类不透气面层的基层时，只适用于干燥路段。泥结碎石基层的主层矿料粒径不宜小于 40mm，并不大于层厚的 0.7 倍，石料等级不低于Ⅳ级，长条、扁平状颗粒含量不宜超过 20%。泥结碎石层所用黏土，应具有较高的黏性，塑性指数以 12～15 为宜。黏土内不得含腐殖质或其他杂物。黏土用量一般不超过混合料总重的 15%～18%。

泥结碎石除用做基层外，还能用于低等级公路的路面。

（2）泥灰结碎石基层。泥灰结碎石层是以碎石为集料，用一定数量的石灰和土做黏结填缝料的结构层。由于掺入了石灰，泥灰结碎石的水稳性优于泥结碎石，因此，泥灰结碎石多用在潮湿与中湿路段作为沥青路面的基层，也可作为中级路面的面层。

泥灰结碎石对黏土质量的规格要求与泥结碎石相同，石灰质量不低于 3 级。石灰与土的用量不应大于混合料总重的 20%，其中石灰剂量为土重的 8%～12%。

泥灰结碎石层的施工工序与泥结碎石相同，但泥浆改为灰土浆。若采用拌和法时，应先将石灰与黏土拌和均匀，再与石料拌和，摊铺均匀，边压边洒水，使石灰与土在碾压中成浆并充满空隙。

### 6.1.3　级配碎（砾）石基层

**1. 级配碎石基层**

粗、细碎石集料和石屑各占一定比例的混合料，当其颗粒组成符合密实级配要求时，称为级配碎石。级配碎石基层强度主要来源是碎石本身强度及碎石颗粒间的嵌挤力，它可适用于各等级公路的基层和底基层。一般来说，表征级配碎石刚度的重要指标——回弹模量明显低于半刚性基层材料。然而，与半刚性材料不同的是，级配碎石材料具有较显著的非线性，这种非线性使其在刚度较大的下卧层上表现出较大的回弹模量，从而也具有足够的抵抗应力和变形的能力。因此，级配碎石还可用做较薄沥青面层与半刚性基层之间的中间层，不仅具有减缓半刚性沥青路面反射裂缝的作用，同时也具有较好的抗疲劳能力。

级配碎石可以由预先筛分成几个大小不同粒级的碎石组配而成，如 40～10mm，20～10mm、10～5mm 等。级配碎石也可用未筛分碎石和石屑组配而成。未筛分碎石指控制最大粒径后，由碎石机轧制的未经筛分的碎石料。它的理论颗粒组成为 O～D（D 为最大粒径），并具有较好的级配。未筛分碎石可直接用做底基层。石屑指碎石场孔径 5mm 筛下的筛余料。缺乏石屑时，也可以添加细砂砾或粗砂，但其强度和稳定性不如添加石屑的级配碎石。

级配碎石或级配碎砾石基层的颗粒组成和塑性指数要满足表 6-4 的规定。级配曲线应接近圆滑，特别是级配碎石用做中间层时，其颗粒组成和塑性指数应符合表中 2 号级配的规定。而未筛分碎石用做底基层时，其颗粒组成和塑性指数应符合表 6-5 的规定。碎石中的扁平、长条颗粒的总含量应不超过 20%，碎石中也不应有黏土块、植物等有害物质。为保证级配碎石的强度和刚度，必须在最佳含水量时进行碾压，每层的压实厚度不超过 15～18cm。若用重型振动压路机和轮胎压路机碾压时，压实厚度可达 20mm；碾压必须达到下列重型击实试验法确定的要求压实度：基层和中间层，98% 和 100%；底基层，96%。

表 6-4　　　　　　　　　级配碎石混合料的颗粒组成范围

| 编　号 | | 1 | 2 |
|---|---|---|---|
| 通过下列筛孔/mm 的质量百分率（%） | 40 | 100 | |
| | 30 | 90～100 | 100 |
| | 20 | 75～90 | 85～100 |
| | 10 | 50～70 | 60～80 |
| | 5 | 30～55 | 30～50 |
| | 2 | 15～35 | 15～30 |
| | 0.5 | 10～20 | 10～20 |
| | 0.075 | 4～10 | 2～8[②] |
| 液限（%） | | 小于 28 | 小于 28 |
| 塑性指数 | | 小于 6 或 9[①] | 小于 6 或 9[①] |

① 潮湿多雨地区的基层采用塑性指数不大于 6，其他地区的基层采用塑性指数不大于 9。

② 对于无塑性的混合料，小于 0.075mm 的颗粒量应接近高限，使压实后的基层透水性小。

由于级配碎石弹性模量具有随应力状态而变的非线性，当它被用于半刚性路面的中间层和处于土基上的底基层时，由于所处的应力状态不同，它们的弹性模量取值也不同。表 6-6 是级配碎石分别用于上基层及底基层时，根据弹性层状理论分析所得到的常规路面结构碎石层所处的应力状态及模量取值的建议范围。

**表 6-5** 未筛分碎石底基层级配范围

| 编　号 | | 1 | 2 |
|---|---|---|---|
| 通过下列筛孔/mm 的质量百分率（%） | 50 | 100 | |
| | 40 | 85～100 | 100 |
| | 30 | 65～85 | 80～100 |
| | 20 | 42～67 | 56～87 |
| | 10 | 20～40 | 30～60 |
| | 5 | 10～27 | 18～46 |
| | 2 | 8～20 | 10～33 |
| | 0.5 | 5～18 | 5～20 |
| | 0.075 | 0～15 | 0～15 |
| 液限（%） | | 小于 28 | 小于 28 |
| 塑性指数 | | 小于 6 或 9[①] | 小于 6 或 9[①] |

① 潮湿多雨地区，塑性指数不大于 6；其他地区塑性指数不大于 9。

**表 6-6** 不同层次级配碎石受力状态及模量取值建议范围

| 结构层位 | 最小主压应力 $\sigma_1$/MPa | 最大主压应力 $\sigma_1$/MPa | 应力不变量 $\theta$（$\sigma_1+2\sigma_3$）/MPa | 回弹模量 $E$/MPa |
|---|---|---|---|---|
| 级配碎石上基层[①] | 20～120 | 120～600 | 250～800 | 350～550 |
| 级配碎石底基层[②] | 受拉 | 30～120 | 30～120 | 150～250 |

① 路面结构为 5～20cm，沥青面层+10～15cm，碎石上基层+40～50cm 半刚性基层+土基。
② 路面结构为 5～20cm，沥青面层+20～40cm，半刚性基层+20cm，碎石底基层+土基。

从表 6-6 中可以看出，对于常规高等级沥青路面结构，当级配碎石作为上基层防止半刚性基层反射裂缝时，受力远高于传统结构中做底基层时的应力水平。按此应力水平，级配碎石做上基层时，模量建议取 350～550MPa，此范围对应的沥青面层厚度为 5～20cm；由于目前高等级公路沥青路面面层厚度多为 12～18cm，对应于此结构的碎石基层模量取 400～450MPa 是合适的。而当级配碎石作为底基层时，则模量可取 150～250MPa，此建议值与在工地上用承载板的实测模量基本一致。

**2. 级配砾石基层**

粗细砾石集料和砂各占一定比例的混合料，当其颗粒组成符合密实级配要求时，称为级配砾石。由于砾石的内摩阻角小于碎石，因此级配砾石的强度和稳定性均低于级配碎石，在天然砂砾中掺加部分未筛分碎石组成的混合料称为级配碎砾石，其强度和稳定性也介于级配碎石和级配砾石之间。

级配砾石可适用于二级和二级以下公路的基层以及各级公路的底基层。它要求在最佳含水量时进行碾压，并且要达到以下重型击实标准所要求的压实度：基层，98%；底基层，96%。

级配砾石颗粒中细长及扁平颗粒含量不应超过20%。形状不合格的颗粒含量超过20%时，应掺入部分合乎规格的石料。

## 6.2　无机结合料稳定类基层施工

在我国已建成的高速公路和一级公路中，大多数路面采用了无机结合料稳定类基层，即半刚性基层。近三、四十年来，不少国家也越来越多地采用水硬性无机结合料处治粒料和处治土作为沥青路面的基层和底基层，其原因主要有以下几点：

（1）车辆轴载增大和交通量增加对路面的承载能力要求越来越高，无机结合料处治基层的沥青路面更能适应现代重型交通的需要。

（2）优质石料的料源日益减少。用无机结合料处治材料时，可以使用原先不能应用的质量较低的石料，甚至使用当地的土。这样可以避免远运优质石料，从而节约大量投资。

### 6.2.1　石灰稳定土基层

#### 1. 强度形成原理

在粉碎的或原来松散的土（包括各种粗、中、细粒土）中，掺入足量的石灰和水，经拌和压实及养护后得到的混合料，当其抗压强度符合规定的要求时，称为石灰稳定土。用石灰稳定细粒土时，简称石灰土；用石灰稳定天然砂砾土或用石灰土稳定级配砂砾时，简称石灰砂砾土；用石灰稳定天然碎石或用石灰土稳定级配碎石时，简称为石灰碎石土。

在土中掺入适当的石灰，并在最佳含水量下压实后，既发生了一系列的物理力学作用，也发生了一系列的化学与物理化学作用，从而使土的性质发生根本改变。初期主要表现在土的结团、塑性降低、最佳含水量的增大和最大密实度的减小等；后期变化主要表现在结晶结构的形成，从而提高其板体性、强度和稳定性。

综合国内外对石灰土强度和稳定性的研究成果，可以认为石灰加入土中后，主要发生了以下四个作用。

（1）离子交换作用。熟石灰溶于水后易离解成 $Ca^{2+}$ 和（OH）$^-$ 离子，使其溶液呈现出碱性。随着 $Ca^{2+}$ 浓度增大，二价 $Ca^{2+}$ 就能当量替换土粒表面所吸附的一价金属离子 $Na^+$、$H^+$、$K^+$，土颗粒表面所吸附的离子由一价变成了二价，减少了土颗粒表面吸附水膜的厚度，使土粒相互之间更为接近，分子引力随着增加。许多单个土粒聚成小团粒，结果导致土的分散性、湿坍性、黏附性和膨胀性降低。这个反应过程是随着 $Ca^{2+}$ 在土中的扩散逐渐地进行的，但初期进展迅速，是引起土发生初期变化的主要原因。

（2）结晶作用。在石灰土中只有一部分熟石灰 $Ca(OH)_2$ 进行离子交换作用，绝大部分饱和的 $Ca(OH)_2$ 自行结晶。熟石灰与水作用生成熟石灰结晶网格，其化学反应式为：

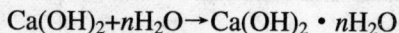

$$Ca(OH)_2 + nH_2O \rightarrow Ca(OH)_2 \cdot nH_2O$$

这种晶体能够相互结合，并与土粒结合起来形成共晶体，把土粒胶结成整体，并且晶体 $Ca(OH)_2$ 与非晶体相比 $Ca(OH)_2$，溶解度几乎小一半，因而石灰土的水稳性得到提高。

（3）火山灰作用。熟石灰的游离 $Ca^{2+}$ 与土中活性 $SiO_2$ 和 $Al_2O_3$ 作用生成含水的硅酸钙和

铝酸钙的化学反应就是火山灰作用,其反应式为:

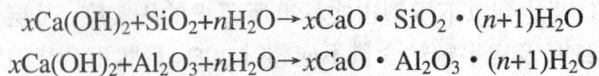

$$xCa(OH)_2+SiO_2+nH_2O \rightarrow xCaO \cdot SiO_2 \cdot (n+1)H_2O$$

$$xCa(OH)_2+Al_2O_3+nH_2O \rightarrow xCaO \cdot Al_2O_3 \cdot (n+1)H_2O$$

火山灰反应是在不断吸收水分的情况下逐渐发生的,具有水硬性质。火山灰作用是构成石灰土早期强度的主要原因。火山灰作用生成的胶凝物质($xCaO \cdot SiO_2 \cdot nH_2O \cdot xCaO \cdot Al_2O_3 \cdot nH_2O$)和氢氧化钙晶体在土的团粒外围形成一层稳定的保护膜,填充颗粒空隙,减少了颗粒间的空隙与透水性,提高了密实度,是石灰土获得强度和水稳性的基本原因,但这种作用较为缓慢。

(4)碳酸化作用。土中的 $Ca(OH)_2$ 与空气中的二氧化碳作用,其化学反应式为:

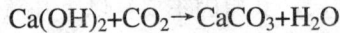

$$Ca(OH)_2+CO_2 \rightarrow CaCO_3+H_2O$$

$CaCO_3$ 是坚硬的结晶体,具有较高的强度和水稳性,它对土的胶结作用使土得到了加固。当石灰土的表面碳酸化后则形成一层硬壳,阻碍 $CO_2$ 进一步渗入,因而碳酸化作用是个相当长的反应过程,也是形成石灰土后期强度的主要原因之一。

**2. 影响石灰土强度的因素**

(1)土质。除有机质含量大的土和无塑性并缺少细料的粒料和砂性土外,只要土中的最大颗粒的粒径不超过规定的路面基层材料的最大粒径(40mm)或不超过规定的底基层材料的最大粒径(50mm),其他各种类型的土都可以用石灰稳定。但土的塑性指数太高时,难以粉碎;太低则难以碾压成型,因此,适宜用石灰稳定的黏性土的塑性指数在15~20之间。用石灰稳定不含黏性土或无塑性的砂砾、级配碎石和未筛分碎石时,应添加15%左右黏性土,并且该砂砾或碎石应具有较好的级配。

(2)灰质。石灰应为消石灰粉或生石灰粉,对于高速公路和一级公路,宜采用磨细生石灰粉。石灰质量应符合表6-7中Ⅲ级以上的技术标准,等外石灰、贝壳石灰、珊瑚石灰等,应通过试验。只要石灰土混合料的强度符合表6-8的标准,就可以使用。

表6-7 石灰质量标准

| 项目 \ 类别 | | 钙质生石灰 | | | 镁质生石灰 | | | 钙质消石灰 | | | 镁质消石灰 | | |
|---|---|---|---|---|---|---|---|---|---|---|---|---|---|
| | | I | II | III | I | II | III | I | II | III | I | II | III |
| 有效钙加氧化镁≥(%) | | 85 | 80 | 70 | 80 | 75 | 65 | 65 | 60 | 55 | 60 | 55 | 50 |
| 未消解残渣≤ (5mm 圆孔筛余)≤(%) | | 7 | 11 | 17 | 10 | 14 | 20 | | | | | | |
| 含水量≤(%) | | | | | | | | 4 | 4 | 4 | 4 | 4 | 4 |
| 细度 | 0.71mm(方孔筛) 筛余≤(%) | | | | | | | 0 | 1 | 1 | 0 | 1 | 1 |
| | 0.125mm 累计筛余≤(%) | | | | | | | 13 | 20 | | 13 | 20 | |
| 钙镁石灰的分界线 MgO(%) | | ≤5 | | | >5 | | | ≤4 | | | >4 | | |

为了保证石灰的质量,要尽量缩短石灰的存放时间,石灰在野外堆放时间较长时,应妥善保管,不能遭日晒雨淋。

| 表 6-8 | 石灰稳定土的强度标准 | （MPa） |
|---|---|---|

| 所用层位　　　　　公路等级 | 二级及二级以下公路 | 高速和一级公路 |
|---|---|---|
| 基层 | ≥0.8 | — |
| 底基层 | 0.5～0.7 | ≥0.8 |

注：1. 在低塑性土（塑性指数小于 7）地区，石灰稳定砂砾土和碎石土的 7d 浸水抗压强度应大于 0.5MPa。

　　　2. 低限用于塑性指数小于 7 的黏性土，高限用于塑性指数大于 7 的黏性土。

（3）石灰剂量。石灰剂量对石灰土强度影响显著。石灰剂量较低（小于 3%～4%）时，石灰主要起稳定作用，土的塑性、膨胀、吸水量减小，使土的密实度、强度得到改善。随着剂量的增加，强度和稳定性提高，但剂量超过一定范围时，强度反而降低。生产中常用的最佳剂量范围，对于黏性土及粉性土为 8%～14%；对砂性土则为 9%～16%。剂量的确定应根据结构层技术要求进行混合料组成设计。

（4）拌和及压实。土的粉碎程度和拌和的均匀性对石灰稳定土的强度有很大影响。应尽可能采用粉碎与拌和效率高的机械，提高粉碎程度与拌和的均匀性。

压实对石灰土强度的影响也很大，原交通部公路科研所统计分析 121 组用无机结合料稳定粒土的室内试验资料表明：压实度每增加 2%，抗压强度增加的最大值为 29.7%，最小值为 2.5%，平均增加 14.1%。

（5）养护条件与龄期。高温和一定的湿度对石灰土强度的形成很重要。温度高可使反应过程加快，一定的湿度为 $Ca(OH)_2$ 结晶和火山灰反应提供了必要的结晶水。因此，要求石灰稳定土层施工期的最低温度应在 5℃以上，并在第一次重冰冻（-5～-3℃）到来之前 1～1.5 个月完成，并且应该经历半月以上温暖和热的气候养护。

石灰稳定土强度随龄期而缓慢增长，到 28d 龄期时，只能达到 30%左右的强度。强度增长期很长，可达 8～10 年以上。

### 3. 石灰稳定土混合料设计

石灰稳定土是由土、石灰和水组成的，石灰剂量以石灰质量占全部粗细土颗粒（即砾石、砂粒、粉粒和黏粒）的干质量的百分率表示，即石灰剂量=石灰质量/干土质量。混合料的组成设计包括：根据强度标准，通过试验选取合适的土，确定必需的或最佳的石灰剂量和混合料的最佳含水量。

混合料的设计步骤详见如下所述。

（1）制备同一种土样，不同石灰剂量的石灰土混合料，根据不同的层位，可参照下列石灰剂量进行配制。

1）做基层时：

砂砾土和碎石土，5%、6%、7%、8%、9%；

塑性指数小于 12 的黏性土，10%、12%、13%、14%、16%；

塑性指数大于 12 的黏性土，5%、7%、9%、11%、13%。

2）做底基层时：

塑性指数小于 12 的黏性土，8%、10%、11%、12%、14%；

塑性指数大于 12 的黏性土，5%、7%、8%、9%、11%。

（2）确定混合料的最佳含水量和最大干密度，至少应做 3 个不同石灰剂量混合料的击实试验，即最小剂量、中间剂量和最大剂量，其余两个混合料的最佳含水量和最大干密度用内插法确定。

（3）按最佳含水量与工地预期达到的压实密度制备试件，进行强度试验。做平行试验的试件数量要满足《规范》要求。

（4）试件在规定温度［冰冻地区（20±2）℃，非冰冻地区（25±2）℃］下保湿养护 6d，浸水 1d，进行无侧限抗压强度试验，根据表 6-8 的强度标准，选定合适的石灰剂量，室内试验的平均抗压强度应符合式（6-1）的要求

$$\bar{R} \geqslant \frac{R_d}{1 - Z_a C_v} \tag{6-1}$$

式中　$\bar{R}$——平均抗压强度；

　　　$R_d$——设计抗压强度；

　　　$C_v$——试验结果的偏差系数（以小数计）；

　　　$Z_a$——标准正态分布表中随保证率而变的系数，重要交通公路应取保证率 95%，此时 $Z_a=1.645$；其他公路可取保证率为 90%，即 $Z_a=1.282$。

工地实际采用的石灰剂量应比室内试验确定的剂量稍多一些，集中厂拌法施工时，可只增加 0.5%；路拌法施工时，宜增加 1%。

### 6.2.2　水泥稳定土基层

#### 1. 强度形成原理

在粉碎的或原来松散的土（包括各种粗、中细粒土）中，掺入足量的水泥和水，经拌和得到的混合料经压实及养护后，当其抗压强度符合规定的要求时，称为水泥稳定土。用水泥稳定砂性土、粉性土得到的混合料，简称水泥土；稳定砂得到的混合料，简称水泥砂；用水泥稳定粗粒土和中粒土得到的混合料，视所用原材料，可简称水泥碎石（级配碎石和未筛分碎石）、水泥砂砾等。

在利用水泥来稳定土的过程中，水泥、土和水之间发生了多种复杂的作用，使土的性能发生了明显的变化。但由于水的用量很少，水泥的水化完全是在土中进行的，故作用速度比在水泥混凝土中进行得缓慢。水泥在稳定土中的作用，从工程观点来看，一是改变了土的塑性，二是增加了土的强度和稳定性。水化作用的形式归纳起来有如下几种。

（1）水泥的水化作用。其反应简式主要有如下几种：

硅酸三钙：　　　　　　　　　$2C_3S+6H_2O \longrightarrow C_3S_2H_3+3CH$

硅酸二钙：　　　　　　　　　$2C_2S+4H_2O \longrightarrow C_3S_2H_3+CH$

铝酸三钙：　　　　　　　　　$C_3A+6H_2O \longrightarrow C_3AH_6$

铁铝酸四钙：　　　　　　　　$C_4AF+7H_2O \longrightarrow C_4AFH_7$

水化反应产生出具有胶结能力的水化产物，是水泥稳定土强度的主要来源。水化产物在土的孔隙中相互交织搭接，将土颗粒包覆连接起来，使土逐渐丧失了原有的塑性。但此水化反应与水泥混凝土中的水化反应有所不同：① 土具有非常高的比表面积和亲水性；② 水泥含量少；③ 土对水化产物有强烈的吸附性；④ 土中存在酸性介质环境。特别是由于黏土矿物对水化产物中的 $Ca(OH)_2$ 极强的吸附和吸收作用，使溶液中的碱度降低，影响了水化产物

的稳定性；水化硅酸钙中的 C/S 会逐渐降低析出 $Ca(OH)_2$，使水化产物的结构和性能发生变化，从而影响到混合料的性能。因此，在选用水泥时，应优先选用硅酸盐水泥，必要时还应对水泥稳定土进行"补钙"，以提高混合料中的碱度。

（2）离子交换作用。黏土颗粒表面通常带有一定量的负电荷，进而吸引周围溶液中正离子，如 $K^+$，$Na^+$，等，而在颗粒表面形成一个双电层结构，这些与电位离子电荷相反的离子就称为反离子。黏土颗粒表面带上负电荷，即电位离子形成的电位称为热力学电位（$\theta$）。由于反离子的存在，离开颗粒表面越远电位越低，经过一定的距离电位将降为零，此距离称为双电层厚度。由于各个黏土颗粒表面都具有相同的双电层结构，因此黏土颗粒之间往往间隔着一定的距离。

硅酸盐水泥中，硅酸三钙和硅酸二钙占主要部分，其水化产物中 $Ca(OH)_2$ 占 25%。大量的氢氧化钙溶于水后，在土中形成一个富含 $Ca^{2+}$ 的碱性溶液环境，$Ca^{2+}$ 取代了 $K^+$、$Na^+$，成为反离子。同时，$Ca^{2+}$ 双电层电位的降低速度加快，对电层厚度降低，黏土颗粒间距离减小，相互靠拢，导致土的凝聚，从而改变土的塑性，使土具有一定的强度和稳定性。

（3）化学激发作用。随着水泥水化反应的深入，$Ca^{2+}$ 数量超过上述离子交换的需要量后，使混合料呈现出一种碱性环境，从而激发出 $SiO_2$ 和 $AL_2O_3$ 的活性，与溶液中的 $Ca^{2+}$ 进行反应，生成新的矿物。这些矿物主要是硅酸钙和铝酸钙系列，如 $4CaO \cdot SiO_2 \cdot 5H_2O$、$4CaO$、$Al_2O_3 \cdot 19H_2O$、$3CaO \cdot 16H_2O$、$CaO \cdot Al_2O_3 \cdot 10H_2O$ 等。这些生成物同样也具有胶凝能力，并包裹着黏土颗粒表面，与水泥的水化产物一起，将黏土颗粒凝结成一个整体。因此，氢氧化钙对黏土矿物的激发作用，进一步提高了水泥稳定土的强度和水稳定性。

（4）碳酸化作用。水泥水化生成的 $Ca(OH)_2$，除了可与黏土矿物发生化学反应外，还可以进一步与空气中的 $CO_2$ 反应生成碳酸钙晶体：

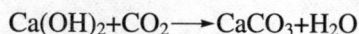

$$Ca(OH)_2 + CO_2 \longrightarrow CaCO_3 + H_2O$$

碳酸钙生成过程中产生体积膨胀，可以对土体起到填充和加固作用，提高土的强度，但这种作用相对来讲比较弱，并且反应过程缓慢。

**2. 影响强度的因素**

土的类别和性质是影响水泥稳定土强度的重要因素。凡是能被经济地粉碎的土，都可用水泥稳定，但稳定效果不同。实践证明，用水泥稳定级配良好的碎（砾）石和砂砾，效果最好，不但强度高，而且水泥用量少；其次是砂性土；再次之是粉性土和黏性土。一般土的塑性指数不应超过 17，实际工作中往往选用塑性指数小于 12 的土。重黏土由于难以粉碎和拌和，不宜单独用水泥稳定；有机质含量超过 2%或硫酸盐含量超过 0.25%的土，不应用水泥稳定。

（1）水泥类型及剂量。普通硅酸盐水泥、矿渣硅酸盐水泥和火山炭质硅酸盐水泥都可用于稳定土。通常情况下，硅酸盐水泥的稳定效果较好，铝酸盐水泥虽可用于稳定但效果较差。终凝时间较长（6h 以上）的低标号水泥应优先选用。

水泥稳定土的强度随水泥剂量的增加而增长，不存在最佳剂量。但过多的水泥用量，虽获得强度的增加，经济上却不一定合理，且容易开裂。试验和研究证明，水泥剂量为 4%～8% 较为合理。

（2）施工及养护。首先要保证稳定土一定的含水量，既要达到最佳密实度的含水量，又能满足水泥完全水化和水解作用的需要。其次是混合料须拌和均匀并充分压实。水泥土从开始加水拌和到完成压实的延迟时间要尽可能地短，一般要在 6h 以内。若时间过长，水泥开始凝结，碾压时不但达不到压实度要求，而且会破坏已结硬水泥的胶凝作用，反而使水泥稳定土强度下降。

一定的水分是水泥稳定土形成强度的必要条件，湿法养护可满足水泥水化形成强度的需要。而养护温度越高，强度增长得越快。

**3. 混合料组成设计**

水泥稳定土中水泥剂量以水泥质量占全部粗细颗粒（即砾石、砂粒、粉粒和黏粒）的干质量的百分率表示。当水泥稳定土层用做底基层时，集料的最大粒径不应超出 40mm；用做基层时，不应超过 30mm，并且都应有较好的级配。二级以下公路，集料压碎值不大于 35%（底基层可到 40%）；一级公路和高速公路，压碎值不大于 30%。混合料的组成设计与石灰稳定土基本相同。

水泥稳定土 7d 无侧限抗压强度和压实度应根据公路等级和所在路面结构中的层位确定，见表 6-9。

表 6-9 水泥稳定土的强度及压实度标准

| 层 位 | 高速公路和一级公路 | | 二级和二级以下公路 | |
|---|---|---|---|---|
| | 强度/MPa | 压实度（%） | 强度/MPa | 压实度（%） |
| 基 层 | 3~4 | 98 | 2~3 | 中、粗粒土 97，细粒土 93 |
| 底基层 | ≥1.5 | 中、粗粒土 96，细粒土 95 | ≥1.5 | 中、粗粒土 95，细粒土 93 |

混合料设计步骤详见如下所述。

（1）制备同一种土样，不同水泥剂量的水泥稳定土混合料，一般按下列水泥剂量进行配制。

1）做基层用：

中粒土和粗粒土，3%、4%、5%、6%、7%；

塑性指数小于 12 的土，5%、7%、8%、9%、11%；

其他细粒土，8%、10%、12%、14%、16%。

2）做底基层用：

中粒土和粗粒土，3%、4%、5%、6%、7%；

塑性指数小于 12 的土，4%、5%、6%、7%、9%；

其他细粒土，6%、8%、9%、10%、12%。

（2）确定最佳含水量和最大干（压实）密度。至少应做 3 个剂量混合料的击实试验，即最小剂量、中间剂量和最大剂量。根据表 6-9 强度标准选定合适的水泥剂量，室内试验结果的平均抗压强度 $R$ 应符合式（6-1）的要求。按工地预定达到的压实度，分别计算不同水泥剂量试件应有的干密度。

工地实际采用的水泥剂量应比室内试验确定的剂量稍大，采用集中厂拌法施工时，可只增加 0.5%；采用路拌法施工时，宜增加 1%。

### 6.2.3 工业废渣稳定土基层

**1. 概述**

一定数量的石灰和粉煤灰，或石灰和煤渣与其他集料相配合，加入适量的水（通常为最佳含水量），经拌和、压实及养护后得到的混合料，当其抗压强度符合一定要求时，称为石灰工业废渣稳定土（简称石灰工业废渣）。

随着工业的发展，工业废渣逐渐增多，甚至到了污染环境的程度。利用工业废渣铺筑道路，不但提高道路的使用品质，降低了工程造价，且能够变废为宝，具有很大的意义。常用的工业废渣包括：粉煤灰、煤渣、高炉矿渣、崩解过的达到稳定的钢渣，及其他冶金矿渣、煤矸石等。粉煤灰中含有较多的二氧化硅、氧化钙或氧化铝等活性物质，应用最为广泛。因此，石灰工业废渣往往分为石灰粉煤灰类及石灰其他废渣类。用石灰稳定工业废渣时，石灰在水的作用下形成饱和的 $Ca(OH)_2$ 溶液，废渣的活性氧化硅和氧化铝在 $Ca(OH)_2$ 溶液中产生火山灰反应，生成水化硅酸钙和铝酸钙凝胶，使颗粒胶凝在一起。随水化物不断产生而结晶硬化，在温度较高时，混合料强度不断增长。因此，石灰工业废渣基层具有水硬性、缓凝性、强度高、稳定性好，成板体，且强度随龄期不断增加，抗水、抗冻、抗裂且收缩性小，能适用各种气候环境和水文地质条件，可适用于各级公路的基层和底基层；但二灰土（石灰粉煤灰稳定土）不应用作高级沥青路面的基层，而只能用做底基层。在高速公路和一级公路上的水泥混凝土面板下，二灰土也不应作基层。

**2. 材料要求**

（1）石灰。石灰的质量应符合Ⅲ级以上的技术指标，并且要尽量缩短石灰的存放时间。有效钙含量在 20%以上的等外石灰、贝壳石灰、珊瑚石灰、电石渣等，应通过试验，只要混合料的强度符合要求就可应用。

（2）废渣。主要以粉煤灰和煤渣为主，其他废渣的材料要求可参照执行。粉煤灰中 $SiO$、$2Al_2O_3$ 和 $Fe_2O_3$ 的总含量应大于 70%，烧失量不超过 20%，比表面积宜大于 $2500cm^2/g$。干、湿粉煤灰都可使用。干粉煤灰如堆在地上，应加水防止灰尘飞扬污染环境。湿粉煤灰含水量不宜超过 35%，使用时，湿凝成团的粉煤灰应打碎或过筛，同时清除有害物质。煤渣的主要成分是二氧化硅和三氧化二铝，松干密度在 $700\sim1100kg/m^3$ 之间，最大粒径不应大于 30mm，颗粒组成宜有一定级配，且不含有害物质。

（3）粒料。用做二灰混合料的粒料应少含或不含有塑性的土。一级公路和高速公路集料的压碎值应不大于 30%，二级和二级以下公路压碎值应不大于 35%。用于高速公路和一级公路的二灰级配集料，用做底基层时，其最大粒径不超过 40mm，级配要符合表 6-10 中的 1 号级配；用做基层时，混合料中集料的质量应占 80%～85%，最大粒径不超过 30mm，采用表中 2、3 号级配，小于 0.075 颗粒含量宜接近 0。对于二级及二级以下公路，二灰集料混合料用做底基层时，最大粒径不应超过 50mm；用做基层时，集料质量要占 80%以上，并符合表 6-10 中的级配要求。

表 6-10　　　　　　　　　二灰级配集料混合料中集料的颗粒组成范围

| 编　号 | | 1 | 2（砂砾） | 3（碎石） |
|---|---|---|---|---|
| 通过下列筛孔的/mm<br>质量百分率（%） | 40 | 100 | | |
| | 30 | 90～100 | 100 | 100 |
| | 20 | 60～85 | 90～100 | 85～100 |
| | 10 | 50～70 | 55～80 | 60～80 |
| | 5 | 40～60 | 40～65 | 30～50 |
| | 2 | 27～47 | 28～50 | 15～30 |
| | 1 | 20～40 | 20～40 | |
| | 0.5 | 10～30 | 10～20 | 10～20 |
| | 0.075 | 0～15 | 0～10 | 0～10 |

### 3. 混合料组成设计

石灰工业废渣混合料组成设计与石灰稳定土相仿，即根据表6-11的强度标准，通过试验选取最适宜于稳定的土，确定石灰与粉煤灰或石灰与煤渣的比例，确定石灰粉煤灰或石灰煤渣与土（包括各种集料）的比例（质量比），确定混合料的最佳含水量。

表 6-11　　　　　　　　　　二灰混合料的强度和压实度标准

| 使用层次 | 高速和一级公路 | | 二级和二级以下公路 | |
|---|---|---|---|---|
| | 强度/MPa | 压实度（%） | 强度/MPa | 压实度（%） |
| 基层 | 不小于0.8 | 不小于98 | 不小于0.6 | 中、粗粒土97，细粒土93 |
| 底基层 | 不小于0.5 | 中、粗粒土96，细粒土95 | 不小于0.5 | 中、粗粒土95，细粒土93 |

采用石灰粉煤灰混合料做基层时，石灰与粉煤灰的比例常用1:2～1:4，稳定细粒土时，石灰粉煤灰与细粒土的比例为（10:90）～（30:70），与集料的比应是（20:80）～（15:85）；采用石灰煤渣混合料做基层或底基层时，石灰与煤渣的比可以是1:1～1:4，石灰煤渣与细粒土可以是 1:1～1:4；石灰煤渣集料做基层或底基层时，石灰:煤渣:粒料可以是（7～9）:（26～33）:（58～67）。

# 复习思考题

1. 简述综合排水系统设计的意义及要求。
2. 公路工程设置排水的目的是什么？
3. 路基地面排水结构物常见的类型有哪些？
4. 路基地下排水结构物常见的类型有哪些？

# 第7章 沥青路面施工

## 7.1 沥青路面施工准备

施工准备工作是为了保证工程顺利开工和施工活动正常进行而必须事先做好的各项准备工作。它存在于开工之前，贯穿于整个施工过程。沥青路面工程施工是一项复杂的生产活动，它既要组织大量的施工人员，又要消耗大量的建筑材料、很多的施工机械，还要处理各种技术问题，协调各种协作关系，涉及面广，情况复杂。施工准备工作的好坏直接影响工程的进度、质量和经济效益。因此，高度重视施工准备，严格遵守施工程序，按照客观规律组织施工，是沥青路面施工顺利进行的重要保证。

沥青路面工程施工准备工作的主要内容一般包括技术的准备、人员和设备的准备、施工临时设施的准备。

### 7.1.1 技术的准备

沥青路面施工技术准备是工程顺利实施的基础和保证。由于任何细小的技术差错都可能引起人身安全和质量事故，造成生产、财产的损失，因此必须认真做好技术准备工作，其内容包括熟悉和审查设计文件、编制施工组织设计、技术安全交底和施工放样等。

（1）熟悉和审查设计文件。设计文件（施工图）是组织施工的主要依据，应组织工程技术人员领会设计文件的意图，熟悉设计文件中的各项技术指标，仔细考虑其技术经济的合理性和施工的可行性。对设计文件中有疑问、错误或设计不妥之处，应及时与建设业主、设计单位和工程监理联系，到实地现场调查了解，选择合理的解决办法。对于一些不确定的因素，如阴雨、交通干扰等，技术人员应做到心中有数，以便对相应的施工环节予以充分的考虑。熟悉和审查施工纸的程序详见如下所述。

1）施工图纸的阅读预审阶段。当施工单位拿到施工图纸后，应尽快组织技术人员熟悉和预审图纸，对施工图纸出现的错误和提出建议按图标写出记录。

2）施工图纸的会审。主要由建设单位、设计单位和施工单位三方进行施工图纸会审。首先由设计单位进行图纸交底，然后各方提出问题和建议，经过协调形成图纸会审纪要，由建设单位正式行文，参加会议的各单位盖章，可作为与施上图纸具有同等法律效力的技术文件使用。

3）施工图纸的现场签证。在施工过程中，如果发现施工条件与设计条件不符，或因为材料质量、规格不能满足设计要求，或图纸中有错误，应对施工图纸进行现场签证。在施工现场进行图纸修改和变更设计资料，都要有设计单位正式发出的文字记录或通知。

（2）编制施工组织设计。工程路面施工组织设计是指导施工现场全部生产活动的技术经济文件。路面施工过程是一个很复杂的物质创造过程，为了处理人力、物力、财力以及它们在空间和时间上的排列关系，必须根据工程的规模、结构特点和建设单位的要求，在对原始资料进行调查分析的基础上，编制出一份能切实指导该工程全部施工活动的科学方案，并报工程监理和建设业主批准。

路面工程施工组织设计的编制内容如下：

1）根据设计路面的类型，进行料场勘察与选择，确定材料供应范围及加工方法。

2）选择施工方法和设计工序。

3）计算工作量。

4）编制流水作业图，布置工地，组织施工队伍。

5）编制工程进度日程图。

6）计算所需资源（劳动力、机械、材料）及平衡分期的需要量，编制材料运输日程计划。

（3）技术、安全交底。技术、安全交底的目的是把工程设计的内容、施工计划、施工技术要点和安全等要求，按分项内容或按阶段向施工队、组交代清楚。

技术、安全交底应在路面工程开工前进行，以保证工程按施工组织设计、安全操作规程和施工规范等要求进行施工。

技术、安全交底的内容有：路面工程施工进度计划、施工组织设计、质量标准、安全措施降低成本措施等；采用新技术、新工艺、新材料、新结构的保障措施；有关图纸设计变更和技术核定等事项。交底的方式有书面形式、口头形式和现场示范形式等。

（4）施工放样。沥青路面施工前，应根据路线导线点或控制点，恢复路中线，定设中心桩和边线桩。一般直线段桩距为 20～25m，并在两侧路肩边缘外 0.3～0.5m 处设置指示桩。

此外，还应测量原有路基顶面的断面高程，在两侧的指示桩上标记路面基层（低基层）的顶面标高及位置线。

## 7.1.2　人员和设备的准备

人员和设备的准备是路面工程施工顺利进行的物质保证。施工从准备工作开始，到现场施工，需要投入大量的人力、物力和财力，稍有疏漏，任何一个环节出了问题，不仅会影响施工进度、工程质量，而且可能造成很大的经济损失。因此，必须做好人员和设备两方面的充分准备。

（1）人员准备。人员准备包括建立施工组织机构和组建施工队伍。

1）建立施工组织机构。施工组织机构是为完成公路路面施工而设置的负责现场指挥、管理工作的组织机构。一般由项目经理部及下设备职能部门组成。

2）组建施工队伍。根据所承担的工程量的大小和工期要求，安排出总进度计划，并进一步估算出全部工程用工工日数，平均日出工人数，施工高峰期日出工人数，以及技术工种、机械操作工种、普通工种等用工比例，选择合适的劳动作业队伍，并与之签订劳务合同，实行合同管理。

（2）机械及工具设备准备。根据工程需要、工程量大小及施工进度要求，确定施工机械的类型、数量、进场时间、供应方法、进场后的安装和存放地点等，编制施工机械需要计划，充分发挥施工机械的使用性能，保证机械设备的正常操作使用。

## 7.1.3　施工临时设施的准备

施工临时设施的准备工作为工程的施工创造有利的施工条件和物资保证。为了维护施工期间的场内外交通，保证机具、材料、人员和给养的运送，必须修筑临时道路，并保持行驶安全。

在施工过程中，为保证筑路员工的生活、物件器材的存放要修建临时的工棚。为保证工程和生活用水的需要，还要修建临时的给水设施。

## 7.2　沥青路面施工

### 7.2.1　概述

沥青路面是用沥青材料作结合料黏结矿料修筑面层与各类基层与垫层组成的路面结构。

由于沥青路面使用了沥青结合料，因此增强了集料间的黏结力，提高了混合料的强度和稳定性，使路面的使用质量和耐久性得到提高。与水泥混凝土路面相比，沥青路面具有表面平整、无接缝、行车舒适、耐磨、振动小、噪声低、施工期短、养护维修简便和适宜分期修建等优点。

沥青路面根据分类方法不同，有多种分类方法。

**1. 按强度构成原理分类**

按强度构成原理可将沥青路面分为密实和嵌挤两大类。

密实类沥青路面的集料级配按最大密实原则设计颗粒尺寸多样，其强度和稳定性主要取决于混合料的黏聚力和内摩阻力。

嵌挤类沥青路面采用的是颗粒尺寸较为均一的集料，路面的强度和稳定性主要由集料颗粒之间相互嵌挤所产生的内摩阻力决定，而黏聚力只起次要作用。嵌挤类沥青路面比密实类路面的热稳定性要好，但孔隙率大，易渗水，因而耐久性差。

**2. 按施工工艺分类**

沥青路面按施工工艺可分为层铺法、路拌法和厂拌法。

（1）层铺法是沥青和集料分层撒铺、碾压成型的路面施工方法。其具有工艺设备简单、功效较高、施工进度快、造价低等优点；其缺点是需要经过炎热夏季行车碾压之后路面才能成型，因此成型期较长。用这种方法修筑的路面有沥青表面处治和沥青贯入式。

（2）路拌法是指在路上用人工或机械将矿料和沥青材料就地拌和和摊铺、碾压密实而形成的沥青面层施工方法。路拌法因就地拌和，沥青材料在矿料中分布均匀，减少了路面的成型期。因矿料是冷料，需黏稠度较低的沥青材料黏结，所以路面强度较低。

（3）厂拌法是将规定级配的矿料和沥青材料用工厂的专用设备加热拌和，并在一定的时间内运到工地用摊铺机摊铺，然后碾压成型的沥青路面的施工方法。如果混合料拌和后立即运到工地摊铺碾压，称为热拌热铺；如果混合料加热后储存一段时间后在常温下运到工地摊铺，则为热拌冷铺。厂拌法施工集料清洁、级配准确、沥青黏稠度高、用量准确，因此混合料质量高、寿命长，但修建费用较高。

**3. 按沥青路面的技术特性分类**

按沥青路面的技术特性，可将其分为沥青混凝土路面、沥青碎石路面、沥青贯入式路面、沥青表面处治路面等。近年来，在工程实践中，沥青玛琋脂碎石混合料路面、多孔隙沥青混凝土路面、多碎石沥青混凝土路面等新型沥青混凝土路面都得到了一定的应用。

（1）沥青混凝土路面。用不同粒径的碎石、天然砂或破碎砂、矿粉和沥青按一定比例在拌和机中热拌所得的混合料称为沥青混凝土混合料。这种混合料的矿料部分具有严格的级配要求，若矿料中含有矿粉，混合料是按最佳密实级配配置的（空隙率小于10%），这种混合料压实后达到规定的强度时，就称为沥青混凝土。按级配原理选配的矿料与适量沥青拌和均匀，经摊铺压实而成的路面称为沥青混凝土路面。

（2）沥青碎石路面。由几种不同大小的矿料（所用矿料为升级配），掺有少量矿粉或不加矿粉，用沥青作结合料，按一定比例配合，均匀拌和，拌和后混合料的孔隙率大于10%，混合料被称为厂拌沥青碎石，沥青碎石经摊铺碾压成型的路面称为沥青碎石路面。

（3）沥青贯入式路面。沥青贯入式路面是在初步压实的碎（砾）石上，用沥青浇灌，再分层撒铺嵌缝料和浇洒沥青，并通过分层压实而形成的一种较厚的路面面层，其厚度通常为4.8cm。

沥青贯入式路面强度高、稳定性好、施工简便、不易产生裂缝，但沥青材料在矿料中不易洒布均匀，因此强度不均匀。

根据沥青材料贯入深度不同可分为深贯入式（6.8cm）和浅贯入式（4～5cm）。

为了防止表面水的渗入，须加封层密闭表面空隙，以增强路面的水稳性和耐用性。如果封层采用拌和法施工，则其下部宜采用贯入法，常称为沥青上拌下贯式路面。

（4）沥青表面处治路面。沥青表面处治路面是用沥青和集料按层铺法或拌和法铺筑而成的厚度不超过3cm的沥青路面。沥青表面处治的作用是保护下层路面结构层，防水、抗磨耗、防滑和改善碎（砾）石路面的使用品质。

为保证矿料间良好的嵌锁作用，同一层的矿料颗粒尺寸应力求均匀，最大粒径应与表处层的厚度相同，且所用沥青须有一定的稠度。

沥青表面处治的施工应在寒冷季节（日最高温度低于15℃）到来之前半个月结束，以确保当年能在一定的高温条件下，通过行车碾压使路面成型。

沥青表面处治根据厚度的不同可分为单层式、双层式和三层式。

## 7.2.2 沥青路面常用材料

### 1. 沥青

（1）道路石油沥青。道路石油沥青使用于各类沥青路面面层。其适用范围应符合表 7-1 的要求，其技术指标应符合表 7-2 的要求。

表 7-1　　　　　　　　　　　道路石油沥青的适用范围

| 沥青等级 | 使 用 范 围 |
|---|---|
| A 级 | 各个等级的公路，适用于任何场合和层次 |
| B 级 | ① 高速公路，一级公路沥青下面层及以下的层次，二级及二级以下公路的各个层次；<br>② 用做改性沥青、乳化沥青、改性乳化沥青、稀释沥青的基质沥青 |
| C 级 | 三级及三级以下公路的各个层次 |

沥青路面采用的沥青标号，应根据公路等级、气候条件、交通条件、路面类型及在结构层中的层位及受力特点、施工方法等，结合当地的使用经验，经技术论证后确定。

　　对于高等级公路，重载交通、夏季温度高、高温持续时间长、山区及丘陵区的上坡路段服务区、停车场等受汽车荷载剪应力、行车速度慢的路段，应采用黏度大、稠度高的沥青，也可提高高温气候分区的温度水平选用沥青等级；反之，冬季寒冷的地区或交通量小的公路可采用低温延度大、稠度小的沥青；当地气候温差较大的地区应选用针入度指数较大的沥青。

　　道路石油沥青在储存、使用和存放过程中应注意防水，应避免雨水和蒸汽进入沥青。沥青储存的温度应为 130～170℃。筒装沥青应直立堆放，加盖苫布。

表 7–2　　　　　　　　　　　　　　　道路石油沥青技术要求

| 指标 | 单位 | 等级 | 160号④ | 130号④ | 110号 | | | 90号 | | | | | 70号③ | | | | | 50号 | 30号④ | 试验方法① |
|---|---|---|---|---|---|---|---|---|---|---|---|---|---|---|---|---|---|---|---|---|
| 针入度（25℃ 100g5s） | dmm | | 140~200 | 120~140 | 100~120 | | | 80~100 | | | | | 60~80 | | | | | 40~60 | 20~40 | T0604 |
| 适用的气候分区⑥ | | | 注④ | 注④ | 2-1 | 2-2 | 3-2 | 1-1 | 1-2 | 1-3 | 2-2 | 2-3 | 1-3 | 1-4 | 2-2 | 2-3 | 2-4 | 1-4 | 注④ | 附录A⑥ |
| 针入度指数② | | A | -1.5~+1.0 | | | | | | | | | | | | | | | | | T0604 |
| | | B | -1.8~+1.0 | | | | | | | | | | | | | | | | | |
| 软化点（R&B），不小于 | ℃ | A | 38 | 40 | 43 | | | 45 | | | 44 | | 46 | | | 45 | | 49 | 55 | T0606 |
| | | B | 36 | 39 | 42 | | | 43 | | | 42 | | 44 | | | 43 | | 46 | 53 | |
| | | C | 35 | 37 | 41 | | | 42 | | | | | 43 | | | | | 45 | 50 | |
| 60℃动力黏度②，不小于 | Pa·s | A | — | 60 | 120 | | | 160 | | | 140 | | 180 | | | 160 | | 200 | 260 | T0620 |
| 10℃延度②，不小于 | cm | A | 50 | 50 | 40 | | | 45 | 30 | 20 | 30 | 20 | 20 | 15 | 25 | 20 | 15 | 15 | 10 | |
| | | B | 30 | 30 | 30 | | | 30 | 20 | 15 | 20 | 15 | 15 | 10 | 20 | 15 | 10 | 10 | 8 | |
| 15℃延度，不小于 | cm | A、B | 100 | | | | | | | | | | | | | | | 80 | 50 | T0605 |
| | | C | 80 | 80 | 60 | | | 50 | | | | | 40 | | | | | 30 | 20 | |
| 蜡含量（蒸馏法），不大于 | % | A | 2.2 | | | | | | | | | | | | | | | | | T0615 |
| | | B | 3.0 | | | | | | | | | | | | | | | | | |
| | | C | 4.5 | | | | | | | | | | | | | | | | | |
| 闪点，不小于 | ℃ | | 230 | | | | | 245 | | | | | 260 | | | | | | | T0611 |
| 溶解度，不小于 | % | | 99.5 | | | | | | | | | | | | | | | | | T0607 |
| 密度（15℃） | g/cm³ | | 实测记录 | | | | | | | | | | | | | | | | | T0603 |
| TFOT（或 RTFOT）后⑤ | | | | | | | | | | | | | | | | | | | | T0610 或 T0609 |
| 质量变化，不大于 | % | | ±0.8 | | | | | | | | | | | | | | | | | |
| 残留针入度比，不小于 | % | A | 48 | 54 | 55 | | | 57 | | | | | 61 | | | | | 63 | 65 | T0604 |

续表

| 指标 | 单位 | 等级 | 沥青标号 | | | | | | 试验方法① |
|---|---|---|---|---|---|---|---|---|---|
| | | | 160号④ | 130号④ | 110号 | 90号 | 70号③ | 50号 | 30号④ | |

| 指标 | 单位 | 等级 | 160号④ | 130号④ | 110号 | 90号 | 70号③ | 50号 | 30号④ | 试验方法① |
|---|---|---|---|---|---|---|---|---|---|---|
| 残留针入度比，不小于 | % | B | 45 | 50 | 52 | 54 | 58 | 60 | 62 | T0604 |
| | | C | 40 | 45 | 48 | 50 | 54 | 58 | 60 | |
| 残留延度，（10℃）不小于 | cm | A | 12 | 12 | 10 | 8 | 6 | 4 | — | T0605 |
| | | B | 10 | 10 | 8 | 6 | 4 | 2 | — | |
| 残留延度，（15℃）不小于 | cm | C | 40 | 35 | 30 | 20 | 15 | 10 | — | T0605 |

① 试验方法按照现行《公路工程沥青及沥青混合料试验规程》（JTJ 052—2000）规定的方法执行，用于仲裁试验求取 PI 时的 5 个温度的针入度关系的相关系数不得小于 0.997；

② 经建设单位同意，表中 PI 值、60℃动力黏度、10℃延度可作为选择性指标，也可不作为施工质量检验指标；

③ 70 号沥青可根据需要要求供应商提供针入度范围为 60～70 或 70～80 的沥青，50 号沥青可要求提供针入度范围为 40～50 或 50～60 的沥青；

④ 30 号沥青仅适用于沥青稳定基层；130 号和 160 号沥青除寒冷地区可直接在中低级公路上直接应用外，通常用作乳化沥青、稀释沥青、改性沥青的基质沥青；

⑤ 老化试验以 TFOT 为准，也可以 RTFOT 代替；

⑥ 参见《公路沥青路面施工技术规范》（JTGF40—2004）中的附录 A。

（2）乳化沥青。乳化沥青适用于沥青贯入式路面、沥青表面处治路面、冷拌沥青混合料路面、喷洒透层、黏层和封层等。其品种和适用范围应符合表 7-3 的规定，其技术要求应符合表 7-4 的规定。

表 7-3　　　　　　　　　　　　乳化沥青品种及适用范围

| 分　类 | 品种及代号 | 适　用　范　围 |
|---|---|---|
| 阳离子乳化沥青 | PC-1 | 表面处治、贯入式路面及下封层用 |
| | PC-2 | 透层油及基层养护用黏层油 |
| | PC-3 | 用稀浆封层或冷拌沥青混合料 |
| | BC-1 | |
| 阴离子乳化沥青 | PA-1 | 表面处治、贯入式路面及下封层用 |
| | PA-2 | 透层油及基层养护用黏层油 |
| | PA-3 | 用稀浆封层或冷拌沥青混合料 |
| | BA-1 | |
| 非离子乳化沥青 | PN-2 | 透层油用 |
| | BN-1 | 与水泥稳定集料同时使用 |

表 7-4　　　　　　　　　　　　道路用乳化沥青技术要求

| 试验项目 | 单位 | 品种及代号 | | | | | | | | | | 试验方法 |
|---|---|---|---|---|---|---|---|---|---|---|---|---|
| | | 阳离子 | | | | 阴离子 | | | | 非离子 | | |
| | | 喷洒用 | | | 拌和用 | 喷洒用 | | | 拌和用 | 喷洒用 | 拌和用 | |
| | | PC-1 | PC-2 | PC-3 | BC-1 | PA-1 | PA-2 | PA-3 | BA-1 | PN-2 | BN-1 | |
| 破乳速度 | | 快裂 | 慢裂 | 快裂或中裂 | 慢裂或中裂 | 快裂 | 慢裂 | 快裂或中裂 | 慢裂或中裂 | 慢裂 | 慢裂 | T0658 |
| 粒子电荷 | | 阳离子（+） | | | | 阴离子（-） | | | | 非离子 | | T0653 |

续表

| 试验项目 | | 单位 | 品种及代号 | | | | | | | | | | 试验方法 |
|---|---|---|---|---|---|---|---|---|---|---|---|---|---|
| | | | 阳离子 | | | | 阴离子 | | | | 非离子 | | |
| | | | 喷洒用 | | | 拌和用 | 喷洒用 | | | 拌和用 | 喷洒用 | 拌和用 | |
| | | | PC–1 | PC–2 | PC–3 | BC–1 | PA–1 | PA–2 | PA–3 | BA–1 | PN–2 | BN–1 | |
| 筛上残留物（1.18mm 筛），不大于 | | % | 0.1 | | | | 0.1 | | | | 0.1 | | T0652 |
| 黏度 | 恩格拉黏度计 $E_{25}$ | | 2~10 | 1~6 | 1~6 | 2~30 | 2~10 | 1~6 | 1~6 | 2~30 | 1~6 | 2~30 | T0622 |
| | 道路标准黏度计 $C_{25.3}$ | s | 10~25 | 8~20 | 8~20 | 10~60 | 10~25 | 8~20 | 8~20 | 10~60 | 8~20 | 10~60 | T0621 |
| 蒸发残留物 | 残留分含量，不小于 | % | 50 | 50 | 50 | 55 | 50 | 50 | 50 | 55 | 50 | 55 | T0651 |
| | 溶解度，不小于 | % | 97.5 | | | | 97.5 | | | | 97.5 | | T0607 |
| | 针入度（25℃） | dmm | 50~200 | 50~300 | 45~150 | | 50~200 | 50~300 | 45~150 | | 50~300 | 60~300 | T0604 |
| | 延度（15℃），不小于 | cm | 40 | | | | 40 | | | | 40 | | T0605 |
| 与粗集料的黏附性，裹附面积，不小于 | | | 2/3 | | | — | 2/3 | | | — | 2/3 | — | T0654 |
| 与粗、细粒式集料拌和试验 | | | — | | | 均匀 | — | | | 均匀 | — | 均匀 | T0659 |
| 水泥拌和试验的筛上剩余，不大于 | | % | — | | | | — | | | | — | ③ | T0657 |
| 常温储存稳定性：<br>1d，不大于<br>5d，不大于 | | % | 1<br>5 | | | | 1<br>5 | | | | 1<br>5 | | T0655 |

注：1. P 为喷洒型，B 为拌和型，C、A、N 分别表示阳离子、阴离子、非离子乳化沥青。

　　2. 黏度可选用恩格拉黏度计或沥青标准黏度计之一测定。

　　3. 表中的破乳速度、与集料的黏附性、拌和试验的要求与所使用的石料品种有关，质量检验时应采用工程上实际的石料进行试验，仅进行乳化沥青产品质量评定时可不要求此三项指标。

　　4. 储存稳定性根据施工实际情况选用试验时间，通常采用 5d，乳液生产后能在当天使用时也可用 1d 的稳定性。

　　5. 当乳化沥青需要在低温冰冻条件下储存或使用时，尚需按 T0656 进行–5℃低温储存稳定性试验，要求没有粗颗粒、不结块。

　　6. 如果乳化沥青是将高浓度产品运到现场经稀释后使用时，表中的蒸发残留物等各项指标指稀释前乳化沥青的要求。

　　应根据集料的品种、使用条件、施工方法等选择乳化沥青的破乳速度和黏度，用以确定合适的乳化沥青的类型。一般阳离子乳化沥青适用于各种集料品种，阴离子乳化沥青适用于碱性石料。应正确存放乳化沥青，应放于立式罐中并适当搅拌，储存期内应不离析、不冻结、不破乳。

　　（3）液体石油沥青。液体石油沥青适用于透层、黏层及拌制冷拌的沥青混合料。根据使用目的和场所应选用符合质量要求的液体石油沥青。

　　液体石油沥青宜采用计入度大的石油沥青，使用前应先加热沥青后加稀释剂，最后掺配煤油和轻柴油，经适当搅拌制成。

　　（4）煤沥青。煤沥青严禁用于热拌热铺的沥青混合料，做其他用途时的储存温度宜为 70~

90℃，且不得长时间储存。

**2. 粗集料**

用于沥青路面的粗集料包括碎石、破碎砾石、筛选砾石、钢渣和矿渣等，但高速公路和一级公路不得使用筛选砾石和矿渣。

粗集料应干燥、清洁、表面粗糙、无风化、无杂质，并具有足够的强度、耐磨耗性。

粗集料的粒径规格应符合图纸的要求，并按照表7–5的规定选用。粗集料的质量应符合表7–6的要求。

表7–5　　　　　　　　　　　　　　　沥青混合料用粗集料规格

| 规格名称 | 公称粒径/mm | 通过下列筛孔/mm 的质量百分率（%） | | | | | | | | | | | | |
|---|---|---|---|---|---|---|---|---|---|---|---|---|---|---|
| | | 106 | 75 | 63 | 53 | 37.5 | 31.5 | 26.5 | 19.0 | 13.2 | 9.5 | 4.75 | 2.36 | 0.6 |
| S1 | 40~75 | 100 | 90~100 | — | — | 0~15 | — | 0~5 | | | | | | |
| S2 | 40~60 | | 100 | 90~100 | — | 0~15 | — | 0~5 | | | | | | |
| S3 | 30~60 | | 100 | 90~100 | — | — | 0~15 | — | 0~5 | | | | | |
| S4 | 25~50 | | | 100 | 90~100 | — | — | 0~15 | — | — | 0~5 | | | |
| S5 | 20~40 | | | | 100 | 90~100 | — | — | 0~15 | — | 0~5 | | | |
| S6 | 15~30 | | | | | 100 | 90~100 | — | 0~15 | — | 0~5 | | | |
| S7 | 10~30 | | | | | 100 | 90~100 | — | — | — | 0~15 | 0~5 | | |
| S8 | 10~25 | | | | | | 100 | 90~100 | 0~15 | — | — | 0~5 | | |
| S9 | 10~20 | | | | | | | 100 | 90~100 | — | 0~15 | 0~5 | | |
| S10 | 10~15 | | | | | | | | 100 | 90~100 | 0~15 | 0~5 | | |
| S11 | 5~15 | | | | | | | | 100 | 90~100 | 40~70 | 0~15 | 0~5 | |
| S12 | 5~10 | | | | | | | | | 100 | 90~100 | 0~15 | 0~5 | |
| S13 | 3~10 | | | | | | | | | 100 | 90~100 | 40~70 | 0~20 | 0~5 |
| S14 | 3~5 | | | | | | | | | | 100 | 90~100 | 0~15 | 0~3 |

表7–6　　　　　　　　　　　　沥青混合料用粗集料质量技术要求

| 指　　标 | 单位 | 高速公路及一级公路 | | 其他等级公路 | 试验方法 |
|---|---|---|---|---|---|
| | | 表面层 | 其他层次 | | |
| 石料压碎值，不大于 | % | 26 | 28 | 30 | T0316 |
| 洛杉矶磨耗损失，不大于 | % | 28 | 30 | 35 | T0317 |
| 表观相对密度，不小于 | t/m³ | 2.60 | 2.50 | 2.45 | T0304 |
| 吸水率，不大于 | % | 2.0 | 3.0 | 3.0 | T0304 |

| 指　标 | 单位 | 高速公路及一级公路 | | 其他等级公路 | 试验方法 |
|---|---|---|---|---|---|
| | | 表面层 | 其他层次 | | |
| 坚固性，不大于 | % | 12 | 12 | — | T0314 |
| 针片状颗粒含量（混合料），不大于 | % | 15 | 18 | 20 | |
| 其中粒径大于 9.5mm，不大于 | % | 12 | 15 | — | T0312 |
| 其中粒径小于 9.5mm，不大于 | % | 18 | 20 | — | |
| 水洗法小于 0.075mm 颗粒含量，不大于 | % | 1 | 1 | 1 | T0310 |
| 软石含量，不大于 | % | 3 | 5 | 5 | T0320 |

注：1. 坚固性试验可根据需要进行；

　　2. 用于高速公路、一级公路时，多孔玄武岩的视密度可放宽至 2.45t/m³，吸水率可放宽至 3%，但必须得到建设单位的批准，且不得用于 SMA 路面；

　　3. 对 S14 即 3～5 规格的粗集料，针片状颗粒含量可不予要求，小于 0.075mm 的含量可放宽到 3%。

当按《公路工程沥青及沥青混合料试验规程》（JTJ 052—2000）规定的方法试验时，沥青与集料的黏附性不低于 4 级；否则，应掺加外加剂。

**3. 细集料**

细集料司采用天然砂、人工砂及石屑，或天然砂与石屑的混合料。细集料应干净、坚硬、干燥、无风化、无杂质或其他有害物质，并有适当的级配。

砂的含泥量超过规定时，应水洗后使用，海砂中的贝壳类材料必须筛除，热拌沥青混合料中天然砂的用量通常不应超过 20%。

天然砂、石屑的规格和细集料的质量技术要求应符合表 7-7～表 7-9 的规定。

表 7-7　　　　　　　　　　　沥青混合料用天然砂规格

| 筛孔尺寸 /mm | 通过下列筛孔/mm 的质量百分率（%） | | |
|---|---|---|---|
| | 粗砂 | 中砂 | 细砂 |
| 9.5 | 100 | 100 | 100 |
| 4.75 | 90～100 | 90～100 | 90～100 |
| 2.36 | 65～95 | 75～90 | 85～100 |
| 1.18 | 35～65 | 50～90 | 75～100 |
| 0.6 | 15～30 | 30～60 | 60～84 |
| 0.3 | 5～20 | 8～30 | 15～45 |
| 0.15 | 0～10 | 0～10 | 0～10 |
| 0.075 | 0～5 | 0～5 | 0～5 |
| 细的模数 $M_X$ | 3.1～3.7 | 2.3～3.0 | 1.6～2.2 |

表 7-8　　　　　　　　　　　沥青混合料用机制砂或石屑规格

| 规格 | 公称粒径 /mm | 水洗法通过下列筛孔/mm 的质量百分率（%） | | | | | | | |
|---|---|---|---|---|---|---|---|---|---|
| | | 9.5 | 4.75 | 2.36 | 1.18 | 0.6 | 0.3 | 0.15 | 0.075 |
| S15 | 0～5 | 100 | 90～100 | 60～90 | 40～75 | 20～55 | 7～40 | 2～20 | 0～10 |
| S16 | 0～3 | | 100 | 80～100 | 50～80 | 25～60 | 8～45 | 0～25 | 0～15 |

注：当生产石屑采用喷水抑制扬尘工艺时，应特别注意含粉量不得超过表中要求。

表 7–9                    沥青混合料用细集料质量要求

| 项 目 | 单位 | 高速公路、一级公路 | 其他等级公路 | 试验方法 |
|---|---|---|---|---|
| 观相对密度，不小于 | t/m³ | 2.50 | 2.45 | T0328 |
| 坚固性（大于 0.3mm 部分），不小于 | % | 12 | — | T0340 |
| 含泥量（小于 0.075mm 的含量），不大于 | % | 3 | 5 | T0333 |
| 砂当量，不小于 | % | 60 | 50 | T0334 |
| 亚甲蓝值，不大于 | g/kg | 25 | | T0346 |
| 棱角性（流动时间），不小于 | s | 30 | | T0345 |

注：坚固性试验可根据需要进行。

### 4. 填料

沥青混合料的矿粉必须采用石灰岩或岩浆岩中的强基性岩石等憎水性石料磨成的矿粉，矿粉应干燥、清洁，能自由地从矿粉仓中流出，矿粉的质量应符合表 7–10 的要求。

拌和机的粉尘可作为矿粉的一部分回收使用，但每盘用量不得超过填料总量的 25%，掺有粉尘填料的塑性指数不大于 4%。粉煤灰作为填料使用时，用量不得超过 50%，粉煤灰的烧失量应小于 12%，与矿粉混合后的塑性指数应小于 4%，其余质量与矿粉相同。高等级公路不宜使用粉煤灰作填料。

表 7–10                    沥青混合料用矿粉质量要求

| 项 目 | 单 位 | 高速公路、一级公路 | 其他等级公路 | 试验方法 |
|---|---|---|---|---|
| 表观相对密度，不小于 | t/m³ | 2.50 | 2.45 | T0352 |
| 含水量，不大于 | % | 1 | 1 | T0103 烘干法 |
| 粒度范围小于 0.6mm<br>小于 0.15mm<br>小于 0.075mm | %<br>%<br>% | 100<br>90～100<br>75～100 | 100<br>90～100<br>70～100 | T0351 |
| 外观 | | 无团粒结块 | | |
| 亲水系数 | | <1 | | T0353 |
| 塑性指数 | | <4 | | T0354 |
| 加热安定性 | | 实测记录 | | T0355 |

## 7.2.3 配合比和压实度控制

### 1. 配合比的设计

我国现行《公路沥青路面施工技术规范》（JTGF 40—2004）规定，我国沥青混凝土配合比设计采用马歇尔试验配合比设计方法。该方法是先按配合比设计拌制沥青混合料，然后制成规定尺寸的试件，12h 后测定其物理指标（包括表观密度、空隙率、沥青饱和度、矿料间隙率等），然后测定稳定度和流值。

高等级公路沥青混合料的配合比设计应在调查以往同类材料的配合比设计经验和使用效果的基础上接以下步骤进行。

（1）目标配合比设计阶段。利用实际工程使用的材料，按照《公路沥青路面施工技术规范》中要求的方法，优选矿料级配，确定沥青最佳用量，使之符合配合比设计技术标准和检验要求，并依次作为设计目标配合比，供拌和机确定各冷料仓的供料比例、进料速度及试拌使用。

（2）生产配合比设计阶段。当使用间歇式拌和机时，应按规定的方法取样测试各料仓的材料级配，确定各熟料仓的配合比，供拌和机控制室使用。并选择适宜的筛孔尺寸和安装角度，使各料仓的供料大体平衡。对连续式拌和机可省略生产配合比设计步骤。

（3）生产配合比验证阶段。拌和机按照生产配合比结果进行试拌、铺筑试验段，并取样进行马歇尔试验。同时从路上钻取芯样观察孔隙率的大小，由此确定生产用的标准配合比。对确定的标准配合比应再次进行车辙试验和水稳性试验。

（4）确定施工级配允许波动的范围。根据标准配合比和规范中规定的质量管理中的各筛孔的允许波动范围，制定施工用的级配控制范围，用于检查施工中沥青混合料的生产质量。

（5）经设计确定的标准配合比在施工过程中不得随意更改。生产过程中应加强跟踪检测，严格控制进场材料的质量，如果材料发生变化。经检测沥青混合料的矿料级配、马歇尔技术指标不符合要求，应及时调整配合比，使沥青混合料的质量符合要求并保持相对稳定，必要时重新进行配合比设计。

（6）二级及二级以下公路的热拌沥青混合料的配合比设计可按以上方法进行。当材料和同类道路完全相同时，也可直接引用成功的经验。

**2. 压实度控制**

沥青路面的成败与否，压实是重要的工序。许多高速公路沥青路面的早期破坏，大都与压实不足有关，因此压实度的控制和评定至关重要。沥青路面的压实度采取重点对碾压工艺进行过程控制，适度钻孔抽检压实度的方法进行。

（1）碾压工艺的控制包括：压路机的配置（台数、吨位及机型）、排列和碾压方式；压路机与摊铺机的距离；碾压温度、碾压速度；压路机洒水（雾化）情况；碾压段长度；调头方式等。

（2）碾压过程中宜用核子密度仪等无破损检测设备进行压实度过程控制，随机选择，应不少于 13 个点，取平均值，与标定值和试验段测定值比较评定。

（3）在路面完全冷却后，随机选点钻孔取样；如击次钻孔同时有多层沥青层时需用切割机切割；待试件充分干燥后（在第二天后）分别测定密度。应及时将钻孔后的孔中的灰浆清净，待干燥后用相同的沥青混合料分层填充夯实。施工过程中。钻孔的试件宜编号并贴上标签予以保存，以备交工验收时使用。

（4）压实层厚度等于或小于 3cm 的超薄表面层或磨耗层、厚度小于 4cm 的 SMA 表面层，易发生温缩裂缝的严寒地区的表面层、桥面铺装沥青层，以及使用改性沥青后，钻孔试样表面形状发生改变、难以准确测定密度时，可免于钻孔取样。严格控制碾压。

### 7.2.4  施工工艺流程

**1. 沥青混合料路面**

沥青混合料包括沥青混凝土、沥青碎石、抗滑表层等几种类型，其施工工艺流程为施工前的准备工作、沥青混合料的拌和与运输、摊铺、压实和接缝施工等过程。

（1）施工前的准备工作。施工前的准备工作主要有下承层的准备、料源的确定及进场材料的质量检验、拌和设备的选型与场地布置、施工机械的检查、修筑试验路段等项工作。

1）下承层的准备。铺筑沥青层前，应检查基层和下卧层的质量，不符合要求的不得铺筑沥青层。旧沥青路面和下层污染时，必须清洗或经铣刨处理后方可铺筑沥青混合料。

2）确定料源及进场材料的质量检验。对进场的沥青材料应抽样检测其技术指标。目前，高等级公路路面所用的沥青大部分为进口沥青。在考虑经济性、开采条件、运输条件的情况下，选择质量满足技术标准的料场，并对料场内的石料、砂、石屑、矿粉等做必要的试验检测。

3）拌和设备的选型及场地布置。沥青混合料必须在沥青拌和厂（场、站）采用拌和机械拌制。拌和厂与工地现场距离应充分考虑交通堵塞的可能，确保混合料的温度下降不超过要求，且不因颠簸造成混合料的离析。

高速公路和一级公路应采用间歇式拌和机拌和，用连续式拌和机拌和的集料质量应稳定，如果从多处进料，则不得使用连续式拌和机。

4）施工机械检查。主要对拌和与运输设备、洒油车、矿料洒布车、摊铺机和压路机的规格、性能和运转、液压系统进行检测与检查。

5）修筑试验路段。正式开工前，应根据计划使用的机械设备和设计的混合料配合比铺筑试验路段，以确定合适的拌和时间和温度、摊铺温度和速度、压实机械的合理组合、压实温度及压实方法、松铺系数及合适的作业段长度。并在试验段中抽样检测沥青混合料的沥青含量、矿料级配、稳定度、流值、空隙率、饱和度、密实度等，最终提出混合料的生产配合比、机械的优化组合及标准施工方法。

（2）沥青混合料的拌和。

1）试拌。根据室内配合比进行试拌，通过试拌及抽样试验确定施工质量控制指标。

① 对间歇式拌和设备，应确定每盘热料仓的配合比；对连续式拌和设备，应确定各种矿料送料口的大小及沥青、矿料的进料速度。

② 沥青混合料应按设计沥青用量进行试拌，取样做马歇尔试验，以验证设计沥青用量的合理性，或作适当的调整。

③ 确定适宜的拌和时间。应根据具体情况经试拌确定，以沥青均匀裹覆集料为度。

④ 确定适宜的拌和与出厂温度。石油沥青的加热温度宜为 130～160℃，不宜超过 6h；沥青混合料的出厂温度宜控制在 130～160℃。

2）沥青混合料的拌制。根据配料单进料，严格控制各种材料用量及其加热温度。烘干集料的残余含水量不得大于 1%。每天开机几盘集料应提高加热温度，并干拌几锅集料废弃，再正式加热沥青拌和料。

间歇式拌和机的每盘生产周期宜大于 45s（其中干拌时间不少于 5～10s）。拌和后的混合料应均匀一致，无花白、离析和结团成块等现象。沥青混合料出厂时应逐车检测沥青混合料的质量、温度，记录出厂时间，签发运料单。

（3）沥青混合料的运输。热拌沥青混合料宜采用吨位较大的运料车运输，但不得超载、急刹车、急弯掉头等，以免损伤下卧层。对于高速公路、一级公路应配备富裕的运料车，一般情况在摊铺时，应有多于 5 辆运料车等候摊铺。

沥青混合料用自卸汽车运至工地，底板及车壁应涂一薄层油水（柴油:水为 1:3）混合液，但不得有余液积聚在车厢底部。运输过程中应覆盖，至摊铺地点时的沥青混合料温度不宜低于 130℃。已经结块和雨淋的混合料不得摊铺。

（4）沥青混合料的摊铺。

1）摊铺机摊铺。热拌沥青混合料应采用沥青摊铺机摊铺，对于高等级公路宜采用两台或更多台摊铺机前后错开 10～20m，呈梯队方式同步摊铺，两幅之间应有 30～60m 宽度的搭接，并躲开车道轮迹带，上下层的搭接位置宜错开 200mm 以上。

应提前 0.5～1h 预热熨平板，使其温度不低于 100℃，熨平板加宽连接应调节至摊铺的混合料没有明显的离析痕迹为止。为提高路面的初始压实度，应正确使用熨平板的夯锤压实和振捣装置。

摊铺机的螺旋送料器应相应于摊铺速度调整到保持一个稳定的速度均衡地转动，两侧应保持有不少于送料器 2/3 高度的混合料，以减少在摊铺过程中混合料的离析。摊铺机应采用自动找平方式，下面层或基层宜采用钢丝绳引导的高程控制方式，上面层宜采用平衡梁或雪橇式摊铺厚度控制方式，中面层根据情况选用合适的找平方式。

沥青混合料的松铺系数和厚度可根据摊铺机的类型、混合料的品种取值，每天在开铺后的 5～15m 范围内进行实测，以便准确控制摊铺厚度和横坡。沥青混合料的摊铺温度应满足表 7-11 的规定。

表 7-11　　　　　　　　　　　　　　沥青混合料的摊铺温度

| 下卧层的表面温度/℃ | 相应于下列不同摊铺层厚度的最低摊铺温度/℃ | | | | | |
|---|---|---|---|---|---|---|
| | 普通沥青混合料 | | | 改性沥青混合料或 SMA 沥青混合料 | | |
| | <50mm | 50～80mm | >80mm | <50mm | 50～80mm | >80mm |
| <5 | 不允许 | 不允许 | 140 | 不允许 | 不允许 | 不允许 |
| 5～10 | 不允许 | 140 | 135 | 不允许 | 不允许 | 不允许 |
| 10～15 | 145 | 138 | 132 | 165 | 155 | 150 |
| 15～20 | 140 | 135 | 130 | 158 | 150 | 145 |
| 20～25 | 138 | 132 | 128 | 153 | 147 | 143 |
| 25～30 | 132 | 130 | 126 | 147 | 145 | 141 |
| >30 | 130 | 125 | 124 | 145 | 140 | 139 |

摊铺机摊铺过程中，应均匀、缓慢、连续不间断地摊铺，不得随意变换速度和中途停顿，以免出现混合料离析导致平整度降低。沥青混凝土、沥青碎石摊铺速度宜控制在 2～6m/min 的范围内，改性沥青混合料及 SMA 混合料速度宜为 1～3m/min。发现混合料出现明显的离析、波浪、裂缝和拖痕时，应分析原因，并予以消除。

2）人工摊铺。当路面狭窄或曲线地段、加宽部分等不能采用摊铺机摊铺时，可用人工摊铺混合料。人工摊铺混合料应符合下列要求：

① 应将沥青混合料卸在铁板上，摊铺时应扣锹布料，不得扬锹远甩。边摊铺边用刮板整平，刮平时应轻重一致，控制次数，防止集料离析。

② 摊铺过程中不得中途停顿，并及时碾压。如果不能及时碾压，应立即停止摊铺，并对卸下的沥青混合料覆盖毡布。

（5）沥青混合料的压实。沥青混合料的压实应控制混合料的压实厚度、温度、速度、遍数、压实方式的确定及特殊路段的压实（陡坡与弯道）。

1）沥青混合料最大厚度不宜大于 100mm，沥青碎石层厚度不宜大于 120mm，当采用大功率压路机并通过试验验证时厚度允许增大到 150mm。

2）压路机应慢而均匀地碾压，在碾压过程中压路机不应突然改变碾压路线和方可以免导致混合料推移。压路机碾压的速度应符合表 7-12 的要求。

表 7-12　　　　　　　　　　　　压 路 机 碾 压 速 度　　　　　　　　　　（km/h）

| 压路机类型 | 初　压 | | 复　压 | | 终　压 | |
|---|---|---|---|---|---|---|
| | 适宜 | 最大 | 适宜 | 最大 | 适宜 | 最大 |
| 钢筒式压路机 | 2～3 | 4 | 3～5 | 6 | 3～6 | 6 |
| 轮胎压路机 | 2～3 | 4 | 3～5 | 6 | 4～6 | 8 |
| 振动压路机 | 2～3（静压或振动） | 4（静压或振动） | 3～4.5（振动） | 5（振动） | 3～6（静压） | 6（静压） |

3）压路机的碾压温度应根据混合料的种类、机型、气温、层厚并结合试验确定，同时应满足规范的规定。在不产生推移、裂缝的前提下，应尽可能在高的温度下进行碾压。

4）压实程序。压实程序分为初压、复压、终压 3 道工序。

① 初压时用 6～8t 双轮压路机或 6～10t 振动压路机（关闭振动装置即静压）压 2 遍，温度为 110～130℃。初压后检查平整度和路拱，必要时应予以修整。若碾压时出现推移、横向裂纹等，应检查原因并予以处理。复压采用 10～12t 三轮压路机、10t 振动压路机或相应的轮胎压路机碾压 4～6 遍，直至稳定且无明显轮迹。复压温度为 90～110℃。终压时用 6～8t 振动压路机（关闭振动装置）压 2～4 遍，终压温度为 70～90℃。

② 碾压时，应由路两边向路中心压，三轮压路机每次重叠宜为后轮宽的 1/2，双轮压路机每一次重叠宜为 30cm。

③ 碾压过程中，每完成一遍重叠碾压，压路机应向摊铺机靠近一些，以保证正常的碾压温度。

④ 在平缓路段，驱动轮靠近摊铺机，以减少波纹或热裂缝。碾压中，要确保滚轮湿润，可间歇喷水，但不可使混合料表面冷却。

⑤ 每碾压一遍的尾端，宜稍微转向，以减小压痕。压路机不得在新铺混合料上转向、掉头、移位或刹车，碾压后的路面在冷却前，不得停放任何机械，并防止矿料、杂物、油料洒落在新铺路面上，直至路面冷却后才能开放交通。

（6）接缝施工。沥青路面施工必须接缝紧密，连接平顺，不得产生明显的接缝离析。上下层的纵缝应错开 150mm（热接缝）或 300～400mm（冷接缝）以上。相邻两幅及上下层横向接缝均应错位 1m 以上。纵缝碾压一般使用两台压路机进行梯队式作业，以消除缝隙。

如分成两半幅施工形成冷接缝时，应先在压实路上行走，只压新铺的 10～15cm，随后将压实轮再向新铺路面移动，直至将纵缝压平压实。

横缝应与路中线垂直。高速公路和一级公路的表面层横向接缝应采用垂直的平接缝，表面层以下可采用自然碾压的斜接缝，沥青层较厚时也可采用阶梯形接缝。

斜接缝的搭接长度与层厚有关，宜为 0.4～0.8m。搭接处应洒少量沥青补上细料，搭接平整，充分压实。阶梯形接缝的台阶经铣刨而成，并洒黏层沥青，搭接长度不宜小于 3m。

平接缝宜趁尚未冷却时用凿岩机或人工垂直刨除端部层厚不足的部分，使工作缝成直角连接。切割时留下的泥水应冲洗干净，待干燥后涂刷黏层油。铺筑新混合料接头应使接茬软化，压路机先横向碾压，再纵向碾压成为一体，以便充分压实，连接平顺。

**2. 沥青贯入式路面**

（1）施工准备。施工前，基层应清扫干净。需要安装路缘石时，应在安装后进行施工。

（2）铺撒主层集料。应避免颗粒大小不均匀，并应检查松铺厚度。洒布后严禁车辆在铺好的集料层上通行。

（3）碾压。主层集料洒布后，应采用 6.8t 钢筒式压路机进行初压，速度为 2km/h。碾压应由路两侧边缘向中心进行，轮迹应重叠约 30cm，接着应从另一侧以同样方法压至路中心，以此为碾压一遍。碾压的同时，检验路拱和纵向坡度；必要时做调整。最后用 10～12t 压路机进行碾压，每次轮迹重叠 1/2 以上，并碾压 4～6 遍，直至主层集料嵌挤稳定，无明显轮迹为止。

（4）浇洒第一层沥青。主层集料碾压完毕后，应立即浇洒第一层沥青。

浇洒温度应根据施工气温及沥青强度等级选择。石油沥青宜为 130～170℃，煤沥青宜为 80～120℃。若采用乳化沥青贯入时，应先洒布一部分上一层嵌缝料，再浇洒主层沥青。乳化沥青在常温下洒布，但气温较低须加快破乳时，乳液温度不得超过 60℃。

沥青洒布要均匀，不得有空白和积聚现象，应根据选用的洒布方式控制单位面积的沥青用量。沥青洒布长度应与集料洒布机的能力相配合，两者间隔时间不宜过长。

（5）铺撒第一层嵌缝料。主层沥青浇洒后，应立即均匀洒布第一层嵌缝料，不足处应找补。当使用乳化沥青时，石料洒布必须在破乳前完成。

（6）第二次碾压。嵌缝料扫匀后应立即用 8～12t 钢筒式压路机进行碾压，每次轮迹重叠 1/2 以上，并碾压 4～6 遍，直至稳定为止。碾压时，应随压随扫，使嵌缝料均匀嵌入。当气温较高，碾压发生推移现象时，应立即停止，待气温稍低时再碾压。

（7）浇洒第二层沥青和洒布第二层嵌缝料。当浇洒第二层沥青、洒布第二层嵌缝料并完成碾压后，再浇洒第三层沥青，并洒布封层料，要求同嵌缝料。最后宜用 6～8t 压路机碾压 2～4 遍，再开放交通。

（8）初期养护。施工后应进行初期养护，当有泛油时，应补撒嵌缝料，并应与最后一层石料规格相同，扫匀并将浮料扫除。

**3. 沥青表面处治路面**

（1）施工准备。沥青表面处治施工应在路缘石安装后进行，基层必须清扫干净。施工前，应检查洒布车的性能，进行试洒，确定喷洒速度和洒油量。

（2）下承层准备。表面处治施工前，应将基层清扫干净，使基层的矿料大部分外露，并保持干燥。对坑槽、不平整、强度不足的路段，应修补、平整和补强。

（3）浇洒沥青。在透层沥青充分渗透，或基层清扫后，应按要求的数量浇洒第一层沥青，要求与贯入式沥青路面浇洒方法相同。沥青的洒布温度应根据气温和沥青标号决定，石油沥青宜为 130～170℃，煤沥青宜为 80～120℃，乳化沥青常温下洒布，加温乳液不得超过 60℃。分几幅浇洒时，纵向搭接宽度宜为 100～150mm，洒布第二、三层的沥青时，搭接缝应错开。

（4）洒布集料。第一层集料在浇洒主层沥青后应立即进行洒布，按规定用量一次撒足，不宜在主层沥青全部洒布完成后进行。洒布后应及时扫匀，应达到全部覆盖、集料不重叠、不露出沥青的要求。前后幅搭接处应暂留宽 10～15cm 不撒石料，待后幅浇洒沥青后一起洒布集料。

（5）碾压。洒布第一层集料后，应立即用 6～8t 钢筒式压路机进行碾压，速度不宜超过 2km/h。碾压应由路两侧边缘向中心进行，轮迹应重叠约 30cm，碾压 3～4 遍。

第二、三层的施工方法和要求与第一层基本相同，但可采用 8t 以上压路机进行碾压。碾压结束后即可开放交通，但应限制车速不超过 20km/h，并使整个路面宽度都均匀碾压。对局部泛油、松散、麻面等现象，应及时修整处理。

（6）初期养护。开放交通后的交通控制、初期养护等，与贯入式沥青路面要求相同。

当发现有泛油时，应洒布与最后一层石料规格相同的嵌缝料并扫匀，过多浮料应扫除。

## 7.3　施工质量检查与验收

沥青路面施工应根据全面质量管理的要求，建立健全有效的质量保证体系，实行严格的目标管理、工序管理与岗位责任制度。对施工各阶段的质量进行检查、控制、评定，达到所规定的质量标准，确保施工质量的稳定性。施工质量管理包括施工前、施工过程中质量管理与质量控制，以及各施工工序间的检查及工程交工后的质量检查验收。高速公路、一级公路沥青路面应加强施工过程质量控制，实行动态质量管理。

**1. 施工前的材料与设备检查**

原材料质量符合要求是保证沥青路面质量的重要前提，施工前必须检查各种材料的来源和质量。施工过程中材料来源或规格有变化时，必须对材料来源、质量、数量、供应计划、料场堆放及储存条件等进行检查。检查时应以同一料源、同一次购入并运至生产现场的相同规格品种的集料、沥青为一批进行检查。质量达不到要求的材料严禁使用。正式开工前，各种原材料的实验结果及据此进行的配合比设计和生产配合比设计应向建设单位和质量监理单位报告。拌和厂及沥青路面施工机械和设备的配套情况、技术性能、计量精度等也应在施工前进行摊查和调试。各种称量传感器应进行标定并得到监理的认可。

**2. 铺筑试验路段**

高速公路和一级公路在施工前应铺筑试验路段。试验段的长度应根据试验目的确定，宜为 100～200m。试验段最好在直线段上铺筑，如在其他道路上铺筑时，路面结构等条件应相同，路面各结构层的试验可安排在不同的试验段上。热拌沥青混合料路面试验路段分试拌及试铺两个阶段进行，应包括下列试验内容：

（1）根据沥青路面各种施工机械相匹配的原则，确定合理的施工机械、机械数量及组合。

（2）通过试拌来确定拌和机的上料速度，拌和数量与时间、拌和温度等操作工艺参数。

（3）通过试铺确定透层沥青的标号与用量、喷洒方式、温度；摊铺机的摊铺温度、摊铺速度、摊铺宽度、自动找平方式等操作工艺；压路机的压实顺序、碾压温度、碾压速度及遍数等；以及确定松铺系数和接缝方法等。

（4）验证沥青混合料配合比设计结果，提出生产用的标准矿料配合比和最佳沥青用量。

（5）建立用钻孔法及核子密度仪法测定密度的对比关系。确定粗粒式沥青混凝土和沥青碎石面层的压实标准密度。

（6）检测试验段的渗水系数。

（7）确定施工产量及作业段长度，制定施工进度计划。

（8）全面检查材料及施工质量。

（9）确定施工组织及管理体系、人员、通信、联络及指挥方式。

试验段铺筑应有相关单位参加，及时协商有关事项，明确试验结论。铺筑结束后，施工单位就试验内容提出完整的试验路施工、检测报告，取得业主和监理的批复，作为正式施工的依据。

**3. 施工阶段的质量管理与检查**

施工单位在施工过程中应随时对施工质量进行自检。监理单位应按规定要求自主进行试验，并对施工单位的实验结果进行质量评定、计算合格率等。当检查结果达不到规定的要求时，应追加检测数量，查找原因并作相应处理。

沥青混合料生产过程中，必须按表 7-13 规定的检查项目、频度，对各种原材料进行抽样检查，质量应符合前述有关技术指标要求。热拌沥青混合料按表 7-14 规定的项目和频度检查质量。热拌沥青混合料路面施工过程中的质量检查与控制指标应符合表 7-15 的要求。各项试验的方法和试验次数应符合相关试验规程要求。

表 7-13 　　　　　　　　　　施工过程中材料质量检查的项目与频度

| 材料 | 检查项目 | 检查频率 | | 试验规程规定的平行试验次数或一次试验的式样数 |
| --- | --- | --- | --- | --- |
| | | 高速、一级公路 | 其他等级公路 | |
| 粗集料 | 外观（石料品种、含泥量） | 随时 | 随时 | 2～3 |
| | 针片颗粒含量 | 随时 | 随时 | 2 |
| | 颗粒组成（筛分） | 随时 | 必要时 | 2 |
| | 压碎值 | 必要时 | 必要时 | 4 |
| | 磨光值 | 必要时 | 必要时 | 2 |
| | 洛杉矶磨耗值 | 必要时 | 必要时 | 2 |
| | 含水量 | 必要时 | 必要时 | 2 |
| 细集料 | 颗粒组成（筛分） | 随时 | 必要时 | 2 |
| | 砂当量 | 必要时 | 必要时 | 2 |
| | 含水量 | 必要时 | 必要时 | 2 |
| | 松方单位重 | 必要时 | 必要时 | 2 |
| 矿粉 | 外观 | 随时 | 随时 | — |
| | 小于 0.075mm 的含量 | 必要时 | 必要时 | 2 |
| | 含水量 | 必要时 | 必要时 | 2 |
| 石油沥青 | 针入度 | 每隔 2～3 天 1 次 | 每周一次 | 3 |
| | 软化点 | 每隔 2～3 天 1 次 | 每周一次 | 2 |
| | 延度 | 每隔 2～3 天 1 次 | 每周一次 | 3 |
| | 含蜡量 | 必要时 | 必要时 | 2～3 |

续表

| 材料 | 检查项目 | 检查频率 | | 试验规程规定的平行试验次数或一次试验的式样数 |
|---|---|---|---|---|
| | | 高速、一级公路 | 其他等级公路 | |
| 改性沥青 | 针入度 | 每天 1 次 | 每天 1 次 | 3 |
| | 软化点 | 每天 1 次 | 每天 1 次 | 2 |
| | 离析试验（成品改性沥青） | 每周 1 次 | 每周 1 次 | 2 |
| | 低温试验 | 必要时 | 必要时 | 3 |
| | 弹性恢复 | 必要时 | 必要时 | 3 |
| | 显微镜观察（现场改性沥青） | 随时 | 随时 | — |
| 乳化沥青 | 蒸发残留物含量 | 每隔 2～3 天 1 次 | 每周一次 | 2 |
| | 蒸发残留针入度 | 每隔 2～3 天 1 次 | 每周一次 | 2 |
| 改性乳化沥青 | 蒸发残留物含量 | 每隔 2～3 天 1 次 | 每周一次 | 2 |
| | 蒸发残留物针入度 | 每隔 2～3 天 1 次 | 每周一次 | 3 |
| | 蒸发残留物软化点 | 每隔 2～3 天 1 次 | 每周一次 | 2 |
| | 蒸发残留物延度 | 必要时 | 必要时 | 3 |

**表 7-14**　　　　　　　　　　**热拌沥青混合料的检查频率和质量要求**

| 项　　目 | | 检查频度及单点检验评价方法 | 质量要求或允许偏差 | | 试 验 方 法 |
|---|---|---|---|---|---|
| | | | 高速公路、一级公路 | 其他等级公路 | |
| 混合料外观 | | 随时 | 观察集料粗细、均匀性、离析、油石比、色泽、冒烟、有无花白料、油团等各种现象 | | 目测 |
| 拌和温度 | 沥青、集料的加热温度 | 逐盘检测评定 | 符合规范规定 | | 传感器自动检测、显示并打印 |
| | 混合料出厂温度 | 逐车检测评定 | 符合规范规定 | | 传感器自动检测、显示并打印，出厂时逐车按 T0981 人工检测 |
| | | 逐盘测量记录，每天取平均值评定 | 符合规范规定 | | 传感器自动检测、显示并打印 |
| 矿料级配（筛孔） | 0.075mm | 逐盘在线检测 | ±2%（2%） | — | 计算机采集数据计算 |
| | ≤2.36mm | | ±5%（4%） | — | |
| | ≥4.75mm | | ±6%（5%） | | |
| | 0.075mm | 逐盘检查，每天汇总 1 次取平均值评定 | ±1% | | 附录 G 总量检验 |
| | ≤2.36mm | | ±2% | | |
| | ≥4.75mm | | ±2% | | |
| | 0.075mm | 每台拌和机每天 1～2 次，以 2 个试样的平均值评定 | ±2%（2%） | ±2% | T0725 抽提筛分与标准级配比较的差 |
| | ≤2.36mm | | ±5%（3%） | ±6% | |
| | ≥4.75mm | | ±6%（4%） | ±7% | |
| 沥青用量（油石比） | | 逐盘在线监测 | ±0.3% | | 计算机采集数据计算 |
| | | 逐盘检查，每天汇总 1 次取平均值评定 | ±0.1% | | 附录 F 总量检验 |

续表

| 项 目 | 检查频度及单点检验评价方法 | 质量要求或允许偏差 | | 试 验 方 法 |
|---|---|---|---|---|
| | | 高速公路、一级公路 | 其他等级公路 | |
| 沥青用量（油石比） | 每台拌和机每天1～2次，以2个试样的平均值评定 | ±0.3% | ±0.4% | 抽提 T0722、T0721 |
| 马歇尔试验：空隙率、稳定度、流值 | 每台拌和机每天1～2次，以4～6个试件的平均值评定 | 符合规范规定 | | T0702、T0709、本规范附录B、附录C |
| 浸水马歇尔试验 | 必要时（试件数同马歇尔试验） | 符合规范规定 | | T0702、T0709 |
| 车辙试验 | 必要时（以3个试件的平均值评定） | 符合规范规定 | | T0719 |

**表 7-15** **公路热拌沥青混合料路面施工过程中工程质量的控制标准**

| 项 目 | | 检查频度及单点检验评价方法 | 质量要求或允许偏差 | | 试 验 方 法 |
|---|---|---|---|---|---|
| | | | 高速公路、一级公路 | 其他等级公路 | |
| 外观 | | 随时 | 表面平整密实，不得有明显轮迹、裂缝、推挤、油盯、油包等缺陷，且无明显离析 | | 目测 |
| 接缝 | | 随时 | 紧密平整、顺直、无跳车 | | 目测 |
| | | 逐条缝检测评定 | 3mm | 5mm | T0931 |
| 施工温度 | 摊铺温度 | 逐车检测评定 | 符合规范规定 | | T0981 |
| | 碾压温度 | 随时 | 符合规范规定 | | 插入式温度计实测 |
| 厚度 | 每一层次 | 随时，厚度50mm以下 厚度50mm以上 | 设计值的5% 设计值的8% | 设计值的8% 设计值的10% | 施工时插入法量测松铺厚度及压实厚度 |
| | 每一层次 | 1个台班区段的平均值 厚度50mm以下 厚度50mm以上 | −3mm −5mm | — | 附录G 总量检验 |
| | 总厚度 | 每2000m²一点单点评定 | 设计值的−5% | 设计值的−8% | T0912 |
| | 上面层 | 每2000m²一点单点评定 | 设计值的−10% | 设计值的−10% | |
| 压实度 | | 每2000m²检查1组逐个试件评定并计算平均值 | 实验室标准密度的97%（98%） 最大理论密度的93%（94%） 试验段密度的99%（99%） | | T0924、T0922 本规范附录E |
| 平整度（最大间隙） | 上面层 | 随时，接缝处单杆评定 | 3mm | 5mm | T0931 |
| | 中下面层 | 随时，接缝处单杆评定 | 5mm | 7mm | T0931 |
| 平整度（标准差） | 上面层 | 连续测定 | 1.2mm | 2.5mm | T0932 |
| | 中面层 | 连续测定 | 1.5mm | 2.8mm | |
| | 下面层 | 连续测定 | 1.8mm | 3.0mm | |
| | 基层 | 连续测定 | 2.4mm | 3.5mm | |
| 宽度 | 有侧石 | 检测每个断面 | ±20mm | ±20mm | T0911 |
| | 无侧石 | 检测每个断面 | 不小于设计宽度 | 不小于设计宽度 | |
| 纵断面高程 | | 检测每个断面 | ±10mm | ±15mm | T0911 |

续表

| 项　目 | 检查频度及单点检验评价方法 | 质量要求或允许偏差 | | 试 验 方 法 |
|---|---|---|---|---|
| | | 高速公路、一级公路 | 其他等级公路 | |
| 横坡度 | 检测每个断面 | ±0.3% | ±0.5% | T0911 |
| 沥青层层面上的渗水系数 | 每千米不少于 5 点，每点 3 处取平均值 | 300mL/min（普通密级配沥青混合料）<br>200mL/min（SMA 混合料） | | T0971 |

### 4. 热拌沥青混合料路面交工验收阶段的工程质量检查与验收

热拌沥青混合料路面施工完成后，应对路面进行工程质量检查与验收，通常全线以 1～3km 路段作为一个评定段，每侧行车道按表 7-16 规定的频度，随机选取测点，对于沥青混合料面层全线自检，将单个测定值与表中的质量要求和允许偏差进行比较，计算合格率；然后计算一个评定路段的平均值、极差、标准差及变异系数。施工单位在规定时间内提交全线检测结果和施工总结报告，申请交工验收。

表 7-16　　　　　　　　公路热拌沥青混合料路面交工检查与验收质量标准

| 检查项目 | | 检查频度（每一侧车行道） | 质量要求或允许偏差 | | 试验方法 |
|---|---|---|---|---|---|
| | | | 高速公路、一级公路 | 其他等级公路 | |
| 外观 | | 随时 | 表面平整密实，不得有明显轮迹、裂缝、推挤、油丁、油包等缺陷，且无明显离析 | | 目测 |
| 面层总厚度 | 代表值 | 每 1km　5 点 | 设计值的-5% | 设计值的-8% | T0912 |
| | 极值 | 每 1km　5 点 | 设计值-10% | 设计值的-15% | T0912 |
| 上面层厚度 | 代表值 | 每 1km　5 点 | 设计值的-10% | — | T0912 |
| | 极值 | 每 1km　5 点 | 设计值-20% | | T0912 |
| 压实度 | 代表值 | 每 1km　5 点 | 实验室标准密度的 96%（98%）<br>最大理论密度的 92%（94%）<br>试段段密度的 98%（99%） | | T0924 |
| | 极值（最小值） | 每 1km　5 点 | 比代表值放宽 1%（每 km）<br>或 2%（全部） | | T0924 |
| 路表平整度 | 标准差$\sigma$ | 全线连续 | 1.2mm | 2.5mm | T0932 |
| | *IRI* | 全线连续 | 2.0m/km | 4.2m/km | T0933 |
| | 最大间隙 | 每 1km 10 处，各连续 10 杆 | — | 5mm | T0931 |
| 路表渗水系数，不大于 | | 每 1km 不少于 5 点，每点 3 处取平均值评定 | 300mL/min（普通沥青路面）<br>200mL/min（SMA 路面） | — | T0971 |
| 宽度 | 有侧石 | 每 1km　20 个断面 | ±20mm | ±30mm | T0911 |
| | 无侧石 | 每 1km　20 个断面 | 不小于设计宽度 | 不小于设计宽度 | T0911 |
| 纵断面高程 | | 每 1km　20 个断面 | ±15mm | ±20mm | T0911 |
| 中线偏位 | | 每 1km　20 个断面 | ±20mm | ±30mm | T0911 |
| 横坡度 | | 每 1km　20 个断面 | ±0.3% | ±0.5% | T0911 |
| 弯沉 | 回弹弯沉 | 全线每 20m　1 点 | 符合设计对交工验收的要求 | 符合设计对交工验收的要求 | T0951 |
| | 总弯沉 | 全线每 5m　1 点 | 符合设计对交工验收的要求 | — | T0952 |

续表

| 检查项目 | 检查频度（每一侧车行道） | 质量要求或允许偏差 | | 试验方法 |
| --- | --- | --- | --- | --- |
| | | 高速公路、一级公路 | 其他等级公路 | |
| 构造深度 | 每 1km　5 点 | 符合设计对交工验收的要求 | — | T0961/62/63 |
| 摩擦系数摆值 | 每 1km　5 点 | 符合设计对交工验收的要求 | — | T0964 |
| 横向力系数 | 全线连续 | 符合设计对交工验收的要求 | — | T0965 |

# 7.4　路面病害处理

### 1. 沥青路面的破坏

路面的破坏大体上可分为两类：一类是结构性破坏，它是路面结构的整体或其某一个或几个组成部分的破坏，严重时已不能承受车辆的荷载；另一类是功能性破坏，如由于路面的不平整，使其不再具有预期的功能。这两类破坏不一定同时发生，但都是逐渐积累起来的。对于功能性破坏，可以通过修整、养护来恢复路面的平整性，以满足行车使用要求。但对结构性破坏，一般均需进行彻底翻修。

沥青路面所用的矿料质量和粒径规格不符合要求时，往往由于强度不足和劈裂作用使矿料压碎导致路面破坏。夏季高温时，沥青材料黏滞度降低，在荷载作用下，可能使路面表面造成泛油，也可能使沥青材料与矿料一起被挤动而引起面层车辙、推挤、波浪等变形破坏。在冬季低温下，沥青材料会由于收缩作用而产生脆裂破坏，在水分和温度作用下，沥青材料与矿料间的黏结力降低，沥青面层就会出现松散、剥落等破坏。

### 2. 沥青路面的病害及处理

虽然沥青路面的破损现象形态各异，错综复杂，但都是行车和自然因素对路面作用的结果，并随着路面工作特性和外界因素的影响程度的不同而变化。根据损坏现象的原因、危害性及对路面使用性能的影响，沥青路面的损坏分为以下几种主要模式。

（1）沉陷。沉陷是路面在车轮荷载作用下，其表面产生的较大凹陷变形，有时凹陷两侧伴有隆起现象。引起沉陷的主要原因是路基水文条件很差且过于湿软，不能承受通过路面传给路基的荷载应力，便产生较大的竖向变形，并导致路面产生沉陷。

（2）车辙。车辙是路面在车轮荷载重复作用下，沿行车轮迹产生的纵向带状凹陷，也常伴有以纵向为主的裂缝。

出现车辙的主要原因是在行车荷载的多次重复作用下，路基和路面各层永久变形的逐步积累。车辙是沥青路面的主要破坏形式之一。沥青路面的使用寿命较长，即使每次行车荷载作用产生的残余变形量很小，但多次重复作用累积起来的残余变形总和也将会很大，足以影响车辆的正常行驶。

（3）泛油。泛油大多是由于混合料中沥青用量偏多、沥青稠度太低等原因引起，但有时也可能由于低温季节施工，表面嵌缝料散失过多，待气温上升之后，在行车作用下矿料下挤，沥青上泛，表面形成油层而引起泛油。沥青表面处治和沥青贯入式路面最易产生此类病害。可以根据泛油的轻重程度，采取铺撒较粗粒径的矿料予以处治。

（4）波浪。波浪是路面上形成有规则的低洼和凸起变形。波浪的产生，主要是由于沥青洒布不均形成油垄，沥青多处矿料厚、沥青少处矿料薄，再经过行车不断撞击而造成高低不平。交叉口、停车站、陡坡路段行车水平力作用较大的地方，最易产生波浪变形。波浪变形处治较为困难，轻微的波浪可在热季采用强行压平的方法处治，严重的波浪则需用热拌沥青混合料填平。

（5）推移与拥包。在行车水平力作用下，沥青面层材料的抗剪强度不足则易产生推移与拥包。这类病害大多是由于所用的沥青稠度偏低、用量偏多，或因混合料中矿料级配不好、细料偏多而产生。此外，面层较薄，以及面层与基层的黏结较差，也易产生推挤、拥包。这种病害一般只能采取铲平的办法来处治。

（6）滑溜。沥青路面滑溜主要是由于行车作用造成。矿料被磨光，沥青面层中多余的沥青在行车荷载重复作用下泛油，也易形成表面滑溜。这类病害通常多采用加铺防滑封面来处治。

（7）裂缝。沥青路面裂缝的形式有纵向裂缝、横向裂缝、龟裂与网裂几种。

低温缩裂和反射裂缝的基本形态是沿着路面纵向一定距离出现的间隔性横向裂缝。这些横向裂缝，在水分侵蚀下，会促使面层疲劳开裂，在其周围逐步发展成网状裂缝。

产生低温缩裂的主要原因是在低温（通常为负温度）时，当气温下降较快，沥青类路面材料因急剧收缩受阻，产生较大拉应力，若拉应力超过抗拉强度，面层就会拉裂，而路面纵向尺度远大于横向尺度，即纵向约束大于横向约束，所以出现间隔性横向裂缝。

产生反射裂缝的主要原因是水硬性结合料稳定类基层因湿度变化而产生的收缩裂缝反映到面层上来，便面层也相隔一定距离出现横向裂缝。当在旧水泥混凝土路面上加铺沥青类面层时，其原有的接缝或裂缝也会反射到沥青面层上来。

沥青路面沿路线纵向产生开裂的原因，一种是因填土未压实，路基产生不均匀沉陷或冻胀作用所造成；另一种是沥青混合料摊铺时间过长，或接缝处理不当，接缝处压实未达到要求，在行车作用下形成纵向裂缝。

路面整体强度不足，沥青面层老化，往往形成闭合图形的龟裂、网裂。

对较小的纵缝和横缝，一般灌入热沥青材料加以封闭处理。对较大的裂缝，则用填塞沥青石屑混合料的方法处理。对于大面积的龟裂、网裂，通常采用加铺封层或沥青表面处治。网裂、龟裂严重的路段，则应进行补强或彻底翻修。

（8）松散。松散大多发生在沥青路面使用的初期。松散的原因是采用的沥青稠度偏低、黏结力差、用量偏少；或所用的矿料过湿、铺撒不匀；或所用嵌缝料不合规格而未能被沥青粘牢。基层湿软，则应清除松散的沥青面层后重新压实，待基层干燥后再铺面层。

（9）坑槽。坑槽是松散材料散失后形成的凹坑。若松散材料被车轮后的真空吸力以及风和雨水带离路面，或是龟裂及其他裂缝进一步发展，使松动碎块脱离面层，便形成大小不等的坑槽。基层局部强度不足，在行车作用下也易产生坑槽。坑槽处治的方法是将坑槽范围挖成矩形，槽壁应垂直，在四周涂刷热沥青后，从基层到面层用与原结构相同的材料填补，并予以夯实。

（10）啃边。在行车作用和自然因素影响下，沥青路面边缘不断缺损，参差不齐，路面宽度减小的现象被称为啃边。产生的原因是路面过窄、行车压到路面边缘而造成缺损。边缘强度不足、路肩太高或太低、雨水冲刷路面边缘都会造成啃边。对啃边病害的处置方法是设置路线石、加宽路面、加固路肩。有条件时设法加宽路面基层到面层宽度外 20～30cm。

# 复习思考题

1. 沥青类路面的类型有哪些？各自有何特点？
2. 沥青类路面对材料有何要求？
3. 说明沥青路面的施工工艺流程。

# 第8章 水泥混凝土路面施工

## 8.1 水泥混凝土路面施工准备

### 1. 施工组织

根据规模的大小、施工的期限，组织机构的设置，如计划统计、测量放样、机械材料、现场试验、质量检查、安全管理、现场施工、后勤供应等，分工合作，协调管理。

根据设计和招投标文件，编制分期施工组织计划，合理组织劳动力和机械设备。

### 2. 施工现场布置

（1）混凝土的拌和方式有集中拌和与分段拌和两种。现场有足够的水源、电源、且材料充足时，宜采用集中拌和；当路段较长，缺少适当的场地和运输机械时，宜采用分段拌和法。一般汽车运送混凝土时，两端供应距离以 2～5km 为宜；人工运送混凝土时，供应距离不能超过 800～1000m。

（2）拌和地点。应选在运距经济合理，水源充足且方便，便于堆料，排水条件良好，机械搬运方便的地方。为提高工效，材料可沿路堆放，随工程进展移动，随拌随铺。

（3）材料估算与堆放。施工前，根据所需材料（水泥、砂、石子）进行估算，制定出分期供应计划，随用随调。材料堆放应碎石靠前，砂堆靠后；水泥应储藏在附近仓库，并做好防雨、防潮措施。

（4）工具准备。施工前，应备齐专用和一般机具，如振捣器、平整机、拍板、切缝机、振动夯压板，以及磅秤、捣钎、洒水机、扫帚等机具，并对主要机具进行检修、校验，且准备富余设备，以备紧急使用。

### 3. 测量放样

（1）据设计文件，测放出路中心线、路边线、曲线主点、变坡点及伸缩缝、胀缝的位置，并加以固定。

（2）引测临时水准点于路旁固定点上，供施工时使用。

（3）对测量放样的数据和资料须经常检查、复核。

### 4. 混凝土材料的试配

施工前，应根据设计要求，做好混凝土材料的配合比设计及各项试验工作。应根据不同材料，按不同的配合比，做出至少三组以上的抗压、抗折试块，分别作 7d、14d、28d 龄期试压。经过各方面的综合论证，选取级配优良、节省水泥、强度符合要求的配合比。

### 5. 土基和基层的检查与整修

对路面施工前的土基和基层应检查其含水量和密实度、基层的几何尺寸、路拱、平整度等，不符合要求时，应予以修复。对旧路面上的坑洞、松散区域以及路拱、宽度不符合要求之处，应翻修调整压实。当不设基层时，可设置整平层 6～10cm。

# 8.2　水泥混凝土路面的构造

## 8.2.1　基层

水泥混凝土路面的路基应稳定、密实、均质，对路面结构提供均匀的支撑，能满足以下几项要求：

（1）高液限黏土及含有机质细粒土，不能用作高速公路、一级公路的路床填料或二级及以下公路的上路床填料。

高液限粉土及塑性指数大于 16 或膨胀率大于 3% 的低液限黏土，不能作高速公路、一级公路的上路床填料。必须采用上述土作填料时，应掺入石灰或水泥等结合料进行改善。

（2）地下水位高时，宜提高路堤设计标高，标高受限，未达中湿状态临界高度应选用粗粒土或低剂量石灰、水泥稳定细粒土作路床或上路床填料；未达潮湿临界高度时，还应采取在边沟下设置盲沟等措施，降低地下水位。

（3）路基压实度应符合要求。

（4）填石路床顶面应铺设整平层。整平层可采用未筛分碎石和石屑或低剂量水泥稳定粒料，其厚度视路床顶面不平整程度而定，一般为 10～15cm。

水泥混凝土路面在下述情况下需在基层下设置垫层：

（1）季节性冰冻地区，路面总厚度小于最小防冻厚度时，差值以垫层厚度补足。

（2）水文地质条件不良的土质路堑，路床土湿度较大时，宜设置排水垫层。

（3）路基可能产生不均匀沉降时，可设半刚性垫层。

垫层宽度应与路基同宽，最小厚度为 15cm。水泥路面的基层应具有足够的抗冲刷能力和一定的刚度，宜依照交通等级按表 8-1 选用。

表 8-1　　　　　　　　　　适宜各交通等级的基层类型

| 交　通　等　级 | 基　层　类　型 |
| --- | --- |
| 特重交通 | 贫混凝土、碾压混凝土或沥青混凝土基层 |
| 重交通 | 水泥稳定粒料或沥青碎石 |
| 中等或轻交通 | 水泥稳定粒料、石灰粉煤灰稳定粒料或级配粒料 |

湿润和多雨地区路基为低透水性细粒土的高速公路、一级公路或者承受特重或重交通二级公路，宜采用排水基层。排水基层可选用多孔隙的开级配水泥稳定碎石、沥青稳定碎石或碎石，孔隙率约为 20%。

基层的宽度应比混凝土面层每侧至少宽出 300mm（小型机具施工）或 500mm（轨道式摊铺机施工）或 650mm（滑模式摊铺机施工）。

路肩采用混凝土面层，其厚度与行车道面层相同时，基层宽度宜与路基同宽。级配粒料基层的宽度也与路基同宽。

各类基层的适宜厚度见表 8-2。

**表8-2** 　　　　　　　　　　　　　各类基层厚度的适宜范围

| 类　　型 | 适宜厚度/cm | 类　　型 | 适宜厚度/cm |
|---|---|---|---|
| 贫混凝土或碾压混凝土 | 12～20 | 级配粒料 | 15～20 |
| 水泥或二灰稳定粒料 | 15～25 | 多孔隙水泥稳定碎石排水 | 10～14 |
| 沥青混凝土 | 4～6 | 沥青稳定碎石排水 | 8～10 |
| 沥青碎石 | 8～10 | | |

注：基层下未设垫层，上路床为细粒土、黏土质砂或级配不良砂（承受特重或重交通时），或者为细粒土（承受中等交通时，
　　应在基层下设置底基层）。

底基层可采用级配粒料、水泥稳定粒料或二灰粒料，厚度为 20cm。

排水基层下应设置由水泥稳定粒料或者密级配粒料组成的不透水底基层，厚 20cm。底基层顶面宜铺设沥青封层或防水土工织物。

### 8.2.2　面层

水泥混凝土面层应具有足够的强度和耐久性，表面应抗滑、耐磨、平整。

面层一般采用设接缝的普通混凝土。当面层板的平面尺寸较大或形状不规则，路面结构下埋有地下设施，高填方、软土地基、填挖交界段的路基等有可能产生不均匀沉降时，应采用设接缝的钢筋混凝土面层。其他面层类型可根据适用条件按表 8-3 选用。

**表8-3** 　　　　　　　　　　　　　其 他 面 层 类 型 选 择

| 面层类型 | 适用条件 |
|---|---|
| 连续配筋混凝土面层 | 高速公路 |
| 沥青上面层与连续配筋混凝土或横缝设传力杆的<br>普通混凝土下面层组成的复合式路面 | 特重交通的高速公路 |
| 碾压混凝土面层 | 二级及二级以下公路、服务区停车场 |
| 钢纤维混凝土面层 | 标高受限路段、收费站、混凝土加铺层和桥面铺装 |
| 矩形或异形混凝土预制块面层 | 服务区停车场、二级及二级以下公路桥头引道沉降未稳定段 |

注：1. 水凝混凝土面板的抗滑标准以构造深度为指标。
　　2. 表面构造应采用刻槽、压槽、拉槽或拉毛等方法制作。
　　3. 构造深度在使用初期应满足表 8-4 的要求。

**表8-4** 　　　　　　　　各级公路水泥混凝土面层的表面构造深度要求

| 公路等级 | 高速公路、一级公路/mm | 二、三、四级公路/mm |
|---|---|---|
| 一般路段 | 0.7～1.1 | 0.5～0.9 |
| 特殊路段 | 0.8～1.2 | 0.6～1.0 |

注：1. 特殊路段：高速公路、一级公路指立交、平交或变速车道；其他道路指急弯、陡坡、交叉口或集镇附近。
　　2. 年降水量 600mm 以下地区，可适当降低。

### 8.2.3　接缝构造

混凝土面层是由一定厚度的混凝土板所组成，它具有热胀冷缩的性质。由于一年四季气温的变化，混凝土板会产生不同程度的膨胀和收缩。而在一昼夜中，白天气温升高，混凝土

板顶面温度较底面为高，这种温度坡差会形成板的中部隆起的趋势。夜间气温降低，板顶面温度较底面为低，会使板的周边和角隅发生翘起的趋势，如图 8-1 (a) 所示。这些变形会受到板与基础之间的摩阻力和黏结力，以及板的自重车轮荷载等的约束，致使板内产生过大的应力，造成板的断裂 [图 8-1 (b)] 或拱胀等破坏。从图 8-1 可见，由于翘曲而引起的裂缝，则在裂缝发生后被分割的两块板体尚不致完全分离，倘若板体温度均匀下降引起收缩，则将使两块板体被拉开 [图 8-1 (c)]，从而失去荷载传递作用。

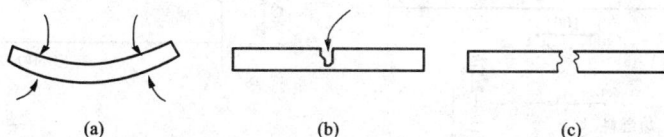

图 8-1　混凝土由于温度坡差引起的变形
(a) 周边和角隅翘起；(b) 开裂；(c) 由于均匀温度下降使两块板体被拉开

为避免这些缺陷，普通混凝土、钢筋混凝土、碾压混凝土或钢纤维混凝土面层板不得不在纵横两个方向设置许多接缝，把整个路面分割成许多矩形板块。按接缝与行车方向之间的关系，可把接缝分为纵缝与横缝两大类。

**1. 纵向接缝**

包括施工缝和缩缝。纵缝应与路线中线平行，在路面等宽的路段内或路面变宽路段的等宽部分，纵缝的间距和形式应保持一致。路面变宽段的加宽部分与等宽部分之间，以纵向施工缝隔开。加宽板在变宽段起终点处的宽度不应小于 1m。

纵向接缝的布设应视路面宽度和施工铺筑宽度而定，具体内容详见如下所述。

(1) 一次铺筑宽度小于路面宽度时，应设置纵向施工缝。纵向施工缝采用平缝形式，上部应锯切槽口，深度为 30～40mm，宽度为 3～8mm，槽内灌塞填缝料，构造如图 8-2 (a) 所示。

(2) 一次铺筑宽度大于 4.5m 时，应设置纵向缩缝。纵向缩缝采用假缝形式，宽度为 3～8mm，锯切的槽口深度视基层材料而异。采用粒料基层时，槽口深度应为板厚的 1/3；采用半刚性基层时，槽口深度应为板厚的 2/5。其构造如图 8-2 (b) 所示。

(3) 纵向接缝在板厚中央设置拉杆，拉杆应采用螺纹钢筋，并应对拉杆中部 100mm 范围内进行防锈处理。拉杆的直径、长度和间距，可参照表 8-5 选用。施工布设时，拉杆间距应按横向接缝的实际位置予以调整，最外侧的拉杆距横向接缝的距离不得小于 100mm。

表 8-5　　　　　　　　　　　　　　　　　拉杆直径、长度和间距

| 面层厚度 /mm | 到自由边或未设拉杆纵缝的距离/m | | | | | |
|---|---|---|---|---|---|---|
| | 3.00 | 3.50 | 3.75 | 4.5 | 6.00 | 7.50 |
| 200～250 | 14×700×900 | 14×700×800 | 14×700×700 | 14×700×600 | 14×700×500 | 14×700×400 |
| 260～300 | 16×800×900 | 16×800×800 | 16×800×700 | 16×800×600 | 16×800×500 | 16×800×400 |

**2. 横向接缝**

包括缩缝、胀缝和施工缝。横向接缝和纵向接缝应垂直相交，纵缝两侧的横缝不得相互错位，具体内容详见如下所述。

(1) 横向缩缝可等间距或变间距布置，采用假缝形式。特重和重交通公路、收费广场以

及邻近胀缝或自由端部的 3 条缩缝，应采用设传力杆假缝形式，其构造如图 8-3（a）所示。其他情况可采用不设传力杆假缝形式，其构造如图 8-3（b）所示。

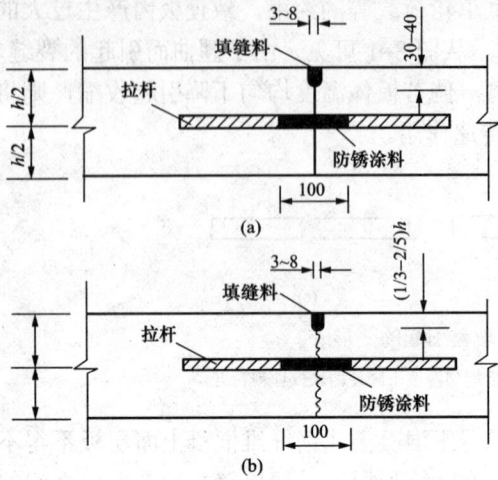

图 8-2　纵缝构造（单位：mm）

（a）纵向施工缝；（b）纵向缩缝

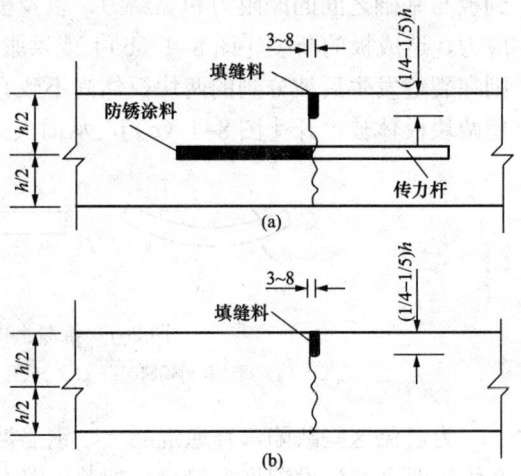

图 8-3　横向缩缝构造（单位：mm）

（a）设传力杆假缝型；（b）不设传力杆假缝型

（2）横向缩缝顶部应锯切槽口，深度为面层厚度的 1/5～1/4，宽度为 3～8mm，槽内填塞填缝料。高速公路的横向缩缝槽口宜增设深 20mm、宽 6～10mm 的浅槽口，其构造如图 8-4 所示。

在邻近桥梁或其他固定构造物处或与其他道路相交处应设置横向胀缝。设置的胀缝条数，视膨胀量大小而定。低温浇筑混凝土面层或选用膨胀性高的集料时，宜酌情确定是否设置胀缝。胀缝宽 20mm，缝内设置填缝板和可滑动的传力杆。胀缝的构造如图 8-5 所示。

每日施工结束或因临时原因中断施工时，必须设置横向施工缝，其位置应尽可能选在缩缝或胀缝处。设在缩缝处的施工缝，应采用加传力杆的平缝形式，其构造如图 8-6（a）所示；设在胀缝处的施工缝，其构造与胀缝相同。遇有困难需设在缩缝之间时，施工缝采用设拉杆的企口缝形式，其构造如图 8-6（b）所示。

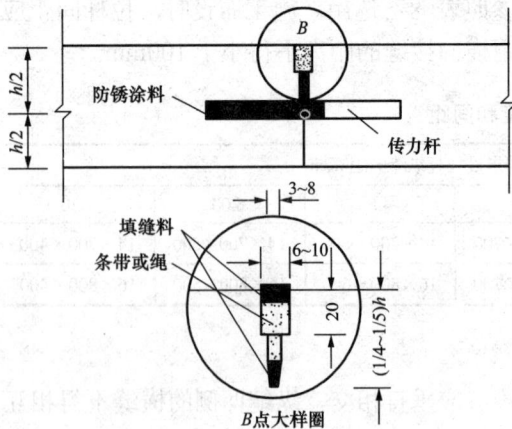

图 8-4　浅槽口构造（单位：mm）

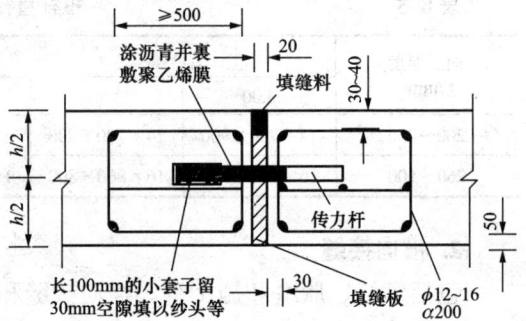

图 8-5　胀缝构造（单位：mm）

传力杆应采用光面钢筋。其尺寸和间距可按表 8-6选用。最外侧传力杆距纵向接缝或自由边的距离为 150～250mm。

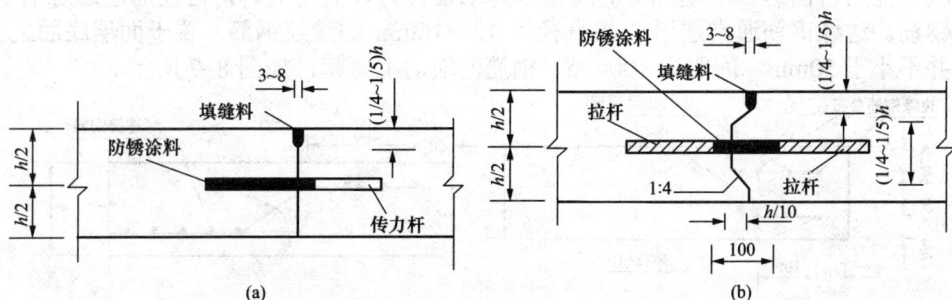

图 8-6　横向施工缝构造（单位：mm）

（a）加传力杆的平缝形式；（b）设拉杆的企口缝形式

表 8-6　　　　　　　　　　　　　　传 力 杆 尺 寸 和 间 距　　　　　　　　　　　　　（mm）

| 面层厚度 | 传力杆直径 | 传力杆最小长度 | 传力杆最大间距 |
| --- | --- | --- | --- |
| 220 | 28 | 400 | 300 |
| 240 | 30 | 400 | 300 |
| 260 | 32 | 450 | 300 |
| 280 | 35 | 450 | 300 |
| 300 | 38 | 500 | 300 |

### 3. 交叉口接缝布设

两条道路正交时，各条道路的直道部分均保持本身纵缝的连贯，而相交路段内各条道路的横缝位置应按相对道路的纵缝间距作相应变动，保证两条道路的纵横缝垂直相交，互不错位。两条道路斜交时，主要道路的直道部分保持纵缝的连贯，而相交路段内的横缝位置应按次要道路的纵缝间距作相应变动，保证与次要道路的纵缝相连接。相交道路弯道加宽部分的接缝布置，应不出现或少出现错缝和锐角板。

在次要道路弯道加宽段起终点断面处的横向接缝，应采用胀缝形式。膨胀量大时，应在直线段连续布置 2～3 条胀缝。

### 4. 接缝填封材料

胀缝接缝板应选用能适应混凝土板膨胀收缩、施工时不变形、复原率高和耐久性好的材料。高速公路和一级公路宜选用泡沫橡胶板、沥青纤维板；其他等级公路也可选用木材类或纤维类板。

接缝填缝料应选用与混凝土接缝槽壁黏结力强、回弹性好、适应混凝土板收缩、不溶于水、不渗水、高温时不流淌、低温时不脆裂、耐老化的材料。常用的填缝材料有聚氨酯焦油类、氯丁橡胶类、乳化沥青类、聚氯乙烯胶泥、沥青橡胶类、沥青玛琋脂及橡胶嵌缝条等。高速公路、一级公路应优选使用树脂类、橡胶类或改沥青类填缝材料，并宜在填缝料中加入耐老化剂。

### 8.2.4 配筋布置

混凝土面层自由边缘下基础薄弱或接缝为未设传力杆的平缝时,可在面层边缘的下部配置边缘钢筋。边缘钢筋通常选用 2 根直径为 12~16mm 的螺纹钢筋,置于面层底面之上 1/4 厚度处并不小于 50mm,间距为 100mm,钢筋两端向上弯起,如图 8-7 所示。

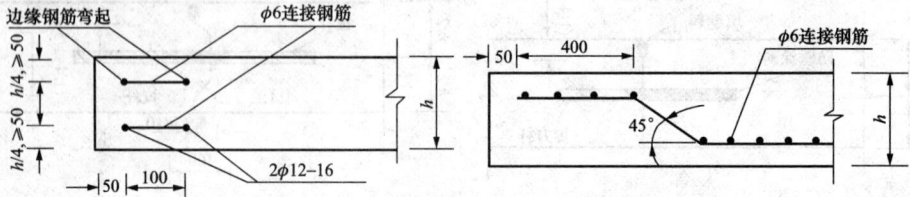

图 8-7 边缘钢筋布置(单位:mm)

承受特重交通的胀缝、施工缝和自由边的面层角隅及锐角面层角隅,宜配置角隅钢筋。通常选用 2 根直径为 12~16mm 的螺纹钢筋,置于面层上部,距顶面不小于 50mm,距边缘为 100mm,如图 8-8 所示。

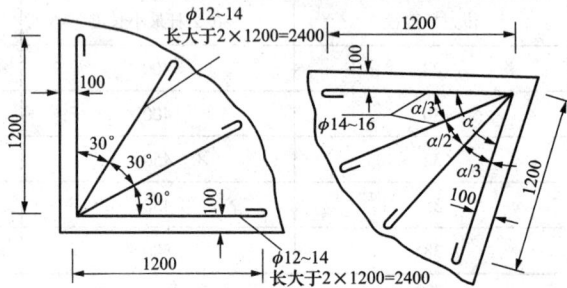

图 8-8 角隅钢筋布置(单位:mm)

混凝土面层下有箱形构造物横向穿越,其顶面至面层底面的距离小于 400mm 或嵌入基层时,在构造物顶宽及两侧各($H$+1)m 且不小于 4m 的范围内,混凝土面层内应布设双层钢筋网,上下层钢筋网各距面层顶面和底面 1/4~1/3 厚度处,如图 8-9所示。构造物顶面至面层底面的距离在 400~1200mm 时,则在上述长度范围内的混凝土面层中应布设单层钢筋网。钢筋网设在距顶面 1/4~1/3 厚度处,如图 8-10 所示。钢筋直径 12mm,纵向钢筋间距 100mm,横向钢筋间距 200mm。配筋混凝土面层与相邻混凝土面层之间设置传力杆缩缝。

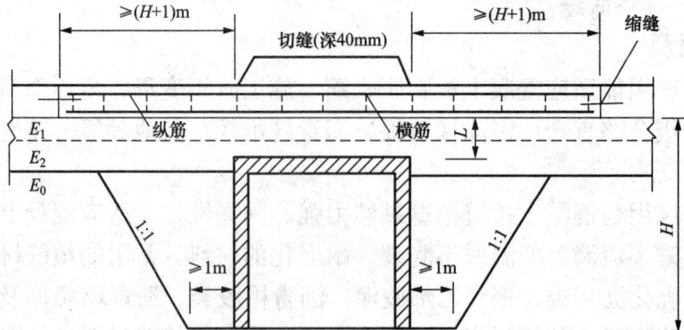

图 8-9 箱型构造物横穿公路处的面层配筋($L$ 小于 400mm 或嵌入基层)

$H$—面层底面到构造物地面的距离;$L$—面层底层到构造物顶面的距离

混凝土面层下有圆形管状构造物横向穿越，其顶面至面层底面的距离小于 1200mm 时，在构造物两侧各（*H*+1）m 且不小于 4m 的范围内，混凝土面层内应布设单层钢筋网，钢筋网设在距面层顶面 1/4～1/3 厚度处，如图 8–11 所示。

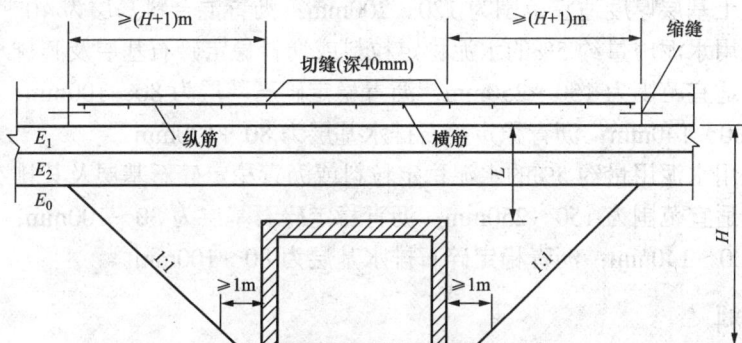

图 8–10　箱型构造物横穿公路处的面层配筋（*L* 为 400～1200mm 或嵌入基层）

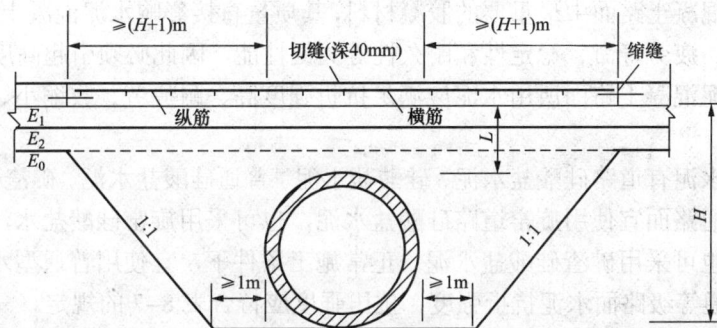

图 8–11　圆形管状构造物横穿公路处的面层配筋（*L*＜1200mm）

## 8.3　水泥混凝土路面对材料组成的要求

### 8.3.1　垫层材料

季节性冰冻地区地下水位较高、粉性土路堤，毛细管水上升高度较大的潮湿、过湿路基段，年降雨量较大的潮湿多雨地区路基两侧可能滞水或有泉眼的路段，当路面结构未采用或不便采用渗透排水基层的场合，应在路基与（底）基层之间，设置升级配碎石、升级配卵石、砂砾、粗砂排水垫层。排水垫层的级配应满足排水和反滤的要求，并具有一定的强度和较好的水稳性，在冰冻地区还需具有较好的抗冻性。

用作防冻垫层的材料有砂、砂砾、碎石、炉渣等。防冻垫层的最小厚度，除应满足《公路水泥混凝土路面设计规范》（JTG D40—2002）的规定外，还应满足压实后，要求具有不小于土基的强度和较好的抗冻性；当采用砂或砂砾时，通过 0.075mm 筛孔的颗粒含量不宜大于5%；当采用炉渣时，小于 2mm 的颗粒含量不宜大于 20%；当防冻垫层同时有排水要求，应同时满足排水垫层和防冻垫层两者的要求。

路基可能产生不均匀沉降时，可采用水泥、石灰、粉煤灰等胶凝材料作半刚性垫层。

### 8.3.2 基层材料

特重交通宜采用水泥用量约 7%～8%的贫混凝土、碾压混凝土或沥青混合料基层。贫混凝土或碾压混凝土基层厚度适宜范围为 120～200mm；沥青混合料基层为 40～60mm。

重交通宜采用水泥用量约 5%的水泥稳定粒料或沥青稳定碎石基层及其排水基层。水泥稳定粒料基层厚度适宜范围为 150～250mm；沥青稳定碎石基层为 80～100mm；多孔隙水泥稳定排水基层为 100～140mm；沥青稳定碎石排水基层为 80～100mm。

重交通宜采用水泥用量约 5%的水泥稳定粒料或沥青稳定碎石基层及其排水基层。水泥稳定粒料基层厚度适宜范围为 150～250mm；沥青稳定碎石基层为 80～100mm；多孔隙水泥稳定排水基层为 100～140mm；沥青稳定碎石排水基层为 80～100mm。

### 8.3.3 面层材料

#### 1. 水泥

水泥是水泥混凝土路面中最重要的胶凝材料，其质量直接影响水泥混凝土路面弯拉强度、抗冲击振动性能、疲劳寿命、稳定性和耐久性等关键性能，因此必须引起高度重视。

高速公路水泥混凝土路面所用水泥应满足抗折强度高、耐疲劳、收缩小、耐磨性强、抗冻性好等要求。

常用的路用水泥有道路硅酸盐水泥、硅酸盐水泥、普通硅酸盐水泥、矿渣硅酸盐水泥等。

特重、重交通路面宜使用旋窑道路硅酸盐水泥，也可采用旋窑硅酸盐水泥或普通硅酸盐水泥；中轻交通也可采用矿渣硅酸盐水泥；正常施工条件下，宜使用普通型水泥，不宜使用R 型水泥。各交通等级路面水泥抗折强度、抗压强度应符合表 8-7 的规定。

表 8-7 各交通等级路面水泥各龄期的抗折强度、抗压强度

| 交通等级 | 特重交通 | | 重交通 | | 中、轻交通 | |
|---|---|---|---|---|---|---|
| 龄期/d | 3 | 28 | 3 | 28 | 3 | 28 |
| 抗压强度/MPa≥ | 25.5 | 57.5 | 22.0 | 52.5 | 16.0 | 42.5 |
| 抗折强度/MPa≥ | 4.5 | 7.5 | 4.0 | 7.0 | 3.5 | 6.5 |

水泥进场时每批量应附有物理性能、化学成分、力学指标合格的检验证明。各交通等级路面所使用水泥的化学成分、物理性能等路用品质要求应符合表 8-8 的规定。

表 8-8 各交通等级路面用水泥的化学成分、物理指标

| 水泥性能 | 特重、重交通路面 | 中、轻交通路面 |
|---|---|---|
| 铝酸三钙 | 不宜大于 7.0% | 不宜大于 9.0% |
| 铁铝酸四钙 | 不宜小于 15.0% | 不宜小于 12.0% |
| 游离氧化钙 | 不得大于 1.0% | 不得大于 1.5% |
| 氧化镁 | 不得大于 5.0% | 不得大于 6.0% |
| 三氧化硫 | 不得大于 3.5% | 不得大于 4.0% |
| 碱含量 | $Na_2O+0.0658K_2O$ 不大于 0.6% | 怀疑有碱活性集料时，不大于 0.6%；无碱活性集料时，不大于 1.0% |

| 水泥性能 | 特重、重交通路面 | 中、轻交通路面 |
|---|---|---|
| 混合料种类 | 不得掺窑灰、煤矸石、火山灰和黏土，有抗盐冻要求时不得掺石灰、石粉 | 不得掺窑灰、煤矸石、火山灰和黏土，有抗盐冻要求时不得掺石灰、石粉 |
| 出磨时安定性 | 雷氏夹或蒸煮法检验必须合格 | 蒸煮法检验必须合格 |
| 标准稠度需水量 | 不宜大于 28% | 不宜大于 30% |
| 烧失量 | 不得大于 3.0% | 不得大于 5.0% |
| 比表面积 | 宜在 300~450m²/kg | 宜在 300~450m²/kg |
| 细度（80um） | 筛余量不得大于 10% | 筛余量不得大于 10% |
| 初凝时间 | 不早于 1.5h | 不早于 1.5h |
| 终凝时间 | 不迟于 10h | 不迟于 10h |
| 28d 干缩率[①] | 不得大于 0.09% | 不得大于 0.10% |
| 耐磨性[①] | 不得大于 3.6kg/m² | 不得大于 3.6kg/m² |

① 28d 干缩率和耐磨性试验方法采用《道路硅酸盐水泥》（GB 13693—2005）标准。

## 2. 粗集料

集料是混凝土中分量最大的组成材料，粒径 5mm 以上者，称为粗集料；粒径 5mm 以下者称为细集料。粗细集料在混凝土中占有 4/5 的比例，可见其重要性。

为获得密实、高强、耐久性好、耐磨耗的混凝土，粗集料（碎石、碎卵石或卵石）必须质地坚硬、耐久、洁净，有良好的级配。

粗集料的粒状以接近正方体为佳。长度是平均粒径的 2.4 倍的称针状颗粒，厚度小于平均粒径 0.4 倍的称片状颗粒。表面粗糙且多棱角的粗集料，同水泥浆的黏附性好，配制的混凝土具有较高的强度，在相同水泥浆用量条件下，砾石配制的混凝土具有较好的和易性。

这里应指出的是，选用含有非晶质活性二氧化硅岩石作粗集料时，如果水泥中碱性氧化物含量较高（大于 0.6%），并且混凝土长期处于潮湿环境，则水泥中的碱性氧化物水解后生成的氢氧化钠和氢氧化钾会同集料中的活性二氧化硅发生化学反应，在集料表面生成一种碱—硅酸凝胶体。这种凝胶体吸水后体积膨胀，会造成混凝土结构破坏，使路面出现较深的网裂。这种损坏现象称为碱—集料反应，因此，选用集料时应注意避免。目前已确定含非晶质二氧化硅的岩石有蛋白石、玉髓、鳞石英、方石英、硬绿泥岩、硅镁石灰岩、玻璃质或隐晶锍纹岩、安山岩和凝灰岩等。此外，粗集料的技术指标应符合表 8-9 的要求。

表 8-9　　　　　　　　　　　　碎石、碎卵石和卵石技术指标

| 项　目 | 技　术　要　求 | | |
|---|---|---|---|
| | Ⅰ级 | Ⅱ级 | Ⅲ级 |
| 碎石压碎指标（%） | <10 | <15 | <20[①] |
| 卵石压碎指标（%） | <12 | <14 | <16 |
| 坚固性（按质量损失计，%） | <5 | <8 | <12 |
| 针片状颗粒含量（按质量计，%） | <5 | <15 | <20[②] |
| 含泥量（按质量计，%） | <0.5 | <1.0 | <1.5 |

续表

| 项　目 | 技　术　要　求 | | |
|---|---|---|---|
| | Ⅰ级 | Ⅱ级 | Ⅲ级 |
| 泥块含量（按质量计，%） | <0 | <0.2 | <0.5 |
| 有机物含量（比色法） | 合格 | 合格 | 合格 |
| 硫化物及硫酸盐（按SO₃离子质量计，%） | <0.5 | <1.0 | <1.0 |
| 岩石抗压强度/MPa | 火成岩不应小于100；变质岩不应小于80；水成岩不应小于60 | | |
| 表观密度/（kg/m³） | >2500 | | |
| 松散堆积密度/（kg/m³） | >1350 | | |
| 空隙率（%） | <47 | | |
| 碱集料反应 | 经碱集料反应试验后，试件无裂缝、酥裂、胶体外溢等现象，在规定试验龄期的膨胀率应小于0.10% | | |

① Ⅲ级碎石的压碎指标，用作路面时，应小于20%；用作下面层或基层时，可小于25%。

② Ⅲ级粗集料的针片状颗粒含量，用作路面时，应小于20%；用作下面层或基层时，可小于25%。

　　用作路面和桥面混凝土的粗集料不得使用不分级的统料，应按最大公称粒径的不同采用2～4个粒级的集料进行掺配，并应符合表8-10的合成级配要求。卵石最大公称粒径不宜大于19.0mm；碎卵石最大公称粒径不宜大于26.5mm；碎石最大公称粒径不宜大于31.5mm；贫混凝土基层粗集料最大公称粒径不宜大于31.5mm；钢纤维混凝土与碾压混凝土粗集料最大公称粒径不宜大于19.0mm；碎卵石或碎石中粒径小于75μm的石粉含量不宜大于1%。

表 8-10　　　　　　　　　　　　　　粗　集　料　级　配　范　围

| 类　型 | 粒　径　级　配 | 方筛孔尺寸/mm | | | | | | | |
|---|---|---|---|---|---|---|---|---|---|
| | | 2.36 | 4.75 | 9.50 | 16.0 | 19.0 | 26.5 | 31.5 | 37.5 |
| | | 累计筛余（以质量计）（%） | | | | | | | |
| 合成级配 | 4.75～16 | 95～100 | 85～100 | 40～60 | 0～10 | | | | |
| | 4.75～19 | 95～100 | 85～95 | 60～75 | 30～45 | 0～5 | 0 | | |
| | 4.75～26.5 | 95～100 | 90～100 | 70～90 | 50～70 | 25～40 | 0～5 | 0 | |
| | 4.75～31.5 | 95～100 | 90～100 | 75～90 | 60～75 | 40～60 | 20～35 | 0～5 | 0 |
| 粒级 | 4.75～9.5 | 95～100 | 80～100 | 0～15 | 0 | | | | |
| | 9.5～16 | | 95～100 | 80～100 | 0～15 | 0 | | | |
| | 9.5～19 | | 95～100 | 85～100 | 40～60 | 0～15 | 0 | | |
| | 16～26.5 | | | 95～100 | 55～70 | 25～40 | 0～10 | 0 | |
| | 16～31.5 | | | 95～100 | 85～100 | 55～70 | 25～40 | 0～10 | 0 |

## 3. 细集料

细集料应采用质地坚硬、耐久、洁净的天然砂、机制砂或混合砂，并应符合表8-11的规定。高速公路、一级公路、二级公路及有抗盐（冻）要求的三、四级公路混凝土路面使用的砂应不低于Ⅱ级，无抗盐（冻）要求的三、四级公路混凝土路面、碾压混凝土及贫混凝土基层可使用Ⅲ级砂。特重、重交通混凝土路面宜使用河砂，砂的硅质含量不应低于25%。

表 8-11　　　　　　　　　　　　细 集 料 技 术 指 标

| 项　目 | 技 术 要 求 | | |
|---|---|---|---|
| | Ⅰ级 | Ⅱ级 | Ⅲ级 |
| 机制砂单粒级最大压碎指标（%） | <20 | <25 | <30 |
| 氯化物（氯离子质量计，%） | <0.01 | <0.02 | <0.06 |
| 坚固性（按质量损失计，%） | <6 | <8 | <10 |
| 云母（按质量计，%） | <1.0 | <2.0 | <2.0 |
| 天然砂、机制砂含泥量（按质量计，%） | <1.0 | <2.0 | <3.0[①] |
| 天然砂、机制砂泥块含量（按质量计，%） | 0 | <1.0 | <2.0 |
| 机制砂 MB 值小于 1.4 或合格石粉含量[②]（按质量计，%） | <3.0 | <5.0 | <7.0 |
| 机制砂 MB 值不小于 1.4 或不合格石粉量（按质量计，%） | <1.0 | <3.0 | <5.0 |
| 有机物含量（比色法） | 合格 | 合格 | 合格 |
| 硫化物及硫酸盐（按 $SO_3$ 离子质量计，%） | <0.5 | <0.5 | <0.5 |
| 轻物质（按质量计，%） | <1.0 | <1.0 | <1.0 |
| 机制砂母岩抗压强度/MPa | 火成岩不应小于 100；变质岩不应小手 80；水成岩不应小于 60 | | |
| 表观密度 | >2500 | | |
| 堆积密度 | >1350 | | |
| 空隙率（%） | <47e | | |
| 碱集料反应 | 经碱集料反应试验后，由砂配制的试件无裂缝、酥裂、胶体外溢等现象，在规定试验龄期的膨胀率应小于 0.10% | | |

①　天然Ⅲ级砂用作路面时，含泥量应小于 3%；用作贫混凝土基层时，可小于 5%。

②　亚甲蓝试验，MB 试验方法见《公路水泥混凝土路面施工技术规范》（JTG F30—2003）。

细集料的级配要求应符合表 8-12 的规定，路面和桥面用天然砂宜为中砂，也可使用细度模数在 2.0～3.5 之间的砂。同一配合比用砂的细度模数变化范围不应超过 0.3；否则，应分别堆放，并调整配合比中的砂率后使用。

路面和桥面混凝土所使用的机制砂除应符合表 8-11 和表 8-12 的规定外，还应检验砂浆磨光值，其值宜大于 35，不宜使用抗磨性较差的泥岩、页岩、板岩等水成岩类母岩品种生产的机制砂。配制机制砂混凝土应同时掺引气高效减水剂。

表 8-12 细集料的级配范围

| 砂分级 | 方筛孔尺寸/mm | | | | | |
|---|---|---|---|---|---|---|
| | 0.15 | 0.30 | 0.60 | 0.18 | 2.36 | 4.75 |
| | 累计筛余（以质量计，%） | | | | | |
| 粗砂 | 90～100 | 80～95 | 71～85 | 35～65 | 5～35<br>0～10 | 0～10 |
| 中砂 | 90～100 | 70～92 | 41～70 | 10～50 | 0～25<br>0～10 | 0～10 |
| 细砂 | 90～100 | 55～85 | 16～40 | 0～25 | 0～15<br>0～10 | 0～10 |

在河砂资源紧缺的沿海地区，二级及二级以下公路混凝土路面和基层可使用淡化海砂，但缩缝设传力杆混凝土路面不宜使用淡化海砂；钢筋混凝土及钢纤维混凝土路面和桥面不得使用淡化海砂。淡化海砂还应符合下述规定：

（1）淡化海砂带入每立方米混凝土中的含岩量不应大于 1.0kg。

（2）淡化海砂中碎贝壳等甲壳类动物残留物含量不应大于 1.0%。

（3）与河砂对比试验，淡化海砂应对砂浆磨光值、混凝土凝结时间、耐磨性、弯拉强度等无不利影响。

**4. 水**

清洗集料、拌和混凝土及养护所用的水，不应含有影响混凝土质量的油、酸、碱、盐类、有机物等。饮用水一般均适用于混凝土。对水质有疑问时应检验下列指标，合格后方可使用：

（1）硫酸盐含量（按 $SO_4^{2-}$）小于 0.002 7/mm$^3$；

（2）含盐量不大于 0.005mg/mm$^3$；

（3）pH 值不小于 4；

（4）不得含有污泥和其他有害杂质。

**5. 外加剂**

混凝土外加剂已被列为混凝土混合料的必备成分。外加剂的用量一般不超过水泥用量的 5%，常用的外加剂有引气剂、减水剂、促凝剂、早强剂、防冻剂及阻锈剂等。

有抗（盐）冻要求地区、桥面、路缘石、路肩及贫混凝土基层必须使用引气剂，无抗盐（冻）要求地区，二级及二级以上公路路面混凝土中应使用引气剂。引气剂的作用是改善和易性，减少泌水，提高抗渗性和抗冻性，同时还有减水、增强耐久性，减少干缩，缓解了碱集料反应和化学侵蚀膨胀等作用。

为改善所拌混凝土和易性（水灰比低时和易性差），需使用减水剂，如木质素等减水剂（简称 M 剂）、萘系减水剂（NF、MF）、水溶性树脂（密胺树脂）类减水剂（SN）等。为调节水泥凝结时间的缓凝剂（天热拌制混凝土时），其种类有羟基羧酸盐类（洒石酸等）、多羟基碳水化合物类（糖密等）和无机化合物类等；速凝剂（天冷拌制混凝土时）有如"红星Ⅰ型"等；早强剂有如氯化钙、三乙醇复合早强剂等。为增加耐冻性和对除冰化合物的抵抗力的引气剂，还有如松香热聚物等阳离子表面活性剂。

阻锈剂适用于海水、海风、Cl$^-$、$SO_4^{2-}$ 环境下或冬季撒盐除冰路面、桥面、钢纤维混凝土。

由于引用外加剂后会改变混凝土对制备工艺的要求，使用时应特别小心，同时，要特别注意配量正确和在混合料中均匀拌和。

# 8.4 常用水泥混凝土路面施工机械

## 1. 拌和设备

拌和设备按拌和过程的生产方式可以分为间歇式拌和设备和连续式拌和设备。间歇楼是每锅单独称料的，搅拌精确度高于连续楼，弃料少，因此宜优先选配间歇楼。实践证明，连续式搅拌楼也能够达到滑模摊铺高速公路水泥混凝土路面的要求，也可用于工程建设。连续搅拌楼应配备两个搅拌锅或一个长度足以搅拌均匀的搅拌锅，并应在搅拌锅上配备电视监控设备。前者是为了保证拌和物匀质性和熟化程度，后者是为了保障安全。

## 2. 摊铺成型设备

常见的水泥混凝土路面的摊铺机械有滑模摊铺机、轨道摊铺机、三辊轴机组、小型机具、碾压混凝土摊铺机械等，各种摊铺机械的选用宜符合表 8–13 的要求。

表 8–13　　　　　　　　　　　　　摊 铺 机 械 使 用 范 围

| 摊铺机械装备 | 高速公路 | 一级公路 | 二级公路 | 三级公路 | 四级公路 |
|---|---|---|---|---|---|
| 滑模摊铺机 | ★ | ★ | ★ | ▲ | ● |
| 轨道摊铺机 | ▲ | ★ | ★ | ★ | ● |
| 三辊轴机组 | ● | ▲ | ★ | ★ | ★ |
| 小型机具 | × | ● | ▲ | ★ | ★ |
| 碾压混凝土摊铺机 | × | ● | ★ | ★ | ▲ |

注：1. 符号含义：★—应使用；▲—有条件使用；●—不宜使用；×—不得使用。

　　2. 碾压混凝土亦可用于高速公路、一级公路复合式路面的下面层和贫混凝土基层。

（1）滑模摊铺机。滑模摊铺机铺筑是指采用滑模摊铺机铺筑水泥混凝土路面的施工工艺。其特征是不架设边缘固定模板，能够一次完成布料摊铺、振捣密实、挤压成型、抹面修饰等混凝土路面摊铺功能。

滑模摊铺机可按表 8–14 的基本技术参数选择。

高速公路、一级公路推荐整幅滑模摊铺机，宜选配能一次摊铺 2～3 个车道宽度（7.5～12.5m）的滑模摊铺机，尽量使用整幅 12.5m 宽度的大型滑模摊铺机，以减少纵向连接纵缝部位的不平整及存水现象。

二级公路推荐 9m 整宽滑模摊铺机，二级及以下公路路面的最小摊铺宽度不得小于单车道设计宽度，在二级公路上有条件时，推荐采用中央设路拱的 8～9m 宽滑模摊铺机。在多数情况下，二级公路无运输便道，必须预留一半宽度的路面，用作混凝土运输通道。一般情况下，在三、四级公路水泥混凝土路面上，由于软路肩宽度不足，履带行走宽度及设置基准线位置不够，不适宜使用滑模摊铺机施工。滑模摊铺机械与技术，在我国仅适用于二级以上高等级公路水泥混凝土路面的施工。

表 8–14                                                滑模摊铺机的基本技术参数

| 项　　目 | 发动机功率 /kW | 摊铺宽度 /m | 摊铺厚度 /mm | 摊铺速度 / (m/min) | 空驶速度 / (m/min) | 行走速度 / (m/min) | 履带数 /个 | 整机自重 /t |
|---|---|---|---|---|---|---|---|---|
| 三车道滑模摊铺机 | 200～300 | 12.5～16.0 | 0～500 | 0～3 | 0～5 | 0～15 | 4 | 57～135 |
| 双车道滑模摊铺机 | 15～200 | 3.6～9.7 | 0～500 | 0～3 | 0～5 | 0～18 | 2～4 | 22～50 |
| 多功能单车道滑模摊铺机 | 70～150 | 2.5～6.0 | 0～400 护栏高度 800～1900 | 0～3 | 0～9 | 0～15 | 2, 3, 4 | 12～27 |
| 路缘石滑模摊铺机 | ≤80 | <2.5 | <450 | 0～5 | 0～9 | 0～10 | 2, 3 | ≤10 |

　　滑模摊铺机可按特大、大、中、小四个级别的基本技术参数选择。无论选用哪种设备，首先，必须满足施工路面、路肩、路缘石和护栏等的基本施工要求；其次，摊铺机本身的工作配置件要齐全，应配备螺旋或刮板布料器、松方高度控制板、振动排气仓、夯实杆或振动搓平梁、自动抹平板、侧向打拉杆及同时摊铺双车道的中部打拉杆装置等。

　　硬路肩推荐与路缘石连体摊铺，硬路肩的摊铺宜选配中、小型多功能滑模摊铺机，并宜连体一次摊铺路缘石。

　　（2）轨道摊铺机。轨道式摊铺机铺筑水泥混凝土路面应采用轨道与模板合一的专用钢制轨模，长度为 3m。轨道式摊铺机按布料方式不同，可选用刮板式、箱式和螺旋式，最小摊铺宽度不得小于单车道 3.75m。轨道摊铺机的选型应根据路面车道数或设计宽度按表 8–15 的技术参数选择。

表 8–15                            轨道摊铺机的基本技术参数表

| 项　　目 | 发动机功率 /kW | 最大摊铺宽度 /m | 摊铺厚度 /mm | 摊铺速度 / (m/min) | 整机自重 /t |
|---|---|---|---|---|---|
| 三车道轨道摊铺机 | 33～45 | 11.75～18.3 | 250～600 | 1～3 | 13～38 |
| 双车道轨道摊铺机 | 15～33 | 7.5～9.0 | 250～600 | 1～3 | 7～13 |
| 单车道轨道摊铺机 | 8～22 | 3.5～4.5 | 250～450 | 1～4 | ≤7 |

　　（3）三辊轴整平机。三辊轴整平机的主要技术参数应符合表 8–16 的规定。

　　三辊轴摊铺整平机以轴的直径划分型号，以轴的长度划分规格，因此应根据摊铺宽度确定规格。从摊平拌和物考虑，轴的直径大比较有利；从有效密实深度考虑，轴的直径较小比较有利。目前市场上的三辊轴摊铺整平机，轴的直径有 168mm、219mm 和 240mm 三种。采用较大的轴径施工效率较高，平整度较好，但表面浆体比较容易离析，浆较薄。采用较小的轴径，提浆效果较好，但轴易变形，应注意校正。因此，板厚 200mm 以上宜采用直径 168mm 的辊轴；桥面铺装或厚度较小的路面可采用直径 219mm 的辊轴。轴长宜比路面宽度长出 600～1200mm。

表 8–16 三辊轴整平机的主要技术参数

| 型号 | 轴直径/mm | 轴速/(r/min) | 轴长/m | 轴质量/(kg/m) | 行走机构质量/kg | 行走速度/(m/min) | 整平轴距/mm | 振动功率/kW | 驱动功率/kW |
|---|---|---|---|---|---|---|---|---|---|
| 5001 | 168 | 300 | 1.8~9 | 65±0.5 | 340 | 13.5 | 504 | 7.5 | 6 |
| 6001 | 219 | 300 | 5.1~12 | 77±0.7 | 568 | 13.5 | 657 | 17 | 9 |

振动轴的转速有 300r/min 和 380r/min 两种,宜采用较小的转速,以保证有效振实和提浆。振动轴的转速不宜大于 380r/min,振动功率宜大于 7.5kW;驱动轴的最大行驶速度不大于 13.5m/min,驱动功率不小于 6kW。从而保证振轴和驱动轴有足够大的功率,以克服混合料和模板的阻力,实现摊铺、振动密实及整平功能。

三辊轴机组铺筑混凝土面板时,必须同时配备一台安装有插入式振捣棒组的排式振捣机,尽量使用同时安装有辅助摊铺的螺旋布料器和松方控制刮板形式,并使之具有自动行走功能。

(4)小型机具铺筑。小型机具铺筑是指采用固定模板、人工布料、手持振捣棒、振动板或振捣梁振实、棍杠、修整尺、抹平刀整平的混凝土路面施工工艺。

小型机具施工中、轻交通等级水泥混凝土路面时可使用。它技术简单成熟、施工便捷,不需要大型设备,主要靠人工操作。但劳动强度最大,使用的劳动力数量最多,是劳动力密集型的水泥混凝土路面施工方式。

(5)碾压混凝土路面铺筑。碾压混凝土路面铺筑是指采用特干硬性水泥混凝土拌和物、使用沥青摊铺机摊铺、压路机械碾压密实成型的混凝土路面施工工艺。

碾压混凝土路面施工最好选择带自动找平系统和高密实度烫平板的大型沥青摊铺机,最大摊铺厚度可达到 30cm,摊铺预压密实度可达到不小于 85%以上。根据路面摊铺宽度可选用 1~2 台摊铺机。压实机械采用自重 10~12t 的振动压路机 1~2 台;15~25t 的轮胎压路机 1 台,用于路面碾压;1~2t 的小型振动压路机 1 台,用于边缘压实。

## 8.5 水泥混凝土路面施工

混凝土路面板施工程序因摊铺机具而异,我国目前采用的摊铺机具与摊铺方式包括滑模摊铺、轨道摊铺、碾压摊铺、三辊轴摊铺、手工摊铺等。不同机具不同方式各具符合本身要求的施工程序,归结起来有以下几方面:

(1)安装模板。

(2)设置传力杆。

(3)混凝土的拌和与运送。

(4)混凝土摊铺和振捣。

(5)接缝的设置。

(6)表面整修。

(7)混凝土的养护与填缝。

**1. 模板安装**

模板安装前,先进行定位测量放样,每 20m 设中心桩,每 100m 设临时水准点;核对路高，面板分块，接缝和构造的位置。

公路混凝土路面、桥面铺装层的施工模板应采用刚度足够的槽钢、轨模或钢制边侧模板。模板的精确度应符合表 8-17 的要求。钢模板的高度与面板的设计厚度相等，长度一般为 3～5m。

**表 8-17                                模板（加工矫正）允许偏差**

| 施工方式 | 高度偏差<br>/mm | 局部变形<br>/mm | 垂直边夹角<br>(°) | 顶面平整度<br>/mm | 侧面平整度<br>/mm | 纵向变形<br>/mm |
|---|---|---|---|---|---|---|
| 三辊轴机组 | ±1 | ±2 | 90±2 | ±1 | ±2 | ±2 |
| 轨道摊铺机 | ±1 | ±2 | 90±1 | ±1 | ±2 | ±1 |
| 小型机具 | ±2 | ±3 | 90±3 | ±2 | ±3 | ±3 |

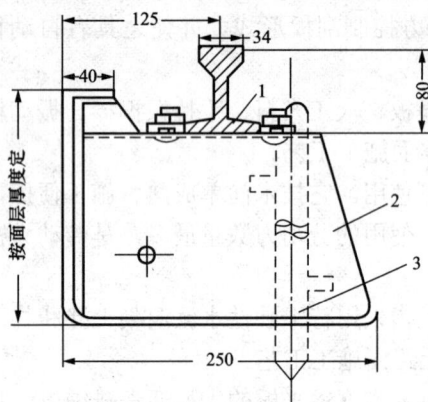

图 8-12  轨道模板（单位：mm）

1—轨道；2—模板；3—钢钎

轨道摊铺机采用专用的钢制轨模，轨道顶部高模板 20～40mm，如图 8-12 所示。模板纵向每隔 1m 设置支撑固定装置，如图 8-13 所示。

纵横曲线路段应该置短模板，每块模板的中点应该在曲线的切点上。模板应安装稳固、顺直、平整、无扭曲，相邻模板连接应紧密平顺，底部不得漏浆、不得有前后错位、高低错台等现象。

**2. 传力杆设置**

通常在完成模板安装之后，紧接着设置各种接缝的传力装置，包括拉杆、胀缝板、传力杆及其套帽、滑移端等，通常采用传力杆钢筋架安装固定，如图 8-14、图 8-15 所示。当采用的摊铺机装备有传力杆插入装置（DBI）时，缩缝传力杆可不提前装置，但应在基层表面标明传力杆的位置，以便于驾驶员准确定位压入传力杆。

拉杆、胀缝板、传力杆、套帽设置精确度应符合表 8-18 的要求。

**表 8-18                        拉杆、胀缝板、传力杆及其套帽、滑移端设置精确度**

| 项　　目 | 允许偏差/mm | 测 量 位 置 |
|---|---|---|
| 传力杆端上下左右偏斜偏差 | 10 | 在传力杆两端测量 |
| 传力杆在板中心上下左右偏差 | 20 | 以板面为基准测量 |
| 传力杆沿路面纵向前后偏位 | 30 | 以缝中心线为准 |
| 拉杆深度偏差及上下左右偏斜偏差 | 10 | 以板厚和杆端为基准测量 |
| 拉杆端及在板中上下左右偏差 | 10 | 杆两端和板面测量 |
| 拉杆沿路面纵向前后偏位 | 30 | 纵向测量 |
| 胀缝传力杆套帽长度不小于 100mm | 10 | 以封堵帽端起测 |
| 缩缝传力杆滑移端长度大于 1/2 杆长 | 20 | 以传力杆长度中间起测 |
| 胀缝板倾斜偏差 | 20 | 以板底为准 |
| 胀缝板的弯曲和位移偏差 | 10 | 以缝中心线为准 |

注：胀缝板不允许混凝土连浆，必须完全隔断。

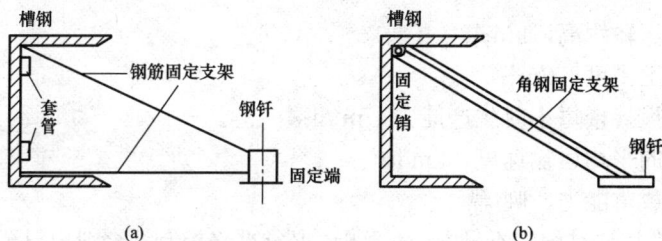

图 8–13 （槽）钢模板焊接钢筋或角钢固定示意图

（a）焊接钢筋固定支架；（b）焊接角钢固定支架

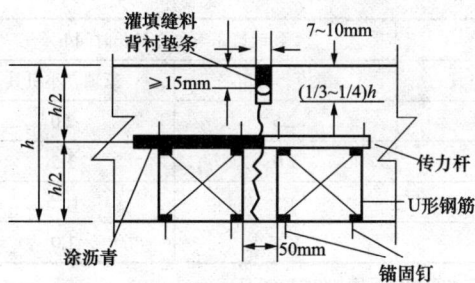

图 8–14 横向缩缝构造（假缝加传力杆型）

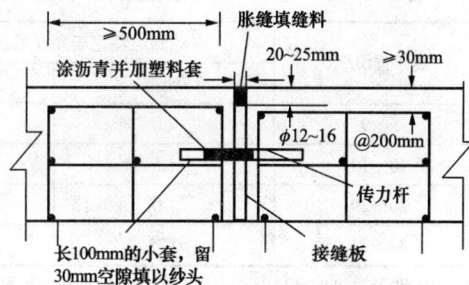

图 8–15 胀缝构造示意图

### 3. 制备与运送混凝土混合料

混凝土的制造与运输是混合料质量保证的重要方面。通常应随时检验用量与质量是否合格。首先应检验混凝土搅拌楼的总供应量是否满足要求，可按式（8–1）估算每一小时混凝土混合料的需要量。

$$M = 60\mu \cdot b \cdot h \cdot v_t \tag{8–1}$$

式中 $M$——搅拌楼总拌和能力，$m^3/b$；

　　　$b$——摊铺宽度，m；

　　　$h$——面板厚度，m；

　　　$v_t$——摊铺速度，m/min（≥1m/min）；

　　　$\mu$——拌和楼可靠系数，一般取 1.2～1.5。

每一台搅拌楼在投入生产前，必须进行标定和试拌。在标定有效期满或搅拌楼搬迁安装后，均应重新标定。

混合料拌和物应均匀一致，有生料、干料、离析或外加剂、粉煤灰成团现象的非均质拌和料应废弃，不得用于摊铺路面。

机械摊铺混凝土路面应系统配套运输车的数量，通常配置载重量 50～100kN 的自卸卡车，运输时不得漏浆、撒料，车厢底板应平滑。远距离运送或摊铺钢筋混凝土路面和桥面铺装时应选配混凝土罐车。

运送车辆的辆数可按式（8–2）计算确定。

$$N = 2n\left(1 + \frac{s \cdot r_c \cdot m}{v_q \cdot g_q}\right) \tag{8–2}$$

式中 $N$——汽车辆数，辆；

　　　$n$——相同产量搅拌楼台数；

$s$——单程运输距离，km；

$r_c$——混凝土密度，t/m$^3$；

$m$——一台搅拌楼每小时生产能力，m$^3$/h；

$v_q$——车辆的平均运输速度，km/h；

$g_q$——汽车载重能力，吨/辆。

为保证混合料在运送过程中不凝固、不离析，必须严格控制混合料出料至路面铺筑完毕所允许的最长时间，见表 8–19。若不能满足表中要求，应通过试验、加大缓凝剂或保塑剂的剂量。

表 8–19　　　　　混凝土拌和物出料到运输、铺筑完毕允许最长时间

| 施工气温/℃ | 到运输完毕允许最长时间/h | | 到铺筑完毕允许最长时间/h | |
|---|---|---|---|---|
| | 滑模、轨道 | 三轴、小机具 | 滑模、轨道 | 三轴、小机具 |
| 5～9 | 2.0 | 1.5 | 2.5 | 2.0 |
| 10～19 | 1.5 | 1.0 | 2.0 | 1.5 |
| 20～29 | 1.0 | 0.75 | 1.5 | 1.25 |
| 30～35 | 0.75 | 0.50 | 1.25 | 1.0 |

注：指施工期间的日间平均气温，使用混凝剂延长凝结时间后，本表数值可增加 0.25～0.5h。

### 4. 摊铺

（1）滑模摊铺机铺筑。滑模摊铺机是机械化、自动化程度较高的摊铺机具，由于其侧向模板随着施工进程不断地向前移动、无需另设模板，从而大大提高了施工工效。按一次摊铺的宽度来分，滑模摊铺机有三车道滑模摊铺机（最大一次摊铺宽度为 16m）、双车道滑模摊铺机（最大一次摊铺宽度为 9.7m）、单车道滑模摊铺机（最大一次摊铺宽度为 6.0m）和路缘石滑模摊铺机（制作路缘石专用）。可以根据公路等级与路面总宽度合理选用。滑摊铺机铺筑混凝土路面最大厚度可以达到 500m，对于公路和城市道路混凝土路面板均可一次摊铺成型。滑模摊铺机集布料、摊铺、平整、振捣、抹平等工艺于一体，因此工效特别高，质量也容易保证。

若滑模摊铺机未设置传力杆自动压入装置，可采用前置钢筋支架法设置传力杆，此时混合料运输车不能直接在基层上行驶，必须加设侧面通道，加设侧向上料的布料机，并配备挖掘机加料斗由侧向供料。对于钢筋混凝土路面、桥面铺装等也应设置侧向进料装置。

用滑模摊铺机施工时，另行配置拉毛养护机制作抗滑沟槽，配置锯缝机完成纵横向接缝的锯割。

滑模摊铺机摊铺路面的准确位置（平、纵、横）以及路面板的厚度是通过事先架设的基准线实施自动控制的。基准线的精确度应严格控制，表 8–20 为基准线设置的精确度要求，基准线长度不大于 450m，拉力不小于 1000N。

表 8–20　　　　　　　　滑模摊铺机基准线设置精确度要求

| 项　目 | 中线平面偏位/mm | 路面宽度偏位/mm | 面板厚度/mm | | 纵断高程偏位/mm | 横坡偏差（%） | 连接纵缝高差/mm |
|---|---|---|---|---|---|---|---|
| | | | 代表值 | 极值 | | | |
| 规定值 | ≤10 | ≤+15 | ≥−3 | ≥−8 | ±5 | ±0.10 | ±1.5 |

注：在基准线上单车道一个横断面取 3 点、双车道取 5 点测定板厚，其平均值为该断面平均板厚。断面平均板厚不应小于其代表值；极小值不应小于极值。每 200m 测 10 个断面，其均值为该路段平均板厚，路段平均板厚不应小于设计板厚。不满足上述要求，不得摊铺面板。

（2）三辊轴机组铺筑。三辊轴机组包括三辊轴整平机和振捣机两部分。三辊轴整平机装备三根直径相同的辊轴，轴距 500～600mm。三辊轴整平机通过辊压和振动，将混合料整平、振捣成型。振捣机装配有成排的振捣棒，刮板与横向螺旋布料器。此外也有专门配置的单个插入式振捣器、传力杆压入器、振捣梁等。

三辊轴整平机的辊轴直径应与混凝土路面板的厚度相匹配。路面板厚度小于 200mm 时，可采用直径为 219mm 的辊轴；路面板厚度大于 200mm 时，可采用直径为 168mm 的辊轴。排式振捣机的振捣棒直径为 50～100mm，棒间距离不应大于有效作用半径的 1.5 倍，并不大于 500mm。振动频率取 50～200Hz，对于路面板厚度大，混合料坍落度低的混合料，宜使用 100Hz 以上的高频振捣棒。

三辊轴机组铺筑水泥混凝土路面的流程为：布料→密集排振→安装拉杆→人工补料→三辊轴整平→（真空脱水）→（精平饰面）→拉毛→切缝养护→（硬刻槽）→填缝。

（3）轨道摊铺机铺筑。轨道摊铺机铺筑混凝土路面时集布料、刮平、振捣密实等工艺于一机，因此施工效率高。由于轨道摊铺机使用轨式模板，在施工过程中应密切关注模板的位置、标高的变化。轨道摊铺机由于摊铺路面宽度的不同分为三种：三车道轨道摊铺机一次摊铺最大宽度为 18.3mm；双车道轨道摊铺机一次摊铺最大宽度为 9.0mm；单车道轨道摊铺机一次摊铺最大宽度为 4.5m。一次摊铺路面板最大厚度为 600mm。

为完成辅助工序，轨道摊铺机另需配备挖掘机、装载机等，在需要时用于局部人工布料、补料。配备传力杆压入装置和表面抹平，加工设备配合作业。

钢筋混凝土路面施工时，若选用轨道式摊铺机可以实现分层铺筑。若采用双层钢筋网混凝土路面，则三层混凝土、两层钢筋均可以逐层铺设，由于摊铺机在轨道上行走，不会扰动和影响钢筋和混凝土混合料的正常作业。

（4）小型机具铺筑。用小型机具铺筑混凝土路面，由于人为干扰因素较多，质量保证率较低。我国《公路水泥混凝土路面施工技术规范》（JTG 30—2003）规定，小型机具主要适用于三、四级公路铺筑水泥混凝土路面。

用小型机具铺筑混凝土路面，当运送混合料的车辆运达摊铺地点后，一般直接倒向安装好侧模的路槽内，并用人工找补均匀。要注意防止出现离析现象。摊铺时应考虑混凝土振捣后的沉降量，虚高可高出设计厚度约 10% 左右，使振实后的面层标高同设计相符。

混凝土混合料的振捣器具，应由平板振捣器（2.2～2.8kW）、插入式振捣器和振动梁（各 1kW）配套作业。混凝土路面板厚在 0.22m 以内时，一般可一次摊铺，用平板振捣器振实，凡振捣不到之处，如面板的边角部、窨井、进水口附近，以及设置钢筋的部位，可用插入式振捣器进行振实。当混凝土板厚较大时，可先插入振捣，然后再用平板振捣，以免出现蜂窝现象。

平板振捣器在同一位置停留的时间，一般为 10～15s，以达到表面振出浆水、混合料不再沉落为宜。平板振捣后，用带有振捣器的、底面符合路拱横坡的振捣梁，两端搁在侧模上，沿摊铺方向振捣拖平。拖振过程中，多余的混合料将随着振捣梁的拖移而刮去，低陷处则应随时补足。随后，再用直径 75～100mm 的无缝钢管，两端放在侧模上，沿纵向滚压一遍。

必须注意，当摊铺或振捣混合料时，不要碰撞模板和传力杆，以避免其移动变位。

**5. 制筑接缝**

（1）胀缝。先浇筑胀缝一侧混凝土，取去胀缝模板后，再浇筑另一侧混凝土，钢筋支架浇在混凝土内。压缝板条使用前应涂废机油或其他润滑油，在混凝土振捣后，先抽动一下，而后最迟在终凝前将压缝板条抽出。抽出时为确保两侧混凝土不被扰动，可用木板条压住两侧混凝土，然后轻轻抽出压缝板条，再用铁抹板将两侧混凝土抹平整。缝隙上部浇灌填缝料，留在缝隙下部的嵌缝板是用沥青浸制的软木板或油毛毡等材料制成。

（2）横向缩缝。即假缝，用下列方法制作。

1）压缝法。在混凝土捣实整平后，利用振捣梁将"T"形振动刀准确地按缩缝位置振压出一条槽，随后将铁制压缝板放入，并用原浆修平槽边。当混凝土收浆抹面后，再轻轻取出压缝板，并即用专用抹子修整缝缘。这种做法要求谨慎操作，以免混凝土结构受到扰动和接缝边缘出现不平整（错台）。

2）切缝法。在结硬的混凝土中用锯缝机（带有金刚石或金刚砂轮锯片）切割出要求深度的槽口。这种方法可保证缝槽质量和不扰动混凝土结构。但要掌握好切割时间，过迟会因混凝土过硬而使锯片磨损过大且费工，而且更主要的可能在切割前混凝土会出现收缩裂缝。过早混凝土因还未结硬，切割时槽口边缘易产生剥落。合适的时间视气候条件而定，炎热而多风的天气，或者早晚温度有突变时，混凝土板会产生较大的湿度或温度坡差，使内应力过大而出现裂缝，切缝应早在表面整修后 4h 即可开始。如天气较冷，一天内气温变化不大时，切割时间可晚至 12h 以上。

（3）纵缝。砌筑企口式纵缝，模板内壁做成凸榫状。拆模后，混凝土板侧面即形成凹槽。需设置拉杆时，模板在相应位置处要钻成圆孔，以便拉杆穿入。浇筑另一侧混凝土前，应先在凹槽壁上涂抹沥青。对于采用多车道宽行摊铺机铺筑的路面，纵缝可用切缝法筑做。

**6. 表面整修与防滑措施**

混凝土终凝前必须用人工或机械抹平其表面。当用人工抹光时，不仅劳动强度大、工效低，而且还会把水分、水泥和细砂带至混凝土表面，致使它比下部混凝土或砂浆有较高的干缩性和较低的强度。而采用机械抹面时可以克服以上缺点。目前国产的小型电动抹面机有两种装置：装上圆盘即可进行粗光，装上细抹叶片即可进行精光。在一般情况下，面层表面仅需粗光即可。抹面结束后，有时再用拖光带横向轻轻拖拉几次。

为保证行车安全，混凝土表面应具有粗糙抗滑的表面。最普通的做法是用拉毛机顺横向在抹平后的表面上轻轻拉毛；也可用金属丝梳子梳成深 1～2mm 的横槽。近年来，国外已采用一种更有效的方法，即在已硬结的路面上，用锯槽机将路面锯割成深 3～5mm、2～3mm、间距 12～24mm 的小横槽。也可在未结硬的混凝土表面塑压成槽，或压入坚硬的石屑来防滑。

**7. 养护与灌缝**

为防止混凝土中水分蒸发过速而产生缩裂，并保证水泥水化过程的顺利进行，混凝土应及时养护。一般用下列两种养护方法。

（1）潮湿养护。混凝土抹面 2h 后，当表面已有相当硬度，用手指轻压不现痕迹，即可开始养护。一般采用湿麻袋或草垫，或者 20～30mm 厚的湿砂覆盖于混凝土表面。每天均匀洒水数次，使其保持潮湿状态，至少延续 14d。

（2）塑料薄膜或养护剂养护。当混凝土表面不见浮水，用手指按压无痕迹时，即均匀喷洒塑料溶液，形成不透水的薄膜黏附于表面，从而阻止混凝土中水分的蒸发，保证混凝土的水化作用。

灌缝工作宜在混凝土初步结硬后及时进行。灌缝前，首先将缝隙内泥砂杂物清除干净，然后浇灌填缝料。

理想的填缝料应能长期保持弹性、韧性，热天缝隙缩窄时不软化、挤出，冷天缝隙增宽时能胀大并不脆裂；同时，还要与混凝土粘牢，防止土砂、雨水进入缝内，此外还要耐磨、耐疲劳、不易老化。实践表明，填料不宜填满缝隙全深，最好在浇灌填料前先用多孔柔性材料填塞缝底，然后再加填料，这样夏天胀缝变窄时填料不致受挤而溢至路面。

**8. 冬季和夏季施工**

混凝土强度的增长主要依靠水泥的水化作用。当水结冰时，水泥的水化作用即停止，而混凝土路面应尽可能在气温高于+5℃时施工。出于特殊情况必须在低温状态下（昼夜平均气温低于+5℃和最低气温低于−3℃时）施工时应采取下述几项措施。

（1）采用高等级（42.5 级以上）快凝水泥，或掺入早强剂，或增加水泥用量。

（2）加热水或集料。较常用的方法是仅将水加热，原因之一是由于加热设备简单，水温容易控制；原因之二是由于水的热容量比粒料热容量大，1kg 水升高 1℃所吸收的热量比同样重的粒料升高 1℃所吸收的热量多 4 倍左右，所以采用提高水温的方法最为有效。

拌制混凝土时，先用温度超过 70℃～80℃的水同冷集料相拌和，使混合料在拌和时的温度不超过 40℃，摊铺后的温度不低于 10（气温为 0℃时）～20℃（气温为−3℃时）。

（3）混凝土整修完毕后，表面应覆盖蓄热保温材料，必要时还应加盖养护暖棚。

在持续 5 昼夜寒冷和昼夜平均气温低于−5℃或混凝土温度在 5℃以下时，应停止施工。

在气温超过 25℃时施工，应防止混凝土的温度超过 30℃，以免混凝土中水分蒸发快，致使混凝土干缩而出现裂缝，必要时可采取下述几项措施。

（1）对湿混合料，在运输途中要加以遮盖。

（2）各道工序应紧凑衔接，尽量缩短施工时间。

（3）搭设临时性的遮光挡风设备，避免混凝土遭到烈日暴晒并降低吹到混凝土表面的风速，减少水分蒸发。

# 8.6　施工质量检查与验收

水泥混凝土施工质量的监控、管理与检查应贯穿整个施工过程，应对每个施工技术环节严格控制把关，对出现的问题或检验出的问题，立即进行纠正或停工整顿以确保工程质量，为施工质量验收与评定打好坚实的基础。

各级公路各种混凝土路面铺筑方式的施工均应建立健全质量检测、管理和保证体系，应按铺筑进度制定出质检仪器和人员数量动态计划。施工中应按计划落实质检仪器和人员，对施工各阶段的各项质量指标应做到及时检查、控制和评定，以达到所规定的质量标准，确保施工质量及其稳定性。

按质量管理体系的规定，事先有检测计划，施工中从人力到设备仪器都应予以落实，并及时检测。施工质量检查与验收的内容包括试验路段的铺筑、施工过程中各项质量控制指标的检查、交工验收和竣工验收阶段的质量检查、施工经验总结等。

**1. 试验路段的铺筑**

二级及以上公路混凝土路面工程，使用滑模、轨道、碾压、三辊轴机组机械施工时，在正式摊铺混凝土路面前，必须铺筑试验路段。试验路段长度不应短于 200m，高速公路、一级公路宜在主线路面以外进行试铺。必须在主线上摊铺的，应做好准备，及时铲除不合格的路面。路面厚度、摊铺宽度、接缝设置、钢筋设置等均应与实际工程相同。经验欠缺的施工单位在摊铺前应做试验路段；经验丰富的施工单位，若原材料和混凝土配合比发生了变化，则需要检验，同时摊铺机上设定工作参数也必须依据新情况进行调整。

试验路段分为试拌及试铺两个阶段，通过试验路段应达到下述目的：

（1）检验施工设备配套。试拌检验搅拌楼性能及确定合理搅拌制度，试铺检验机械或机具摊铺系统主要机械的性能和生产能力，检验辅助施工机械种类、数量、实际生产能力及配套组合的合理性。提供主要机械性能和生产能力检验结果和改进措施。

（2）试拌检验适宜摊铺的搅拌楼拌和参数。包括：试拌检验搅拌楼拌和的上料速度、拌和容量、搅拌均匀所需时间、新拌混凝土坍落度、振动黏度系数、含气量、泌水离析性、$V_c$ 值和生产使用的混凝土配合比等。

（3）试铺检验路面摊铺工艺和质量。模板架设固定方式或基准线设置方式，摊铺机械（具）的适宜工作参数，包括松铺高度、摊铺速度、振捣与滚压遍数、碾压遍数、压实度、频率调整范围、中间和侧向拉杆打入情况等。应检验整套施工工艺流程。

（4）全体施工人员现场施工培训。使全体工程技术及设备操作人员熟悉并掌握各主要机械（具）正确的操作要领和所有工序、工种正确的施工方法。

（5）检验施工组织形式和人员编制。确定人工辅助施工的修整机具、工具、模具种类和数量，发电机、电焊机、钢筋工、混凝土工、拉毛方式及劳动力数量和定员位置等。按施工工艺要求检验施工组织形式和人员编制。

（6）建立、健全路面铺筑系统的质量管理体系。建立、健全混凝土原材料和新拌混凝土坍落度、含气量、泌水量、路面弯拉强度、平整度、构造深度、板厚、接缝顺直度等全套技术性能检验手段，熟悉检验方法。建立路面铺筑系统的全面质量管理体系。

（7）检验配套机械系统的实际生产能力。确定现有配套机械系统的实际生产能力、搅拌产量和铺筑进度，制定施工进度计划。与所要求的生产进度相对照，不达标时，应提出按期保质保量完成生产任务的新增设备、人员及施工方案和措施。

（8）确定施工管理调度体系。检验无线通信和快速生产调度指挥系统。确定施工管理体系。

试铺中，施工方应认真做记录，监理工程师或质监站应监督检查试验段的施工质量，及时与施工方商定有关问题。试验段铺筑后，应由业主、施工方和监理方检查试铺效果，提出改进意见和注意事项，施工方应就各项试验结果、改进措施和注意事项提出试验路段总结报告，上报监理方和业主批复，取得正式开工资格。目的是发现问题，改进不足，为正式摊铺做好更充分准备。

**2. 施工质量控制内容与标准**

混凝土路面铺筑必须得到正式开工令后方可开工。

施工单位应随时对施工质量进行自检。自检项目和频率按表 8-21 规定进行。

**表 8-21　　　　　　　　　　　混凝土路面的检验项目、方法和频率**

| 项次 | 检查项目 | 检验方法和频率 | |
| --- | --- | --- | --- |
| | | 高速公路、一级公路 | 其 他 公 路 |
| 1 | 弯拉强度 | 每班留 2~4 组试件，日进度小于 500m 取 2 组；不小于 500m 取 3 组；不小于 1000m 取 4 组；测平均 $f_{cs}$、$f_{min}$、$C_v$ | 每班留 1~3 组试件，日进度小于 500m 取 1 组；大于 500m 取 2 组；不小于 1000m 取 3 组；测平均 $f_{cs}$、$f_{min}$、$C_v$ |
| | 钻芯劈裂强度 | 每车道每 3km 钻取 1 个芯样，硬路肩为 1 个车道，测平均 $f_{cs}$、$f_{min}$、$C_v$、板厚 $h$ | 每车道每 3km 钻取 1 个芯样，硬路肩为 1 个车道，测平均 $f_{cs}$、$f_{min}$、$C_v$、板厚 $h$ |
| 2 | 板厚度 | 路面摊铺宽度内每 100m 左右各两处，连续摊铺每 100m 单边 1 处，参考芯样 | 路面摊铺宽度内每 100m 左右各 1 处，连续摊铺每 100m 单边 1 处，参考芯样 |
| 3 | 3m 直尺平整度 | 每半幅车道 100m 2 处 10 尺 | 每半幅车道 200m 2 处 10 尺 |
| | 动态平整度 | 所有车道连续检测 | 所有车道连续检测 |
| 4 | 抗滑构造深度 | 铺砂法：每幅 200m 2 处 | 铺砂法：每幅 200m 1 处 |
| 5 | 相邻板高差 | 尺测：每 200m 纵横缝 2 条，每条 3 处 | 尺测：每 200m 纵横缝 2 条，每条 2 处 |
| 6 | 连接摊铺纵缝高差 | 尺测：每 200m 纵向工作缝，每条 3 处，每处间隔 2m 3 尺，共 9 尺；间隔 2m 3 尺，共 9 尺 | 尺测：每 200m 纵向工作缝，每条 2 处，每处间隔 2m 3 尺，共 6 尺；间隔 2m 3 尺，共 6 尺 |
| 7 | 接缝顺直度 | 20m 拉线测：每 200m 6 条 | 20m 拉线测：每 200m 4 条 |
| 8 | 中线平面偏位 | 经纬仪：每 200m 6 点 | 经纬仪：每 200m 4 点 |
| 9 | 路面宽度 | 尺测：每 200m 6 处 | 尺测：每 200m 4 处 |
| 10 | 纵断高程 | 水准仪：每 200m 6 点 | 水准仪：每 200m 4 点 |
| 11 | 横坡度 | 水准仪：每 200m 6 个断面 | 水准仪：每 200m 4 个断面 |
| 12 | 断板率 | 数断板面板块占总块数比例 | 数断板面板块占总块数比例 |
| 13 | 脱皮、裂纹、露石、缺边、掉角 | 量实际面积，并计算与总面积比 | 量实际面积，并计算与总面积比 |
| 14 | 路缘石顺直度和高度 | 20m 拉线测：每 200m 4 处 | 0m 拉线测：每 200m 2 处 |
| 15 | 灌缝饱满度 | 尺测：每 200m 接缝测 6 处 | 尺测：每 200m 接缝测 4 处 |
| 16 | 切缝深度 | 尺测：每 200m 6 处 | 尺测：每 200m 4 处 |
| 17 | 胀缝表面缺陷 | 每条观察填缝及啃边断角 | 每条观察填缝及啃边断角 |
| 18 | 胀缝板连浆 | 每条胀缝板安装时测量 | 每条胀缝板安装时测量 |
| | 胀缝板倾斜 | 尺测：每块胀缝板每条两侧 | 尺测：每块胀缝板每条两侧 |
| | 胀缝板弯曲和位移 | 尺测：每块胀缝板每条 3 处 | 尺测：每块胀缝板每条 3 处 |
| 19 | 传力杆偏斜 | 钢筋保护层仪：每车道 4 根 | 钢筋保护层仪：每车道 3 根 |

注：路面钻芯劈裂强度应换算为实际面板弯拉强度进行质量评定。

混凝土路面完工后，相关单位应根据设计文件、竣工资料和施工单位提供的交工验收申请报告，按国家有关规定组织进行验收。

水泥混凝土面层应满足下列基本要求：

（1）基层质量必须符合规定要求，并应进行弯沉测定，验算的基层整体模量应满足设计要求。

（2）水泥强度、物理性能和化学成分应符合国家标准及有关规范的规定。

（3）粗细集料、水、外掺剂及接缝填缝料应符合设计和施工规范要求。

（4）施工配合比应根据现场测定水泥的实际强度进行计算，并经试验后，选择采用最佳配合比。

（5）接缝的位置、规格、尺寸及传力杆、拉力杆的设置应符合设计要求。

（6）路面拉毛或机具压槽等抗滑措施，其构造深度应符合施工规范要求。

（7）面层与其他构造物相接应平顺，检查井盖顶面高程应高于周边路面 1～3mm。雨水口标高按设计比路面低 5～8mm，路面边缘无积水现象。

（8）混凝土路面铺筑后按施工规范要求养护。

实测项目见表 8-22。

**表 8-22　　　　　实 测 项 目 表**

| 项次 | 检查项目 | | 规定值或允许偏差 | | 检查方法和频率 | 权值 |
|---|---|---|---|---|---|---|
| | | | 高速公路 一级公路 | 其他公路 | | |
| 1 | 弯拉强度/MPa | | 在合格标准之内 | | 按水泥混凝土弯拉强度评定检查 | 3 |
| 2 | 板厚度 /mm | 代表值 | −5 | | 按路面结构层厚度评定检查，每200m 每车道 2 处 | 3 |
| | | 合格值 | −10 | | | |
| 3 | 平整度 | σ/mm | 1.2 | 2.0 | 平整度仪：全线每车道连续检测，每 100 计算σ、IRI | 2 |
| | | IRI/（m/km） | 2.0 | 3.2 | | |
| | | 最大间隙 /mm | — | 5 | 3m 直尺：半幅车道板带每 200m 测 2 处×10 尺 | |
| 4 | 抗滑构造深度 /m | | 一般路段不小于 0.7 不大于 1.1；特殊路段不小于 0.8 且不大于 1.2 | 一般路段不小于 0.5 且不大于 1.0；特殊路段不小于 0.6 且不大于 1.1 | 铺砂法：每 200m 测 1 处 | 2 |
| 5 | 相邻板高差 /mm | | 2 | 3 | 抽量：每条胀缝 2 点；每200m 抽纵、横缝各 2 条，每条 2 点 | 2 |
| 6 | 纵、横缝顺直度 /mm | | 10 | | 纵缝 20m 拉线，每 200m 4 处；横缝沿板宽拉线，每 200m 4 条 | 1 |
| 7 | 中线平面偏位 /mm | | 20 | | 经纬仪：每 200m 测 4 点 | 1 |
| 8 | 路面宽度 /mm | | ±20 | | 抽量：每 200m 测 4 处 | 1 |
| 9 | 纵断高程 /mm | | ±10 | ±15 | 水准仪：每 200m 测 4 断面 | 1 |
| 10 | 横坡（%） | | ±0.15 | ±0.25 | 水准仪：每 200m 测 4 断面 | 1 |

注：表中σ 为平整度仪测定的标准差；IRI 为国际平整度指数；h 为 3m 直尺与面层的最大间隙。

**3. 施工总结**

施工单位应根据国家竣工文件编制规定，提出施工总结报告、质量测试报告或采用新材料新技术研究报告，连同竣工图表，形成完整的施工资料档案，一并交业主及档案管理部门。

施工总结报告的内容应包括工程概况、设计图纸及变更、基层、原材料、施工组织、机械及人员配备、施工工艺、进度、工程质量评价、工程预决算等内容。

施工质量管理与测试报告的内容应包括施工组织设计、质量保证体系、试验段铺筑报告、施工质量达到或超过现行规范规定情况、原材料和混凝土检测结果、施工中路面质量自检结果、交工复测结果、工程质量评价、原始记录相册和录像资料等。

在省内或当地首次采用滑模、轨道、碾压、三辊轴机组施工或首次铺筑钢筋混凝土路面、钢纤维混凝土路面等路面结构时，应同时提交试验总结报告，总结成功经验，分析失败的原因，提出改进意见和措施。

## 8.7　水泥混凝土路面的养护与维修

水泥混凝土路面在行车荷载与自然因素作用下，可以因混凝土板、接缝和基层、土基的缺陷产生各种类型的损坏，其中既有设计的原因，也有施工质量的问题，以及人为外界的因素，有时则是各种因素相互影响所造成。水泥混凝土路面在养护良好的条件下，其使用年限要比其他路面长，但一旦开始损坏，则会引起破损的迅速发展。因此，必须做好预防性、经常性的养护，通过日常的观察，及早发现缺陷，查明原因，及时采取相应的处治措施，使路面保持完好的状态。

**1. 路面常见的破损及其产生原因**

（1）裂缝。当行车重复荷载以及温湿变化所产生的荷载应力与附加应力超过混凝土强度时，板将产生断裂出现各种裂缝，包括纵向、横向、斜向裂缝、板角断裂以至发展成板的破碎。产生裂缝的原因可以是板的厚度太薄或车辆超载严重；地基强度不足特别是强度不均匀，以及雨水渗入基层产生塑性变形使板底脱空；板的平面尺寸太大引起过大的收缩应力与温度翘曲应力；接缝损坏丧失传荷能力；使用材料的品质不良或施工质量差而导致混凝土质量低劣，以及养护不当或锯缝不及时而引起混凝土的收缩应力过大等。

（2）接缝材料破损。水泥混凝土路面的接缝分为纵缝和横缝，横缝又有胀缝与缩缝两种。胀缝材料性能差时，在使用过程中当气温上升时填缝料将会被挤出，在气温下降时不能恢复而使缝中形成空隙，泥、砂、石屑等杂物落入缝中，成为再次胀伸时的障碍，加上雨雪水渗入缝中空隙引起基层和垫层的损坏，从而使路面板接缝处在行车过程中产生变形和破损。缩缝的变化较小，但经多次重复冻缩后，假缝可折断成真缝，由于填缝料自身老化等原因，也会引起像胀缝同样的损坏。施工、养护不规范，切缝不及时或未达规定深度，也是造成接缝破损的原因之一。

（3）边角碎裂。边角碎裂是指接缝两侧各 60cm 宽度范围内或板角 15cm 范围内路面板的碎裂。其原因可有接缝中落入坚硬的杂物，板在胀伸时产生超应力，边缘被硬物挤碎，超载车辆的重复多次作用，传力杆的构造设计或施工不当而阻碍板端自由伸缩，接缝处混凝土强度不足或有搭连等。

（4）拱起。拱起是指横缝两侧板体发生明显抬高的现象，通常多因接缝被硬物阻塞或胀缝构造设置不当，致使板体在气温升高时不能自由胀伸所引起。

（5）错台。错台是指接缝处相邻板体产生的垂直高差。在浇筑混凝土板时，胀缝的填缝板未予牢固固定，在振捣中被振歪使缝壁倾斜，或接缝的上部填缝料同下部填缝板未能对齐，两板在伸胀挤压过程中将导致形成错台。当接缝未设传力杆、传荷能力不足或雨水通过接缝渗入基层产生唧泥，使接缝处板块产生不均匀下沉，以及因温度和湿度梯度的作用使板的接缝处产生翘曲都有可能引起板的错台。

（6）唧泥。接缝的填缝料失效，雨水渗入基层使其软化，在轮载频繁作用下产生塑性变形累积而使板底脱空，此时积水在轮载通过时成为有压水并与基层细料混搅成泥浆而从缝隙中泵唧出来，即形成唧泥现象。唧泥使板边缘的基础部分失去支承能力，在轮载重复作用下最终导致板的断裂，使板产生局部沉陷，并污染路面。

（7）板块沉陷。水泥混凝土路面板的沉陷，多由基层湿软、水稳性不足，或板底出现空隙以及路基下有墓穴等坑洞，在行车作用下逐渐产生竖向变形所形成。

（8）坑洞。坑洞是指水泥混凝土路面板表面产生直径为 2.5～10cm、深为 1～5cm 的破损现象。施工质量差或在浇筑的混凝土中夹带朽木、纸张、泥块等杂物，以及行驶的某些车辆、机械的金属硬轮等对路面产生撞击都可造成坑洞的产生。

（9）表面裂纹与层状剥落。表面裂纹是指在路面板的表层产生网状的浅而细或发丝状的裂纹，在车辆荷载作用下可发展为深度 6～12mm 的表层层状剥落。混凝土水灰比过大、成活时过度抹面、养护不及时、集料质量低劣、水泥中的碱（氧化钠与氧化钾）与集料中某些特定矿物发生化学反应以及采用盐类融化路面冰雪等都有可能引起表面裂纹与剥落。

**2. 路面的保养**

水泥混凝土路面必须经常清扫，保持路容整洁，清除路面泥土污物。如有小石块应随时扫除，以免车辆碾压而破坏路面表面。冬季应及时清除冰雪。路肩与路面衔接应保持平顺，以利排水，有条件时宜将其加固改善成硬路肩。

水泥混凝土路面保养的重点在接缝，使接缝保持完好，表面平顺，行车不致产生颠跳。当气温下降使得接缝扩大而有空隙时，应在当地气温最低时进行灌缝填隙；当气温上升使得填缝料挤出缝口时，应予铲除，并防止砂土、泥土压入接缝内，影响板的正常伸缩。填缝料一般每隔 2～3 年宜更换一次。

对于宽度在 3mm 以下的非扩展性裂缝，可用低黏性沥青或环氧树脂或聚硫橡胶改性环氧树脂等材料灌注进行保养；如为扩展性裂缝，应沿裂缝凿槽后注入灌缝材料；对于因混凝土板下设有构造物或埋设硬物而产生的裂缝，也应沿裂缝开凿后填注灌缝料。

**3. 路面的修理**

（1）接缝的修理。修理接缝可按如下方法进行。

1）清缝。用小扁凿凿除或清缝机具清除旧填缝料和其他杂物，露出缝壁，用吹尘器吹净缝内尘土。如为胀缝，缝壁涂以地板胶或热沥青。

2）填缝。填缝材料有接缝板和填缝料两类。接缝板用于胀缝下部，填缝料用做填灌胀缝上部和缩缝的缝隙。接缝板按所用材料可用杉木板、纤维板、泡沫橡胶板和泡沫树脂板等。填缝料按其施工温度可分为加热式填缝料和常温式填缝料两类。加热式填缝料主要有聚氯乙烯胶泥、沥青橡胶类和沥青玛蹄脂类等，使用时需加热至灌注温度，然后装进填缝机填灌，并用铁钩来回钩动，以增加填缝料与缝壁的黏附并使之填灌饱满。在施工气温较低时，应使用喷灯先将接缝预热。常温式填缝料主要有聚氨酯焦油类、聚氨酯类、氯丁橡胶类和乳化沥青橡胶类等。填灌方法与加热式填缝料相同，但无需加热。表 8–23 与表 8–24 分别列出聚氯乙烯胶泥和沥青橡胶填缝料的配比成分，可供使用时参考。

**表 8–23　聚氯乙烯胶泥配比成分**

| 材料名称 | 脱水煤焦油 | 聚氯乙烯树脂 | 增塑剂 | 粉煤灰 | 二盐或三盐稳定剂 |
|---|---|---|---|---|---|
| 配合比 | 100 | 9～11 | 15～25 | 30～50 | 0.5 |

**表 8–24　沥青橡胶填缝料的配比成分**

| 编　号 | 掺　配　沥　青 | | 石棉屑 | 石粉 | 胶粉 |
|---|---|---|---|---|---|
| | 60#沥青 96%<br>+重柴油 4% | 30#沥青 80%<br>+重柴油 20%<br>或 10#沥青 85%<br>+重柴油 15% | | | |
| 1 | 60～65 | | 5～10 | 10～15 | 15～70 |
| 2 | | 70～75 | 5 | 10 | 10～15 |
| 3 | | 60 | 10 | 25 | 5 |
| 4 | | 60 | | | |

（2）裂缝的修理。根据混凝土路面板的裂缝情况，可以采用如下修理方法分别予以处理。

1）对于缝宽小于 3mm 的初期裂缝，可采用黏结剂直接灌缝进行处理。采用的黏结剂可有聚氨酯、聚硫环氧树脂、甲凝、环氧树脂等。

2）对于冬季修补通车路段局部性的裂缝，可采用喷嘴灌浆法。其方法为先用吹尘器配合细钢丝小钩子将缝内泥土杂物清除干净后，每隔 30cm 安置一个灌浆嘴，用胶布将缝口贴封，并涂上配比为 1:2 加热熔化的松香和石蜡，按缝口宽窄及开放交通时间的要求选用适宜的灌浆，经调配均匀后，装入灌浆器加压由各灌浆嘴中灌入缝中至将要顶动接缝上面的胶布为止，时间一般不宜超过 30～40min。然后用水泥浆或水泥砂浆封缝，并喷洒养护剂，用红外线灯在 50～60℃温度下加热 1～2h 后即可开放交通。

3）对于贯通板厚的中、重程度的横向裂缝，可采条带罩面法修理。其方法为先用锯缝机顺裂缝两侧各约 15cm、并与横缝方向平行锯成两道深为 7cm 的缝口，凿除两锯缝内的混凝土后，沿裂缝两侧 10cm 每隔 50cm 钻直径为 1cm 深为 5cm 的钯钉孔，洗刷干净、晾干后，在槽壁及其底部涂刷水泥浆或环氧水泥砂浆，并在孔内填满水泥砂浆，把钯钉插入安装孔内，随即浇筑混凝土，进行振捣并整平，喷洒养护剂，锯缝后灌注填缝料，如图 8–16 所示。

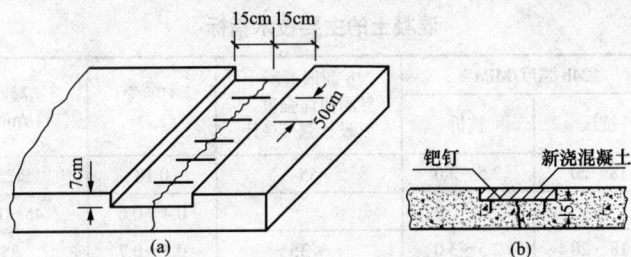

图 8–16　条带罩面发修理裂缝

4）对于纵横向断板的修理，应先根据板的断裂宽度和位置按规则的长方形划线放样，然后用切割机械沿板的全厚深度切割边缝，并凿除损坏部分，在两侧边缝板厚中央钻洞，洞深10cm，直径 2～4cm，间距为 30～40cm，清除洞内杂物并予以润湿，用水泥砂浆或细粒混凝土填实后插入直径为 18～20mm、长为 20cm 的钢筋，随后在槽内填补混凝土，并予捣实、整平和喷洒养护剂，如图 8-17 所示。

5）板角断裂的修理，按破裂面的大小和深度，确定修补范围并按规则形状放样，如图 8-18 所示。然后用切割机械按放样位置锯缝，凿除破损部分，保持缝壁垂直，避免切断钢筋，若钢筋难以全部保留，至少也要保留长短交错的 20～30cm 的钢筋头。原有传力杆如有缺陷应予修理或另行设置。如为胀缝，应设置接缝板；如为缩缝，应对接缝涂刷沥青或铺以塑整蒇膜，以防新旧混凝土粘连。最后填补混凝土并捣实、整平和养护，待混凝土硬化后用锯缝机切出接缝并灌注填缝料。

图 8-17 断板局部修理法

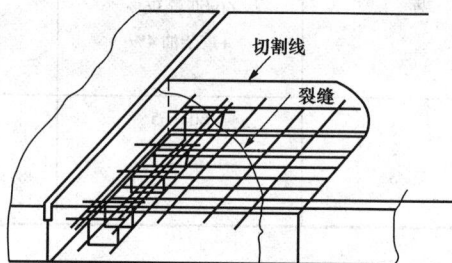

图 8-18 板角断裂修理

6）当板块破损严重，由几条裂缝使板成为破碎板，且有沉落影响行车安全的，必须将整板暂除，重新夯实基层，必要时重做基层并处理土基，然后浇筑新的混凝土板进行整仓修复。新浇筑的混凝土强度应等于或大于原板混凝土的强度，其材料要求、配合比、施工工艺和质量标准等应符合有关设计与施工规范的要求。修补用的混凝土应具有快硬、高强的性质，与旧混凝土板有较好的黏结抗剪强度，并在硬化过程中的收缩要小，以满足混凝土板的修补质量和快速修补的要求。为此，混凝土中通常需要采用外掺剂。但是，使用一般的减水剂和早强剂，虽然也能达到快硬早强的效果，但存在干缩大、新旧混凝土结合不好及初凝时间短等缺点。为了解决上述存在的不足问题，国家科技工作引导性项目 No.25 的《旧水泥混凝土路面维修技术研究》分专题对混凝土修补材料进了研究。表 8-25 为使用其中 JK-24 型外掺剂配制的混凝土主要指标。

由表中数据可以看出，JK-24 与其他早强剂相比，除具有早强的特点之外，还有初凝时间长、干缩小以及新旧混凝土结合好等特点，同时还有后期强度稳定、耐磨耐久以及颜色与普通混凝土基本一致以及价廉料广等优点，是当前用作混凝土路面修补工作较为理想的外掺剂。

表 8-25 混凝土的主要技术指标

| 指标<br>混凝土类型 | 24h 强度/MPa | | 24h 新旧混凝土界面剪切强度，以设计强度%计 | 干缩率（‰） | 初凝时间/min | 终凝时间/h |
|---|---|---|---|---|---|---|
| | 抗压 | 抗折 | | | | |
| JK-24 混凝土 | 18～20 | 2.5～3.0 | 55 | 0.18 | 125 | 3 |
| 普通混凝土 | — | — | — | 0.4～0.6 | 45～12h | 12 |
| 快硬混凝土 | 18～20 | 2.5～3.0 | <35 | 0.5～0.7 | 25 | 0.5 |
| 标准要求 | >18 | >2.5 | >40 | <0.2 | >45 | <12 |

（3）错台的修理。根据错台的程度和产生的位置，可分别采用以下方法处理：

1）对于轻微的错台，可采用机械予以磨平处理。

2）在混凝土路面板的接缝或裂缝处产生错台，以及混凝土路面板与沥青路面或与路肩相接处产生错台，可用沥青砂或密级配沥青混凝土进行罩面予以接顺。

3）由于基础过于湿软而引起板的错台，可采用板底灌浆方法进行加固并抬高板面使之顺接。

（4）拱起的修理。当板端拱起但板块完好时，可用锯缝机缓慢地将拱起处两侧板的 2～3 道横缝加宽、切深，通过释放其应力予以处理；或切开拱起端，将板块恢复原位。然后用填缝料填封接缝。

当板端拱起板块已经发生断裂或破损时，则应根据破损情况分别按前述裂缝修理的方法予以处理。

（5）坑洞的修理。应先将坑洞凿成形状规则的直壁坑槽，开凿时应注意防止产生新的裂缝。在吹扫干净后，涂刷一层沥青，然后用沥青砂或沥青混凝土填补平。

对于较浅不大的坑洞，可用环氧砂浆或环氧混凝土修补。

对于较深的坑洞或连片的小坑槽，应先放样开槽，清洗干燥后，在坑内均匀涂刷一层黏结剂，然后用与原来混凝土板配比相同并掺有早强剂的混凝土修补。

（6）板块沉陷的处理。为使沉陷的混凝土板恢复到原来的位置，可采用顶升旋工法和灌浆施工法进行处治。灌浆法有沥青类灌注和水泥类灌注两种，通常使用沥青灌注。

采用顶升法施工时，先将混凝土板钻成透孔，然后用压缩空气或千斤顶把板直接顶起，或用横梁和螺旋或液压千斤顶将板间接顶起至预定高度，然后往孔中压注灌砂直至填满空隙密实为止，最后用混凝土封死孔口。

灌浆法即在混凝土板上的透孔中以 200～400kPa 的压力灌注温度为 210℃ 以上的热溶沥青或以 300～500kPa 的压力灌注水泥浆，水泥浆用水泥和水调和，并掺加细粒料、粉煤灰、硅藻土、石膏等。当沥青或水泥浆灌注填满孔隙、板恢复至预定高度后，封死孔口。待灌注的沥青温度下降后或水泥浆养护 3d 后即可开放交通。

透孔孔径及其数量和位置的布设，应根据面板的大小、下沉量、裂缝状况以及使用的机械性能予以确定。

（7）路面表面局部性龟裂、剥落、磨光等破损的处理。当路面表面出现局部性龟裂、剥落、磨光等破损时，可在路面板表面将其破损凿除至一定深度，而后在其上面作薄层表面处治。

当采用沥青表面处治时，应参照沥青路面施工规范进行；当采用水泥混凝土作表面处治时，由于层厚较薄，新旧混凝土的结合最为重要，应在新旧结合面上涂刷黏结剂后浇筑混凝土；当采用树脂类材料作表面处治时，使用较多的是环氧砂浆，其树脂与集料的配合比一般为 1:4～1:10，因其硬化时间受温度变化的影响可有较大的差异，所以必须严格控制施工的气温条件，在气温低于 5℃ 时不宜施工，夏季应在气温较低时施工。

如果表面处治的目的是恢复路面的抗滑能力，则只需在路面表面涂刷一层环氧树脂等黏结剂后，均匀撒上硬质集料使之黏着即可。

为了恢复路面的抗滑能力，还可采用机械（如金刚石锯切机、旋转铣刀盘锯机等）刻痕或加铺罩面的方法。

**4. 路面的大修与加铺**

根据路面使用质量评价的结果，当确定水泥混凝土路面需要进行大修时，可按其大修的面积以及土基、面层与交通量等情况，分别选用水泥混凝土路面或沥青路面结构。

混凝土路面大修的设计与施工分别按照有关设计、施工规范进行，但在施工中应注意如下几点：

（1）开凿破碎原路面时，应以一块路面板为最小单位。

（2）重浇的混凝土路面板与相邻一侧原有混凝土路面板相接的纵缝须设置拉杆。

（3）如大修采用沥青路面，则在基层完成后就可先行开放交通，以便使之能得到充分地压实，但需用沥青混合料先铺一层过渡层，以利通车。

（4）大修与新建不同，大修工程作业范围分散，不便进行整段机械化施工。因此，施工方法、运输条件和混凝土的坍落度等，都要考虑大修的特点采取相应的措施。

当水泥混凝土路面成段的板面出现大量裂缝，或者表面磨损严重，开始剥落，按路面使用质量评价的养护对策应采用加铺面层以延长路面的使用寿命时，可采用普通水泥混凝土或钢纤维混凝土浇筑加铺层。

当原有路面的使用质量评价为"优"，且其结构完整或虽有破损但已经修复，路拱坡度基本符合要求，板的平面尺寸及接缝布置合理，原路面的污物易于清除时，可选用结合式加铺层。在铺筑加铺层前应对旧混凝土表面凿毛并仔细清洗，清除表面的油污、剥落碎块及接缝中的杂物，重新封缝，在洁净的旧混凝土路面上涂以水泥浆或水泥砂浆或环氧树脂等黏结剂。

当原路面的使用质量评价为"良"、"中"，且其结构完好，承载力较高，破损板已经修复，路拱坡度基本符合要求，板的平面尺寸和接缝布置合理时，可采用直接式加铺层。铺筑加铺层前应对旧混凝土路面仔细清洗，清除表面油污、剥落碎块及接缝中的杂物，并重新封缝。

当原路面的使用质量评价为"差"，其面板损坏比较严重，裂缝较多不易修复，或板的平面尺寸和接缝布置不合理，路面横坡不符合要求时，应采用分离式加铺层。铺筑加铺层前对原路面破碎严重、脱空、裂缝继续发展的板块应先予修复处理，然后用沥青砂或细粒式沥青混凝土作隔离层，其厚度一般为 1.5～2.0cm，如采用油毛毡作隔离层，其搭接宽度应不小于 5cm。

加铺层的厚度应按《公路水泥混凝土路面设计规范》（JTG D40—2002）规定的方法计算确定。加铺层的最小厚度，当采用普通混凝土时，结合式加铺层不宜小于 10cm，直接式加铺层不应小于 14cm，分离式加铺层不应小于 18cm；当采用钢纤维混凝土时，结合式加铺层不宜小于 5cm，直接式加铺层不应小于 8cm，分离式加铺层不应小于 10cm。

结合式和直接式加铺层的接缝应与旧混凝土板的接缝完全对齐一致，但一般可不设拉杆或传力杆。分离式加铺层的接缝，可分别按普通水泥混凝土路面或钢纤维水泥混凝土路面的规定要求设置。

# 复习思考题

1. 水泥混凝土路面的病害有哪些？如何处治？

2. 水泥混凝土路面对所用材料有哪些要求?

3. 水泥混凝土路面施工主要从哪几个方面进行质量控制?

4. 简述滑膜摊铺水泥混凝土路面施工要点。

5. 滑膜摊铺水泥混凝土路面施工主要从哪几个方面进行质量控制?

# 参考文献

［1］邓学钧. 路基路面工程. 北京：人民交通出版社，2001.

［2］宣国良，李晋三. 道路施工技术. 北京：人民交通出版社，2001.

［3］戴强民. 公路施工机械. 北京：人民交通出版社，2001.

［4］徐培华，陈忠达. 路基路面试验检测技术. 北京：人民交通出版社，2000.

［5］夏学连，赵卫平. 路基路面工程. 北京：人民交通出版社，2000.

［6］胡长顺，黄辉华. 高等级公路路基路面施工技术. 北京：人民交通出版社，1999.

［7］沙庆林. 高等级公路半刚性基层沥青路面. 北京：人民交通出版社，1998.

［8］姚祖康. 道路路基和路面工程. 上海：同济大学出版社，1994.

［9］俞高明. 公路工程. 北京：人民交通出版社，2005.

［10］中华人民共和国行业标准. 公路路基施工技术规范（JTG F10—2006）. 北京：人民交通出版社，2006.

［11］中华人民共和国行业标准. 公路路面基层施工技术规范（JTJ034—2000）. 北京：人民交通出版社，2000.

［12］中华人民共和国行业标准. 公路水泥混凝土路面滑膜施工技术规程（JTJ 037.1—2000）. 北京：人民交通出版社，2000.

［13］中华人民共和国行业标准. 公路沥青路面施工技术规范（JTG F40—2004）. 北京：人民交通出版社，2004.

［14］中华人民共和国行业标准. 公路水泥混凝土路面施工技术规范（JTG F30—2003）. 北京：人民交通出版社，2000.

［15］中华人民共和国行业标准. 公路路基设计规范（JTG D30—2004）. 北京：人民交通出版社，2004.

［16］何兆益，杨锡武. 路基路面工程. 北京：人民交通出版社，2004.